Institut für Markt · Umwelt · Gesellschaft e. V. (imug)

Unternehmenstest

Unternehmenstest

Neue Herausforderungen für das Management der
sozialen und ökologischen Verantwortung

herausgegeben vom

Institut für Markt • Umwelt • Gesellschaft e. V. (imug)

Verlag Franz Vahlen München

Die Deutsche Bibliothek – CIP-Einheitsaufnahme

Unternehmenstest : neue Herausforderungen für das Management der sozialen und ökologischen Verantwortung / hrsg vom Institut für Markt-Umwelt-Gesellschaft e.V. - München : Vahlen, 1997
  ISBN 3-8006-2183-5
NE: Institut für Markt-Umwelt-Gesellschaft

ISBN 3-8006-2183-5

© 1997 Verlag Franz Vahlen GmbH, München
Satz: DTP-Vorlagen des Herausgebers
Druck und Bindung: Kösel, Kempten
Gedruckt auf säurefreiem, alterungsbeständigem Papier
(hergestellt aus chlorfrei gebleichtem Zellstoff)

Vorwort

Spätestens seit 1986 in den USA das Buch „Rating America's Corporate Conscience" erschien, liegt die Idee auf dem Tisch, Unternehmen systematisch auf ihre sozialen und ökologischen Leistungen hin von unabhängiger Seite zu untersuchen. Und als kurz darauf der erste Einkaufsratgeber mit dem politisch korrekten Titel „Shopping for a Better World" zum Verkaufserfolg wurde, war endgültig klar, was in Deutschland fehlte: Die seriösen unabhängigen Produktbewertungen, wie wir sie vom vergleichenden Warentest her kennen, wurden in Deutschland (bis vor kurzem) nicht durch einen vergleichenden unabhängigen Unternehmenstest ergänzt. Die Meinungsbildung über die sozialen und ökologischen Leistungen der Unternehmen wird im wesentlichen von ihnen selbst gesteuert.

„Vom Warentest zum Unternehmenstest" lautete dann auch der Untertitel einer prämierten Diplomarbeit, die am Lehrstuhl Markt und Konsum an der Universität Hannover 1990 geschrieben wurde. Doch der Weg von der ersten Idee bis zur tatsächlichen Umsetzung ist gelegentlich mühsam. Und in der Tat lassen sich Schwierigkeiten und Risiken für ein neu zu etablierendes Informationsinstrument allemal leichter zusammentragen, als einen Lösungsweg zu finden und umzusetzen, der die Überwindung dieser Schwierigkeiten ermöglicht. Daß dieser Weg nun auch in Deutschland eingeschlagen wurde und über erste Erfahrungen mit dem neuen Informationsinstrument des Unternehmenstests berichtet werden kann, ist Vielen zu verdanken, an erster Stelle jedoch dem ideellen und finanziellen Engagement von *Frau Prof. Dr. Ursula Hansen und Herrn Dr. Peter Hansen*.

Zusammen mit den beiden Hansens besuchte ich 1991 *Alice Tepper Marlin* vom Council on Economic Priorities, der Inspiratorin und Macherin der „Shopping-Guides" in den USA. In Gesprächen mit ihr wurde die Grundidee von sozial-ökologischen Unternehmenstests konkretisiert, die neben dem vergleichenden Warentest in Deutschland sicher auch noch andere Wurzeln hat. Vor allem jedoch haben Ursula und Peter Hansen 1991 in Hannover die *Theodor Lessing Stiftung* errichtet, ohne deren finanzielle Zuwendungen das in diesem Zusammenhang gegründete imug-Institut die umfangreichen Arbeiten am Konzept von sozial-ökologischen Unternehmenstests nicht hätte aufnehmen können.

Hervorzuheben ist auch die aktive Mitwirkung von wichtigen bundesdeutschen *Verbraucherorganisationen* bei der Durchführung des ersten vergleichenden sozial-ökologischen Unternehmenstests. So sprach der Präsident der Arbeitsgemeinschaft der Verbraucherverbände, Herr Prof. Dr. Steffens, 1995 bei der Vorstellung der ersten Untersuchungsresultate von einem völlig neuen und wohl auch sensationellen Ansatz der Verbraucherinformation. Auch dem *Umweltbundesamt* ist zu danken. Es unterstützt ideell und finanziell die 1996 bis 1998 laufenden Untersuchungen in zwei verschiedenen Branchen.

Das hier vorliegende Buch ist als interdisziplinäres Arbeitsergebnis einer am Institut für Markt-Umwelt-Gesellschaft (kurz imug) arbeitenden Forschungsgruppe „Unternehmenstest" entstanden. *Herausgeber* des Buches ist das *imug*.

Ingo Schoenheit Hannover, Januar 1997
Geschäftsführender Vorstand
Institut für Markt-Umwelt-Gesellschaft e.V.

Inhaltsverzeichnis

Inhaltsverzeichnis VII
Verzeichnis der Abbildungen IX
Verzeichnis der Tabellen XI
Abkürzungsverzeichnis XIII

Einleitung

Unternehmenstest als sozial-ökologische Marktinnovation 1

1. Der Hintergrund:

Die Beziehung von Markt und Moral in einer sozial-ökologischen Marktwirtschaft

1.1 Leistungsfähigkeit und Probleme traditioneller Marktwirtschaften 11
1.2 Sustainable Development als Leitmotiv einer sozial-ökologischen Weiterentwicklung der Marktwirtschaft 17
1.3 Die Verankerung der Zukunftsfähigkeit in der sozial-ökologischen Marktwirtschaft 21
1.4 Schlußfolgerung: Information und Verantwortung als Bausteine der sozial-ökologischen Marktwirtschaft 35

2. Die Herausforderung:

Verantwortliches Konsumentenverhalten und der Informationsbedarf der Konsumenten

2.1 Unternehmensbezogene Verbraucherinformation als neues Element der Verbraucherpolitik 39
2.2 Unternehmensbezogener Informationsbedarf von Konsumenten 51

3. Das Konzept:

Der sozial-ökologische Unternehmenstest

3.1 Der sozial-ökologische Unternehmenstest als spezifisches Instrument 73
3.2 Legitimationsprobleme im Rahmen sozial-ökologischer Unternehmenstests 99
3.3 Methodische Aspekte des sozial-ökologischen Unternehmenstests 123

4. Die Umsetzung:
Der erste vergleichende sozial-ökologische Unternehmenstest in Deutschland

4.1   Das Projekt Unternehmenstest als Verbraucherinformation 157

4.2   Gesellschaftspolitische Verantwortung der Nahrungs- und Genußmittelindustrie 167

4.3   Vorgehensweise der Untersuchung 171

4.4   Ergebnisse der Untersuchung 191

4.5   Hypothesen zum sozial-ökologischen Unternehmensverhalten in der Nahrungs- und Genußmittelindustrie 203

4.6   Resonanzen und aktuelle Projektentwicklungen 215

5. Die Vernetzung:
Unternehmenstest im Ausland und andere konzeptnahe Praxisbeispiele

5.1   Entstehungsgeschichte der sozial-ökologischen Unternehmensbewertung 221

5.2   Kurzdarstellung ausgewählter Institutionen 231

6. Die Rechtslage:
Der Unternehmenstest im Lichte der Rechtsordnung

6.1   Determinanten einer kritischen Unternehmensberichterstattung 261

6.2   Informations- und wettbewerbstheoretische Aspekte 265

6.3   Das geltende Äußerungsdeliktsrecht 269

6.4   Zusammenfassung 293

Der Anhang

Anmerkungen 295

Literaturverzeichnis 301

Herausgeber und Autoren 323

Verzeichnis der Abbildungen

Abb. 1 : Der Unternehmenstest als Katalysator 7
Abb. 2 : Das Spannungsfeld zwischen ökonomischer Rentabilität und der
Übernahme sozial-ökologischer Verantwortung 28
Abb. 3 : Marktversagen im informationsökonomischen Dilemma 32
Abb. 4 : Legitimation von Konsumenteninteressen 41
Abb. 5 : Elemente einer Sustainable Consumption 44
Abb. 6 : Zuschreibung von Verantwortung 46
Abb. 7 : Verantwortungsentsprechung einzelner Institutionen 46
Abb. 8 : Hinderungsgründe für Unternehmen zur Übernahme gesellschaftlicher
Verantwortung 47
Abb. 9 : Verhaltensmöglichkeiten von Konsumenten 48
Abb. 10 : Informiertheit über soziale und ökologische Auswirkungen
unternehmerischer Tätigkeit 56
Abb. 11 : Informationsaspekte der Unternehmenspolitik 57
Abb. 12 : Informationsaspekte der Unternehmenspolitik im Zeitvergleich 58
Abb. 13 : Bandbreite unternehmensbezogener Informationsinteressen 59
Abb. 14 : Präferenz für Produkte verantwortungsvoller Unternehmen 61
Abb. 15 : Kaufrelevante Aspekte unternehmerischer Verantwortung 63
Abb. 16 : Kaufrelevante Aspekte unternehmerischer Verantwortung
im Zeitvergleich 64
Abb. 17 : Bandbreite kaufentscheidungsrelevanter Aspekte der
Unternehmenspolitik 65
Abb. 18 : Einschätzung des Einflusses von Verbrauchern 67
Abb. 19 : Interesse an Informationen von unabhängigen Institutionen
im Zeitvergleich 70
Abb. 20 : Normativ-deduktive Formen der Legitimation 104
Abb. 21 : Empirisch-induktive Formen der Legitimation 111
Abb. 22 : Legitimation durch Verfahrensqualitäten 115
Abb. 23 : Bedeutung einzelner Formen der Legitimation 120
Abb. 24 : Dimensionen des sozial-ökologischen Unternehmenstests 124
Abb. 25 : Phasen der Operationalisierung 133
Abb. 26 : Prozeß der Operationalisierung am Beispiel Umweltengagement 137
Abb. 27 : Berechnung eines Gesamtwertes auf Grundlage unterschiedlicher
Rating-Skalen 140
Abb. 28 : Arten der Modellierung sozial-ökologischer Unternehmensqualität ...141

Abb. 29 : Titelblatt der Buchveröffentlichung „Der Unternehmenstester" 165
Abb. 30 : Titelblatt der imug-Unternehmensbefragung 1994 183
Abb. 31 : Exemplarisches Unternehmensprofil (Auszug) 185
Abb. 32 : Bewertungs-Symbole im Unternehmenstester 186
Abb. 33 : Ergebnisdarstellung im Faltblatt „Unternehmenstester" (Auszug) 187
Abb. 34 : Homepage des imug im Internet 188
Abb. 35 : Beispiele für die Präsentation des Unternehmenstesters im Internet 189
Abb. 36 : Übersicht über die Untersuchungsergebnisse im Projekt
  Unternehmenstest 192
Abb. 37 : Übersicht über die Untersuchungsergebnisse im Projekt
  Unternehmenstest (Forts.) 193
Abb. 38 : Verantwortungsübernahme in der Nahrungs- und Genußmittelindustrie 195
Abb. 39 : Übereinstimmung im sozial-ökologischen Verhalten von Unternehmen
  in der Nahrngs- und Genußmittelindustrie 195
Abb. 40 : Unternehmensverhalten im Untersuchungsbereich
  „Informationsoffenheit" in der Nahrungs- und Genußmittelindustrie 196
Abb. 41 : Unternehmensverhalten im Untersuchungsbereich
  „Verbraucherinteressen" in der Nahrungs- und Genußmittelindustrie 197
Abb. 42 : Unternehmensverhalten im Untersuchungsbereich
  „Arbeitnehmerinteressen" in der Nahrungs- und Genußmittelindustrie 198
Abb. 43 : Unternehmensverhalten im Untersuchungsbereich
  „Frauenförderung" in der Nahrungs- und Genußmittelindustrie 199
Abb. 44 : Unternehmensverhalten im Untersuchungsbereich
  „Behinderteninteressen" in der Nahrungs- und Genußmittelindustrie 200
Abb. 45 : Unternehmensverhalten im Untersuchungsbereich
  „Umweltengagement" in der Nahrungs- und Genußmittelindustrie 201
Abb. 46 : Streudiagramm von gesellschaftlicher Wichtigkeit und
  sozial-ökologischem Unternehmensverhalten 207
Abb. 47 : Dendrogramm der Clusterung des sozial-ökologischen
  Unternehmensverhaltens 210
Abb. 48 : Beteiligungsinteresse am Unternehmenstest 216
Abb. 49 : Global Partners Mission Statement 229
Abb. 50 : Beispielseiten aus „Shopping for a Better World" (CEP) 233
Abb. 51 : Beispielseite aus „The ethical consumer Guide to everyday Shopping" 238
Abb. 52 : Beispielseiten aus „Shopping with a Conscience" 240
Abb. 53 : Beispielseite aus „Shopping for a Better World" (New Consumer) 243
Abb. 54 : Beispielseite aus dem Einkaufsführer der Asahi Shimbun Cultural
  Foundation 249
Abb. 55 : Beispielseite aus „Der Unternehmenstester" 251
Abb. 56 : Beispielseite aus „Guida al consumo critico" 257

Verzeichnis der Tabellen

Tab. 1 : Beispiele sozial-ökologischer Informations- und Bewertungsinstrumente 74
Tab. 2 : Verwendungsformen des sozial-ökologischen Unternehmenstests 78
Tab. 3 : Funktionen des Unternehmenstests 78
Tab. 4 : Überblick über konzeptverwandte Ansätze 81
Tab. 5 : Kriterien der Sozialverträglichkeit 83
Tab. 6 : Anforderungen an Sozialbilanzen 85
Tab. 7 : Bausteine eines betrieblichen Umweltinformationssystems 89
Tab. 8 : Konzeptverwandte Ansätze 96
Tab. 9 : Potentielle Informationsquellen für Unternehmenstests 145
Tab. 10 : Untersuchungsfelder im Projekt „Unternehmenstest als Verbraucher-
information" 173
Tab. 11 : Beispiele unterschiedlicher Skalenniveaus im Projekt
„Unternehmenstest" 180
Tab. 12 : Ergebnisübersicht der Hinweisfelder 202
Tab. 13 : Zusammenhänge von sozial-ökologischer Qualität und
Unternehmensgröße 204
Tab. 14 : Teilmärkte des Nahrungs- und Genußmittelmarktes 205
Tab. 15 : Zusammenhänge von sozial-ökologischer Qualität und Produktangebot 206
Tab. 16 : Rotierte Faktorladungen 208
Tab. 17 : Auswirkungen des sozial-ökologischen Verhaltens auf die
Informationsoffenheit der Unternehmen 209
Tab. 18 : Clustermittelwerte der einzelnen Untersuchungsfelder 211
Tab. 19 : Umfrageergebnisse über Vor- und Nachteile des Unternehmenstests 216
Tab. 20 : Ausgewählte Institutionen, die mit der sozial-ökologischen
Verantwortung von Unternehmen befaßt sind 222

Abkürzungsverzeichnis

ACA	Adaptive Conjoint Analyse
AfP	Archiv für Presserecht
AG	Aktiengesellschaft
AGB	Allgemeine Geschäftsbedingungen
AGKED	Arbeitsgemeinschaft Kirchlicher Entwicklungsdienst
AgV	Arbeitsgemeinschaft der Verbraucherverbände
ASU	Arbeitsgemeinschaft Selbständiger Unternehmer
BB	Betriebs-Berater
BDI	Bund Deutscher Industrie
BGB	Bürgerliches Gesetzbuch
BGH	Bundesgerichtshof
BGHZ	BGH, Entscheidungen in Zivilsachen
BLL	Bund für Lebensmittelrecht und Lebensmittelkunde
BMWi	Bundesministerium für Wirtschaft
BUND	Bund für Umwelt und Naturschutz Deutschland e.V.
BVE	Bundesvereinigung der Ernährungsindustrie
BVerfG	Bundesverfassungsgericht
BVL	Bundesverband des Deutschen Lebensmittel-Einzelhandels e.V.
BZGA	Bundeszentrale für gesundheitliche Aufklärung
CED	Committee for Economic Development
CEP	Council on Economic Priorities
CM	Conjoint Measurement
DB	Der Betrieb
DGB	Deutscher Gewerkschaftsbund
ECRA	Ethical Consumer Research Association
EG	Europäische Gemeinschaft
EIRIS	Ethical Investment Research Center
ERI	Eco-Rating International Corp.
EU	Europäische Union
FIAN	Foodfirst Information & Action Network
FIFEGA	Forschungsinstitut für ethisch-ökologische Geldanlagen
GG	Grundgesetz
GRUR	Gewerblicher Rechtsschutz und Urheberrecht
GWH	Gesellschaft für Wettbewerbsforschung und Handelsentwicklung
HGB	Handelsgesetzbuch
HUI	Hamburger Umwelt-Institut
HWWA	Hamburger Weltwirtschaftsarchiv
ICCR	Interfaith Center on Corporate Responsibility
imug	Institut für Markt-Umwelt-Gesellschaft e.V.
IRRC	Investor Responsibility Research Center
LMBG	Lebensmittel- und Bedarfsgegenständegesetz

LZ	Lebensmittelzeitung
MCA	Multiple Classification Analysis
mRA	multiple Regressionsanalyse
NGO	Non Governmental Organization
NJW	Neue Juristische Wochenschrift
NuG-Industrie	Nahrungs- und Genußmittelindustrie
ökom	Gesellschaft für ökologische Kommunikation mbH
OLG	Oberlandesgericht
PR	Public Relations
RaU	Recht am eingerichteten und ausgeübten Gewerbebetrieb bzw. am Unternehmen
RG	Reichsgericht
SIA	Social Impact Assessment
StGB	Strafgesetzbuch
UB	Umweltbeauftragter
UVP	Umweltverträglichkeitsprüfung
UWG	Gesetz gegen den unlauteren Wettbewerb
WCED	World Commission on Environment and Development
WPG	Wirtschaftsprüfung
WRP	Wettbewerb in Recht und Praxis
ZIP	Zeitschrift für Wirtschaftsrecht

Einleitung
Unternehmenstest als sozial-ökologische Marktinnovation

Unternehmenstest
als sozial-ökologische Marktinnovation

Wirtschaftliches Handeln heißt immer auch effizientes Handeln, und insbesondere in schwierigen Zeiten ist - wer würde das bezweifeln - eine Konzentration auf das Wesentliche unverzichtbar. Vereinfachungen und klare Schwerpunktsetzungen sind gefragt. So scheint es fast verständlich, wenn angesichts eines globalen Wettbewerbs die Sorge um den Wirtschaftsstandort Deutschland den Anstrengungen für eine ökologisch vernünftige und sozial verträgliche Weiterentwicklung unserer Wirtschaft und Gesellschaft den Rang abläuft. Kosten senken, rationalisieren, modernste Techniken einsetzen, neue Märkte erschließen, Produktionen verlagern, internationale Arbeitsteilungen nutzen, Anspruchsdenken zurückführen, den „Freizeitpark" abbauen u.a.m. sind dann folgerichtig die gängigen Metaphern, die Lösungen versprechen.

Allerdings werden diese Lösungen in Deutschland und Europa nicht gegen die Arbeitnehmer und auch nicht einseitig auf Kosten der sozial schwachen Bevölkerungsteile durchzusetzen sein. Es scheint, daß auch einseitige Lastenverteilungen zuungunsten der Entwicklungsländer und zuungunsten der Natur nicht mehr ohne weiteres durchsetzbar sind. Spätestens seit der von der UN 1992 durchgeführten *Konferenz für Umwelt und Entwicklung in Rio* ist die Beobachtung und vernünftige Gestaltung der sozialen und ökologischen Interdependenzen des Wirtschaftswachstums auf die Tagesordnung einer kritischen Weltöffentlichkeit gesetzt worden. Damit sind für eine strategisch ausgerichtete Unternehmenspolitik deutlich komplexere Anforderungen verbunden. Die Unternehmensverantwortung erhält „....vollkommen neue zeitliche und räumliche Dimensionen" (Schmidheiny 1992, S.129). Unternehmen sind demnach nicht nur für die Erreichung der eigenen ökonomischen und sozialen Ziele, die Zufriedenheit der Kunden, das Wohlergehen der Beschäftigten und anderer unmittelbar durch ihr Handeln betroffenen Personengruppen verantwortlich. „Die Unternehmen müssen die Auswirkungen ihrer Tätigkeit auf künftige Generationen und auf Menschen in anderen Teilen der Welt in Betracht ziehen" (Schmidheiny 1992, S.129).

Kritische Weltöffentlichkeit als Beobachtungsinstanz

Wie eine solche unternehmerische Selbstverpflichtung, die vom Business Council for Sustainable Development unter Führung des Schweizer Unternehmers Schmidheiny formuliert worden ist, mit der zeitgemäßen Share-Holder-Value-Maxime vereinbart werden kann, die ja geradezu ein Denken und Handeln in kleinen Zeiteinheiten bei gleichzeitiger Minimierung von freiwilligen Verantwortungsübernahmen nahelegt, bleibt abzuwarten. Es bleibt jedoch nicht nur abzuwarten. Das *Management der sozialen und ökologischen Verantwortung* durch die Unternehmen ist auch zu beobachten, zu analysieren, zu verstehen, zu diskutieren, zu beeinflussen und zu gestalten.

Verantwortungsübernahme und Share-Holder-Value

Mit dem *sozial-ökologischen Unternehmenstest* wird in diesem Buch ein Instrument vorgestellt, das genau dies leisten will. Mit dem Instrument des Unternehmenstests wird das tatsächliche soziale und ökologische Verhalten von Unternehmen beobachtet, analysiert und kommentiert. Durch die Veröffentlichung der Beobachtungsergebnisse wird die Diskussion über das, was verantwortliches Unternehmensverhalten ausmachen kann, angeregt und strukturiert. Im besten Fall beeinflussen diese Diskussionen die Erfolgsaussichten eines systematischen Managements der sozialen und ökologischen Verantwortung, dessen unternehmensindividuelle Ausgestaltung heute eine der Hauptaufgaben eines kreativen und innovativen Managements darstellt.

Soziale und ökologische Verantwortung als Managementaufgabe

Management der sozialen und ökologischen Verantwortung heißt dabei zunächst nichts anderes, als daß heute – in Ergänzung zu den klassischen Managementaufgaben – auch die Wahrnehmung *sozialer und ökologischer Verantwortung* eine spezifische Aufgabe ist, die es im Unternehmen „*zu managen*" gilt (Göbel 1992, S.20). Im Sinne des in den USA entstandenen Ansatzes der „social responsiveness" wird hier analytisch zur Kenntnis genommen, daß sich im gesellschaftlichen Umfeld von Unternehmen dynamische Entwicklungen vollziehen und der Erfolg der Unternehmenspolitik auch (und sogar zunehmend) von der Fähigkeit der Unternehmen abhängt, auf diese gesellschaftlichen Entwicklungen effizient zu reagieren, sie zu beeinflussen oder gar proaktiv für sich zu nutzen. Strategische Umfeldbeobachtung und Frühaufklärung (Steger, Winter 1996), Krisen-PR und Issue-Management (Dahle, Häßler 1996), Dialoge mit „gesellschaftlichen Anspruchsgruppen" (Hansen, Niedergesäß, Rettberg 1996), oder auch das noch stärker auf die Beeinflussung der politischen Rahmenbedingungen abzielende „Kontextmanagement" (Wiedmann 1993), sind einige der Managementinstrumente, die vor dem Hintergrund eines so verstandenen Managements der sozialen und ökologischen Verantwortung angewendet werden. Gerade die Übersetzung dieses Managementkonzeptes in handlungsbezogene Instrumente birgt die besondere *Gefahr der Instrumentalisierung*, des bloß noch strategisch angelegten Managements von „pressure-groups" oder „Issues" (Göbel 1992, S.21). Ob jedoch ein solches strategisch angelegtes Management der sozialen und ökologischen Verantwortung langfristig erfolgreich sein kann, wenn die Idee der Verantwortung nicht in der *Unternehmenskultur* wirklich verankert und unternehmensethisch fundiert ist, kann zur Zeit empirisch abgesichert nicht gesagt werden (Hansen, Niedergesäß, Rettberg, Schoenheit 1995). Als plausible Hypothese kann allerdings gelten, daß ein bloßes unternehmensstrategisches Konzept, das nicht auf einer Individualethik der handelnden Mangager und nicht auf einer in der Unternehmenskultur gelebten Unternehmensethik beruht, beträchtliche Glaubwürdigkeits-, und in deren Folge auch Handlungsdefizite, aufweisen wird. Denn erst in diesem Fall würden Entscheidungen in den Unternehmen nicht mehr nur das Ergebnis eines strategischen oder taktischen Kalküls sein, das die Auswirkungen der Entscheidung auf die Erreichung der Unternehmensziele in Betracht zieht. Hier würden auch eigene ethische Güterabwägungen in den Unternehmen stattfinden, die Entscheidungen und Handlungen begründen.

Allerdings werden sich schon in der Planungs- und *Konzeptionierungsphase* eines systematischen Managements der sozialen und ökologischen Verantwortung besondere Schwierigkeiten und Unsicherheiten zeigen:

- Wie sind die Erwartungen der Gesellschaft an das Unternehmen? Wer formuliert diese Erwartungen? Für welche Bereiche muß ein Unternehmen überhaupt Verantwortung übernehmen? Wo sind im Zweifelsfall Prioritäten zu setzen?
- Wie kann eine Ist-Analyse und Standortbestimmung des Unternehmens durchgeführt werden? Wie können die sozialen und ökologischen Leistungen des eigenen Unternehmens – vielleicht auch im Vergleich zu anderen – gemessen und bewertet werden?
- Welche Auswirkungen auf die Kosten und Erlöse haben ggf. einzelne Verantwortungsübernahmen?
- Welche Risiken geht ein Unternehmen ein und welche Zielkonflikte müssen ggf. ausgehalten werden?
- In welchem Umfang werden soziale und ökologische Leistungen des Unternehmens am Markt von den Kunden belohnt? Wie könnte sich die Wettbewerbsposition kurz- und langfristig verändern?
- Wie können sozial-ökologische Leistungen ggf. glaubwürdig kommuniziert werden, um am Markt bei den Kunden und in der Öffentlichkeit die erhoffte Anerkennung und Belohnung zu erhalten?

Es ist offensichtlich, daß diese Fragen aus der Perspektive von Managern und Unternehmen formuliert sind, für die ein zweckrationales Handeln zur Erreichung der unternehmerischen Umsatz- und Gewinnziele auch im Kontext eines Managements der sozialen und ökologischen Verantwortung eine schlichte Selbstverständlichkeit ist. Dies wirft allerdings grundsätzliche Fragen nach dem Verhältnis von *Markt und Moral* und dem Chancenpotential eines umfassend verantwortlichen und moralischen unternehmerischen Handelns unter Wettbewerbsbedingungen auf. Im *Kapitel 1* werden diese Fragen vor dem Hintergrund der Sustainability-Debatte ausführlich diskutiert. Es wird die Bedeutung der wirtschaftlichen, rechtlichen und politischen Rahmenbedingungen als Garant für moralisches Handeln in der Marktwirtschaft betont und zugleich das Universalkonzept relativiert, die „Rahmenordnung" als eigentlichen Ort der Moral zu sehen. Die freiwillige einsichtige Übernahme von individueller Verantwortung durch das Management ist ebenso unverzichtbar, wie die Belohnung eines entsprechenden unternehmerischen Verhaltens in der Öffentlichkeit und durch die Kunden am Markt.

Verhältnis von Markt und Moral

Ob genau dies jedoch realistischerweise angenommen werden kann oder ob es sich hierbei nur um ein vages und selten eingehaltenes Versprechen einer dem Zeitgeist folgenden Marktforschung handelt, wird seit ca. 10 Jahren am Beispiel des umweltbewußten Kaufverhaltens der Konsumenten diskutiert (Balderjahn 1986, Wimmer 1988, Schoenheit 1990, Meffert, Bruhn 1996). Das Ergebnis ist uneinheitlich und zwingt auch hier zu Differenzierungen. Im *Kapitel 2* „Verantwortliches Konsumentenverhalten und der Informationsbedarf der Konsumenten" werden deshalb die Determinanten vorgestellt, die darüber entscheiden, ob Wissen, Einstellungen und Verhaltensabsichten der Konsumenten in tatsächliches Kaufverhalten transformiert werden. Im Mittelpunkt stehen die Ergebnisse einer aktuellen empirischen Studie, die das Thema *„Verbraucher und Verantwortung"* in seinen ökologischen *und* sozialen

Konsumenten kaufen auch nach moralischen Gesichtspunkten

Handlungsaspekten differenziert vorstellt (imug-Emnid 1996). Nachgewiesen werden spezifische Informationsinteressen der Verbraucher über soziale und ökologische Leistungen der Unternehmen. Obwohl noch kein abschließend schlüssiges Erklärungsmodell vorgestellt werden kann, stützen die vorgetragenen Ergebnisse die Vermutung, daß ein Teil der Verbraucher auch beim Einkaufsverhalten glaubwürdige Informationen über sozial-ökologische Unternehmensleistungen berücksichtigen würde. Allerdings sind solche Informationen, die auch einen Vergleich zwischen den einzelnen Unternehmen erleichtern, nur im Ausnahmefall vorhanden. Nur wenige Unternehmen gehen bisher ausreichend auf diesen Informationsbedarf ein.

Das nachgewiesene Bedürfnis der Verbraucher, ihre gesellschaftspolitischen Überzeugungen auch im Kaufverhalten auszuleben, drückt sich deshalb zur Zeit vor allem noch in singulären, aber dennoch eindrucksvollen Boykottaktionen aus. Fast jeder Dritte hat sich bereits schon einmal oder öfter an solchen Boykottaktionen beteiligt (imug-Emnid 1996). Um den globalen Herausforderungen am Wirtschaftsstandort Deutschland gerecht zu werden, darf die bei den Verbrauchern vorhandene Motivation zu einem *„politischen Konsum"* – und damit die Chance zu einem sozial und ökologisch verantwortlichen Konsum – nicht mit einem kurzatmigen Boykott-Hopping und einer auf Skandale abhebenden „Single-Issue-Politik" verspielt werden. Die verständliche Lust am symbolischen Ausleben gesellschaftlicher Konflikte sollte uns den Blick nicht darauf verstellen, daß wir nach Foren suchen, ja sie ggf. erfinden müssen, in denen Verständigungen darüber angestrebt werden, was wir in einem ganzheitlichen Sinne unter einer zukunftsfähigen Wirtschaftsweise verstehen wollen und welche Rollen Unternehmen, Konsumenten und wichtige Teilöffentlichkeiten auf dem Weg hin zu einer solchen Wirtschaftsweise spielen können (Schoenheit 1996, S.198).

Unternehmenstest als Katalysator

Genau diese übergreifende gesellschaftliche Funktion will der *sozial-ökologische Unternehmenstest* ausüben, dessen Grundkonzeption und Methodik im *Kapitel 3* dargestellt wird. Der Unternehmenstest kann und soll ein Forum in den jeweiligen Branchen abgeben, in dem kontinuierlich und proaktiv die sozial-ökologisch wichtigen Themen (gelegentlich wird in diesem Zusammenhang auch von „Issues" gesprochen) beobachtet werden, in dem aber auch mit den Unternehmen und den interessierten gesellschaftlichen Gruppen streitlustig und von der Intention her verständigungsorientiert über diese Issues diskutiert wird (vgl. Abb. 1). Er versteht sich als *Katalysator zwischen Unternehmen, Konsumenten und der Öffentlichkeit* über Fragen, die im Zusammenhang mit den Entwicklungen hin zu einer zukunftsfähigen Wirtschaftsweise auftauchen. Statt situativer Krisenbewältigung bietet der Unternehmenstest die Chance zum proaktiven Dialog.

Das vorgestellte Konzept von sozial-ökologischen Unternehmenstests enthält neben normativen auch deutlich deskriptive Elemente. Es wertet vor allem die Erfahrungen des ersten systematischen sozial-ökologischen Unternehmenstests aus, der vom imug 1993 bis 1995 mit Unternehmen der Nahrungs-und Genußmittelindustrie durchgeführt wurde. Die Konzeption stellt zugleich einen Interpretationsrahmen für vergleichbare Projekte dar, die in den USA, Kanada, Japan, England und in einigen anderen europäischen Ländern in den letzten Jahren durchgeführt wurden.

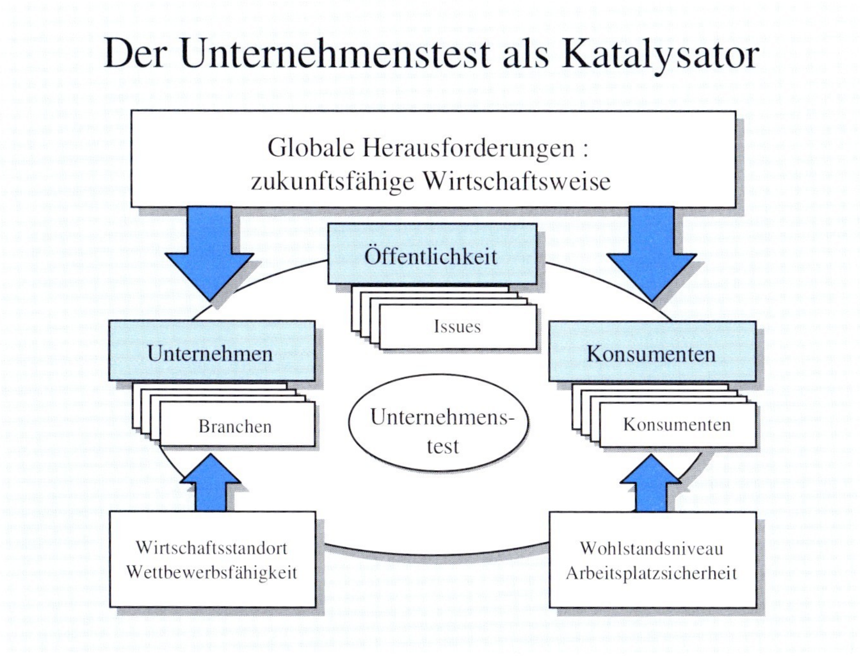

Der Unternehmenstest als Katalysator

Globale Herausforderungen : zukunftsfähige Wirtschaftsweise

- Öffentlichkeit
- Issues
- Unternehmen
- Branchen
- Unternehmenstest
- Konsumenten
- Konsumenten
- Wirtschaftsstandort / Wettbewerbsfähigkeit
- Wohlstandsniveau / Arbeitsplatzsicherheit

Abb. 1: Der Unternehmenstest als Katalysator; Quelle: Schoenheit 1996, S.198

In *Kapitel 4* werden die Erfahrungen und Ergebnisse des ersten deutschen Unternehmenstests ausführlich vorgestellt. Über die z.T. bereits veröffentlichten Ergebnisse hinaus, die 75 Unternehmen individuell kommentieren und bewerten, werden hier übergreifende Hypothesen zum sozial-ökologischen Unternehmensverhalten diskutiert und empirisch überprüft. Hängt beispielsweise das Ausmaß der sozial-ökologischen Verantwortungsübernahme von der Größe des jeweiligen Unternehmens ab, oder schneiden vielleicht die Unternehmen in sozial-ökologischen Bewertungsprozessen einfach besser ab, die über professionell arbeitende Kommunikationsabteilungen verfügen? Werden sozial-ökologische Unternehmensleistungen womöglich aus einer PR-Perspektive konzipiert? Die Untersuchungsergebnisse, die in Deutschland erstmalig nicht die Meinungen und Einstellungen von Managern und Unternehmen, sondern das tatsächliche Verhalten kriterienorientiert messen, liefern überraschende Ergebnisse, aber auch eine Reihe von Fragen, denen noch genauer nachgegangen werden muß.

Sozial-ökologische Bewertungen von 75 Unternehmen

In *Kapitel 5* werden Institutionen und Projekte vorgestellt, die als Varianten von sozial-ökologischen Unternehmenstests gelten können. Es wird deutlich, daß die umfangreichen Erfahrungen des Council on Economic Priorities von anderen Forschungsinstitutionen aufgegriffen wurden und es – unter der Berücksichtigung nationaler Besonderheiten – zu mehr oder weniger ähnlichen Umsetzungen in zahlreichen Ländern kam. Insbesondere religiöse Motive spielten in den 70er Jahren eine entscheidende Rolle beim Aufbau von Organisationen, die die Anfänge eines „ethischen Investments" unterstützten. Demgegenüber gerieten die Verbraucher als

Internationale Beispiele von Unternehmenstests

Adressaten von sozial-ökologischen Unternehmensbewertungen erst Ende der 80er Jahre in das Blickfeld. Dies und die Tatsache, daß in dieser Phase eher die ökologische Unternehmensverantwortung als soziales Kriterium öffentliche Beachtung und Akzeptanz fand, sind als wichtigste Ursachen für unterschiedliche Entwicklungslinien und Diskussionszusammenhänge in der Entstehungsgeschichte der Organisationen in den USA und in Europa anzusehen. Neben einer kurzen Skizze der Entstehung jeweiliger nationaler Organisationen wird auf Impulse verwiesen, die eine stärkere internationale Kooperation und Vernetzung der in aller Welt arbeitenden Initiativen intendieren, was von den Beteiligten angesichts der Tendenz zur Globalisierung als unabdingbar empfunden wird.

In *Kapitel 6* werden die interessanten *rechtlichen Rahmenbedingungen* erläutert, in denen sich sozial-ökologische Unternehmenstests in Deutschland bewegen. Diese rechtlichen Rahmenbedingungen sind deshalb so wichtig, weil es sich bei dem Unternehmenstest ausdrücklich um ein Kommunikationsinstrument handelt, das sich an die Öffentlichkeit (z.B. Verbraucher, Investoren) wendet. So sind Rückwirkungen auf die wirtschaftliche Situation des jeweiligen Unternehmens, über das berichtet wird, geradezu intendiert, die ihrerseits ein Interesse daran haben, ihre Arbeit ohne (ggf. auch kritische) Kommentierungen „von Dritten" durchzuführen. Mit den Instrumenten des Wettbewerbsrechtes, des Äußerungsrechtes und auf dem Hintergrund der gewachsenen Rechtsprechung zum vergleichenden Warentest werden die rechtlichen Rahmenbedingungen gezeichnet, die gegenwärtig für sozial-ökologische Unternehmenstests gelten und den Testern – bei einer entsprechenden methodischen Sorgfalt, inhaltlichen Sachkunde und Transparenz – einen erheblichen *Spielraum* zur systematischen Weiterentwicklung dieses Informationsinstrumentes eröffnen.

1. Der Hintergrund

Die Beziehung von Markt und Moral in einer sozial-ökologischen Marktwirtschaft

1.1 Leistungsfähigkeit und Probleme traditioneller Marktwirtschaften

Mit dem politischen und wirtschaftlichen Zusammenbruch der sozialistischen Staaten ruhen zumindest in den entwickelten Industrieländern nahezu alle Hoffnungen darauf, daß die Verbindung von westlicher Demokratie und marktwirtschaftlicher Ordnung letztlich am besten geeignet ist, Wohlstand, soziale Gerechtigkeit und Frieden zu fördern und zu sichern. Angesichts der weltweit wachsenden sozialen und ökologischen Probleme lastet damit eine enorme Erwartungshaltung auf den politischen und wirtschaftlichen Steuerungskräften der marktwirtschaftlichen Ordnung.

Langfristig wird die Stabilität der marktwirtschaftlichen Ordnung davon abhängen, ob sie in der Lage ist, bei der Bewältigung der von ihr mitverursachten, z.T. existenzbedrohenden Krisen einen Beitrag zu leisten. Die *normative Ausgangshypothese* für die Konzeption von sozial-ökologischen Unternehmenstests lautet in diesem Kontext: „Eine sozial und ökologisch verträgliche Weiterentwicklung unserer Marktwirtschaft ist dringend erforderlich" (Hansen, Lübke, Schoenheit 1993, S. 587).

Weiterentwicklung der Marktwirtschaft ist erforderlich

Im folgenden soll diskutiert werden, warum die Marktwirtschaft prinzipiell geeignet ist, zur Erreichung gesellschaftlicher Ziele beizutragen, worin Probleme und deren Ursachen in gegenwärtigen Marktwirtschaften liegen und wie eine sozial-ökologische Weiterentwicklung aussehen und erreicht werden kann. Dabei wird sich herausstellen, daß auch in Marktwirtschaften ein gesellschaftlich erwünschtes Ergebnis nicht allein durch Ge- und Verbote sowie ökonomische Anreize der Rahmenordnung sichergestellt werden kann, sondern immer auch vom freiwilligen verantwortungsbewußten Handeln der Akteure abhängig ist. Um dieses zu ermöglichen, ist neben einer entsprechenden Motivation vor allem die Beseitigung vorhandener Informationsdefizite notwendig. Dieser normativ und empirisch begründbare Informationsbedarf stellt die grundlegende Legitimationsbasis von sozial-ökologischen Unternehmenstests dar (siehe S. 102ff in diesem Buch).

1.1.1 Der Marktmechanismus als effiziente „Wohlstandsmaschine"

Der insbesondere von verschiedenen Wirtschaftsethikern gegenwärtig konstatierte Konflikt zwischen Markt und Moral[1] steht im Widerspruch zu der von Adam Smith entwickelten Vorstellung, nach der gerade der Markt als Ort einer institutionalisierten Moral Garant für ein gesellschaftlich erwünschtes und ethisch legitimes Ergebnis des Wirtschaftens sei (Homann, Blome-Drees 1992, S. 20ff). Die Ausgangsüberlegung des Moralphilosophen Smith war gerade die Suche nach einem Mechanismus, der die Effizienzvorteile moderner arbeitsteiliger Volkswirtschaften nutzt, ohne zu moralisch inakzeptablen Resultaten zu führen. Arbeitsteilung führt zu Effizienz, da im Idealfall derjenige eine gewünschte Leistung erbringt, der es am besten kann. Aus den damit verbundenen langen Produktionswegen und anonymen Austauschprozessen unter Beteiligung einer Vielzahl von Akteuren resultieren die Komplexität und Handlungsinterdependenz, die moderne Volkswirtschaften kennzeichnen (Homann, Blome-Drees 1992, S. 21).

Als direkte Konsequenz daraus ergibt sich für den einzelnen jedoch der Verlust über die Kontrolle des Ergebnisses seines Markthandelns. Zum einen ist aufgrund der Komplexität des Marktgeschehens ein *Verlust an direkter Handlungskontrolle* zu konstatieren, also die fehlende Erkennbarkeit und/oder Zurechenbarkeit vieler Handlungsfolgen, die an anderen Orten, zu anderen Zeiten, bei anderen Wirtschaftssubjekten mit kaum isolierbaren Wirkungen auftreten. Zum anderen führt die Interdependenz von Handlungen dazu, daß der einzelne keine Kontrolle über das ökonomische Gesamtergebnis hat (Suchanek 1994, S. 90ff). So hängt das Erreichen bestimmter gesellschaftlicher Zielvorstellungen (z.B. der Schutz der Umwelt) nicht von einem einzelnen allein ab, sondern von kollektiven Anstrengungen[2]. Wenn aber der einzelne keine oder nur eine begrenzte Kontrolle über das Ergebnis seines Handelns besitzt, dann – so die Interpretation der Klassiker und Ordnungsethiker – wäre die Übernahme individueller Verantwortung „als Konsequenz der auf Willensfreiheit basierenden individuellen Entscheidungsmöglichkeit und der damit einhergehenden Zurechnungsfähigkeit" (Melz 1987, S. 86) prinzipiell nicht möglich. Auch der Versuch, derart komplexe soziale Systeme durch Motive steuern zu wollen, würde wegen prohibitiv hoher Erkennungs- und Beeinflussungskosten rasch auf Grenzen stoßen (Homann, Blome-Drees 1992, S. 21f).

Steuerung und Kontrolle komplexer sozialer Systeme

Die Moralität des Marktes kann demnach entscheidend nur durch die Rahmenordnung gewährleistet werden. Das Ergebnis hängt dabei nicht von Motiven, sondern von Regeln ab; *Wohl-Stand* soll *unabhängig* sein vom *Wohl-Wollen* (Homann, Blome-Drees 1992, S. 23). Adam Smith (1978, S. 17) drückte dies 1789 in dem Satz aus: „Nicht vom Wohlwollen des Metzgers, Brauers und Bäckers erwarten wir das, was wir zum Essen brauchen, sondern davon, daß sie ihre eigenen Interessen wahrnehmen. Wir wenden uns nicht an ihre Menschen- sondern an ihre Eigenliebe". Die Austauschbeziehungen auf dem Markt werden damit auf die „Ding-Ding-Beziehung" reduziert, „Mensch-Mensch-" oder „Mensch-Ding-Beziehungen" werden für das Marktergebnis als unwichtig erachtet (Wieland 1990, S. 160). Der Marktmechanismus wird von Adam Smith entsprechend als „imaginäre Maschine" bezeichnet (Smith 1963, S. 116).[3]

Ist die Rahmenordnung vollständig definiert und durchgesetzt, führt nach der Theorie ein rein zweckrationales Verhalten, also die Gewinnmaximierung durch die Unternehmen zusammen mit der Nutzenmaximierung durch die Konsumenten, zu einer effizienten Allokation und einer (leistungs-)gerechten Verteilung. Dabei funktioniert der Wettbewerbsmechanismus als eine „*unsichtbare Hand*": Der gewinnmaximierende Unternehmer wird sich bemühen, Leistungen anzubieten, die den Präferenzen der Konsumenten entsprechen (Allokationsfunktion) und bei denen er möglichst alleiniger Anbieter ist, um eine Monopolrente erzielen zu können (Innovationsfunktion). Die Konsumenten stimmen nach Maßgabe individueller Nutzenmaximierung mit ihren Geldscheinen darüber ab, wie erfolgreich die einzelnen Unternehmer bei diesem Bemühen sind. Die Höhe der Unternehmensgewinne ist also dafür verantwortlich, in welche Richtung sich eine Volkswirtschaft bewegt. Die Größe einer Unternehmung sagt dann allenfalls etwas über ihren Erfolg bei der Befriedigung von Konsumentenbedürfnissen aus, nicht über ihre ökonomische Macht, die weiterhin vollständig in den Händen der

Die Rahmenordnung als zentraler Ort der Moral

Konsumenten liegt („Konsumentensouveränität"). In diesem Sinne ist Streben nach Gewinnmaximierung innerhalb des vorgegebenen Rahmens nicht nur erlaubt, sondern geradezu moralische Pflicht, da nur so ein den Konsumentenpräferenzen entsprechendes Angebot erreicht wird.

1.1.2 Gegenwärtige Probleme des Marktwirtschaftens

Die gegenwärtige Situation ist gekennzeichnet durch eine Reihe drängender sozialer und ökologischer Probleme: Arbeitslosigkeit und sich verschärfende soziale Ungleichheiten in den Industrienationen, Armut und fehlende Entwicklungsperspektiven in vielen Entwicklungsländern sowie das globale Umweltproblem lassen große Zweifel an der *Zukunftsfähigkeit unseres Wirtschaftsstils* aufkommen. Zu wanken beginnt der Mythos moderner Wirschaft, daß die Menschheit zur Lösung ihres vermeintlichen Grundproblems – der Knappheit von konsumierbaren Gütern – gegen die feindliche Natur ankämpfen müsse und sie durch Arbeit zu unterwerfen und zu besiegen habe (van Dieren 1995, S. 39).

Zweifel an der Zukunftsfähigkeit unseres Wirtschaftsstils

Systematisch besteht im wettbewerblichen „Prozeß der schöpferischen Zerstörung" (Schumpeter), der für die flexible Anpassung an eine sich wandelnde Nachfrage sorgen soll, immer ein Verlustrisiko (in Form von finanziellem Verlust oder Arbeitslosigkeit), mit dem die Mitglieder einer Marktwirtschaft als „Produzenten" i.w.S. (Kapitalgeber und Arbeitnehmer) dafür zahlen, daß ihnen als Konsumenten die Befriedigung ihrer Präferenzen durch den Markt in Aussicht gestellt wird. Leidtragende in diesem Prozeß sind traditionell die tatsächlich oder vermeintlich *Schwächeren*, wie Frauen, Behinderte und Menschen mit geringer formaler Bildung, Lernfähigkeit oder Durchsetzungskraft. Insbesondere diese Personengruppen trifft der gegenwärtig zu beobachtende Strukturwandel in Richtung auf Globalisierung und eine effiziente Dienstleistungsgesellschaft in Form von Arbeitslosigkeit oder Reallohnverlusten.

Im Zuge der Globalisierung erhält diese soziale Frage eine zusätzliche internationale Dimension. Gerade den Entwicklungsländern fehlt teilweise die Fähigkeit, sich an rasch ändernde Weltmarktbedingungen anzupassen.[4] Ist dies der Fall, verliert der Preismechanismus seine Funktionsfähigkeit: Fallende Preise führen dann nicht zu einer Einschränkung oder Änderung des Angebots, sondern eher zu einer Ausweitung, um den Preiseffekt durch die erhöhte Menge überzukompensieren. Diese Entwicklung zieht dann häufig eine Verschlechterung der terms of trade und damit Wohlfahrtseinbußen für ganze Regionen nach sich. Die konkreten Folgen zeigen sich in Form von Hunger, Kinderarbeit, Bevölkerungsexplosion und anderen Armutsphänomenen.

Neben den bereits seit Beginn des sog. „Frühkapitalismus" beklagten sozialen Problemen rücken seit den 60er Jahren[5] auch die ökologischen „Nebeneffekte" des Wirtschaftens immer mehr in das Blickfeld der kritischen Öffentlichkeit. Mit dem Ozonloch, dem (anthropogenen) Treibhauseffekt sowie dem Wald- und Artensterben sind infolge wachsender Industrialisierung lebensbedrohende Konflikte entstanden. Erste Erfolge im Umweltschutz, die z.T. zu einer deutlichen Verringerung der Umweltbelastung pro Konsumeinheit geführt haben, werden durch andere

Ökologische „Nebeneffekte" des Wirtschaftens in der Kritik

Entwicklungen überkompensiert. In den alten Industrienationen sind, dem vermeintlichen postmateriellen Wertewandel zum Trotz, ein anhaltender Anstieg des materiellen Konsums und seine weitere Ausdehnung auf den Freizeitbereich[6] zu beobachten. Global gesehen führen insbesondere das Wirtschaftswachstum im ost- und süd-ost-asiatischen Wirtschaftsraum sowie das Bevölkerungswachstum zu weiterem Ressourcenverzehr.

Zusätzlich zu diesen eindeutig meß- und spürbaren Auswirkungen sind auch Probleme der heutigen „Risikogesellschaft" (Ulrich Beck) zu berücksichtigen, deren Tragweite sich gegenwärtig noch gar nicht abschätzen läßt. Hier sind insbesondere die Folgen moderner Technologien, wie Kernenergie sowie Bio- und Gentechnologie, angesprochen.

Angesichts dieser Situation muß Adam Smith' Postulat der Harmonie einzelwirtschaftlicher Zweckrationalität und gesamtgesellschaftlicher Wohlfahrt als in hohem Maße widerlegt gelten. Auch und gerade ökonomisch erfolgreiche Produzenten sehen sich verstärkt Zweifeln einer kritischen Öffentlichkeit an der Legitimation ihres unternehmerischen Handelns ausgesetzt[7]. Ihre ökonomischen Erfolge erzielen sie häufig trotz oder sogar wegen der Inkaufnahme sozial-ökologisch negativer externer Effekte.

1.1.3 Die Kollektivgutproblematik als ökonomische Erklärung externer Effekte

Offensichtlich gelingt es also den Konsumenten nicht, diesen Zustand mittels Abstimmung mit den Geldscheinen zu beseitigen. Ulrich Beck (1986, S. 301) spricht in diesem Zusammenhang vom „Modell des 'gespaltenen Bürgers'": Phänomene, die der Bürger als citoyen in der politischen Arena beklagt, führt er durch Verfolgung seiner privaten Interessen als bourgeois im Bereich der Wirtschaft selbst mit herbei. Dies läßt sich zum einen auf die im Zuge von Konzentrationstendenzen und erfolgreicher Bedürfnisbeeinflussung durch Marketingaktivitäten gewachsene Macht einzelner Unternehmen zurückführen, ist zum anderen aber auch aus der individuellen Rationalität des Nachfragerverhaltens begründbar.

Die ökonomische Theorie behandelt diese Begrenztheit der Güterallokation über den Markt unter dem Stichwort der Kollektivgutproblematik: Sogenannte kollektive oder öffentliche Güter wie der soziale und ökologische Zustand einer Gesellschaft sind am Markt nicht erhältlich. Derartige Güter zeichnen sich in der Theorie durch zwei Prinzipien aus: Zum einen kann oder soll von ihrer Nutzung niemand, weder rechtlich noch physisch[8], ausgeschlossen werden (fehlendes Ausschlußprinzip), zum anderen sind die Grenzkosten ihres Konsums gleich Null (keine Konsumrivalität), d.h., es ist (theoretisch) irrelevant, ob von dem Gut eine Einheit mehr oder weniger konsumiert wird.

Soziale und ökologische Zustände als Kollektivgüter

Das fehlende *Ausschlußprinzip* führt nun dazu, daß kollektive Güter in Anspruch genommen werden, ohne daß für ihre Nutzung eine Gegenleistung erbracht werden müßte. Die Vorteile für den Nutzer fallen als marktlich nicht bewerteter externer Nutzen an. Gleichzeitig können jedoch auch negative externe Effekte, also Nutzeneinbußen bei anderen entstehen, die dafür nicht entschädigt werden. Dazu kommt es, da in der Realität öffentliche Güter mit vollständig *fehlender Konsumrivalität* quasi nicht existieren[9]. Zwar tendieren die Grenzkosten des individuellen Konsums hier gegen Null, in ihrer

Summe haben sie aber dennoch die Kraft, die Qualität öffentlicher Güter zu mindern. Hardin (1968) beschreibt dieses Phänomen in der Metapher „The Tagedy of Commons": Die Qualität der gemeinschaftlich genutzten, für alle freien Allmende wird kaum darunter leiden, wenn ein Bauer ein Stück Vieh mehr grasen läßt. Folgten aber alle Bauern dieser richtigen Überlegung, geht die Allmende bei unbeschränktem Zutritt ihrem sicheren Ruin entgegen.

Spiegelbildlich lassen sich auch die Probleme einer gemeinschaftlichen Produktion von Kollektivgütern erläutern (Olson 1968). Demnach besteht kein ausreichender individueller Anreiz, zur Produktion von Kollektivgütern wie Umwelt(schutz) oder sozialer Gerechtigkeit beizutragen. Der eigene Beitrag ist zu gering, um die Qualität derartiger Güter merklich zu verbessern. Verbessert oder vermehrt sich das Gut jedoch durch die Handlungen der anderen, kann man davon auch dann profitieren, wenn man zu seiner Erstellung nicht beigetragen hat *(„Trittbrettfahrerphänomen")*.

Konkret: Der individuelle Verzicht auf das Auto oder auf eine Flugreise kann bei dem einzelnen zu erheblichen Nutzeneinbußen führen, ohne daß dieses Opfer durch die Freude an einer spürbaren Verbesserung der Umweltsituation ausgeglichen werden könnte.

Fehlende Anreize für sozial und ökologisch verträgliches Handeln

Der Verzicht eines Unternehmens auf den Verkauf der von Kindern handgeknüpften Teppiche aus Indien kann zu Gewinneinbußen führen, ohne daß ein spürbarer Rückgang der Kinderarbeit in den Entwicklungsländern bewirkt würde. Es kann dem einzelnen also systematisch nicht gelingen, die ökologische oder soziale Situation dieser Welt so zu verbessern, daß er aus dem *Ergebnis* seines Tuns direkten Nutzen ziehen könnte[10].

Wird diese Logik des Mißlingens akzeptiert, dann resultiert u.a. daraus, daß der Problemdruck trotz existentieller Bedrohungen als erträglich wahrgenommen wird: Menschen lernen, nur das zu verlangen, was sie vernünftigerweise auch erreichen können (Tepperman, Laasen 1990, S. 1061). Halten sie die Nachfrage nach Kollektivgütern für hoffnungslos oder deren Angebot für nicht lohnend, dann bleiben die Präferenzen für eine sozial-ökologische Verbesserung der gegenwärtigen Situation unterentwickelt, um dem ständigen *Gefühl der Ohnmacht* zu entgehen.

Hinzu kommt, daß die negativen Folgen dieses Wirtschaftsstils größtenteils zukünftige Generationen, gesellschaftliche Randgruppen und einige Entwicklungsländer zu spüren bekommen, der Genuß des externen Nutzens, für den man nicht zahlen muß, jedoch vollständig hier und jetzt möglich ist. Das vermeintlich „Dringliche" kann das wirklich „Wichtige" noch verdrängen (Seidel 1993, S. 20). Allerdings kommt es langsam auch auf den derzeitigen „Wohlstandsinseln" zu einer zunehmenden direkten Rückbetroffenheit. Beispiele wie das Gesundheitsrisiko aufgrund

Negative Folgewirkungen selten unmittelbar erlebbar

des wachsenden Ozonlochs oder durch „Gift" in Nahrungsmitteln, klimatische Risiken in Form vermehrter Unwetter, Armutswanderungen und der Versuch einiger Entwicklungsländer, die Umwelt als diplomatische Waffe einzusetzen (Weizsäcker 1994, S. 206f), zeigen, daß die Probleme bereits vernehmlich, wenn auch nicht immer sinnlich wahrnehmbar[11], an unsere Türen klopfen.

1.2 Sustainable Development als Leitmotiv einer sozial-ökologischen Weiterentwicklung der Marktwirtschaft

Eine effiziente Marktwirtschaft ist kein Selbstzweck, sondern nur Werkzeug zur besseren Erreichung übergeordneter Ziele. Allein dadurch, daß sie ihrer Funktionslogik gehorcht und zumindest theoretisch in der Lage ist, den Bedarf[12] der Konsumenten bei gegebenen finanziellen Mitteln optimal zu befriedigen, gewinnt sie noch keine ausreichende gesellschaftliche Legitimität, die aber bis zu einem gewissen Grade Voraussetzung langfristiger Stabilität ist. Legitimität kann sie nur in bezug auf bestimmte Moralvorstellungen erlangen, die nicht aus der Ökonomie selbst heraus begründbar sind. Worin können nun diese Leitideen bestehen, die einen Maßstab für die Reflexion der „Nützlichkeit der Nutzenvorstellungen" (Wieland 1990, S. 170) darstellen und die Beurteilung der Frage ermöglichen, inwieweit eine Volkswirtschaft tatsächlich „wertschaffend" ist (Ulrich 1990, S. 198). Aus empirisch-deskriptiver Sicht lassen sich hier zwei Aspekte anführen, die in der Diskussion über die Legitimation von Marktwirtschaften u.E. die größte Relevanz besitzen: Dies sind die Ziele der Erhaltung bzw. Schaffung *sozialer Gerechtigkeit* und intakter *natürlicher Lebensgrundlagen.*

Gesellschaftliche Legitimität von Marktwirtschaften

Bereits Adam Smith hat erkannt, daß die Effizienz der Marktwirtschaft zu *sozialen Folgen* führt, die eine Begrenzung der Reichweite des Marktes erfordern, um nicht langfristig die Stabilität der marktwirtschaftlichen Ordnung an sich zu gefährden (Wieland 1990, S. 155). Eine Ordnung, die eine ungleiche Verteilung sozialer und wirtschaftlicher Ressourcen zuläßt, sollte nach John Rawls' „Theorie der Gerechtigkeit" idealerweise so beschaffen sein, daß diese Ungleichheiten

- „den am wenigsten Begünstigten den größtmöglichen Vorteil bringen" und
- „mit Ämtern und Personen verbunden (sind), die allen gemäß fairer Chancengleichheit offenstehen" (Rawls 1979, S. 336)[13].

Wettbewerb ist aus dieser Sicht also nur dann ethisch gerechtfertigt, wenn alle von ihm profitieren und zumindest potentiell jeder erfolgreich an ihm teilnehmen kann. Aus ähnlichen Überlegungen und den Erfahrungen der Weimarer Republik heraus, deren liberale Wirtschaftsordnung für die Entstehung der nationalsozialistischen Diktatur mitverantwortlich gemacht wurde, entwickelten u.a. Wirtschaftsminister Ludwig Erhard und sein Staatssekretär Alfred Müller-Armack die „Soziale Marktwirtschaft". Die schwierige Aufgabe bestand dabei darin, einerseits *soziale Sicherheit* und damit sozialen Frieden zu garantieren, was Voraussetzung für Investitionen sowohl in Sach- als auch in Humankapital ist, andererseits aber nicht die *Anreizwirkung* zu zerstören, die die Triebfeder des marktwirtschaftlichen Systems darstellt. Die anhaltende Diskussion um die „Grenzen des Sozialstaates" zeigt die Schwierigkeit, hierfür einen geeigneten Maßstab zu finden.

Soziale Marktwirtschaft als zeitgemäßes Konzept

Ein weiteres Problem ergibt sich daraus, daß die Reichweite der Sozialen Marktwirtschaft bisher auf den sozialpolitisch aktiven Staat, bzw. im Falle der EU auf eine Staatengemeinschaft begrenzt bleibt. Damit fehlt aber das Instrumentarium, mit dem auf die internationalen Strukturprobleme einer vernetzten Weltwirtschaft angemessen reagiert werden könnte. Statt dessen sind gerade die Instrumente, die helfen sollen, die sozialen Folgen des Strukturwandels innerhalb der Industrieländer abzufedern, mitverantwortlich für die *Benachteiligung von Entwicklungsländern*. Hier lassen sich beispielsweise Erhaltungs- und Exportsubventionen sowie Einfuhrzölle und nicht-tariffäre Handelshemmnisse anführen.[14]

In bezug auf die *Ökologieproblematik* zeigt sich, daß das biosphärische Umsystem seiner bisherigen Funktion im Wirtschaftsprozeß als Ressourcenquelle einerseits und als „Müllhalde" andererseits nicht mehr gewachsen ist. Inzwischen hat sich mit dem aus der Forstwirtschaft stammenden und im sog. Brundtland-Report (WCED 1987) erstmals in einem breiteren Zusammenhang propagierten Begriff des „Sustainable Development" ein Leitbild für die ökologisch tragfähige Weiterentwicklung moderner Volkswirtschaften in einem globalen Zusammenhang herauskristallisiert. Danach soll die gegenwärtige Generation ihre Bedürfnisse in einer Weise befriedigen, die auch zukünftigen Generationen die Befriedigung ihrer Bedürfnisse ermöglicht.

> Eine notwendige Voraussetzung für nachhaltige Entwicklung ist, daß sich die grundlegenden Bestände des natürlichen Kapitals einer Gemeinschaft oder eines Landes im Lauf der Zeit nicht verringern. Ein konstanter oder wachsender Bestand natürlichen Kapitals gewährleistet nicht nur die Deckung der Bedürfnisse der gegenwärtig legenden Generationen, sondern sichert auch ein Mindestniveau an Gerechtigkeit und Gleichberechtigung für zukünftige Generationen. (MacNeill 1990, S. 192)

Die Vorgaben, an denen sich eine Marktwirtschaft bei der Verfolgung dieses Leitbildes zu orientieren hätte, lassen sich grob in drei Regeln fassen:

- Bei *erneuerbaren Ressourcen* darf die Abbaurate nicht über der Regenerationsrate liegen.

- *Emissionen* in die Umweltmedien Boden, Wasser, Luft dürfen deren Assimilationskapazität nicht übersteigen.

- *Nicht erneuerbare Ressourcen* dürfen nur in dem Maße verbraucht werden, in dem erneuerbare Substitute erschlossen werden.[15]

Gefordert ist insofern ein Leben von den „Zinsen" der Natur bei Erhaltung ihrer Substanz und Funktionsfähigkeit, also eine Orientierung an der langfristig tragfähigen „Carrying Capacity". Dabei ist allerdings die Bestimmung von Regenerationsraten und Assimilationskapazitäten kaum eindeutig vorzunehmen. Zudem stellt sich die Frage, wie dieses „global gedachte" Konzept durch individuelles „lokales Handeln" umgesetzt werden kann. Insofern stellt das Sustainability Konzept mehr eine Richtungsangabe als ein operationables Ziel dar (Meffert, Kirchgeorg 1993, S. 45). Orientierungspunkt ist eine Kreislaufwirtschaft, in der die Unterscheidung zwischen Output und Input nicht mehr möglich ist. Jeder „Abfall" muß Ressource sein für einen neuen Prozeß im sozioökonomischen System oder im sonnengetriebenen Transformationsprozeß des biosphärischen Umsystems (Ekins 1992, S. 414). Als Wege dorthin werden meist eine größere *Suffizienz* in bezug auf die Lebensstile sowie eine erhöhte *Effizienz* bei der Bedürfnisbefriedigung beschrieben. Vernachlässigt wird dabei, daß die Kompatibilität des Wirtschaftssystems mit dem biosphärischen Umsystem nicht nur von der Durchflußmenge, sondern insbesondere auch von der Art der verwendeten Stoffe abhängt[16] (Lucas 1994, S. 4).

In der Forderung nach allgemeiner Bedürfnisbefriedigung formuliert das Sustainability Konzept zusätzlich zu dem eher auf intergenerative Gerechtigkeit abzielenden Prinzip ökologischer Nachhaltigkeit aber auch die Hoffnung auf intragenerative bzw. internationale soziale Gerechtigkeit durch weltweite Entwicklung. Damit entspricht das bisher sowohl in der politischen als auch in der ökonomischen Diskussion im Kern unwidersprochen gebliebene Leitbild der Sustainability bzw. Zukunftsfähigkeit[17] dem entscheidenden Kriterium präskriptiver abendländischer Ethik, nämlich dem Prinzip der Universalisierbarkeit[18]. Damit ist es – allen Schwierigkeiten einer Konkretisierung zum Trotz – durchaus geeignet, als das „deontologische Minimalethos ökonomischer Vernunft" (Ulrich 1990, S. 200) zu dienen. Die beträchtliche Anziehungskraft und die Leitbildhaftigkeit des Sustainability-Konzeptes hat jedoch Nachteile und Risiken. Das Konzept ist vage und läßt vielfältige, auch gegensätzliche Interpretationen zu (Pearce 1994). Die zu beobachtende Beliebigkeit, mit der „Nachhaltigkeits-Begriffskombinationen" in die Welt gesetzt werden, erinnert an die gedankenlose und dennoch absichtsvolle Verwendung der Begriffe „umweltfreundlich" und „ökologisch" (Schoenheit 1995, S. 207).Wenn einige hierin immerhin einen Beitrag sehen, "... dem Bürger die Idee der Nachhaltigkeit zu verkaufen..." (van Dieren 1995, S. 119), so darf die Gefahr der inhaltlichen Beliebigkeit nicht verkannt werden.

Auf intergenerative Gerechtigkeit abzielendes Prinzip

1.3 Die Verankerung der Zukunftsfähigkeit in der sozialökologischen Marktwirtschaft

1.3.1 Anforderungen an eine zukunftsfähige Rahmenordnung

Folgt man der oben skizzierten klassischen Vorstellung von Marktwirtschaften, dann ist der Ordnungsrahmen „der systematische Ort der Moral in einer Marktwirtschaft" (Homann, Blome-Drees 1992, S. 35). Spieltheoretisch ausgedrückt ist die Moral in den Spiel*regeln* so zu verankern, daß aus den (aus Effizienzgründen) vom moralischen Ballast befreiten ökonomischen Spiel*zügen* ein moralisch erwünschtes Ergebnis resultiert.

Wollte man eine zukunftsfähige Gesellschaft nach diesem Prinzip allein über eine veränderte Rahmenordnung erreichen, müßte man den maximal tragfähigen *Umweltverbrauch* sowie einen akzeptanzfähigen *Sozialstandard* festlegen und eine entsprechende effiziente Allokation durch eine geeignete Erweiterung des Marktmechanismus sicherstellen. Ein derartiges Ziel geht über die von der Umwelt- und Wohlfahrtsökonomie geforderte vollständige Internalisierung externer Effekte noch hinaus, da hier auch die Bedürfnisse zukünftiger Generationen und die Funktionsbedingungen der Ökosysteme miteinzubeziehen sind.

1.3.2 Die systematischen Defizite einer Sicherstellung der Zukunftsfähigkeit über den Ordnungsrahmen

Der Versuch, die sozialen und ökologischen Probleme moderner Volkswirtschaften *ausschließlich* über die Rahmenordnung zu regeln, ist (systematisch) zum Scheitern verurteilt, da die für eine regelgeleitete Sicherstellung des Sozialstandards sowie der effizienten Allokation des zukunftsfähigen Umweltverbrauchs notwendige Rahmenordnung weder theoretisch eindeutig definierbar noch politisch durchsetzbar und praktisch umsetzbar ist.

Die vollständige, eindeutige *Definition* der langfristigen Tragfähigkeit von Ökosystemen ist undenkbar, da alle, auch die jetzt noch unbekannten Stoffe auf ihre Zukunftsfähigkeit hin überprüft werden müßten. Weil sich ihre Zusammensetzung und folglich der Charakter ihrer Langzeit- und Summationseffekte ständig ändert, müßte diese Analyse laufend und in bezug auf eine unsichere Zukunft geschehen. Allenfalls kann es gelingen, für einige gut untersuchte Stoffe vorläufige, mehr oder weniger willkürliche Grenzwerte festzulegen (Wolf 1991, S. 396ff). Während im Bereich der Biosphäre die bestehende quantifizierbare Carrying Capacity nicht ermittelt werden kann, ist ein Maßstab für die Tragfähigkeit eines bestimmten Sozialstandards gar nicht erst existent. Wieviel Ungerechtigkeit und Ungleichheit eine Gesellschaft für tragfähig hält, läßt sich nicht theoretisch festschreiben, sondern allenfalls in einem konfliktreichen öffentlichen Diskurs ständig neu bestimmen.

> **Definition der langfristigen Tragfähigkeit von Ökosystemen nicht möglich**

Die Unklarheiten bei der Zieldefinition eines zukunftsfähigen Wirtschaftsstils haben direkte Auswirkungen auf die *politische Durchsetzbarkeit* der Mittel, die zu einer als tragfähig anerkannten Entwicklung führen sollen. Zwar profitiert das Umweltthema davon, daß hier alle negativ betroffen und folglich die traditionellen Konfliktlinien der sozialen Probleme durchbrochen sind.[19] Dennoch ist die Zustimmung einer Mehrheit zu dem erforderlichen Vorgehen angesichts der gegenwärtigen Diskussionen um eine ökologische Steuerreform auf nationaler oder um verbindliche CO_2-Reduktionsziele auf internationaler Ebene kaum zu erwarten.[20] Gefordert ist schließlich nicht mehr und nicht

Reaktives Handeln der Politik im Wettlauf mit der Zeit

weniger als die effiziente Allokation einer für alle Umweltgüter (Ressourcen und Assimilationskapazität) festzulegenden Menge, z.B. in Form von Umweltnutzungslizenzen. Zu unterschiedlich sind die Partikularinteressen, die in der politischen Arena aufeinanderprallen. Hinderlich ist auch, daß die Entscheidungsträger häufig nicht zu den Hauptleidtragenden der von ihnen behandelten Probleme gehören.[21] Zudem ist die Verarbeitung sozialer und ökologischer Probleme ein ständiger Wettlauf mit der Zeit: Wenn alles erlaubt ist, was nicht verboten ist, führt Handlungsbegrenzung durch rechtliche Regelungen zum Ausweichen auf die nächstbeste legale Lösung – unabhängig von deren schädlichen Auswirkungen.[22] Politik kann hier grundsätzlich nur reaktiv handeln (Beck 1986, S. 305[23]). Das von ihr geschaffene Recht ist dabei immer weniger in der Lage, die fortschreitende Dynamisierung des wirtschaftlichen und wissenschaftlichen Bereichs zu „domestizieren" (Wolf 1991, S. 378). Institutionelle Entscheidungsprozesse folgen den ökonomischen Entwicklungen nicht nur zeitlich nach, sondern benötigen häufig auch mehr Zeit als diese. Damit öffnet sich aber die Schere zwischen wirtschaftlichen Entwicklungen und wirtschaftspolitischen Reaktionen darauf im Zeitverlauf immer weiter.

Aber selbst wenn der theoretisch ideale Ordnungsrahmen definierbar und politisch durchsetzbar wäre, ist das erhoffte Ergebnis nur bei einer vollständigen *Umsetzung* garantiert. Das Vorhandensein der Spielregeln reicht nicht aus – sie müssen auch befolgt werden. Jede *verabsolutierte Ordnungsethik* unterliegt dabei dem Paradoxon, Menschen nur dadurch von individueller Verantwortung befreien und die Legitimität jeder legalen Handlung garantieren zu können, indem sie ihnen zusätzliche Verantwortung und/oder

Sanktionen sorgen für Einhaltung von Spielregeln

einen wachsenden *Überwachungsapparat* und *bewährte Sanktionsmechanismen* für die Einhaltung und Weiterentwicklung einer immer umfassenderen und restriktiveren Rahmenordnung zumutet. Die Tendenz zur zunehmend dichteren Gestaltung des Regelwerkes ergibt sich u.a. aus seiner Ausrichtung an potentiellen „Gaunern", die zu negativen Auswirkungen auf die freiwillige Verantwortungsübernahme der gutwilligen Anderen führt (Etzioni 1994, S. 433)[24]. Selbst wenn die Ordnung die Koordination legaler Handlungen zu einem erwünschten Gesamtergebnis garantierte, stellt sich die Frage, was die Einhaltung der Ordnung sicherstellt. Schon Machiavelli erkannte: „Wie nämlich zur Erhaltung guter Sitten Gesetze nötig sind, so sind zur Beachtung der Gesetze gute Sitten erforderlich." (Machiavelli 1977, S. 64).[25] Ohne diese guten Sitten, ohne eine „Mindestmoral in der Ökonomie" (Wieland 1990, S. 148) wären die Kosten des Kontroll- und Sanktionssystems prohibitiv hoch und polizeistaatliche Verhältnisse unumgänglich.[26]

Dies ergibt sich daraus, daß die Befolgung des Rechtssystems im Prinzip die Produktion eines öffentlichen Gutes darstellt, nämlich das der Rechtssicherheit. Derartige Kollektivgüterproduktion ist aber ohne individuelle Verantwortungsübernahme nur begründbar, wenn die Kontroll- und Sanktionsmechanismen so umfassend wären, daß bei *jeder* Nichtbefolgung für den Gesetzesübertreter die zu erwartende Strafe über dem zu erwartenden Nutzen läge.[27] Neben einer staatlichen Überwachung und Kontrolle nehmen in den entwickelten Industrieländern inzwischen allerdings zunehmend auch wichtige Teilöffentlichkeiten (z.B. Umwelt- und Verbraucherverbände) mit ihrem Kritikpotential diese wichtigen Funktionen wahr. Allerdings ist auch ihr Kontroll- und Sanktionspotential zumindest dort systematisch begrenzt, wo die Verursachung ökologischer und sozialer Probleme nicht im Sinne eines individuellen Kausalitätsnachweises zu führen ist (Wolf 1991, S. 412). Um so notwendiger wird deshalb die individuelle Verantwortungsübernahme, trotz eines immer dichter gesponnenen Regelungsnetzwerks und eines wachsenden Einflusses von Institutionen der öffentlichen Kritik (siehe auch S. 112f in diesem Buch). Das *Verursacherprinzip* muß durch das *Öffentlichkeits-* und das *Verantwortungsprinzip* ergänzt werden, soll es nicht nur recht sondern auch im doppelten Wortsinn billig sein.

Ordnungsethik fordert dieses verantwortungsvolle Handeln in bezug auf die Regeln, damit innerhalb der Regeln verantwortungslos gehandelt werden kann. Die zentrale Frage ist nun, ob Menschen sich in verschiedenen Lebensbereichen ähnlich oder unterschiedlich verhalten hinsichtlich ihrer Bereitschaft, verantwortlich und „moralisch" zu handeln; ob sie also zwischen den unterschiedlichen Funktionsmechanismen der verschiedenen Subsysteme ausdifferenzierter Gesellschaften exakt zu unterscheiden und sich ihnen entsprechend zu verhalten wissen. Wer gewohnt ist, am Markt „verantwortungslos" handeln zu dürfen, dem könnte es schwerfallen, die Befolgung von Regeln nur deshalb zu akzeptieren, weil dies dem Gemeinwohl dienlich ist. Zu beobachten ist eine „Kolonialisierung der Lebenswelt" durch die Ökonomie (Habermas), bzw. eine „Expansion der ökonomischen Rationalität" (Wieland 1990, S. 166) auch auf Bereiche, in denen sie nicht angemessen ist. Dies gilt insbesondere für ein Wirtschaftssystem, das die Steuerung durch Egoismus und Gewinn auf seine Fahnen geschrieben hat. Warum sollte sich auch ein Individuum im Bereich von Recht und Politik plötzlich moralischer verhalten als im Bereich der Wirtschaft?

Verantwortliches Handeln in unterschiedlichen Lebensbereichen

Wenn aber der Ordnungsrahmen defizitär und seine Einhaltung unsicher sein *müssen*, gewinn- und nutzenmaximierendes Verhalten also keinesfalls zwangsläufig zur Steigerung des Gemeinwohls beiträgt, dann muß die „Formel von der ethischen Richtigkeitsvermutung des Gewinnprinzips" (Steinmann, Löhr 1994a, S. 161) relativiert werden. Die freiwillige individuelle Übernahme von Verantwortung ist erforderlich, damit der Markt seine Funktion „als Steuerungsinstrument sozialökologischer Innovationen" (Hansen, Lübke, Schoenheit 1993, S. 589) erfüllen kann. Der verantwortungsbewußte, gemeinwohlorientierte Staatsbürger müßte dann eine Personalunion eingehen mit dem auch moralisch motivierten Wirtschaftssubjekt.

Freiwillig Übernahme von Verantwortung ist unverzichtbar

Aber woher kann überhaupt die Hoffnung kommen, daß die Individuen dem erfolgreichen Programm der „Kolonialisierung der Lebenswelt" etwas entgegensetzen können und wollen? Ist dem *Egoismus-Fieber* in den modernen Gesellschaften durch „.... Ethik-Tropfen, heiße Wir-Umschläge und tägliche Einredungen auf das Gemeinwohl ..." überhaupt beizukommen (Beck 1995, S. 10)? Das schlichte Beharren auf ein Menschenbild, das an die Vernunftbegabung des Menschen und sein Bedürfnis nach solidarischem Handeln glaubt, wäre ein bloßer *Gegen*entwurf zur tatsächlichen Welt. Etwas anderes wäre es, wenn wir in dieser tatsächlichen Welt ähnlich viele oder eindrucksvolle Beispiele fänden, die von einem *Verhalten „jenseits des Egoismus-Prinzips"* zeugten (Etzioni 1994). Solche Beispiele lassen sich in allen Lebensbereichen so zahlreich nachweisen, daß sowohl die quasi anthropologische Prämisse der neoklassischen Nationalökonomie, die das menschliche Handeln als ausschließlich eigennützig motiviert sieht, als auch die These vom vollständigen Erfolg der Kolonialisierung der Lebenswelt durch das „ökonomische Prinzip" verworfen werden müssen.

Angemessener scheint das „Ich + Wir-Paradigma" der Sozioökonomie, die Verschiedenartigkeit und Gegensätzlichkeit menschlichen Verhaltens zu deuten. Es behauptet, „... daß Einzelpersonen gleichzeitig durch zwei Gruppen von Faktoren beeinflußt werden – von ihrem Streben nach Vergnügen und ihrer moralischen Pflicht (die beide durch die Sozialisierung geprägt sind)" (Etzioni 1994, S. 128).

Allerdings ist die konkrete Form ihres Zusammenwirkens von zahlreichen historischen, gesellschaftlichen und auch situativen Bedingungen abhängig. So sind dann auch die Formen, in denen die Bürger heute in den entwickelten Industrieländern moralisches Verhalten zeigen (können), ungewohnt und mit der angestrengten Suche nach Individualität und Selbstbestimmung häufig eng verbunden.

> Das eigene Leben ist durchaus ein *moralisches* Leben, jedenfalls ein Leben auf der Suche nach einer Moral der Selbstbestimmung, einer Moral *von unten*. Diese darf allerdings nicht mit den eingeschliffenen, abgegriffenen, widerspruchsvoll gewordenen Pflichtformen und -formeln gleichgesetzt bzw. verwechselt werden. (Beck u.a. 1995, S. 14)

Gerade in der Sphäre des Konsums gehen individuelle, eigennützige Motive und ein „moralisches" Handeln komplizierte und überraschende Allianzen ein. Die zu längerfristigem solidarischen Handeln kaum noch fähigen Individualisten zeigen hier punktuell und z.T. symbolhaft aufgeladen durch Kaffee-, Weintrinken, Tanken und Einkauf, was sie von Unternehmen halten, die bestimmte moralische Standards unterlaufen (Schoenheit 1996, S. 182f).

1.3.3 Die individuelle Verantwortung der Wirtschaftssubjekte

Die Verantwortung der Konsumenten[28]

Bei Anerkennung des Sustainability-Gebotes ist nur ein langfristig tragfähiger Konsumstil moralisch legitim. Angesichts bestehender Unsicherheiten und differenzierter Wertorientierungen wäre es gesellschaftspolitisch unsinnig, hier genau quantifizierte „moralische Grenzwerte" festlegen zu wollen, die beispielsweise jedem Unternehmen, aber auch jedem Konsumenten den jeweiligen „Umweltraum", den sie in einer bestimmten Zeiteinheit verbrauchen dürfen, genau vorgeben.

1.3 Die Verankerung der Zukunftsfähigkeit

> Wenn allen Menschen weltweit gerechterweise der gleiche Ressourcenverbrauch zusteht, darf jeder auf Dauer nur 2,3 Tonnen CO_2 jährlich produzieren. ... Wenn unsere Mobilität das Klima nicht belasten soll, dürfen dadurch höchstens 600 Kilo Kohlendioxid entstehen. Das entspricht 250 Litern Benzin – pro Jahr. Wer fliegt, hat nicht mal soviel zur Verfügung. Wegen ihrer Höhenwirkung heizen Jet-Abgase die Atmosphäre zwei- bis viermal stärker auf als beispielsweise Autofahren. Fazit: 25 Prozent des Klima-Budgets sind für Mobilität reserviert. Selbst wenn sie den gesamten Jahresanteil in einen einzigen Flug investieren, kommen sie damit nur 1420 Kilometer weit. (Keiffenheim 1997, S. 22f)

Vielmehr geht es darum, grundsätzlich die individuelle Verantwortung für einen zukunftsfähigen und an sozialer Gerechtigkeit orientierten Wirschafts- und Lebensstil zu übernehmen und nach ihm zu handeln. Dies muß nutzenmaximierendem, ökonomisch rationalem Verhalten[29] keineswegs entgegenstehen.

So kann beispielsweise der Verzicht auf Bedürfnisbefriedigung durch den Konsum materieller Güter Zeit und Energie freisetzen, die zur Produktion immaterieller, also nicht an Wirtschaftsgüter gebundenen Nutzens verwendet werden können (Scherhorn 1994a, S. 233f). Neu hinzukommende Konsummöglichkeiten verbessern also nicht zwangsläufig das Wohlbefinden der Verbraucher, denn sie erfordern vielfach den Verzicht auf bisherige Betätigungen, da die den Menschen zur Verfügung stehende Zeit und Energie begrenzt ist. Das materielle Ausmaß der konsumierten Marktgüter darf also keinesfalls als Hauptbestimmungsgröße des erfahrenen Nutzens verstanden werden. So kann beipielsweise das Streben nach Nutzen, der in der materiellen Ausstattung begründet liegt („Ausstattungsnutzen"), sogar kontraproduktiv sein, wenn es die Erzielung von Handlungsnutzen behindert.[30]

Lebensqualität ist nicht unbedingt an den Gebrauch von Wirtschaftsgütern gebunden

Nun stellt aber der Konsumverzicht häufig keine akzeptable Option dar. Deshalb müssen auch die nachgefragten Leistungen selbst der Forderung langfristiger Tragfähigkeit genügen. Der einfachste Fall ist der Bedarf nach einem Produkt, das zusätzlich *auch* ökologisch und/oder sozial verträglich ist. Die Entdeckung und Vermittlung derartiger Kompatibilitätsbeziehungen zwischen direkt individuellem und kollektivem Nutzen ist im Kern Aufgabe der Anbieterseite, jedoch können auch Umwelt- und Verbraucherverbände hier mitwirken.

Schwieriger wird der Fall, wenn zwar Präferenzen für die Kollektivgüter vorliegen, der Beitrag zu ihrer Produktion jedoch individuelle Nutzeneinbußen zur Folge hat: die Nutzung voller Vorortzüge statt bequemer Pkws, die Fahrradtour in die nächstliegenden aber verregneten Urlaubsorte statt der Flugreise auf die Malediven, der doppelte Transport von Pfandflaschen statt des Genusses bequemer Wegwerfdosen. Nach der „Logik des kollektiven Handelns" (Olson 1968) ist hier – wie oben gezeigt – kein moralisch wünschenswertes Verhalten zu erwarten, da der einzelne nicht die Möglichkeit besitzt, aus dem *Ergebnis* seines Handelns individuellen Nutzen zu erzielen.

Individuelle Nutzeneinbußen durch moralisches Verhalten

Daß diese Schlußfolgerung jedoch nicht zwangsläufig ist, liegt im Nutzen begründet, den das *Handeln* selbst stiften kann. Dieser resultiert aus der Befriedigung des durch sozialen Druck ("Fremdachtungsnutzen") oder durch individuelle Präferenzen ("Selbstachtungsnutzen") motivierten Bedürfnisses, sozial und ökologisch verantwortungsbewußt zu handeln (Schrader 1995, S. 13ff). Für das Vorhandensein solcher Bedürfnisse gibt es zahlreiche Evidenzen, allerdings wird meistens der Ort ihrer Befriedigung eher in den nicht-ökonomischen Lebensbereichen Familie, Politik und "civil society" lokalisiert (Ekins 1991, S. 2f; Etzioni 1994, S. 111) und eine Art "Zwei-Welten-Modell von ökonomischer Rationalität und außerökonomischer Moralität" (Ulrich 1990, S. 181) unterstellt. Wenn aber der Aufwand für die Verbesserung von Kollektivgütern, der "... ja eigentlich auf der Kostenseite auftauchen müßte, sich in Wahrheit als Bestandteil des Nutzens herausstellt" (Hirschman 1988, S. 94), dann wird Trittbrettfahren auch für Egoisten wenig attraktiv, denn "... in erster Linie schädigt der Trittbrettfahrer sich selbst"[31] (ebd., S. 95)[32]. Dieses gelegentlich schon vorgetragene Argument[33] wird jedoch bei der Diskussion des Kollektivgutproblems nach wie vor meistens vernachlässigt.[34]

Sozial-ökologisch verantwortliches Handeln als Ziel

Der Konsument in der sozial-ökologischen Marktwirtschaft ist also durch zwei entscheidende Merkmale gekennzeichnet. Um dem Leitbild des "Sustainable Consumption" (Hansen, Schoenheit, Devries 1994) gerecht werden zu können, muß für ihn "der Weg das Ziel" sein (Meffert, Kirchgeorg 1993[35]). Das sozial-ökologisch verantwortungsbewußte *Handeln* bzw. die "in-process benefits" müssen zum Ziel werden, da sein Ergebnis vom Verhalten der anderen abhängt und damit ungewiß ist.

Alle Bestrebungen, soziale und ökologische Anliegen gegen den Markt oder am Markt vorbei durchsetzen zu wollen, bleiben angesichts der realen Kräfteverhältnisse ungenügende Reparaturversuche (Ekins 1991, S. 3).[36] In der sozial-ökologischen Marktwirtschaft ist der Bürger deshalb ebenso Kunde wie der Kunde Bürger ist (Bennigsen-Foerder 1988).[37] In den Worten von Ulrich Beck geht es also darum, den "gespaltenen Bürger", also den citoyen und den bourgeois im "politischen bourgeois" (Beck 1993, S. 196) zusammenzuführen.

Die Verantwortung der Unternehmen

Folgt man dem Ökonomie-Nobelpreisträger Milton Friedman, dann ist die moralische Verantwortung von Unternehmen klar definiert:

> There is one and only one social responsibility of business – to use its resources and engage in activities designed to increase its profits so long as it stays within the rules of the game, which is to say, engages in open and free competition without deception or fraud.
> (Friedman 1970, S. 126)

Implizit gibt Friedman mit diesem Statement bereits die Begründung, weshalb sich das Handeln der Unternehmung schon aus (gesamt-)wirtschaftlicher Sicht nicht nur an der Legalität orientieren darf, will es legitim sein. Dies wäre nur unter den Bedingungen eines offenen und freien Wettbewerbs ohne Möglichkeit zu Täuschung und Übervortei-

1.3 Die Verankerung der Zukunftsfähigkeit

lung der Fall. Die „rules of the game", also die Spielregeln der neoklassischen Modellökonomie wie Internalisierung externer Effekte, Vorliegen vollständiger Information, Beseitigung von Marktzutrittsschranken etc., sind aber in der Realität nicht vollständig herzustellen. Entsprechend steht die Gewinnmaximierung nicht nur unter dem Legalitäts-, sondern auch unter dem „Friedensvorbehalt" (Steinmann, Löhr 1994a, S. 152), will sie legitim sein. Die Betriebswirtschaftslehre reagierte auf diese Konstellation z.B. mit Konzepten wie der „Großunternehmung als quasi-öffentliche Institution" (Ulrich 1977) oder dem Stakeholder-Ansatz (Freeman 1984). Auch nahm die Zahl der Veröffentlichungen zur Unternehmensethik in den letzten Jahren rasant zu.

Erster Schritt auf dem Weg zu einer ethischen Unternehmensführung ist die Anerkennung der eigenen Verantwortung angesichts von *Handlungsspielräumen*, die im Gegensatz zur neoklassischen Modellökonomie in der Realität bestehen. Die von Entscheidungsträgern häufig zur Abwehr von Kritik an ihrem Handeln verbreiteten „Selbstbilder entscheidungsloser Vollzüge" (Beck 1993, S. 196) angesichts der Zwänge eines dynamischen Wettbewerbs entsprechen i.d.R. nicht den tatsächlich vorliegenden Handlungsalternativen in der Organisation und für die Organisation. Wären Entscheidungen tatsächlich immer durch vermeintliche Sachzwänge determiniert, könnte man „die Wirtschaft" auch als Computerspiel simulieren und Güter sowie Gewinne anschließend entsprechend verteilen.

Das Postulat moralischen bzw. gesellschaftlich verantwortlichen unternehmerischen Verhaltens wird seit längerem insbesondere im Rahmen der Marketingwissenschaft thematisiert. So sollen etwa die klassischen Leitideen des Marketing, nämlich die Kunden- und Wettbewerbsorientierung, durch die Gesellschaftsorientierung ergänzt werden: Alle Aktivitäten des Marketing, das heute ja als umfassende Führungskonzeption von Organisationen verstanden wird, haben im Einklang mit gesellschaftlichen Interessen zu geschehen, ja das gesamte Marketing soll sich zu einem gesellschaftlich orientierten Marketing hin entwickeln (Wiedmann 1989, S. 233).

Gesellschaftsorientierung als ergänzende Leitidee des Marketing

Das Konzept des gesellschaftlich orientierten Marketing stellt nun keinesfalls die stumpfe Waffe der „moral suasion" dar, sondern erhält seine praktische Relevanz vor allem vor dem Hintergrund des Wertewandels (vgl. Raffée, Wiedmann 1986; Stern Bibliothek 1990; Stern Bibliothek 1995), des Trends zur aktiven und kritischen Gesellschaft und insbesondere durch die Institutionalisierung von Kritik, sei es z.B. in Gestalt verbraucher- und umweltpolitischer Institutionen, sei es in Gestalt der Massenmedien. Gerade diese Institutionen der Kritik verkörpern damit in ihrer Kontroll- und Kritikfunktion (Wiedmann 1989, S. 231) ein Sanktionspotential gegenüber Unternehmen, das ihnen ein Stück sozial-ökologische Verantwortung aufzwingt und Verstöße dagegen tendenziell mindert. Durch diese Entwicklung hat die schon in den 70er Jahren von Hirschman vorgenommene Erweiterung der Wettbewerbsperspektive, die nicht nur *„exit"* (Marktaustritt), sondern auch *„voice"* (Widerspruch) umfaßt, eine außerordentliche Aktualität gewonnen (Hirschman 1974; hinsichtlich der Weiterführung des Hirschman'schen Ansatzes vgl. Specht 1979). So kann etwa der in den Massenmedien artikulierte „Widerspruch" mit derart großen Imageschäden für die Unternehmungen verbunden sein, daß dieses Risiko sie in der Tendenz zur *Antizipation sozial- und ökologieverträglicher Strategien* veranlaßt, bis hin zu verantwortlich gestal-

„Öffentliche Kritik" als zusätzliches Steuerungsinstrument

teten, strategisch angelegten „Sozio-Programmen" und einem entsprechenden Sponsoring.

Im Zuge des Wertewandels gewinnt darüber hinaus ein ökologisch und sozial positives Unternehmensimage für die Unternehmungen noch in einer weiteren Perspektive an Bedeutung: im Wettbewerb um Humanressourcen (und nicht nur um die Gunst der Konsumenten) realisieren jene Unternehmungen „benefits", die die Chancen eines positiven sozial-ökologischen Images nutzen oder zumindest sich nicht dem Risiko eines auch im Personalmarketing schädlichen Imageverlustes aussetzen.

Gerade im Zuge der skizzierten institutionalisierten „voice" ist also ein „Drohpotential" entstanden, das ein gesellschaftsorientiertes Marketing realiter fördert und einem sozialökologischen Fehlverhalten von Unternehmungen entgegenwirkt. Der „öffentliche Druck" ist somit zu einem weiteren Steuerungsinstrument des Wettbewerbs geworden (Wiedmann 1989, S. 232).

Welche Möglichkeiten zur Durchsetzung ethischer Anforderungen auf einzelbetrieblicher Ebene bestehen, läßt sich angesichts der unterschiedlichen Konstellationen im Spannungsfeld ökonomischer Rentabilität und sozial-ökologischer Verantwortungsübernahme aufzeigen (vgl. Abb. 2).

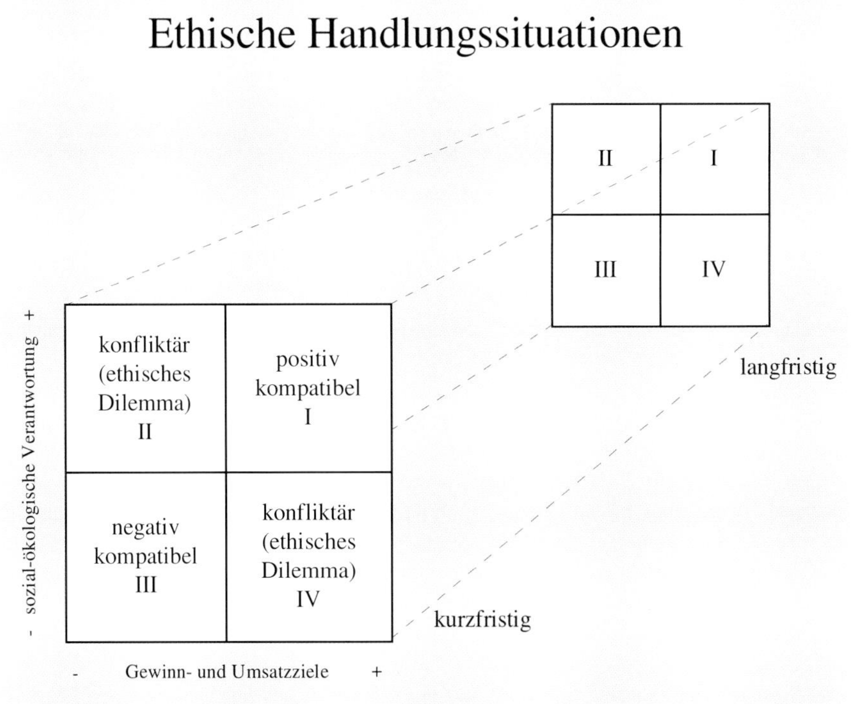

Ethische Handlungssituationen

Abb. 2: Das Spannungsfeld zwischen ökonomischer Rentabilität und der Übernahme sozialökologischer Verantwortung; Quelle: Hansen 1995a, S. 35 mit Änderungen

Die Einordnung in die Felder dieses Quaders muß für einzelne Leistungen, für die unterschiedlichen Geschäftsfelder und für die Unternehmung als Ganzes vorgenommen werden.

Während Feld III sowohl ökonomisch als auch moralisch uninteressant ist und im Feld I Gewinnerzielung (Legalität) und Legitimität zusammenfallen, also auch hier aus ethischer Sicht kein unmittelbarer Handlungsbedarf besteht, sind die in bezug auf sozial-ökologische Verantwortung interessanten Dilemmasituationen in den Feldern II und IV angesiedelt. In Feld IV stellt sich die Frage, ob auf die moralisch bedenklichen Handlungen unter Inkaufnahme eines ökonomischen Opfers verzichtet werden soll. Ein Beispiel wären hier bestimmte Rüstungs- oder Giftmüllexporte in Entwicklungsländer, von denen der Verbraucher nichts weiß oder auf die er nicht reagiert.

Die Aufrechterhaltung moralisch anerkennenswerter Leistungen, die nicht durch den Markt abgegolten werden, ist in Feld II angesiedelt. Ein Beispiel wäre ein Verzicht auf legale, billige, aber umweltschädliche Rohstoffe, den der Verbraucher oder die Institutionen der Kritik nicht merken oder nicht honorieren. Wie soll sich ein Unternehmen in derartigen Dilemmasituationen verhalten? Langfristig betrachtet könnte eine Auflösung der Dilemmasituation quasi von selbst erfolgen, wenn sich moralisch erwünschtes Handeln in Form erhöhter Nachfrage und/oder einem verbesserten Image auszahlt (Wechsel zum Feld I), bzw. unverantwortliches Handeln langfristig inkompatibel zum ökonomischen Erfolg wird (Wechsel zum Feld III, z.B. aufgrund eines Verbraucherboykotts). Bei gleichbleibenden Spielregeln lassen sich die Dilemmasituationen also nur unter der Voraussetzung des oben beschriebenen sozial-ökologisch verantwortlichen Nachfrageverhaltens, z.T. in Verbindung mit öffentlicher Kritik der Konsumenten, auflösen.

Dilemmasituationen verantwortlichen Handelns

Nun geschieht diese Auflösung des ethisch-ökonomischen Dilemmas aber i.d.R. keinesfalls von selbst, sondern bedarf einer aktiven Strategie der Unternehmung. Die Stoßrichtungen dieser Strategien lassen sich dabei unterteilen in ordnungsgerichtete, also auf die Änderung der Spielregeln angelegte Aktivitäten (Kontextmanagement; Wiedmann 1989, S. 240) und in wettbewerbsgerichtete, also auf eine Verbesserung der Spielzüge innerhalb bestehender Spielregeln ausgerichtete (Homann, Blome-Drees 1992, S. 135ff).

Betrachtet man eine relativ stabile Situation in Feld IV, so würden manche Unternehmen aufgrund ihrer spezifischen Situation bei individuellem Verlassen des Feldes ihre Überlebensfähigkeit in Gefahr bringen. Dennoch bestehen auch hier Möglichkeiten des moralischen Handelns. So kann die unternehmerische Gestaltungsmacht, z.B. auch in kollektiv gebündelter Form als Verbandseinfluß, dazu genutzt werden, die Spielregeln der Marktwirtschaft so zu ändern, daß ein Aufenthalt in Feld IV unmöglich wird. Möglichkeiten sind hier die Einflußnahme auf politische Entscheidungsträger (Public Marketing; Raffée 1979), aber auch kollektive Selbstbindungen z.B. in Form von Branchenabkommen. Derartiges ordnungspolitisches Engagement ist jedoch nur dann zu erwarten, wenn der veränderte Rahmen die Situation der Unternehmung(en) nicht verschlechtert. Beispiele wären die Festlegung von Standards, die das Unternehmen ohnehin erbringt bzw. erbringen muß, leicht erbringen kann oder deren Kosten durch imagewirksame „Vermarktung" des Engagements ausgeglichen werden können. Die Imagewirkung kann dabei für die gesamte Branche oder für einzelne, besonders aktive Unternehmen anfallen.[38]

Originär wettbewerbliche Strategien in Feld IV hätten das Ziel, durch die sozialökologische Umgestaltung des Leistungsangebots das Feld I zu erreichen. In diesem Feld kommt dem vielfältigen Repertoire der Innovationsstrategien zentrale Bedeutung zu (Raffée 1989, S. 24ff). Neben der Erschließung neuer Kundensegmente sind auch – wie erwähnt – direkte positive Auswirkungen auf die Akquisition und Motivation von Mitarbeitern[39] und damit indirekt auf das Unternehmensergebnis zu erwarten. Wenn diese Umgestaltung nicht reibungslos vonstatten geht, kann das Verlassen von Feld IV eine zwischenzeitliche Positionierung in Feld II nach sich ziehen. Dabei kann der Gewinnverzicht als Investition in die langfristige Gewinnerzielungsfähigkeit und damit Überlebensfähigkeit der Unternehmung interpretiert werden.

In Feld II besteht die wettbewerbliche Strategie darin, entweder die Kosten der Leistungserstellung zu reduzieren oder den Umsatz (also Preis und/oder Absatzmenge) der Leistung zu erhöhen, wobei im zweiten Fall insbesondere auf kommunikationspolitische Instrumente nach dem Motto „Tue Gutes und rede darüber!" zu setzen ist: Den Konsumenten muß deutlich gemacht werden, daß hier die Chance besteht, einen sozialökologisch bedingten (Zusatz-)Nutzen zu realisieren. Sowohl die kosten- als auch die umsatzorientierte Strategie kann dabei von den bereits beschriebenen ordnungspolitischen Bemühungen begleitet bzw. unterstützt werden.

Der Versuch einer dauerhaften Positionierung in Feld I bringt auch eine Veränderung des Verhältnisses von Staat und Unternehmen mit sich. Da nun die sozial-ökologische Verantwortlichkeit als Wettbewerbsfaktor genutzt wird, hat die Unternehmung ein originäres Interesse an der Einhaltung der selbstgesetzten, i.d.R. oberhalb der gesetzlichen Anforderungen angesiedelten Standards. Entsprechend ist zu erwarten, daß bestehende Vollzugsdefizite bezüglich Sozial- und Umweltgesetzgebung durch eine Selbstkontrolle der Unternehmen zurückgedrängt werden.

Sozial-ökologisch verantwortliches Verhalten muß sich rechnen

Die hier vorgestellten Strategieansätze stehen alle unter dem Postulat, daß sie sich zumindest langfristig rechnen müssen. Deshalb wurde ihnen verschiedentlich ihre ethische Komponente abgesprochen (vgl. z.B. Rath 1989, S. 123). Dagegen ist vom ordnungsethischen Standpunkt her einzuwenden, daß die Überlebensfähigkeit von Unternehmen Voraussetzung für das Angebot von Arbeitsplätzen, die Produktion nachgefragter Güter und die Zahlung gesellschaftlich notwendiger Steuern ist. Aber auch aus individualethischer Sicht sind dieser Argumentation mindestens zwei Punkte entgegenzuhalten: Erstens lassen sich auch in Institutionen alle Handlungen auf individuelle Entscheidungen zurückführen; diese sind zwar durch die Organisation beeinflußt, stellen jedoch keine bloße Exekution von Systemimperativen dar. Welche individuellen Motive dabei eine Rolle spielen, wenn ein Mitarbeiter versucht, das unternehmerische Handeln im Bereich ökonomisch-moralischer Kompatibilität anzusiedeln, kann kein Außenstehender beurteilen – es scheint jedoch plausibel, daß bloßes Gewinnmaximierungsinteresse hierzu nicht ausreicht. Ohne entsprechendes soziales und ökologisches Bewußtsein ist das Vorhandensein der notwendigen Sensibilität eher unwahrscheinlich (Hansen 1988a, S. 719). Zweitens läßt sich die Marktentwicklung nicht exakt vorbestimmen. Wie oben angesprochen, ist das Verhältnis von Angebot und Nachfrage keine Einbahnstraße, sondern ein rekursiver Prozeß. Nur wer weiß, daß Autofahren ohne Abgase möglich ist, wird auch entsprechende Präferenzen entwickeln können. Wenn also ein Unternehmen ein Angebot gestaltet, das auf eine sozial-ökologisch verantwortungsbewußte Nachfrage setzt, dann beschleunigt es so die Entwicklung in Richtung auf eine nachhaltige Wirtschaftsweise, statt sie zu verzögern. Vielleicht maximiert es so auch seinen langfristigen Gewinn – zumindest stellt es einen Wechsel auf eine sozial-ökologisch „bessere" Zukunft aus.

1.3.4 Die informatorischen Voraussetzungen individueller Verantwortungsübernahme am Markt

Die Übernahme von Verantwortung hängt vom Vorliegen einer wahrgenommenen Entscheidungsmöglichkeit ab, d.h. es muß eine Abschätzung der möglichen Alternativen vorgenommen werden. Voraussetzung dafür sind entsprechende Informationen. Innerhalb der Unternehmung ist hier in bezug auf die Ökologisierung des Leistungsprogrammes insbesondere die Ergänzung des traditionellen Controllings um Instrumente der ökologischen Unternehmensführung angesprochen; denn fehlendes Wissen kann zumindest dann nicht von Verantwortung befreien, wenn es relativ problemlos einholbar gewesen wäre (Hansen 1992, S. 115). Die notwendigen Schritte zur sozial-ökologisch verantwortlichen Leistungsfindung sollen jedoch nicht weiter vertieft werden. Hier geht es vielmehr um die Frage, wie diese Leistung an Konsumenten mit dem Bedürfnis nach sozial-ökologisch verantwortlichem Handeln vermittelt werden kann.

Wenn ethische Maßstäbe bisher im Markthandeln von Konsumenten kaum zur Geltung kamen, so liegt dies u.a. im Fehlen entsprechender Informationen begründet. Auch Haltbarkeitsdatum oder Farb- und Konservierungsstoffe können keine Kaufkriterien sein, wenn sie dem Konsumenten unbekannt sind. Während hier inzwischen gesetzliche Regelungen getroffen wurden, besteht in bezug auf Informationen über die sozial-ökologische Qualität von Leistungsangeboten und Unternehmensverhalten nach wie vor große Unsicherheit. Zwar läßt sich dieser Mangel mit dem spezifischen Charakter derartiger, schwierig interpretierbarer Informationen erklären, jedoch ist seine schrittweise Beseitigung für das Funktionieren der sozial-ökologischen Marktwirtschaft notwendig.

Ethisches Handeln braucht Informationsgrundlagen

Wenn diese Informationsasymmetrie zwischen Hersteller und Konsumenten besteht, ist ein Marktversagen im „informationsökonomischen Dilemma" (Kaas 1992, S. 479) die Folge: Auch wenn Nachfrage und Angebot für die (Zusatz-)Leistung „sozial-ökologische Verantwortung" bestehen, können in dieser Situation keine, bzw. nur wenige entsprechende Transaktionen stattfinden (Abb. 3).

Die Unsicherheit, statt sozial-ökologisch verträglicher Leistungen nur „Öko- und Sozial-Schwindel" zu erhalten, führt zu einem Preisvorbehalt, bzw. zu geringer Preisbereitschaft. Damit bekommen die wirklich verantwortungsbewußten Produzenten ihre i.d.R. höheren (privaten[40]) Kosten nicht mehr im Marktpreis abgegolten, was ihr Ausscheiden aus dem Markt verursacht. Dies hat eine weitere Erhöhung des Anteils trittbrettfahrender Produzenten und schließlich eine weiter gesteigerte Unsicherheit zur Folge. Dem einzelnen ist es immer weniger möglich, den eigenen Präferenzen entsprechend zu handeln. Der Markt kann seine Funktion als Motor sozial-ökologischer Innovationen nicht wahrnehmen.

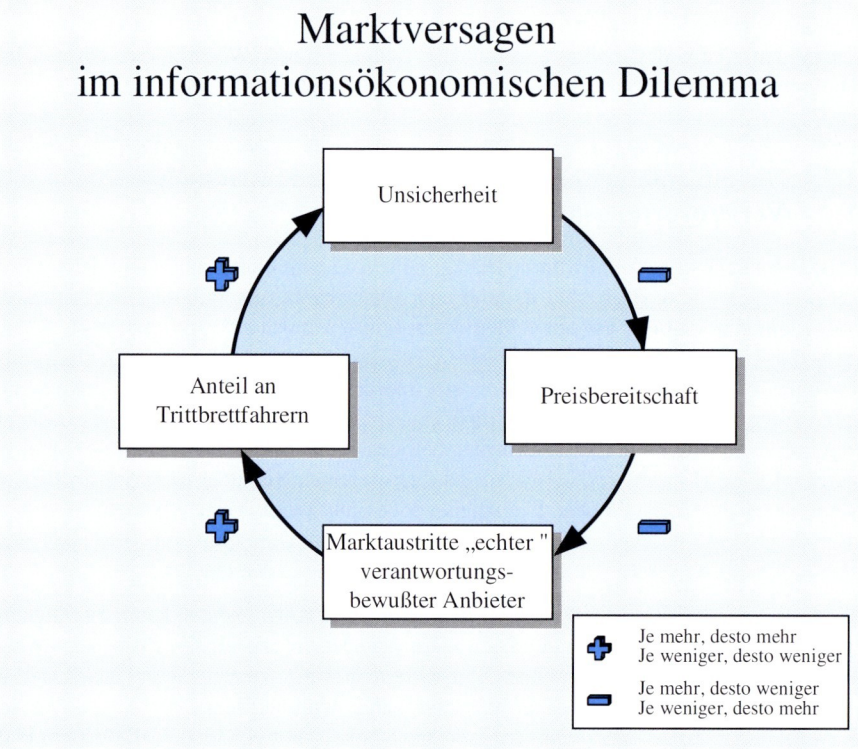

Abb.3: Marktversagen im informationsökonomischen Dilemma

Möglichkeiten, diesen Teufelskreis zu durchbrechen, bestehen im Abbau der Unsicherheit durch direkte und indirekte Informationsübertragung, also in der direkten Reduktion der Informationsasymmetrie zwischen Produzent und Konsument, sowie durch Reputationsaufbau[41] (Kaas 1992, S. 480ff[42]), bzw. Reputationsmanagement (Wiedmann 1984, S. 240f).

Bei der *direkten Informationsübertragung* kann sich der Konsument selbst von den Angaben des Produzenten überzeugen. Dies ist insbesondere bei solchen Leistungsbestandteilen möglich, die als Sucheigenschaften[43] bereits vor dem Kauf direkt beurteilt werden können. Bei dem sozial-ökologischen Unternehmensverhalten handelt es sich jedoch i.d.R. um eine Vertrauenseigenschaft, die für den Konsumenten selbst nicht oder nur zu prohibitiv hohen Kosten überprüfbar ist (Kaas 1990, S. 543). Die Informationsübertragung kann dann nur stellvertretend an Unternehmensbesucher, Mitarbeiter oder Experten geschehen und durch die Kommunikationspolitik vermittelt werden (Kaas 1992, S. 480f).

Sozial-ökologische Qualitäten als Vertrauenseigenschaften

Praktikabler ist die *indirekte Informationsübertragung*. Diese erfolgt durch staatliche Auflagen, freiwillige Selbstbindung des Herstellers (Hüser 1993, S. 274ff) oder unabhängige Untersuchungen. Staatliche Auflagen für eine sozial-ökologisch relevante Leistungskennzeichnung gibt es bisher nur im Bereich von biologischen Lebensmitteln[44] und dort, wo direkt Gesundheitsaspekte betroffen sind[45]. Die freiwillige Selbstbindung ist nur dann in der Lage, Vertrauenseigenschaften in „Quasi-Sucheigenschaften" (Hüser 1993, S. 276) zu transformieren, wenn sie für einen Trittbrettfahrer unmöglich, bzw. zu teuer ist. Deshalb wird die Selbstbindung meist mit einer unabhängigen Untersuchung verbunden.[46] Diese Untersuchungen variieren in ihrem Objektbereich vom einzelnen Produkt bei der Stiftung Warentest oder den Tests der Zeitschrift Öko-Test, über den Standort beim EG-Öko-Audit-System bis zur gesamten Unternehmung[47] (siehe S. 81ff in diesem Buch). Mit dieser Ausweitung werden unternehmensbezogene Informationen zur Marktwirksamkeit gebracht, die bisher nur wenigen Eingeweihten zugänglich waren. Es findet also eine Anpassung des Informationsrechtes der Verbraucher an empirisch vorfindbare und normativ begründbare Informationsbedarfe statt (Hansen 1996, S. 108ff). Gleichzeitig steigt damit das Angewiesensein auf die Kooperationsbereitschaft der Unternehmen, da viele der benötigten Informationen bei geltender Gesetzeslage nur durch freiwillige Selbstauskunft erhältlich sind (Hansen 1996, S. 118f). Sowohl Selbstbindung als auch Ergebnisse unabhängiger Untersuchungen finden ihren Niederschlag häufig in transaktionskostensparenden Gütesiegeln (Hüser 1993, S. 276ff), für die im Umweltbereich die Bezeichnung „Öko-Labels" geprägt wurde (Hansen, Kull 1994).

Marktwirksamkeit von Informationen über sozial-ökologisches Unternehmensverhalten

Ein *Reputationsaufbau* und damit ein Unsicherheitsabbau kann stattfinden, indem die in bezug auf Such- und Erfahrungseigenschaften erhaltenen positiven Eindrücke auf die Vertrauenseigenschaften übertragen werden. So kann der erfahrbare geringe Wasser- und Energieverbrauch einer Waschmaschine dazu verleiten, diese generell als ökologisch zu bezeichnen, d.h. z.B. auf umweltverträgliche Produktion und Materialien zu schließen. Auch kann die Benutzung von Öko-Labeln, die als Quasi-Sucheigenschaften akzeptiert werden, den Eindruck von sozial-ökologischem Unternehmensverhalten auch über die speziell zertifizierte Leistung hinaus suggerieren. In diesem Fall wäre jedoch Trittbrettfahrerverhalten nicht auszuschließen.

Es läßt sich festhalten, daß aufgrund der fehlenden Praktikabilität der direkten Informationsübertragung und der Gefahr des Trittbrettfahrerverhaltens bei einer Strategie des Reputationsaufbaus insbesondere der indirekten Informationsübertragung große Bedeutung bei der Bereitstellung von Informationen zukommt, die für das Funktionieren der sozial-ökologischen Marktwirtschaft notwendig sind. Hier scheint wegen der Glaubwürdigkeitsdefizite von Unternehmen und ihren Verbänden auf der einen Seite und der Schwerfälligkeit politischer Regelungen auf der anderen Seite, unabhängigen Untersuchungen ein besonderes Gewicht zuzukommen. Da diese jedoch auf Unternehmensinformationen angewiesen sind, ist eine Unterstützung entweder durch unternehmerische Informationsbereitschaft und/oder durch staatlich verfügte Informationspflichten unverzichtbar (Hansen 1996, S. 114ff).

1.4 Schlußfolgerung: Information und Verantwortung als Bausteine der sozial-ökologischen Marktwirtschaft

Der Versuch, ein sozial und ökologisch verträgliches Wirtschaften durch Verantwortungsübernahme und Information zu flankieren, statt nur durch Regulation zu verwirklichen, erscheint sinnvoll. Es handelt sich hierbei um eine demokratische Strategie, die der Bevölkerung nicht nur alle vier Jahre, sondern ständig die Möglichkeit gibt, über die erwünschte Entwicklungsrichtung einer Volkswirtschaft (mit Geldscheinen[48] und ggf. mit Widerspruch) abzustimmen. Die Informationen sind dabei nicht als nur noch zu vollstreckende Verhaltensnormen einer „Ethiktechnologie" (Mittelstrass 1990, S. 37) gedacht. Sie sollen den Konsumenten die verantwortungsbewußte Entscheidung nicht abnehmen, sondern ermöglichen. Dabei entspricht die Ansiedlung der Entscheidungsbefugnisse auf der Ebene der Individuen dem Subsidiaritätsprinzip, das die Legitimierung der Beschränkung der Autonomie der untersten Instanz fordert. Zudem sind sozial-ökologische Vorreiter auch als eine Minderheit handlungsfähig. Sie haben damit die Möglichkeit, Alternativen zu schaffen, deren Akzeptanz dann den gesamten sozial-ökologischen Umbau beschleunigen kann.

Informationen für verantwortungsbewußtes Konsumverhalten

Die speziellen Informationen von sozial-ökologischen Unternehmenstests eröffnen dabei eine neue Dimension der Markttransparenz. Hierbei handelt es sich um ein Instrument, das dazu beitragen kann, auf zwei Ebenen den vielfach geforderten Diskurs über die Weiterentwicklung unserer modernen Gesellschaft praktisch zu führen: Zum einen bei der (in späteren Artikeln dieses Buches behandelten) Formulierung der Kriterien, zum anderen aber auch zwischen Konsumenten und Unternehmen auf Grundlage einer erweiterten Kaufentscheidungsbasis.

Vertretern eines umfassenden Dialogkonzeptes in der Unternehmensethik (wie insb. Peter Ulrich) wurde entgegengehalten, daß der Diskurs aus praktischen Gründen auf Ausnahmefälle beschränkt werden müsse (Steinmann, Löhr 1994a, S. 155f). Bereits hier ergeben sich dann Umsetzungsprobleme: Wer soll wie und warum an welchem Dialog teilnehmen? Letztlich mußten hier immer willkürliche Regelungen getroffen werden. Deshalb sollten die marktlichen Transaktionen im Normalfall „sprachfrei über Preise, Geld und Gewinn abgewickelt und koordiniert werden" (Steinmann, Löhr 1994a, S. 156), ergänzt um den Steuerungsmechanismus einer kritischen „Marktöffentlichkeit" (Wiedmann 1984, S. 234ff).

Sozial-ökologische Unternehmenstests können nun als pragmatische Ergänzung zu Einzelthemen geführten face-to-face-Dialogen gesehen werden (Hansen, Schoenheit 1995): Das Unternehmen hat die Möglichkeit, zusätzliche, bisher nicht marktwirksame Leistungen glaubwürdig zu kommunizieren, und alle privaten Haushalte können mittels Kauf, Investition und Arbeitsplatzwahl darauf reagieren.

Die Frage nach dem Lösungsansatz für die gegenwärtig drängendsten Probleme lautet also nicht „Individuum versus Institution"[49], sondern es ist von der Interdependenz institutioneller Bedingungen („externe Normen") und individueller Verantwortungsübernahme („interne Normen") (Weise 1994, S. 118) auszugehen. Die Rahmenordnung kann individuelle Verantwortungsübernahme unterstützen, aber nicht ersetzen. Für ihre Veränderung, Interpretation und Befolgung ist individuelle Verantwortungsübernahme Voraussetzung. Politiker werden unterstützende gesetzliche Regelungen i.d.R. nur einführen, wenn sie zumindest keine Bestrafung entsprechender Entscheidungen durch das Wahlvolk erwarten müssen. Unternehmen werden freiwillige Initiativen zur Stärkung der sozial-ökologischen Verantwortlichkeit i.d.R. nur dann ins Leben rufen, wenn sie damit rechnen können, daß dies durch die individuellen Konsumenten, Kapitalgeber und/oder Mitarbeiter und die Öffentlichkeit gewürdigt wird. Die Rahmenbedingungen werden also nur dann entsprechend den Erfordernissen einer sozial-ökologischen Marktwirtschaft ausgestaltet, wenn mit dem verantwortungsbewußten Einverständnis der Individuen zu rechnen ist. Andererseits werden sozial-ökologisch orientierte Individuen ihre Präferenzen erst unter den Bedingungen einer entsprechenden Rahmenordnung voll zur Entfaltung kommen lassen können. Dennoch zeigt ein Ansatz wie der sozial-ökologische Unternehmenstest, daß individuelle Verantwortungsübernahme bereits heute möglich und v.a. mit den Prinzipien der Marktwirtschaft kompatibel ist.

2. Die Herausforderung
Verantwortliches Konsumentenverhalten und der Informationsbedarf der Konsumenten

2.1 Unternehmensbezogene Verbraucherinformation als neues Element der Verbraucherpolitik

In unserer Gesellschaft macht die Versorgung der Bevölkerung mit erschwinglichen Produkten und Dienstleistungen kaum noch Schwierigkeiten, auch wenn im verstärkten Maße Phänomene von Armut zumindest für bestimmte soziale Gruppen zur gesellschaftlichen Realität werden (Kronauer 1996). Ökologische und soziale Problemlagen gewinnen große Bedeutung, die durch den Konsum mitinduziert sind. Als problematisch erweisen sich dabei nicht nur Einzelphänomene des individuellen Konsumverhaltens, sondern übergreifende strukturelle Muster im gesellschaftlichen Wechselspiel von Produktion und Konsum (Hansen, Schoenheit, Devries 1994; Rat von Sachverständigen für Umweltfragen 1994, S. 50ff; Altvater 1996).

In einer solchen Situation verliert das vorherrschende Konsumleitbild an handlungsleitender und gestalterischer Kraft, das die Freiheit des Konsums als oberste Norm postuliert und in dem die bestmögliche Wohlfahrt für alle dadurch erhofft wird, daß Einschränkungen und Behinderungen der Konsumfreiheit möglichst gering gehalten werden. Derzeitig scheint die normative Fixierung auf einen nur egoistisch auf seine kurzfristige Nutzenmaximierung bedachten Konsumenten den Weg zu verstellen, ernsthaft über Chancen und Realisierungsformen einer Veränderung von Konsumgewohnheiten und Lebensstilen in den Industrienationen nachzudenken (Schoenheit 1995; Gillwald 1995; Reusswig 1994).

Die Diskussion von Anforderungen an die Entwicklung eines *neuen Konsumleitbildes* beruft sich im Kern auf grundlegende Veränderungen in den Einstellungs- und Werte-Strukturen der Konsumenten (Schoenheit, Niedergesäß 1994; Grunert u.a. 1995; Leeflang, van Raaij 1995; Schulze 1992). In der Darstellung gesellschaftlicher wie auch individueller Werte wird u.E. deutlich, daß Konsumenten in ihre Konsumkalküle bereits Elemente integrieren, die weit über Forderungen nach preis-leistungsgerechten Gütern und Dienstleistungen hinausgehen (Wiedmann, Raffée 1986; Wieshmann, Wöhl 1990). Dieses Phänomen betrifft im übrigen nicht allein Konsumgütermärkte (die allerdings in der weiteren Diskussion im Zentrum stehen sollen), sondern auch Arbeitsmärkte und Finanzmärkte. So verweisen einige Untersuchungen darauf, daß etwa der *Führungskräftenachwuchs* die Übernahme gesellschaftlicher Verantwortung durch Unternehmen als ein Kriterium der Arbeitgeberwahl heranzieht (Mennicken, Ziesemer 1993; o.V. 1996a; Schwertfeger 1996). Unter dem Stichwort „*Ethisches Investment*" entwickelt sich ein Kapitalmarktsegment, in dem immer mehr Menschen ihr Geld nicht mehr allein unter den traditionellen Gesichtspunkten Sicherheit, Rendite und Verfügbarkeit anlegen, sondern gezielt zur Finanzierung ökologisch und ethisch motivierter Projekte entsprechend ihrer eigenen Werthaltungen beitragen wollen (Deml 1996; Deml, Baumgarten, Bobikiewicz 1994; o.V. 1991; imug-Emnid 1996).

Diskussion von Anforderungen an die Entwicklung eines neuen Konsumleitbildes

Die Entwicklung eines Leitbildes einer *Sustainable Consumption* stellt eine Erweiterung der Perspektive bisheriger Käuferverhaltensforschung dar (Meffert, Steffenhagen, Freter 1979), in deren Focus bislang Probleme produktbezogener Informationen lagen. Über diesen produktbezogenen Informationsbegriff hinaus existieren nun Problemlagen, die beipielsweise die wirtschaftlichen, sozialen und ökologischen Verflechtungen der Unternehmen betreffen und nicht mehr einzelnen Produkten zurechenbar sind. Hierin ist eine Erweiterung der Perspektive auf unternehmensbezogene Informationen angelegt. Unternehmensbezogene Informationsbedarfe begründen sich vorrangig aus der Diskrepanz existenter gesellschaftlicher, sozialer und ökologischer Orientierungsmarken und der mangelnden Informationsbasis über entsprechende Verhaltensmöglichkeiten der Konsumenten (Devries 1992; Uusitalo 1989).

2.1.1 Konsumleitbilder als verbraucherpolitische Orientierung

Zum Wandel von Konsumleitbildern

Konsumleitbilder sind immer Konzepte des Wünschbaren, auf die sich das an der Veränderung des gegenwärtigen Zustandes orientierte Handeln beziehen kann. Sie basieren auf einer Interpretation des Konsumenteninteresses und den grundlegenden Strategien zu seiner Verwirklichung. Sie enthalten sowohl normative als auch deskriptive Aussagen über die gegenwärtige und angestrebte Wirtschaftsordnung, die wirtschaftliche und gesellschaftliche Entwicklung und über die Bedeutung und Rolle des Konsums in der Gesellschaft und im Leben der einzelnen Konsumenten (Hansen, Schoenheit, Devries 1994, S. 228f).

Herleitung und Legitimation von Konsumleitbildern

Die Interpretation der grundlegenden Verbraucherinteressen verweist auf das zugrundeliegende Bild des Menschen und damit auch auf ein jeweils spezifisches Bild des Konsumenten. Konsumleitbilder sind aufs engste mit *anthropologischen Grundannahmen* verknüpft. Hier stellt sich die Frage nach dem Verhältnis von deskriptiven und normativen Elementen sehr dringlich und ist bei der Herleitung und Legitimation eines Konsumleitbildes deshalb besonders zu beachten (Stauss 1980, S. 62ff). In ihm fokussieren sich Vorstellungen über das, was einen Menschen ausmacht und was die wesentlichen Antriebskräfte seines Handelns sind. Es ist offensichtlich, daß solche anthropologischen Grundannahmen nicht nur die Wahrnehmung der jeweiligen Realität des Konsums, sondern auch Vorstellungen eines wünschbaren Konsums beeinflussen und in jedem Fall Auffassungen darüber kanalisieren, auf welchen Wegen und mit welchen Mitteln er ggf. zu realisieren sei.

Konsumleitbilder als theoretische Konstrukte können i.d.R. nicht als wahr oder falsch qualifiziert werden. Angemessener erscheint es zu überprüfen, ob das jeweilige Konsumleitbild genügend Realitätsgehalt besitzt und in welcher Beziehung seine Aussagen zu dem tatsächlichen Verhalten der Konsumenten stehen. Unter ideologiekritischer Perspektive ist ggf. auch danach zu fragen, inwieweit die enthaltenen individuellen und gruppenspezifischen Ziele explizit ausgewiesen werden (Kuhlmann 1990, S. 29).

Eine zentrale Problematik von Konsumleitbildern besteht in ihrer Ableitung und Legitimation, zu der eine umfangreiche Debatte geführt wurde (Stauss 1980). Grundsätzlich besteht die Möglichkeit einer deduktiven Ableitung von Konsumleitbildern aus übergeordneten gesellschaftlichen Normen. Allerdings entstehen hier Deduktionsprobleme hinsichtlich des Ableitungszusammenhangs zwischen den gesellschaftlich akzeptierten, zumeist aber hoch abstrakten Normen einerseits und den Zielelementen von Konsumleitbildern andererseits. Ein weiterer deduktiver Prozeß orientiert sich an dem Postulat von menschlichen Fundamentalbedürfnissen. Diese sind allerdings als theoretische Konstrukte ihrerseits umstritten. Demgegenüber beruht eine induktive Vorgehensweise darin, Verfahren für die Ermittlung faktischer Verbraucherinteressen zu entwickeln, sei es durch die Generierung formaler Prozesse, die inhaltliche Herleitung durch Diskursverfahren und auch durch die empirische Ermittlung von Verbraucherinteressen (vgl. Abb. 4).

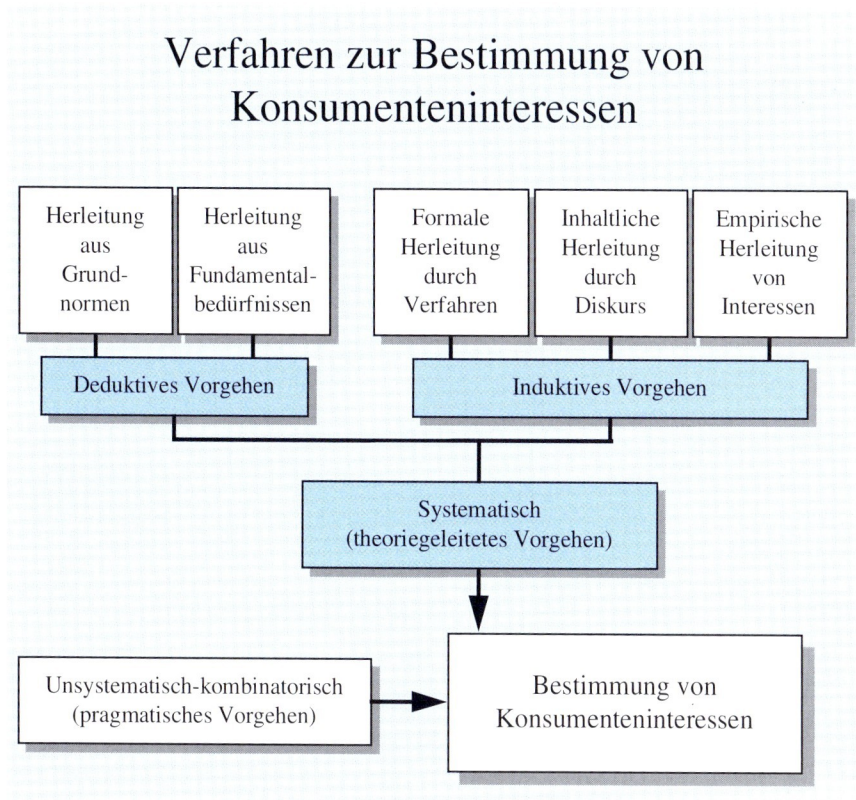

Abb. 4: Legitimation von Konsumenteninteressen;
Quelle: In Anlehnung an Kuhlmann 1990, S. 60

Letztlich wird ein Konsumleitbild jedoch an der Frage zu messen sein, ob es eine wirksame Gesellschafts- und Wirtschaftspolitik in dem Sinne anleiten oder auch nur begleiten kann, daß es Lösungsbeiträge zu den zentralen gesellschaftlichen Fragen – sofern sie einen Bezug zum Konsum haben – formulieren und mittragen kann. Auch die Betriebswirtschaftslehre sollte sich aufgerufen fühlen, ihr Forschungsprogramm zu überprüfen und solche Fragestellungen in den Mittelpunkt der Arbeiten zu rücken, die Lösungsbeiträge für die in diesem Zusammenhang auftauchenden Fragen liefern könnten

(Meffert 1992; Sandner 1989; Dyllick 1989). Selbstverständlich sind insbesondere für ein gesellschaftsorientiertes Marketing (Raffée, Wiedmann 1986), das sich an übergeordneten Leitmaximen eines Sustainable Development orientieren will, Fragen nach dem Realismus normativer Konsumleitbilder von zentraler Bedeutung (Meffert, Kirchgeorg 1993). Überlegenswert erscheint es darüber hinaus, ob Politikbereiche und Wissenschaftsdisziplinen, die an der Umsetzung dieser Zielperspektiven mitwirken wollen, die bisherige *Neutralität* gegenüber jeglichen Konsumstilen und Präferenzen der Konsumenten aufgeben und aus Verantwortung für gesellschaftliche und ökologische Ziele zur bewußten *Förderung* von sozial und ökologisch verantwortlichem Konsumentenverhalten und Konsumstilen beitragen (Hansen, Schoenheit, Devries 1994).

[Marginalie: Lösungsbeiträge für zentrale gesellschaftliche Fragen]

Elemente des traditionellen Konsumleitbildes

In einer sehr eingegrenzten Fassung ließe sich der *Begriff Konsum* umschreiben als „die Marktentnahme von Gütern und Dienstleistungen zum Verzehr und Gebrauch, mit dem Ziel der individuellen Bedürfnisbefriedigung" (Albrecht 1979, S. 8), und als Konsumenten in diesem Sinne würden Wirtschaftssubjekte bezeichnet, „die die entsprechenden Entscheide vorbereiten, mitbestimmen und realisieren" (Stauss 1980, S. 7ff). Bei Zugrundelegung dieser engen Begriffsauffassung bestimmen sich die Informationsinteressen von Konsumenten (Wieshmann, Wöhl 1990, S. 18f; Wimmer 1986, S. 163f) vorrangig aus der möglichst preiswerten Versorgung mit Gütern in eindeutig identifizierbarer Quantität und Qualität. Die produktbezogenen Informationen über das marktliche Angebot spiegln hier vor allem an den Kriterien Wahrheit und Objektivität gemessene Tatbestände wider.

Diese enge begriffliche Fassung des Konsumenten geht gleichzeitig einher mit dem in legitimatorischer Hinsicht für marktwirtschaftliche Systeme zentralen Theorem der Konsumentensouveränität (Hansen 1990, S. 581ff; Kuhlmann 1990, S. 29ff). Danach steuert der rationale Verbraucher nach seinen Bedürfnissen und über die ihm im Markt autonom zur Verfügung stehenden Aktionsmöglichkeiten die wirtschaftlichen Allokations- und Distributionsprozesse.

Dieses normative Leitbild ist insbesondere aus dem Blickwinkel der faktischen Stellung des Verbrauchers im Wirtschaftsprozeß kritisiert worden. Danach treffen Konsumenten ihre Entscheidungen keineswegs so rational, wie ihnen dies unterstellt wird (Kroeber-Riel 1977, S. 93). Ihre Rolle als Souverän im Markt wird durch anbieterseitig zu verantwortende Marktunvollkommenheiten in Form fortschreitender Machtagglomerationen sowie manipulative Beeinflussungsversuche – insbesondere des Marketing – eingeschränkt (Hansen, Lübke, Schoenheit 1992). Diese Kritik beinhaltet auch, die einseitige Zuweisung der Verantwortung für negative gesellschaftliche Folgen der Produktions- und Konsumprozesse (soziale und ökologische Auswirkungen) an die Adresse der Konsumenten nicht mehr in dieser Form aufrechtzuerhalten, wie sie unmittelbar mit dem Theorem der Konsumentensouveränität verbunden ist (Fischer-Winkelmann 1973, S. 61ff; Hansen 1988b, S. 161f).

[Marginalie: Kritik am traditionellen Konsumleitbild]

Eine Kritik anderer Art zielt auf das wechselseitige Zusammenspiel eines herkömmlichen Konsumentenbegriffs und das Theorem der Konsumentensouveränität. Theoretisch bleiben hier wirtschaftliche Entscheidungskalküle (der Konsumenten) und aus anderen gesellschaftlichen Rollen und Subsystemen resultierende Verhaltensweisen (der Bürger) getrennt (Braun 1978, S. 163ff; Czerwonka 1978, S. 219ff; Stauss 1980, S. 11ff). Diese Trennung führt gerade dazu, daß außerhalb dieses Zusammenspiels liegende relevante Tatbestände, Entscheidungskalküle und Verantwortlichkeiten aus dem Konsum- und Konsumentenverhalten bereits qua Definition ausgeschlossen bleiben.

In dem Maße, in dem die ökonomischen, sozialen und personalen Effekte wohlfahrtsorientierten Konsums in das Blickfeld geraten, verliert das traditionelle Konsumleitbild – zumindest in den westlichen Industrienationen – an Überzeugungskraft. Ein zeitgemäßes Konsumleitbild steht vor der Herausforderung, die gegenseitigen Abhängigkeiten von Konsum, Wirtschaft, Gesellschaft und Umwelt umfassend zu reflektieren (van Raaij 1993).

Traditionelles Konsumleitbild verliert an Überzeugungskraft

Sustainable Consumption als Leitidee einer zeitgemäßen Verbraucherpolitik

Genau dies wird jedoch mit immer größerem Nachdruck im Kontext der Diskussionen um ein Sustainable Development gefordert (WCED 1987, S. 46). Trotz divergierender Auffassungen zum Grundkonzept des Sustainable Development (Harborth 1991, S. 13) besteht ein weitgehender Konsens darüber, daß das in der Nachkriegszeit vorherrschende Modell der weltweiten Industrialisierung nach dem Produktions- und Konsummuster der Industrieländer aus sozialen und ökologischen Gründen zum Scheitern verurteilt ist und ein Umsteuern nicht nur in den Entwicklungsländern, sondern auch – wenn nicht vor allem – in den Industrieländern notwendig und möglich sein wird (Harborth 1991, S. 12; BUND, Misereor 1996; Kohlhaas 1996). Zwar haben die Industrieländer in den letzten Jahren im Umweltschutz pro Konsumeinheit große Erfolge erzielt, jedoch werden die positiven Effekte durch mehr Konsum pro Kopf deutlich überkompensiert (Enquete-Kommission 1993; Meffert, Bruhn 1996; Preisendörfer 1996).

Anforderungen, die im Kontext des Sustainable Development konsumbezogen diskutiert werden, können unter dem Begriff der *Sustainable Consumption* zusammengefaßt werden (IOCU 1993, S. 15; Hansen, Schoenheit, Devries 1994; Hansen, Schoenheit 1994). Als grundlegende Vision und übergeordnetes Zielkonzept impliziert Sustainable Consumption letztlich ein neues Konsumleitbild, in dem Konsumziele und -chancen gefordert und gefördert werden, die zwar an den Bedürfnissen und Erwartungen der gegenwärtigen Generation ausgerichtet sind, jedoch zugleich den zukünftigen Generationen genügend Gestaltungsmöglichkeiten offen lassen, ihre Bedürfnisse ebenfalls zu befriedigen. Die Orientierung am Prinzip der Nachhaltigkeit reduziert das Konzept einer Sustainable Consumption hierbei nicht allein auf den Erhalt der ökologischen Überlebensfähigkeit, sondern steht u.E. insbesondere vor der Aufgabe, eine Integration sozialer und ökologischer Maßstäbe zu leisten.

Sustainable Consumption als übergeordnetes Zielkonzept

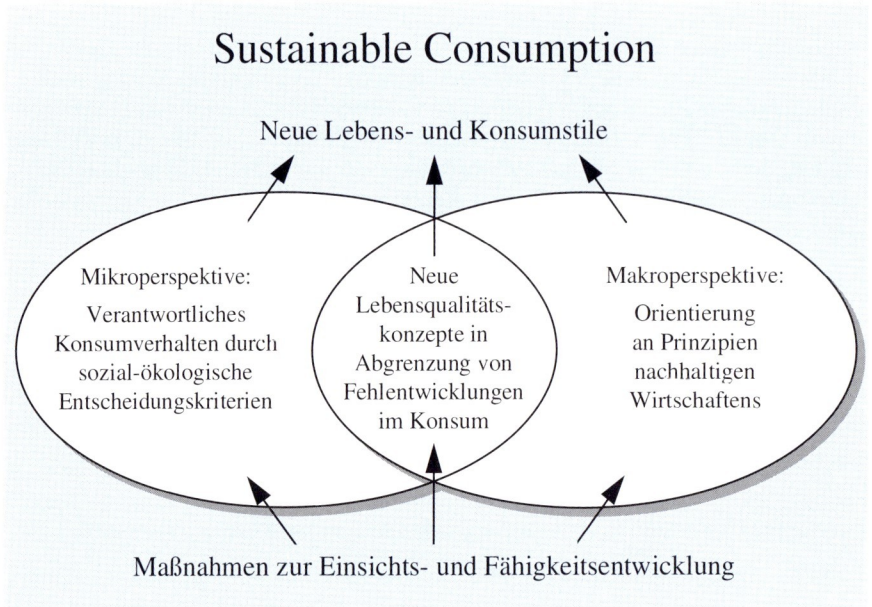

Abb. 5: Elemente einer Sustainable Consumption

Überlegungen zur Sustainable Consumption richten sich darauf, schrittweise die gegenwärtig vorherrschenden individuellen und gesamtgesellschaftlichen Konsumstile in dem Sinne zu überwinden, daß Lebensqualität, Wohlstand und Zufriedenheit – eben sowohl in ihrer sozialen und ökologischen Dimension – nicht ausschließlich an einen vermehrten Güterverbrauch gebunden werden (Arbeitsgemeinschaft der Verbraucherverbände 1995). Weitere Kernelemente dieses neuen Konsumleitbildes sind darin zu sehen, daß Prinzipien einer ökologischen Kreislaufwirtschaft beim Kauf, der Verwendung und Entsorgung von Produkten beachtet und erhöhte Preise für Konsumgüter und -leistungen akzeptiert werden, die durch soziale und ökologische Kosten zustande kommen (Commission on Sustainable Development 1996). Darüber hinaus wird es aber auch notwendig, die Auslegung der verantwortlichen marktwirtschaftlichen Konsumentenrolle im Kontext dieses Konsumleitbildes weiter zu fassen. Konsumenten werden ihre Einflußmöglichkeiten auf das sozial-ökologisch verantwortliche Verhalten der Unternehmen ausdehnen und ihre Kaufentscheidungen in einen breiteren gesellschaftspolitischen Kontext stellen müssen.

Vorherrschende Konsumstile überwinden

Mit dieser erweiterten Perspektive wird dem Faktor Rechnung getragen, daß Unternehmen heutzutage eine gesellschaftliche Position einnehmen, die – weit über ihr Unternehmen hinaus – auch zu einer Angelegenheit des öffentlichen Interesses werden kann. In diese Richtung weisen machtbedingte unternehmerische Einflüsse auf die kulturelle, politische, sozialökonomische und technologische Makro-Umwelt ebenso, wie die unübersehbaren externen Effekte ihres Wirtschaftens (Hansen 1988a, S. 711ff). Die Entwicklung von Makro- oder Public-Marketingstrategien zeigt, daß die Unternehmen selbst diese erweiterte Aufgabenstellung sehen und nutzen (Stauss 1991; Wiedmann 1996).

Mit der Vision einer Sustainable Consumption wird ein allgemeines Konsumleitbild skizziert, das in seinem Grundkonzept auf Formen der „intelligenten Selbstbeschränkung" (Offe 1991, S. 229; Schoenheit 1995) zurückgreift. Es wird ein hohes Maß an normativen Elementen enthalten, die aus der Interpretation unserer Gesellschaft als Risikogesellschaft (Beck 1986) und einer Ethik der Verantwortung auch für nachfolgende Generationen erwächst. Darin kommt zum

Sustainable Consumption als Form einer „intelligenten Selbstbeschränkung"

Ausdruck, daß die „Zukunft von Entscheidungen abhängt, die in der Gegenwart getroffen bzw. wenn es bereits getroffene Entscheidungen sind, nicht revidiert werden" (Luhmann 1991, S. 4).

2.1.2 Realisierung eines neuen Konsumleitbildes durch den Perspektivenwechsel von der Produkt- auf die Unternehmensebene

Reaktionen auf den gesellschaftlichen Rollenwandel von Unternehmen

Die Reaktionen auf den gesellschaftlichen Rollenwandel von Unternehmen läßt sich vor allen Dingen an den Erwartungshaltungen gegenüber den Unternehmen ablesen. Schon seit geraumer Zeit ist zu konstatieren, daß von den Unternehmen mehr erwartet wird, „als nur eine allein ökonomisch und kurzfristig effiziente Bereitstellung von Sachgütern und Dienstleistungen" (Wiedmann, Raffée 1986, S. 85). Hinsichtlich ihrer Rolle und der Rolle der Wirtschaft generell wird den Unternehmen eine *Mitverantwortung* an der Verwirklichung wichtiger *gesellschaftlicher Ziele* zugeschrieben, wenn sie auch vorrangig in ihren primären Aufgabenbereichen soziale Verantwortung zeigen sollen (imug-Emnid 1993; imug-Emnid 1996; Stern Bibliothek 1995). Es ist zwar zu beobachten, daß im Meinungsbild der deutschen Bevölkerung vor allem den politischen Institutionen der Bundesrepublik die Verantwortung

Unternehmen wird Verantwortung zur Lösung gesellschaftlicher Aufgaben zugeschrieben

zur Lösung der wichtigen gesellschaftlichen Aufgaben zugeschrieben wird. Die Unternehmen tragen jedoch nach Ansicht der Bevölkerung der Bundesrepublik gleichzeitig in einzelnen Feldern gesellschaftlicher Verantwortungsübernahme einen Großteil der Verantwortung, bezogen etwa auf den Bereich der Umweltbelastungen oder den verantwortlichen Umgang mit neuen Technologien (imug-Emnid 1996, imug-Emnid 1993) (vgl. Abb. 6).

Bezogen auf die Zuweisung von Verantwortung an der Entstehung von Problemlagen und der Zuweisung der Rolle eines Problemlösers ergibt sich aber eine eindeutige Diskrepanz, die die Vermutung stützt, „daß das Motiv eines mangelnden Vertrauens in die Problemlösungsfähigkeit und/oder -willigkeit von Unternehmen im vorliegenden Zusammenhang überwiegt" (Wiedmann, Raffée 1986, S. 93). Diese Unzufriedenheit trifft dabei gleichermaßen (fast) alle gesellschaftlichen Institutionen – bis auf soziale Organi-

Diskrepanz von Verantwortungszuweisung und -entsprechung

sationen oder etwa Umweltschutzgruppen wie BUND und Greenpeace. Das Urteil über die Verantwortungsentsprechung fällt hingegen weder für die Bürger selbst noch für den Staat oder die politischen Parteien positiv aus – jeweils knapp drei Viertel der Bundesbürger meinen, daß weder Staat und Parteien noch die Bürger genug tun, um ihrer gesellschaftlichen Verantwortung gerecht zu werden; Unter-

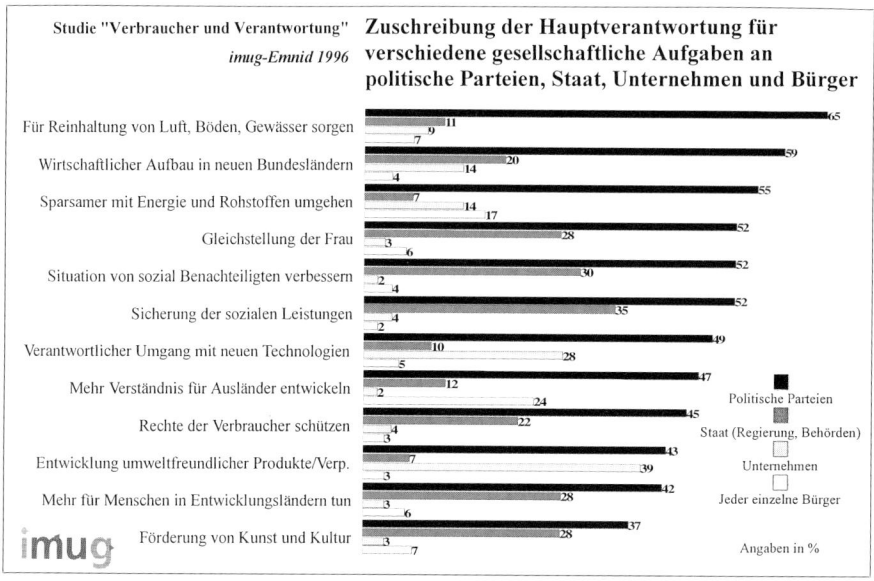

Abb. 6: Zuschreibung von Verantwortung; Quelle: imug-Emnid 1996

nehmen werden hinsichtlich ihrer Übernahme gesellschaftlicher Verantwortung ähnlich kritisch eingeschätzt: Nur 19% der Befragten einer für die Bundesrepublik repräsentativen imug-Emnid-Studie „Verbraucher und Verantwortung 1996" gaben an, die Unternehmen würden in einem starken Maße ihrer gesellschaftlichen Verantwortung gerecht (imug-Emnid 1996) (vgl. Abb. 7). Hingegen sind knapp die Hälfte aller Deutschen (47%) davon überzeugt, daß soziale Organisationen oder gesellschaftspolitisch aktive Gruppen wie BUND und Greenpeace in einem starken Maße ihrer gesellschaftlichen Verantwortung entsprechen (imug-Emnid 1996).

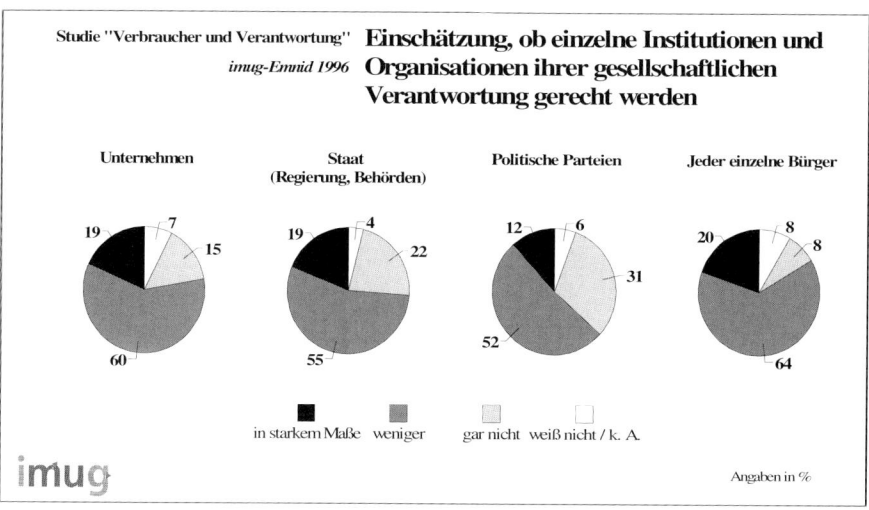

Abb. 7: Verantwortungsentsprechung einzelner Institutionen; Quelle: imug-Emnid 1996

In der ebenfalls für die Bundesrepublik repräsentativen imug-Emnid-Studie „Unternehmen und Verantwortung 1993" wurde festgestellt, daß in der Meinung der Bürger vor allem eine zu starke Gewinnorientierung, zu hoher Konkurrenzdruck und ein mangelndes Verantwortungsgefühl die Unternehmen daran hindert, ihrer gesellschaftlichen Verantwortung gerecht zu werden (imug-Emnid 1993) (vgl. Abb. 8).

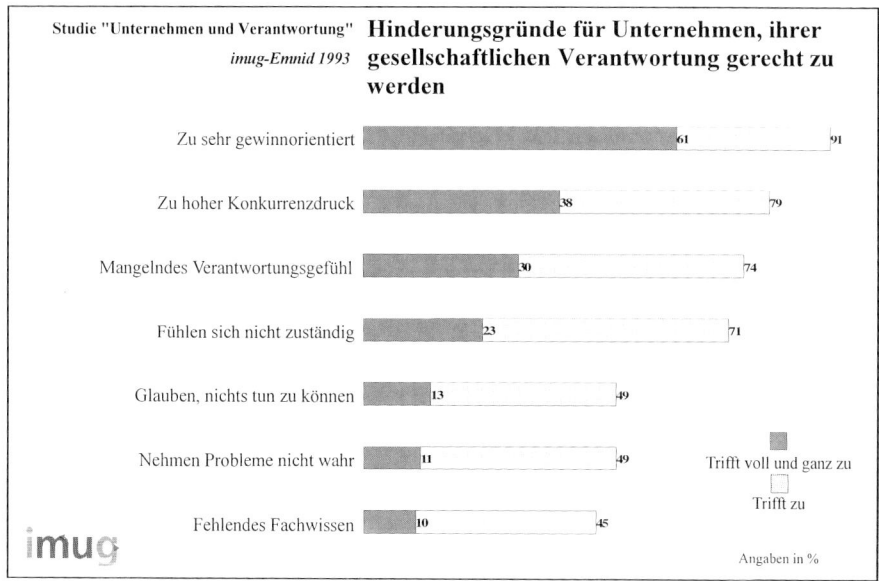

Abb. 8: *Hinderungsgründe für Unternehmen zur Übernahme gesellschaftlicher Verantwortung; Quelle: imug-Emnid 1993*

Unternehmensinformation und sozial-ökologisch verantwortliche Kaufentscheidung

Veränderungen in den Einstellungssystemen der Konsumenten, bezogen auf ethische Aspekte ihrer Konsumhandlung, sind notwendige, aber nicht hinreichende Voraussetzung für ethisches Konsumentenverhalten (Fietkau 1984; Rallapalli u.a. 1994), also der Umsetzung des Leitbildes einer Sustainable Consumption in reale Konsumhandlungen.

Aufgrund welcher Gegebenheiten allgemeine konsumrelevante Einstellungen verhaltenswirksam werden, ergibt sich in weiten Bereichen aus Erkenntnissen der Konsumentenverhaltensforschung (Kroeber-Riel 1992; Wimmer 1988; Preisendörfer 1996; Ford, Richardson 1994; Nyaw, Ng 1994). Neben der Existenz *ethischer konsumbezogener Einstellungen* lassen sich

Rahmenbedingungen ethischen Konsumverhaltens

- persönliche Betroffenheit,
- wahrgenommene Eigenverantwortlichkeit,
- wahrgenomme Konsumenteneffektivität,
- das Vorhandensein von Handlungsanreizen und
- Handlungsalternativen u.a.m.

als solche grundlegenden Voraussetzungen für ethisches Konsumentenverhalten benennen. Neben Handlungsbereitschaften im Konsum treten dabei Verhaltensmöglichkeiten auf anderen Ebenen: Sei es etwa politisches Engagement oder auch Problemverdrängung und Resignation infolge mangelnder Wahrnehmung der Effektivität des eigenen Handelns (vgl. Abb. 9).

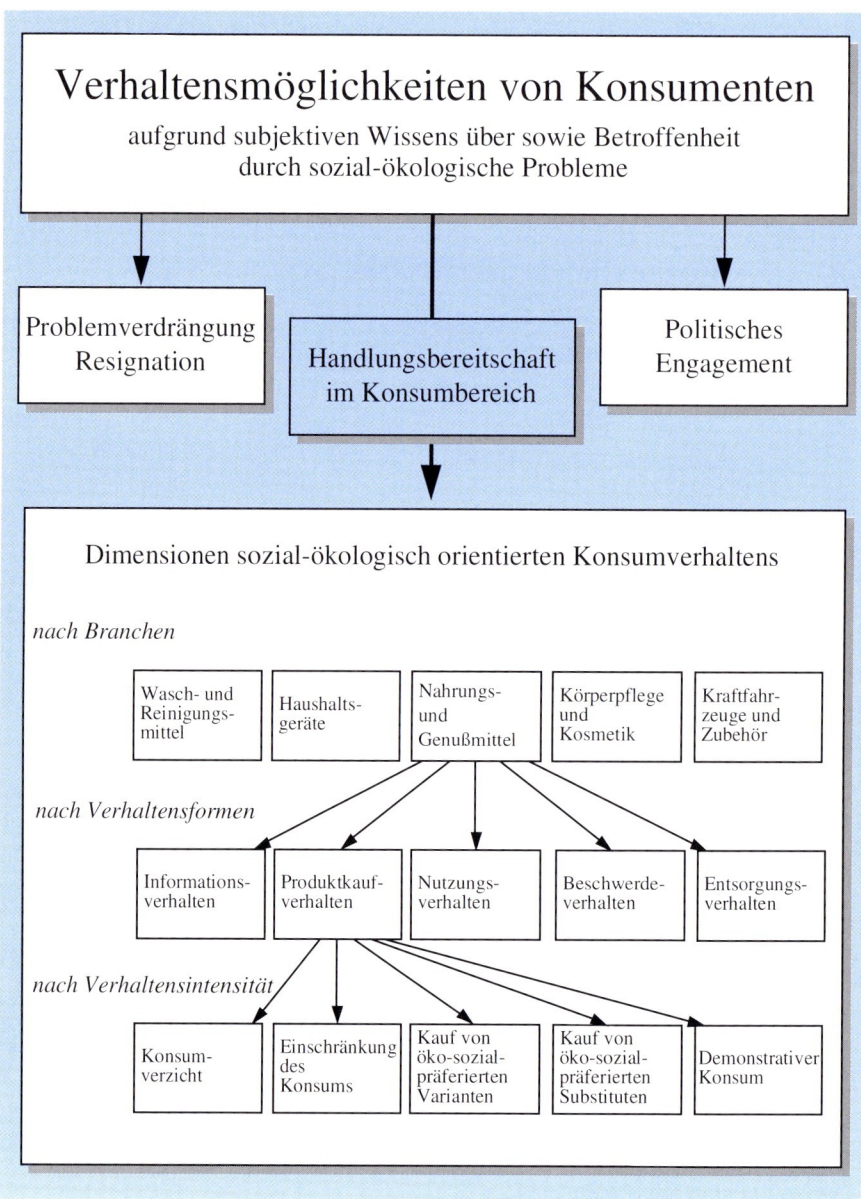

Abb. 9: Verhaltensmöglichkeiten von Konsumenten;
Quelle: In Anlehnung an Tiebler 1992, S. 167

Für uns soll an dieser Stelle aber eine Handlungsvoraussetzung im Mittelpunkt stehen, die sich auf das Vorhandensein von Wissen über die ethischen Aspekte des Konsums bezieht. Wissen kann dabei allgemeine ethische Einstellungen herausbilden helfen, im Sinne einer Sustainable Consumption ist allerdings die konkrete Verbindung zu einem ethischen Konsumentenverhalten notwendig. Solange in den Augen des jeweiligen Konsumenten nicht bestimmte gesellschaftliche Mißstände mit dem Unternehmensverhalten in Verbindung gebracht werden, kann es nicht zu einem umfassenden ethischen Konsumentenverhalten kommen. Hierin drückt sich dann mangelndes Wissen über den Bezug von Ethik und Unternehmensverhalten aus (Bruhn 1978; Balderjahn 1986). Dieses Wissen wird nun gerade über Informationen vermittelt. Im weiteren Mittelpunkt steht die Fragestellung, inwieweit etwa Informationen und entsprechende Informationsbedarfe über den sozialen und ökologischen Kontextbezug des Unternehmensverhaltens das Konsumentenverhalten beeinflussen.

Information als Handlungsvoraussetzung

2.2 Unternehmensbezogener Informationsbedarf von Konsumenten

2.2.1 Begriff des unternehmensbezogenen Informationsbedarfs

Wir gehen dabei davon aus, daß ein auch unternehmensgerichtetes sozial-ökologisch verantwortliches Konsumentenverhalten, wie es im Kontext einer Sustainable Consumption gefordert wird, Wissen darüber voraussetzt, welche Auswirkungen das Verhalten von Unternehmen auf gesellschaftliche Probleme hat. Vor dem Hintergrund eines entsprechenden Werte- und Einstellungssystems der Konsumenten stellt dieses Wissen für uns eine notwendige, wenn auch keine hinreichende Bedingung für eine Sustainable Consumption dar (Bruhn 1978; Silberer 1983; Fietkau 1984; Balderjahn 1986; Wimmer 1988).

Informationen, die dieses Wissen erzeugen, können als ein *Risikobewußtsein* aufbauende Informationen gedeutet werden, wenn sie aufzeigen, in welchen Bereichen Unternehmen an der Verursachung und/oder Lösung von gesellschaftlichen Problemen mehr oder weniger stark beteiligt sind (Devries 1992, S. 50ff; Raffée, Silberer 1975, S. 37ff). Kaufentscheidungen würden dem (zusätzlichen) Risiko unterliegen, möglicherweise eine Unterstützung für Unternehmen zu sein, deren Handeln nicht mit den sozial-ökologischen Wertorientierungen des Käufers übereinstimmt. Informationen über das soziale und ökologische Verhalten einzelner Unternehmen können im Gegensatz dazu auch zu Risikobewußtsein abbauenden Informationen werden, wenn sie (im besten Falle) bei Kaufentscheidungen das wahrgenommene Risiko reduzieren, Produkte eines Unternehmens zu kaufen, die nicht mit den Wertorientierungen des Käufers übereinstimmen (Bettman 1979; Grunert 1978).

Abgrenzung objektiver versus subjektiver Informationsbedarfe

Eine weitere zu berücksichtigende Ebene ist die Unterscheidung zwischen objektiven und subjektiven unternehmensbezogenen Informationsbedarfen der Konsumenten (Kroeber-Riel 1990, S. 669). Die bisher diskutierten Problembezüge des Leitbildes einer Sustainable Consumption verweisen vielfach auf objektive Informationsbedarfe, deren unzureichende Befriedigung in strukturellen Marktunvollkommenheiten begründet liegen (mangelnde Transparenz, Komplexität der Informationen, Kommunikationsmaßnahmen der Unternehmen u.a.m.; Devries 1992, S. 19ff; Hansen, Lübke, Schoenheit 1993; Kaas 1991, 1993). Die mit objektiven Informationsbedarfen **Subjektbezug unternehmensgerichteter Informationsbedarfe** auch als Informationslücken bezeichneten Informationsdefizite von Konsumenten brauchen diesen nun keineswegs bewußt zu sein, sondern sind eher von außen diagnostiziert (Imkamp 1986; Dedler u.a. 1984). Demgegenüber scheint uns eine Perspektive notwendig zu sein, die auf den Subjektbezug unternehmensbezogener Informationen abhebt und subjektive Informationsbedarfe als ein auf Informationen gerichtetes Mangelbewußtsein der Konsumenten definiert (Raffée u.a. 1982; Fritz, Thies 1986). Die Fragestellungen, die sich hieraus ergeben, beziehen sich somit auf die inhaltlichen Dimensionen der Informationsbedarfe und ihre subjektiven Stellenwerte.

Das Forschungsfeld sozial-ökologischen Unternehmensverhaltens und darauf ausgerichteter Informationsbedarfe von Konsumenten befindet sich u.E. in einem Stadium, das sich mit dem Begriff der Erkundung erfassen läßt. Es ist zwar festzustellen, daß insbesondere aus der Diskussion um eine Ökologisierung etwa von Produktionsprozessen bereits Informationsdimensionen erwachsen sind, die von der jeweiligen Produktebene abstrahieren (z.B. Umweltschutz in der Produktion, Einsatz von Rohstoffen, Recycling). Ebenfalls wurden auch eine Reihe von Forschungsergebnissen zum Einfluß solcher Informationsdimensionen auf das Konsumentenverhalten erzielt (Wimmer 1988, S. 50ff; Adlwarth, Wimmer 1986, S. 166ff). Hinsichtlich unternehmensbezogener Informationsbedarfe von Konsumenten ist dies jedoch nur in Ansätzen der Fall (Devries, 1992; Hansen, Schoenheit, Devries 1994).

Forschungsfeld in Phase der Erkundung

Im weiteren soll einer begrifflichen Fassung von Informationsbedarfen gefolgt werden, die diese als ein auf Informationen gerichtetes Mangelbewußtsein der Konsumenten interpretiert, und den folgenden Fragen nachgegangen werden:

- Welche inhaltlichen Dimensionen sind in diese Informationsbedarfe einbezogen, oder konkreter, auf welche Informationen richten sich die Informationsbedürfnisse?
- Welchen subjektiven Stellenwert besitzen diese Informationen für den jeweiligen Konsumenten und seine Konsumentscheidungen?

Eine weitere Fragestellung ergibt sich daraus, daß die von Konsumenten entwickelten Informationsbedarfe wiederum zu gesonderten, sozusagen vorgelagerten Informationsbedarfen führen (Hansen 1990, S. 87f). Bei der Befriedigung ihrer Informationsbedarfe – entweder in Form rezeptiver Informationsaufnahme oder durch aktive Suche nach Informationen – sind Konsumenten mit unterschiedlichen Informationsquellen (Katz 1983, S. 26ff; Tölle 1983, S. 88ff; Meffert 1979, S. 42ff) konfrontiert, die sich hinsichtlich ihrer Interessengebundenheit, in ihrer *Glaubwürdigkeit* und dem Kommunikationsergebnis unterscheiden (Kroeber-Riel 1990, S. 519ff). Gerade die Glaubwürdigkeit als Merkmal einer Informationsquelle bildet ja eine wichtige Determinante der Kommunikationswirkung (Kroeber-Riel 1990, S. 520).

Abgrenzung unternehmensbezogener versus produktbezogener Informationen

Darüber hinaus erscheint uns eine Abgrenzung von produkt- zu unternehmensbezogenen Informationen von Bedeutung. Schon über den Aspekt der Versorgung mit umweltverträglichen Gütern und „Umweltgütern" (Joerges 1981, S. 319ff) ergibt sich für die Verbraucherinformation eine wesentlich erweiterte Informationsaufgabe, denn nicht nur Einstandspreise, sondern zusätzlich auftretende gebrauchsabhängige Folgekosten (vom Verbraucher direkt über andere Märkte zu entrichtende oder die in irgendeiner Form sozialisierten Kosten) sind in sozialer und ökologischer Sicht für die Konsumenten von Belang.

Erweiterte Aufgabe der Verbraucherinformation

Damit tritt eine nicht nur für die Verbraucherinformation gültige Erweiterung des unter Markttransparenz subsumierten Verständnisses relevanter Informationsdimensionen auf, denn „wenn Verbraucherinformation also zur besseren Versorgung mit umweltverträglichen Gütern beitragen soll, wird sie sich nicht nur auf die Verbesserung von Markttransparenz beschränken können. Hinzu kommen muß eine Verbesserung der Transparenz von Güterverwendungs- und Haushaltsproduktionsprozessen jenseits des Marktes, eine Verbesserung der Transparenz nicht-marktlicher Versorgungsprozesse und eine Verbesserung der Transparenz von Produktionsprozessen diesseits des Marktes und anderer Verteilungssysteme." (Joerges 1981, S. 320)

Diese vor allem aus ökologischen Problemlagen heraus entwickelte Sichtweise entspricht einem prozeßorientierten Verständnis von Informationsbedarfen, das die herkömmliche Qualitätseinschätzung und die darauf aufbauenden Informationsbedarfe insbesondere um die im zeitlichen Verlauf auftretenden Effekte erweitert. Dieser prozeßbezogene Informationsbegriff verbleibt aber immer noch auf einer Ebene, auf der soziale und ökologische Folgekosten Gütern und Leistungen im Markt zurechenbar sind und der sich unter anderem in einer Debatte um sozialökologische Produktkennzeichnungen niedergeschlagen hat (Devries 1994; Mangold 1996).

Von der Produkt- zur Unternehmensperspektive

Mit dieser qualitativen Erweiterung des Markttransparenzgedankens (von der „Markttransparenz" zur umfassenden quantitativen und qualitativen „Produkttransparenz") wird das Ziel verfolgt, „sozio-ökonomisch und ökologisch bewußten Verbrauchern Kriterien für eine Konsum- bzw. Konsumverzichtsentscheidung zu liefern, die ihrem entwickelten Bewußtseinsstand angemessen sind." (Kuby 1983, S. 6; mit der Frage nach Konsumverzichtsentscheidungen sind Reflexionen von Bedürfnissen und Erwartungen im Rahmen eines normativen Leitkonzepts des „sozialverantwortlichen Konsumentenverhaltens" angesprochen; Schoenheit 1995)

Dieses Konzept eines erweiterten Qualitätsbegriffs von Produkten, insbesondere hinsichtlich ihrer ökologischen Konsequenzen in Ge- und Verbrauch, scheitert aber dort, wo diese Folgen Produkten nicht mehr systematisch zugeordnet werden können. Die in diesem Konzept angewandte Konstruktion des (bspw. ökologischen) Zusatznutzens ist zudem in ihrer Prämissenstruktur äußerst problematisch, denn es folgt dem utilitaristischen Bild des individuellen Nutzenmaximierers, das mit der hier vorgeschlagenen Perspektive eines sozial und ökologisch motivierten Konsumenten nicht kompatibel ist und auch weiterhin nur die Konstrukte mikroökonomischer Theorien des rationalen Konsum- und Konsumentenverhaltens pflegen würde.

Sozialer und ökologischer Zusatznutzen von Produkten reicht nicht aus

Zusätzlich zu diesen im prozeßbezogenen Informationsbegriff enthaltenen Informationsdimensionen existieren nun aber über die betreffenden Produkte hinausreichende Informationsbedarfe, die bspw. die wirtschaftlichen und sozialen Verflechtungen von Unternehmen betreffen.

Ihre Existenz ist interdependent verbunden mit dem empirisch konstatierbaren Phänomen des qualitativen Konsums (zum Begriff ISG 1985, S. 9f; Marks, Mayo, 1991, S. 723ff), unter dem zunächst einmal ein erweiterter Konsumbegriff verstanden werden soll, der neben den klassischen Kriterien Preis und Qualität des Produktes soziale und gesellschaftliche Folgen des Konsumverhaltens berücksichtigt. Zu den relevanten Auswirkungen des Konsumverhaltens zählen insbesondere

- umweltbezogene und ökologische Folgen der Produktion und des Konsums (bspw. Stoff- und Energieverbrauch, Emissionen);
- soziale und gesellschaftliche Auswirkungen (beispielsweise Produktions- und Arbeitsbedingungen);
- wirtschaftliche Folgen des Konsumverhaltens (beispielsweise monopolistische Wettbewerbsstrukturen) sowie
- globalpolitische Zusammenhänge (bspw. Auswirkungen auf die sog. „Dritte Welt").

Bereits aus diesen Informationsdimensionen wird deutlich, daß mit der Integration der Aspekte eines qualitativen Konsums weder ein produktbezogener noch ein prozeßbezogener Informationsbegriff geeignet ist, alle relevanten Qualitätsdimensionen und Bezüge zu umfassen.

Unternehmensbezogene Informationen lassen sich in diesem Sinne als Tatbestände kennzeichnen, die soziale und ökologische Leistungen und Folgen unternehmerischen Handelns abbilden und nicht mehr den von Unternehmen angebotenen Gütern und Leistungen im einzelnen unmittelbar zuzurechnen sind. Während herkömmliche konsumbezogene Informationsbedarfe sich durch einen unmittelbaren Bezug auf zu treffende Entscheidungen und eine enge Kopplung an eine Mittel-Zweck-Beziehung kennzeichnen lassen, reflektieren unternehmensbezogene Informationen eher Informationsbedarfe, denen im Zeitpunkt ihrer Suche ein unmittelbarer Zweckbezug fehlt (Raffée 1969, S. 74ff). Sie stellen eine Vertiefung und Erweiterung der relevanten Informationsdimensionen dar, da sie einer grundsätzlichen Einschätzung des Unternehmensverhaltens dienen und allgemeinere, nicht nur herkömmliche Qualitätsaspekte abbildende Informationen erfassen. So können Informationen über das soziale und ökologische Kontextverhalten von Unternehmen etwa auch die allgemeinen gesellschaftspolitischen Einstellungen beeinflussen, die nicht konsumbezogen sind, aber beispielsweise in der politischen Willensbildung zum Tragen kommen. Von einem unternehmensbezogenen Informationsbedarf ließe sich die Vermutung formulieren, daß der Bedarf an unternehmensbezogenen Informationen sich vorrangig auf solche autonomen Informationen konzentriert, da es sich um ein noch diffuses Informationsfeld handelt, in dem sich die Qualität heteronomer Informationsbedarfe erst herausbilden muß (Devries 1992).

Sozial-ökologische Folgen von Unternehmenshandeln als Informationen

Ein von Konsumenten artikulierter Informationsbedarf hinsichtlich unternehmensbezogener Informationen muß dabei nicht zwangsläufig mit einer Ausweitung ihrer Informationsaktivitäten verbunden sein. Vielmehr kann sich in ihm auch die Suche nach übergeordneten Informationsinstanzen ausdrücken, die relevante Informationstatbestände ermitteln und verdichten.

Die erwiesene Vorliebe von Konsumenten für sog. „*Schlüsselinformationen*" oder „information chunks" (Grunert 1981, S. 51ff; Kroeber-Riel 1990, S. 282f) lassen auch für unternehmensbezogene Informationen die Frage aufkommen, inwieweit sich in den unternehmensbezogenen Informationsdimensionen Attribute bündeln, die für die Entscheidungen der Konsumenten von Relevanz sind.

2.2.2 Empirische Befunde zu Dimensionen und Ausprägungen des unternehmensbezogenen Informationsbedarfs

Um die Erwartungen und Informationsinteressen der Konsumenten hinsichtlich der Wahrnehmung gesellschaftlicher und ökologischer Verantwortung empirisch fundieren zu können, hat das Institut für Markt-Umwelt-Gesellschaft e.V. (imug) in Zusammenarbeit mit Emnid zwei empirische und für die Bundesrepublik repräsentative Untersuchungen (n=1.500) durchgeführt: die imug-Emnid-Studien „Unternehmen und Verantwortung 1993" und „Verbraucher und Verantwortung 1996" (imug-Emnid 1993, imug-Emnid 1996). In diesen Studien wurde untersucht, welche Erwartungen und Informationsinteressen Konsumenten gegenüber Unternehmen haben. Darüber hinaus wurde der Frage nachgegangen, welche Auswirkungen eine sozial und ökologisch ausgerichtete Unternehmenspolitik auf das Kauf- und Informationsverhalten haben kann.

Empirische Studien zum unternehmensbezogenen Informationsverhalten

An dieser Stelle sollen die für die Bundesrepublik erstmalig empirisch ermittelten Dimensionen und Ausprägungen eines unternehmensbezogenen Informationsbedarfs als ein wesentliches Ergebnis dieser Studien vorgestellt werden.

Informiertheit über soziale und ökologische Auswirkungen unternehmerischer Tätigkeiten

Trotz vielfältiger konzeptioneller und praktischer Anstrengungen der Unternehmen, in der Öffentlichkeit ein möglichst prägnantes Bild der eigenen Institution und Arbeit zu lancieren (Bruhn 1990), fühlt sich die große Mehrheit der Bevölkerung über das soziale und ökologische Verhalten der Unternehmen, bzw. über wichtige Aspekte der Unternehmenspolitiken schlecht informiert (imug-Emnid 1996).

Schon 1993 – so die Ergebnisse der imug-Emnid-Studie „Unternehmen und Verantwortung" – beklagten 54% der deutschen Verbraucher ihren nur unzureichend gedeckten Informationsbedarf: 1996 sind es sogar drei Viertel der Deutschen, die sich über die Aspekte gesellschaftlicher und umweltpolitischer Verantwortung von Unternehmen eher schlecht oder sehr schlecht informiert fühlen (vgl. Abb. 10). Nur noch 17% der bundesdeutschen Bevölkerung hält sich in dieser Hinsicht für zumindest gut informiert, 1993 waren es noch 28%.

Vor allem in den neuen Bundesländern ist der Informationsbedarf groß. Nur 13% der Bürger in den ostdeutschen Landesteilen geben ihren Informationsstand als zumindest gut an, der Westen liegt mit 18% nur knapp über dem Durchschnitt. Eher schlecht informiert fühlen sich dementsprechend im Osten der Republik sogar fast vier von fünf Bürgern (78%) (imug-Emnid 1996).

Auch in anderen sozio-demographischen Teilgruppen machen sich deutliche Unterschiede bemerkbar: In der Gruppe der jüngsten Bevölkerungsteile (bis 19 Jahre) bezeichnet sich nur jeder Neunte (11%) als gut informiert, in der Gruppe der 30 bis 49-jährigen liegt der Informationsstand ebenfalls mit rund 16% noch unter dem Gesamtdurchschnitt. Ihren Informationsbedarf in geringem Umfang besser abgedeckt sehen dabei die ab 50-jährigen mit 19%. Deutlich ist auch der Unterschied zwischen Männern und Frauen: Hier fühlen sich immerhin 21% der Männer noch gut informiert, während es bei den Frauen nur 14% sind. Zudem ist mit steigendem Bildungsstand nicht per se eine bessere Informationsversorgung verbunden: In der Personengruppe mit den mittleren Bildungsabschlüssen geben 20% einen zumindest guten Grad an Informiertheit über soziale und ökologische Auswirkungen unternehmerischer Tätigkeiten an, in der Personengruppe mit Abitur oder abgeschlossenem Hochschulstudium sind es nur 19%. Allerdings ist hier der Anteil der Personen mit niedrigeren Bildungsabschlüssen auch noch geringer, bei 15%.

Grundversorgung mit unternehmensbezogenen Informationen nicht gewährleistet

Abb. 10: *Informiertheit über soziale und ökologische Auswirkungen unternehmerischer Tätigkeit; Quelle: imug-Emnid 1996*

Im Zeitvergleich zeigt sich, daß im nunmehr siebten Jahr der deutschen Einheit immer noch ein starkes Informationsgefälle zwischen Ost- und Westdeutschland vorherrscht. Noch bedeutender erscheint allerdings die Erkenntnis, daß eine Grundversorgung der bundesdeutschen Bürgerinnen und Bürger mit Informationen über gesellschafts- und umweltpolitisch relevante Verhaltensweisen von Unternehmen nicht gewährleistet ist und diese sich in den letzten drei Jahren im Bewußtsein der bundesdeutschen Bevölkerung sogar noch weiter verschlechtert hat.

Aufforderung zur offeneren Informationspolitik

Dieses Ergebnis kann auch als eine Aufforderung an die Unternehmen und andere gesellschaftlich relevante Gruppen interpretiert werden, durch eine offenere und umfassendere Informationspolitik über soziale und ökologisch relevante Verhaltensweisen von Unternehmen im stärkeren Umfang zur Deckung dieses offensichtlichen Informationsbedarfes beizutragen.

Relevante Informationsaspekte des sozial-ökologischen Unternehmensverhaltens

Zu einer ganzen Reihe von gesellschaftlich relevanten Fragen wird sogar ein ausdrücklicher Informationsbedarf – allerdings in den einzelnen inhaltlichen Dimensionen in jeweils unterschiedlicher Häufigkeit – artikuliert. Die Ergebnisse der imug-Emnid-Untersuchungen „Unternehmen und Verantwortung 1993" und „Verbraucher und Verantwortung 1996" zeigen dabei, daß Konsumenten tatsächliche und differenzierte Informationsinteressen gegenüber unterschiedlichsten Informationsbereichen ausprägen (vgl. Abb. 11 und Abb. 12).

Abb. 11: Informationsaspekte der Unternehmenspolitik; Quelle: imug-Emnid 1996

In den aktuellen Untersuchungsergebnissen der imug-Emnid-Studie „Verbraucher und Verantwortung 1996" dominiert hierbei deutlich der Wunsch, Informationen von Unternehmen über die Schaffung von neuen Arbeitsplätzen zu erhalten. Mehr als jedem zweiten Bundesbürger (54%) ist es sehr wichtig, hierzu mehr über die Unternehmen zu erfahren. Informationen zum Verzicht auf Kinderarbeit (48%) und zu Aspekten der Umweltschutzbemühungen eines Unternehmens (sparsamer Umgang mit Energie und Rohstoffen (45%), Entwicklung umweltfreundlicher Produkte und Verpackungen (41%)) runden das Quartett von Informationsaspekten ab, das an der Spitze der Informationswünsche der Bundesbüger liegt.

Arbeitsplätze, Verzicht auf Kinderarbeit, Umweltschutz

Für ca. jeden dritten Deutschen ist darüber hinaus von besonderem Belang, Informationen über den Verzicht auf Tierversuche (34%), die Berücksichtigung von Arbeitnehmerinteressen (33%), die Beschäftigung von Behinderten und den Schutz von Verbraucherrechten (jeweils 31%) zu erhalten. 28% melden Informationsbedarf hinsichtlich eines verantwortlichen Umgangs mit neuen Technologien an.

Jeder vierte Bundesbürger hat zudem einen Informationsbedarf gegenüber Unternehmen, der sich auf das Engagement in Ländern mit Menschenrechtsverletzungen bezieht (24%), und ca. jedem fünften Bundesbürger sind Informationen über die Beteiligung an der Produktion von Rüstungsgütern, den Maßnahmen zur Gleichstellung von Frauen im Berufsleben (jeweils 22%) sowie der Macht und dem politischen Einfluß der Unternehmen und der Beteiligung beim wirtschaftlichen Aufbau in den neuen Bundesländern (jeweils 21%) sehr wichtig.

Abb. 12: Informationsaspekte der Unternehmenspolitik im Zeitvergleich;
Quelle: imug-Emnid 1996

Eine insgesamt etwas niedrigere Bedeutung haben hingegen Informationen über das Engagement in der Dritten Welt durch gerechten Handel (14%), die Beiträge zur Integration ausländischer Mitbürger (11%) und die Förderung von Kunst und Kultur (7%).

Die Informationsaspekte variieren in den sozio-demographischen Teilgruppen: Den ostdeutschen Bürgerinnen und Bürgern sind beispielsweise drei Aspekte deutlich wichtiger als den westdeutschen: Verständlicherweise sind die Menschen in den neuen Bundesländern überdurchschnittlich an Informationen über Unternehmen interessiert, die sich auf die Beteiligung am wirtschaftlichen Aufbau in den neuen Bundesländern (Ost 40%, West 16%) und die Schaffung von neuen Arbeitsplätzen (Ost 62%, West 52%) beziehen. Zudem ist in Ostdeutschland der Stellenwert von Maßnahmen zur Förderung der Gleichstellung von Frauen im Berufsleben deutlich höher angesiedelt. Hier sind es 28% der Ostdeutschen, denen Informationen hierzu sehr wichtig sind, im Westen hingegen nur 21%. In diesem Punkt unterscheiden sich auch Männer und Frauen am stärksten: Drei von zehn deutschen Frauen (30%) liegen hierzu Informationen über die Unternehmenspolitik sehr am Herzen, bei Männern sind es hingegen nur drei von zwanzig (14%), denen solche Informationen sehr wichtig sind.

In allen anderen Bereichen überwiegt z.T. gering, z.T. aber auch deutlich der Informationsbedarf der Westdeutschen. Prägnanter tritt diese Diskrepanz etwa bei Informationswünschen über die Entwicklung umweltfreundlicherer Produkte und Verpackungen (West 43%, Ost 31%), das Engagement in Ländern, die Menschenrechtsverletzungen begehen (West 26%, Ost 15%), und zum Verzicht auf Kinderarbeit (West 50%; Ost 40%) auf.

Auch in den Altersgruppen und Bildungsschichten differieren die Informationsbedarfe teilweise deutlich: Personen mit Abitur und abgeschlossenem Hochschulstudium zeigen sich an Informationen zu arbeitsmarkt- und wirtschaftspolitischen Fragestellungen deutlich uninteressierter, hingegen etwa an umweltpolitischen Informationen und Aspekten mit Bezug auf Entwicklungsländer deutlich interessierter. In den Altersgruppen sind es insbesondere die 30 bis 49-jährigen, die sich an einer Reihe von Fragestellungen interessierter zeigen: so etwa bei umweltbezogenen Informationen, Informationen über die Beteiligung an der Produktion von Rüstungsgütern oder den Schutz von Verbraucherrechten.

Betrachtet man die Bandbreite der Informationsinteressen über verschiedene Aspekte der Unternehmenspolitik, wird offensichtlich, daß die Bundesbürger insgesamt an einer breiten Palette einzelner Informationsfelder ein großes Interesse zeigen. Nur 15% der Befragten nennen insgesamt für sich kein sehr wichtiges Informationsfeld und bei 18% treten nur ein bis zwei Nennungen auf. Hier ist der Anteil der Ostdeutschen sowie der jüngeren und älteren Deutschen etwas höher, die keine oder nur eine geringe Anzahl sehr wichtiger Informationsaspekte benennen (vgl. Abb. 13).

Breite Palette einzelner Informationsaspekte

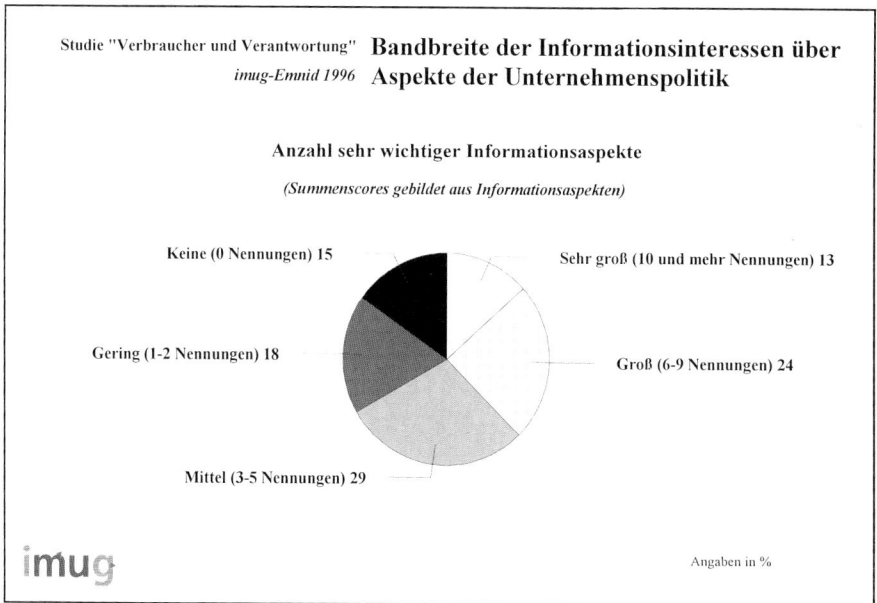

Abb. 13: Bandbreite unternehmensbezogener Informationsinteressen; Quelle: imug-Emnid 1996

29% der Befragten reklamieren für sich immerhin Interesse in drei bis fünf Feldern. Männer sind in dieser Gruppe überdurchschnittlich vertreten. Darüber hinaus melden sogar 37% bei einer großen oder sehr großen Anzahl von Aspekten der Unternehmenspolitik Informationsbedarf an. Hier ist der Anteil von Frauen, Westdeutschen und der Altersgruppe der 30-49-jährigen leicht überdurchschnittlich.

Verfolgt man die Entwicklung der Wichtigkeit von mehr Informationen über verschiedene Aspekte der Unternehmenspolitik im Zeitvergleich der Untersuchungsergebnisse der Jahre 1993 und 1996, springen zwei Dinge besonders ins Auge: Zum einen dominiert – wie auch bei den gesellschaftspolitischen Aufgaben und Problemen – die Schaffung neuer Arbeitsplätze resp. die Bekämpfung der Arbeitslosigkeit. Gleichzeitig rückt mit dem hohen Stellenwert von Informationen über den Verzicht auf Kinderarbeit – bei uns ein gewachsenes gesellschaftliches Tabu – ein entwicklungspolitisches Thema in das Bewußtsein der Verbraucher. Den Bürgern sind in diesem Fall Informationen über die Verletzung der in Deutschland gängigen Sozialstandards durch Produktion etwa an ausländischen Standorten sehr wichtig.

Zum anderen ist der Rückgang der Wichtigkeit von Informationen über die Beteiligung am wirtschaftlichen Aufbau in den neuen Bundesländern auffällig. Dieses Thema lag 1993 noch auf Platz vier der Rangliste bedeutender Informationsaspekte der Unternehmenspolitik. Hier meldeten 1993 noch 35% der Deutschen (West 27%, Ost 67%) einen großen Informationsbedarf an. Erstaunlich ist hier, daß dieses Thema nicht nur insgesamt, sondern vor allem im Osten Deutschlands selbst mit einem Minus von 27 Prozentpunkten deutlich an Bedeutung verloren hat und sich somit zu einem Thema von allgemein geringerem Stellenwert entwickelt.

Umweltschutz bleibt zentrales Informationsfeld
Darüber hinaus dominierte 1993 das Thema Umweltschutz, daß 1996 vor dem Hintergrund aktueller Problemkonjunkturen etwas an Gewicht verloren hat. Die Informationswünsche der Bundesbürger über die umweltschutzbezogenen Anstrengungen der Unternehmen bleiben aber zentral, von einem deutlichen Rückgang des Stellenwerts dieses Themas – wie vereinzelt gemutmaßt wird (Kühlhorn 1996) – kann nicht die Rede sein.

In einer größeren Zahl von Themenfeldern ist ein teils geringfügiger Rückgang der Bedeutung zu verzeichnen, in etwas auffälligerem Maße bei Informationen über den Verzicht auf Tierversuche, den Schutz von Verbraucherrechten und die Beiträge zur Integration ausländischer Mitbürger. In einigen anderen Feldern ist hingegen auch ein Bedeutungszuwachs zu verzeichnen, z.B. bei Informationen über die Beschäftigung von Behinderten.

Präferenz für Produkte verantwortungsvoller Unternehmen

Deutliche Präferenz für Produkte verantwortlicher Unternehmen
Die Untersuchungsergebnisse belegen, daß eine große Zahl Deutscher Produkte von Unternehmen bevorzugen würde, die gesellschaftlich verantwortungsvoll arbeiten. Insgesamt formulieren gut zwei Drittel der Bundesbürger (68%) zumindest manchmal eine Präferenz für Produkte verantwortungsvoller Unternehmen. Immerhin jeder vierte Bundesbürger (26%) würde sogar immer Produkte eines Unternehmens bei gleichem Preis und gleicher Qualität vorziehen, von dem er weiß, daß dieses Unternehmen in einem besonderen Maße gesellschaftliches Verantwortungsbewußtsein

gezeigt hat. Bei weiteren 30% würde dieses Wissen zumindest oft zu einer Bevorzugung solcher Unternehmen führen. Darüber hinaus könnten sich 12% der Bundesdeutschen vorstellen, daß sie solche Unternehmen zumindest manchmal bevorzugen würden (vgl. Abb. 14).

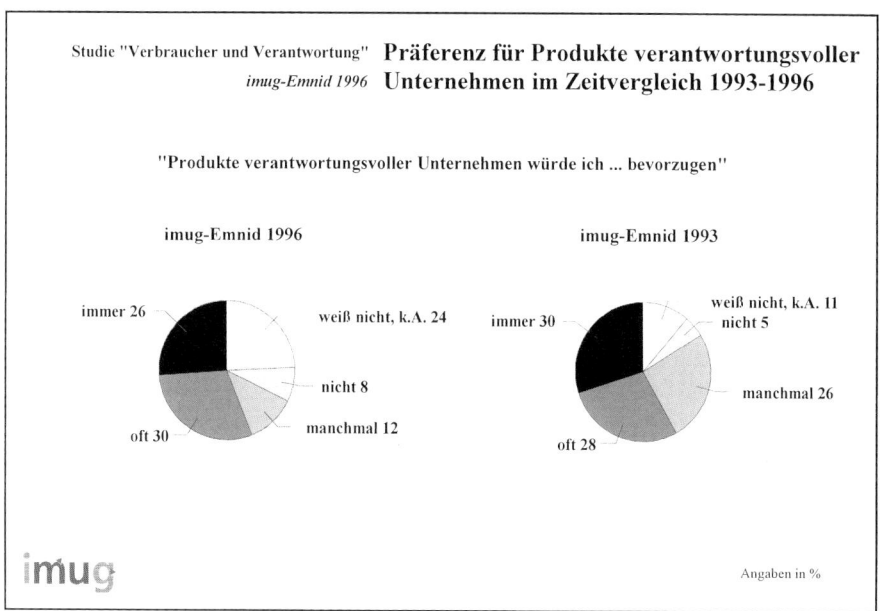

Abb. 14: *Präferenz für Produkte verantwortungsvoller Unternehmen; Quelle: imug-Emnid 1996*

Auch hier sind Unterschiede in der Präferenz für Produkte verantwortungsvoller Unternehmen in den einzelnen gesellschaftlichen Teilgruppen festzustellen: Es zeigt sich beispielsweise, daß die Ostdeutschen nur leicht unterdurchschnittlich Unternehmen für ihr demonstriertes gesellschaftliches Verantwortungsbewußtsein positiv sanktionieren würden. Ähnlich ist es bei den geschlechtsbezogenen Teilgruppen: Während die Frauen leicht über dem Durchschnitt liegen, sind die Männer in etwas geringerem Umfang bereit, positiv gesellschaftliche Beiträge von Unternehmen zu unterstützen.

Die Untersuchungsergebnisse der imug-Emnid-Studie „Verbraucher und Verantwortung" belegen darüber hinaus auch, daß Frauen generell in einem stärkeren Umfang die Bereitschaft zeigen, soziale und ökologische Kriterien in produktbezogene Kaufentscheidungen einzubeziehen (imug-Emnid 1996). Diese Unterschiede im geschlechtsspezifischen Konsumverhalten begründen sich zu weiten Teilen sicherlich in der noch weit verbreiteten konsumbezogenen Arbeitsteilung, die den Frauen generell eine verstärkte Verantwortung im alltäglichen Konsumverhalten und damit auch für die Realisierung eines sozial-ökologisch orientieren Verbraucherverhaltens zuweist (Roberts 1993; Sikula, Costa 1994).

Geschlechtsspezifische Unterschiede im sozial-ökologischen Konsumverhalten

Sehr deutlich sind auch die Unterschiede in den Altersgruppen: Nur knapp 40% der bis 19-jährigen wollen zumindest oft in ihrem persönlichen Verbraucherverhalten auf verantwortungsbewußte Unternehmen positiv reagieren, hingegen ist es in den anderen Altersgruppen deutlich mehr als jeder Zweite, in der Altersgruppe der 30- bis 49-jährigen sogar 60%.

In der Tendenz steigt auch mit wachsendem Bildungsgrad die Bereitschaft, auf Beiträge von Unternehmen zur Lösung gesellschaftlicher Aufgaben und Probleme positiv zu reagieren: Während 52% der Befragten mit niedrigeren Bildungsabschlüssen im Konsum soziale und ökologische Verantwortungsübernahme zumindest oft auszuzeichnen gedenken, sind es bei den Befragten mit mittleren Bildungsabschlüssen schon 59% und bei denen mit Abitur oder abgeschlossenem Studium sogar 63% der Befragten.

Stabiles Potential positiver Sanktionsbereitschaft

Im Zeitvergleich wird deutlich, daß von einem insgesamt stabilen Potential von Bundesbürgern auszugehen ist, die Bereitschaft zeigen, gegenüber gesellschaftlich verantwortlichen Beiträgen von Unternehmen in ihrem persönlichen Verbraucherverhalten positiv zu reagieren. Die Gruppe der Bundesdeutschen, die Produkte verantwortlicher Unternehmen zumindest oft bevorzugen würden, ist mit 56% (1993: 58%) nahezu gleich groß geblieben. Die Zahl der Deutschen, die einem solchen Verhalten grundsätzlich ablehnend gegenüberstehen, ist mit 8% weiterhin sehr gering (1993: 5%).

Allerdings ist insgesamt die Zahl derjenigen zurückgegangen, die zumindest manchmal verantwortlich handelnde Unternehmen positiv unterstützen: 1993 gab es noch ein Gesamtpotential von 84%, 1996 sind es nur noch 68%. Allerdings fällt an dieser Stelle auf, daß sich die Anteile der Befragten, die sich zu keiner Aussage durchringen konnten oder wollten, auch stark verschoben haben (1996: 24%, 1993: 12%). Dies erklärt sich sicherlich zu einem großen Teil aus der im Bewußtsein der Deutschen als sehr unzureichend wahrgenommenen Situation, Informationen über sozial und ökologisch relevante Aspekte der Unternehmenspolitik zu erhalten.

Kaufrelevante Aspekte unternehmerischer Verantwortung

Dennoch sollen Unterschiede zwischen einem *allgemeinen* und einem *kaufrelevanten* unternehmensbezogenem Informationsbedarf nicht übersehen werden. Sie sind als ein erster und zunächst noch allgemeiner Hinweis für die Wirksamkeit der den Informationsbedarf eingrenzenden Determinanten zu deuten.

Sowohl die Ernsthaftigkeit des Informationsinteresses der Personen, die an diesen Fragen besonders interessiert sind, als auch der womöglich hier besonders deutlich gesehene Handlungsspielraum der Unternehmen könnten mögliche Erklärungen dafür sein. Vor dem Hintergrund des vorhandenen Wertepluralismus, der Ausdifferenzierung verschiedener Lebensstile und gesellschaftspolitischer Präferenzen in unserer Gesellschaft könnten diese Zahlen aber auch die Annahme untermauern, daß es neben der oben angesprochenen Gruppe der breit sozial-ökologisch interessierten Konsumenten, auch „spezialisierte" sozial-ökologische Informationsbedarfe und Personengruppen gibt, die womöglich mit besonderem Engagement entsprechende Informationsangebote aufnehmen würden.

2.2 Unternehmensbezogener Informationsbedarf von Konsumenten

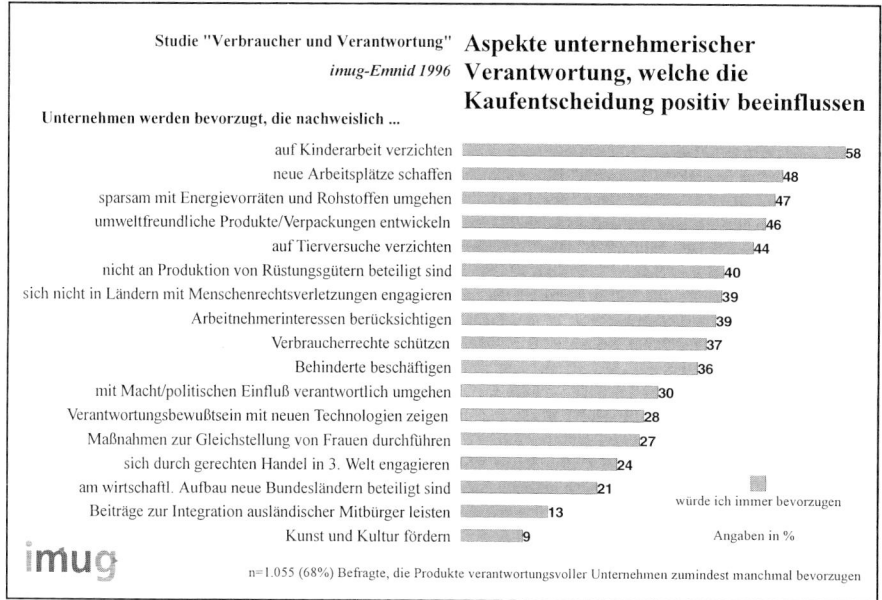

Abb. 15: Kaufrelevante Aspekte unternehmerischer Verantwortung; Quelle: imug-Emnid 1996

Hinsichtlich der inhaltlichen Aspekte unternehmerischer Verantwortung, welche die Kaufentscheidung positiv beeinflussen, sind die möglichen Einflußfaktoren breit über verschiedene Themengebiete gestreut (68% der Grundgesamtheit, vgl. Abb. 15). Dabei sind der Verzicht auf Kinderarbeit (58%) und die Schaffung neuer Arbeitsplätze (48%) die Top-Themen. Danach folgen Themen mit Umweltbezug: Der sparsame Umgang mit Energie und Rohstoffen (47%) und die Entwicklung umweltfreundlicher Produkte und Verpackungen (46%) würden bei knapp jedem zweiten Befragten eine Kaufentscheidung positiv beeinflussen. Darüber hinaus haben aber auch eine ganze Reihe weiterer gesellschaftspolitisch relevanter Verhaltensweisen der Unternehmenspolitik Einfluß auf das Verhalten der bundesdeutschen Verbraucher.

Der Aspekt eines Verzichts auf Tierversuche (44%) führt ein breiteres Mittelfeld von Themenfeldern unternehmerischer Verantwortung an, zu dem beispielsweise auch die Berücksichtigung von Arbeitnehmerinteressen (39%) oder etwa die Beschäftigung von Behinderten (36%) zählt.

Fast gar keinen positiven Einfluß auf die Kaufentscheidung im Bewußtsein der Befragten haben Beiträge zur Integration ausländischer Mitbürger (13%) und die Förderung von Kunst und Kultur (9%), obwohl gerade letzteres Feld von Unternehmen gerne als Beispiel für ein gesellschaftlich positives Sponsoren- oder Mäzenatentum angeführt wird (Bruhn 1990).

Dabei zeigen Ostdeutsche eine überdurchschnittliche Bereitschaft, in ihrer Kaufentscheidung eher auf wirtschafts- und sozialpolitisch orientierte Themen zu reagieren, wie etwa die Schaffung neuer Arbeitsplätze (Ost 59%, West 46%), den Schutz von Verbraucherrechten (Ost 40%, West 36%) und die Beteiligung am wirtschaftlichen Aufbau in den neuen Bundesländern (Ost 53%, West 13%). Bei letzterem Thema tritt auch mit einem Abstand von 40 Prozentpunkten die stärkste Diskrepanz zwischen den alten und neuen Bundesländern auf. Aber auch das Wissen, daß ein Unternehmen nicht an der Produktion von Rüstungsgütern beteiligt ist, führt in den östlichen Landesteilen zu einer stärkeren Reaktion als im Westen der Republik. Dieses Thema gewinnt auch insgesamt – im Vergleich zu der im Jahr 1993 formulierten Rangliste von unternehmensbezogenen Informationsbedarfen der Deutschen – am deutlichsten an Gewicht (vgl. Abb. 16).

Abb. 16: Kaufrelevante Aspekte unternehmerischer Verantwortung im Zeitvergleich; Quelle: imug-Emnid 1996

Die Westdeutschen betonen hingegen überdurchschnittlich insbesondere den Einfluß eines sparsameren Umgangs mit Energie und Rohstoffen (West 49%, Ost 42%) sowie den verantwortungsvollen Umgang mit Macht und politischem Einfluß (West 31%, Ost 25%). Über alle Themen fallen aber die Unterschiede zwischen den Ost- und Westdeutschen nicht mehr so stark aus wie bei den allgemeinen Informationsaspekten.

In der Mehrzahl der Themen zeigen Frauen überdurchschnittlich die Bereitschaft, gesellschaftlich verantwortliche Verhaltensweisen von Unternehmen zu honorieren: sehr deutlich etwa bei Maßnahmen zur Gleichstellung von Frauen (Frauen 33%, Männer 20%), der Entwicklung umweltfreundlicher Produkte und Verpackungen (Frauen 51%, Männer 40%) sowie einem Verzicht auf Beteiligung an der Produktion von Rüstungsgütern (Frauen 45%, Männer 34%).

Ein Vergleich der Altersgruppen zeigt ein interessantes Muster auf: Die geringste Übereinstimmung – bzw. das gegensätzlichste Antwortverhalten – in den kaufentscheidungsrelevanten Themenbereichen gibt es vor allem in der Gruppe der jüngeren Deutschen (bis 19 Jahre) und der Gruppe der älteren Deutschen (ab 50 Jahre) mit Unterschieden von bis zu 20 Prozentpunkten. Einzig das Engagement für die Menschen in

2.2 Unternehmensbezogener Informationsbedarf von Konsumenten

den Entwicklungsländern durch gerechten Handel würde das Kaufverhalten der bis 19-jährigen Bundesdeutschen überdurchschnittlich stark beeinflussen (30%), in allen anderen Themenfeldern liegt diese Gruppe – z.T. weit – unter dem Durchschnitt aller Befragten. Dies ist selbst bei Aspekten der Unternehmenspolitik festzustellen, von denen allgemein angenommen wird, daß es sich im engeren Sinne um die Themenfelder der jüngeren Bundesdeutschen handelt (Umweltpolitik, Rüstungsgüter).

Unterschiede in Verhaltensbereitschaften der Altersgruppen

Betrachtet man die Bandbreite der Themenaspekte der Unternehmenspolitik, die einen positiven Einfluß auf die Kaufentscheidung der deutschen Verbraucher haben, ist festzustellen, daß es nicht nur einzelne, wenige Aspekte sind, die die Kaufentscheidungen beeinflussen (vgl. Abb. 17). Rund zwei Drittel der Befragten nennen zumindest eine mittlere Anzahl von Aspekten, die nach Angaben der Befragten immer zu einer Bevorzugung verantwortlicher Unternehmen führen würden. Umgerechnet auf die Grundgesamtheit sind das immerhin 45% aller Deutschen, die über eine derartige Bandbreite unterschiedlicher Aspekte des sozialen und ökologischen Unternehmensverhaltens verfügen.

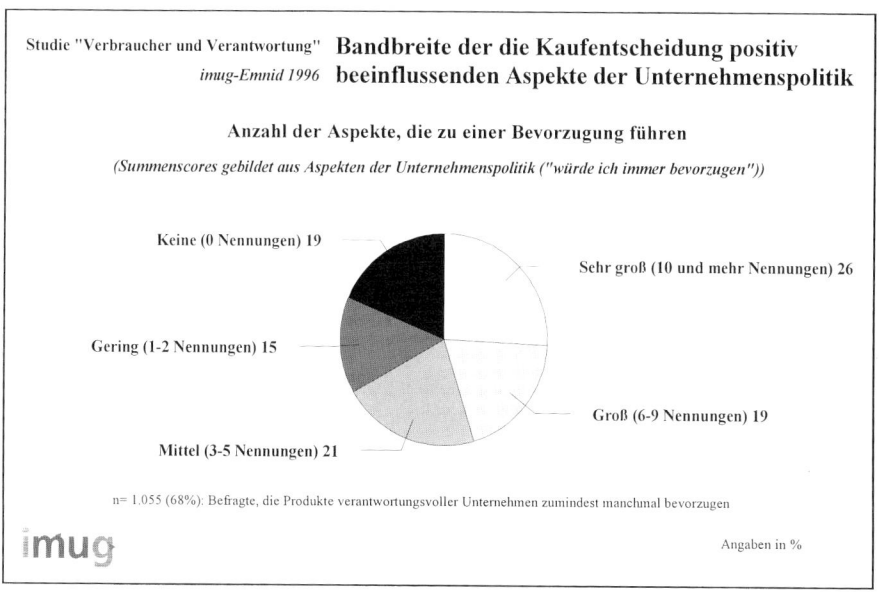

Abb. 17: Bandbreite kaufentscheidungsrelevanter Aspekte der Unternehmenspolitik; Quelle: imug-Emnid 1996

Nur rund ein Drittel nennen gar keine (19%) oder nur eine geringe Anzahl (15%) von Aspekten. Hier finden sich überdurchschnittlich Männer und jüngere Deutsche wieder. Erstaunlich groß sind vor allem die Gruppen derjenigen, die eine große oder sogar sehr große Anzahl von Themenaspekten angeben. So nennt rund jeder fünfte Befragte sechs bis neun Themenbereiche, die bei ihm immer zu einer Bevorzugung führen würden, jeder vierte Befragte nennt sogar zehn und mehr Themen, die für ihn immer kaufentscheidungsrelevant sind. In diesen Gruppen sind vor allem die älteren Altersgruppen leicht überdurchschnittlich vertreten.

Im Zeitvergleich der Untersuchungsjahre 1993 und 1996 wird deutlich, daß vor allem die Aspekte des wirtschaftlichen Aufbaus in den neuen Bundesländern (minus 23%), eines verantwortlichen Umgangs mit neuen Technologien (minus 11%), des Verzichts auf Tierversuche (ebenfalls minus 11%) und der Umweltschutzbemühungen eines Unternehmens (minus 16%) einen deutlicheren Bedeutungsverlust erlitten haben. Diese Einschätzung ist allerdings vor dem Hintergrund einer differenzierteren und ergänzten Fragestellung etwas zu relativieren. Insgesamt trifft der Bedeutungsverlust auch eine größere Anzahl anderer Themenaspekte, allerdings in einem weit geringfügigeren Umfang.

Umweltschutz hat an Stellenwert verloren

An Bedeutung gewonnen haben vor allem zwei Themen, die einen Einfluß auf die Kaufentscheidung der Befragten ausüben: die Nichtbeteiligung an der Produktion von Rüstungsgütern (plus 6%) und der Verzicht auf ein Engagement in Ländern, die Menschenrechtsverletzungen begehen. Darüber hinaus fallen natürlich die beiden neu aufgenommenen Top-Themen deutlich ins Gewicht: der Verzicht auf Kinderarbeit und die Beiträge zur Schaffung neuer Arbeitsplätze.

2.2.3 Ausgewählte Einflußfaktoren des unternehmensbezogenen Informationsbedarfs

Informationsbedarf und Verantwortungszuschreibung

Ein von uns vorgestelltes breiteres sozial-ökologisches Verständnis verantwortlicher Unternehmenspolitik muß sich mit der Frage auseinandersetzen, ob und ggf. für welche gesellschaftlichen Problemlagen Unternehmen eine Verantwortung mit übernehmen müssen bzw. können. Es setzt eine Verständigung darüber voraus, was mit sozial-ökologisch verantwortlichem Verhalten von Unternehmen im einzelnen gemeint ist (Dyllick 1992; Steinmann, Löhr 1991, S. 10ff).

Werden Konsumenten befragt, in welchen einzelnen Handlungsfeldern sie den Unternehmen derzeitig eine besondere Verantwortung zusprechen, so rücken insbesondere der sparsame Umgang mit Energie und Rohstoffen sowie ein verantwortlicher Umgang mit Neuen Technologien deutlich in den Mittelpunkt. Allerdings wird heute die Verantwortung von Unternehmen im Urteil der Konsumenten durchaus auch in einem breiteren Spektrum gesehen (Hansen, Schoenheit, 1993).

Während einige dieser zentralen Verantwortungszuschreibungen im Trend längerfristig gültiger Werteorientierungen der Konsumenten liegen, können auch jeweils aktuelle gesellschaftspolitische Themenstellungen als Gegenstand der unternehmerischen Verantwortung gesehen werden. So verliert in diesen Jahren beispielsweise das Engagement von Unternehmen beim wirtschaftlichen Aufbau der neuen Bundesländer an Stellenwert. Die Zuschreibung der Verantwortung an die Unternehmen durch die Konsumenten erfolgt durchaus differenziert. Sie kann sich sowohl auf Einschätzungen beziehen, daß Unternehmen in bestimmten Bereichen die (hauptsächlichen) Problemverursacher sind, aber auch auf die Erwartung, daß von Unternehmen hier besondere Problemlösungsbeiträge erbracht werden müssen.

Themen unterliegen Konjunkturen

2.2 Unternehmensbezogener Informationsbedarf von Konsumenten

Für die Entwicklung eines unternehmensbezogenen Informationsbedarfs ergeben sich aus der von den Konsumenten vorgenommenen Verantwortungszuschreibung wichtige Hinweise. So ist z.B. der unternehmensbezogene Informationsbedarf der Konsumenten um so höher, je kritischer die tatsächliche Verantwortungsübernahme durch die Unternehmen eingeschätzt wird.

Die bereits angesprochene Zuschreibung von Verantwortung an Unternehmen gegenüber wichtigen gesellschaftlichen Aufgaben und Zielen (Wiedmann, Raffée 1986, S. 91f) wirkt so auch auf die Ausprägung eines unternehmensbezogenen Informationsbedarfs. Anhand der imug-Emnid-Studien läßt sich nachweisen, daß unternehmensbezogene Informationsbedarfe um so stärker ausgebildet werden, je geringer die Verantwortungsübernahme durch die Unternehmen eingeschätzt wird.

Informationsbedarf und Einschätzung des Verbrauchereinflusses

Es ist zu vermuten, daß sich ein unternehmensbezogener Informationsbedarf um so eher herausbildet, je stärker die Konsumenten ihre Position im Marktgeschehen einschätzen (Roberts 1996, S. 219). Bereits vor dem Hintergrund unterschiedlichster Untersuchungen kann als eine mögliche Erklärung für einen nicht oder nur gering ausgeprägten unternehmensbezogenen Informationsbedarf die wahrgenommene Konsumenteneffektivität herangezogen werden (Pruitt, Friedmann 1986, S. 375ff; Gronmo 1987; Fischer, Lübke 1990, S. 33f). So ist z.B. die große Mehrheit der Konsumenten der Ansicht, durch ihr Kaufverhalten erheblichen Druck auf Hersteller ausüben zu können (vgl. Abb. 18).

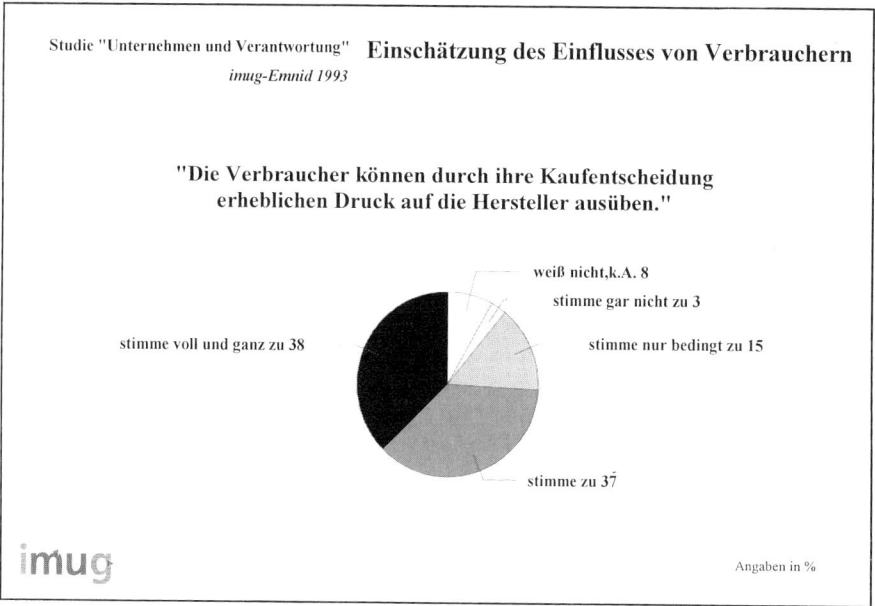

Abb. 18: *Einschätzung des Einflusses von Verbrauchern; Quelle: imug-Emnid 1993*

Hier drücken sich möglicherweise Lernerfahrungen der Konsumenten aus, nach der sie die Marktdynamik nicht nur durch eine verstärkte Nachfrage, sondern auch durch Verweigerungshaltungen beeinflussen können, wie es etwa Shell im Fall Brent Spar erst vor kurzem schmerzlich zu spüren bekommen hat. In der imug-Emnid-Studie „Verbraucher und Verantwortung 1996" äußerten sich immerhin gut ein Drittel (35 %) der Deutschen zustimmend zu der Frage, ob sie bereits ab und zu Unternehmen und Produkte boykottiert hätten; weitere 25% haben darüber hinaus einem solchen Engagement gegenüber in Verruf geratenen Unternehmen eine positive Einstellung (imug-Emnid 1996).

Hohe Boykottbereitschaft der Deutschen

Auch in dieser Hinsicht belegen die Untersuchungsergebnisse der imug-Studien die vermutete Abhängigkeit eines unternehmensbezogenen Informationsbedarfs von der wahrgenommenen Effektivität des eigenen Handelns der Konsumenten. So ist der unternehmensbezogene Informationsbedarf um so deutlicher ausgeprägt, je stärker die Konsumenten ihre eigenen Einflußmöglichkeiten empfinden (Hansen, Schoenheit, Devries 1994).

Informationsbedarf und personale Determinanten

Eine Reihe personaler Determinanten könnte für eine (nur begrenzte) Entwicklung eines unternehmensgerichteten Informationsbedarfs verantwortlich sein, auf die an dieser Stelle nicht einzeln eingegangen werden kann. Generell müssen solche Einflußgrößen nicht dazu führen, daß die bereits vorhandenen Informationsangebote ignoriert oder nur unvollständig bzw. verzerrt aufgenommen und verarbeitet werden. Vielmehr könnte angenommen werden, daß Konsumenten bereits in der Phase der Informationsbedarfsbildung antizipieren, daß ggf. vorhandene Informationsangebote ihr Entscheidungsverhalten nur komplizieren würden (Berndt 1984) oder von ihnen sowieso keine Beachtung fänden, weil z.B. produktbezogene Präferenzen häufig oder immer im Vordergrund stehen (Kuß 1986). Gründe dafür müßten vor allem in den grundlegenden Wertorientierungen der Wirtschaftsbürger gesucht werden, bei denen neben ethischen Präferenzen auch egoistische Grundorientierungen in verschiedenen Ausprägungen immer vorhanden sind und häufig sogar Dominanz gewinnen (Edelmann 1996, S. 28). So wird ein sozial und ökologisch verantwortliches Handeln bei Marktentscheidungen in einer „Erlebnisgesellschaft", in der eine grundlegende Hinwendung zur Genußorientierung zu beobachten ist, nur partiell mit den alltagsästhetischen Mustern der verschiedenen sozialen Millieus vereinbar sein (Schulze 1992).

Einflußgrößen auf Informationsbedarfe

Allerdings erklären demgegenüber in der imug-Emnid-Untersuchung „Verbraucher und Verantwortung 1996" 56% der Bundesdeutschen, daß sie bei vergleichbaren Qualitäten und Preisen oft oder immer Produkte von Unternehmen bevorzugen würden, die in besonderem Maße gesellschaftliches Verantwortungsbewußtsein gezeigt haben. Dies kann als Hinweis dafür gewertet werden, daß zumindest unter den genannten produktspezifischen Rahmenbedingungen der Herausbildung von unternehmensbezogenen Informationsbedarfen nicht grundsätzlich unüberwindbare Mechanismen der Informationsvermeidung oder von Anpassungstendenzen von Informationsbedarfen an das (als unzureichend beurteilte) Informationsangebot entgegenstehen müssen. Zugleich werden jedoch wichtige Anforderungen an das Informationsangebot und seine Präsentation gestellt, die zu berücksichtigen sein werden.

Informationsbedarf und Informationsangebot

Ein weiterer Aspekt beruht in der Frage, in welcher Weise der von Konsumenten wahrgenommene unternehmensbezogene Informationsbedarf davon abhängig ist, wie von den Konsumenten die Nützlichkeit des ihnen bekannten unternehmensbezogenen Informationsangebots eingeschätzt wird. Die Recherche nach Informationen über das sozialökologische Verhalten der Unternehmen zeigt, daß ein Informationsangebot, das auch nur in Ansätzen den oben genannten Anforderungen entspricht (Hansen, Lübke, Schoenheit 1993, S. 596f), in der Bundesrepublik Deutschland praktisch zur Zeit nicht existiert. Konsumenten, die sich hier informieren wollten, wären weitgehend auf Selbstauskünfte der Unternehmen angewiesen. Der besondere Charakter eines solchen Informationsangebots (als „Glaubwürdigkeitsinformation") läßt unternehmenseigene Informationsquellen von vornherein wenig wirkungsvoll erscheinen. Von unternehmenseigenen Informationsangeboten wird i.d.R. nicht zu erwarten sein, daß sie auf transparenten und allgemein nachvollziehbaren Verfahren beruhen, und es kann auch kaum erwartet werden, daß verschiedene Unternehmen vergleichbare Maßstäbe an die Bewertung ihres verantwortlichen Handelns anlegen (Lübke, Schoenheit 1992). Die deutlich schlechtere Beurteilung des Informationswertes von unternehmenseigenen Informationsquellen gegenüber dem unternehmensbezogenen Informationsangebot z.B. von Verbraucher- und Umweltorganisationen kann nur vor diesem Hintergrund der „generellen Beurteilung" dieser Informationsquellen für die zur Diskussion stehenden Informationsangebote gedeutet werden (Kroeber-Riel 1992, S. 515ff).

> **Angebot zu sozialökologischen Unternehmensinformationen in Deutschland nicht existent**

Die Generierung einer validen und umfassenden, an sozial-ökologischen Kriterien orientierten Entscheidungsinformation für Marktteilnehmer über das verantwortliche Unternehmensverhalten kann deshalb am ehesten von einer unabhängigen Institution erwartet werden, an die jedoch bestimmte Anforderungen zu stellen sind. So ist denn auch das Interesse der Konsumenten an Informationsangeboten von einer – etwa mit der Stiftung Warentest vergleichbaren – Institution etwas über das verantwortliche Unternehmensverhalten zu erfahren, entsprechend groß (vgl. Abb. 19).

> **Großes Interesse an Informationen unabhängiger Institutionen**

Hinweise, daß die unterschiedliche Einschätzung der Informationssituation dabei in einem eindeutigen Zusammenhang mit der Ausbildung von Informationsbedarfen steht, können dabei zuerst nicht bestätigt werden. Als vorsichtige Tendenz läßt sich ein Zusammenhang beschreiben, daß bereits sehr gut oder gut informiert fühlende Befragte zu mehr Informationen, die sehr schlecht und schlecht informiert fühlenden zu weniger Informationen tendieren.

Diese Tendenz würde auf einen Zusammenhang verweisen, der von Raffée (1969, S. 74ff) schon frühzeitig aufgegriffen und auf den bereits zuvor eingegangen wurde. Bei Unternehmsinformationen kann davon ausgegangen werden, daß sich die Qualität heteronomer Informationsbedarfe erst herausbilden muß (Hansen, Schoenheit, Devries 1994). Die Umsetzung von sozial und ökologisch relevanten Informationen in tatsächliches Kaufverhalten ist hier kein automatisierter Prozeß, sondern von einer Vielzahl von intervenierenden Faktoren abhängig. Das ständige Vorhandensein von glaubwürdigen und zugleich einfach handhabbaren Informationsangeboten dürfte für die Herausbildung auch eines gewohnheitsmäßigen Entscheidungs- und Kaufverhaltens jedoch von zentraler Bedeutung sein.

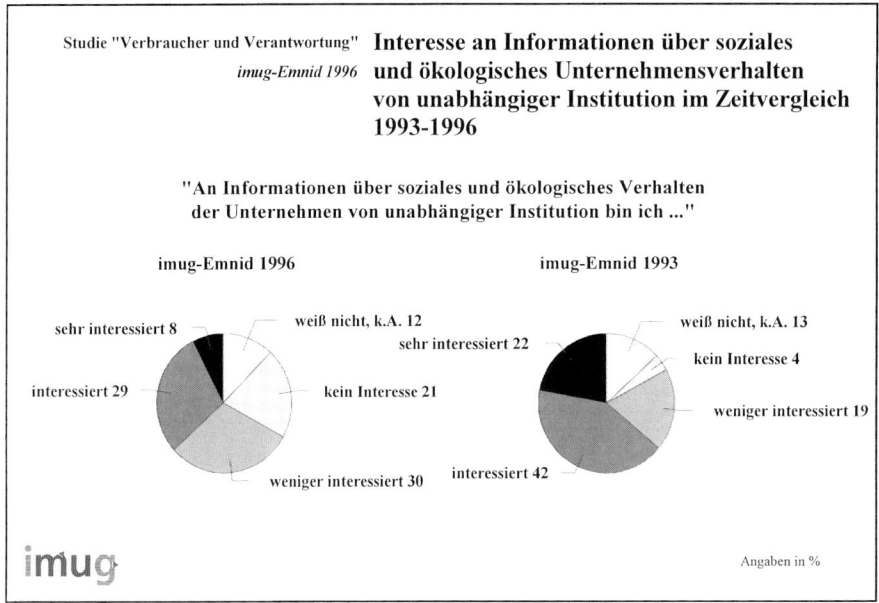

Abb. 19: *Interesse an Informationen von unabhängigen Institutionen im Zeitvergleich; Quelle: imug-Emnid 1996*

3. Das Konzept
Der sozial-ökologische Unternehmenstest

3.1 Der sozial-ökologische Unternehmenstest als spezifisches Instrument

In den vergangenen Jahren ist sowohl seitens der Unternehmen als auch seitens unternehmensexterner Anspruchsgruppen ein erhöhtes Interesse an verfügbaren Informationen über die gesellschaftliche Verantwortungsübernahme von Unternehmen entstanden. Im Verlaufe dieser Entwicklung sind von Wissenschaft, engagierten Organisationen sowie informationspolitisch aktiven Unternehmen Instrumente, wie z.B. Sozialberichte, Umweltberichte oder Ökobilanzen, erprobt und fortentwickelt worden, die dem Informationsbedarf der Öffentlichkeit entgegenkommen sollen. Diese Ansätze lassen sich zusammenfassend als Instrumente einer „gesellschaftsbezogenen Berichterstattung" der Unternehmen bezeichnen (Dierkes 1978, S. 34ff). Bei einer kritischen Würdigung dieser Bemühungen muß allerdings konstatiert werden, daß sie zahlreiche Mängel aufweisen:

Gesellschaftsbezogene Berichterstattung weist Mängel auf

- die *geringe Verbreitung* derartiger Informationsinstrumente: nur relativ wenige Unternehmen praktizieren eine freiwillige gesellschaftsbezogene Berichterstattung, und darauf hinwirkende Sanktionen über entsprechende Markteffekte sind noch relativ schwach entwickelt,

- die *fehlende Objektivität* in Hinblick auf die Informationsauswahl und -präsentation: unter dem Primat der Kommunikationsziele von Unternehmen werden positive Ergebnisse betont und negative Effekte kaum einmal erwähnt,

- die *fehlende Vergleichbarkeit* der Informationen: da keine systematischen und verbindlichen Vorgaben für die zu veröffentlichenden Informationen bestehen, können sie nicht direkt verglichen und damit auch nicht direkt zur Qualifizierung von Entscheidungen in Märkten herangezogen werden.

Aus diesen Hauptmängeln der erwähnten Ansätze zur „gesellschaftsbezogenen Berichterstattung" von Unternehmen lassen sich zahlreiche Motive ableiten, die Information über Unternehmensaktivitäten nicht ganz allein den Unternehmen selbst zu überlassen, sondern sie extern (über gesetzliche Regelungen oder den gezielten Einsatz von Marktmechanismen) zu veranlassen und sie systematisch und unter Einbeziehung von Bewertungen, die Vergleiche zulassen, durchzuführen. Auf dieser Basis entstanden neuere Konzeptionen, wie etwa das Öko-Audit, das Öko- oder Sozio-Labeling und auch der Unternehmenstest, die sich unter dem Oberbegriff der „*externen sozial-ökologischen Unternehmensbewertung*" subsumieren lassen.

Externe sozial-ökologische Unternehmensbewertung als Oberbegriff

Instrumente einer „gesellschaftsbezogenen Berichterstattung"	Instrumente einer „externen Unternehmensbewertung"
Sozialbilanzen Sozialberichterstattung Umweltberichte Ökobilanzen	Öko-Audit Öko-Rating Öko-Labeling Sozio-Labeling Unternehmenstest

Tab. 1: Beispiele sozial-ökologischer Informations- und Bewertungsinstrumente

Die Einordnung von Öko- und Sozialbilanzen geschieht vor dem Hintergrund der Tatsache, daß es bisher nicht gelungen ist, beide Instrumente in methodischer und inhaltlicher Hinsicht so zu standardisieren, daß die Ergebnisse das Postulat der Vergleichbarkeit erfüllen. Sollte diese Anforderung einmal erfüllt werden, so können die Ergebnisse von Öko- und Sozialbilanzen auch direkt als Informationsbasis für externe Unternehmensbewertungen dienen. Bis dahin sind allerdings noch zahlreiche methodische Probleme zu lösen (Umweltbundesamt 1992).

Aufgrund der geschilderten unterschiedlichen Entstehungszusammenhänge und Zielbestimmungen von „gesellschaftsbezogener Berichterstattung" und „externer sozial-ökologischer Unternehmensbewertung" sollte eine begriffliche Vermischung beider Konzepte (vgl. z.B. bei Tschandl 1994, S. 47) vermieden werden. Unter Berücksichtigung dieser wichtigen Unterscheidung sollen im folgenden Kapitel die Spezifika der Konzeption des Unternehmenstests im Vergleich zu anderen Ansätzen aus dem Bereich der „gesellschaftsbezogenen Berichterstattung" oder der „externen sozial-ökologischen Unternehmensbewertung" herausgearbeitet und andererseits auch vorhandene Parallelen aufgezeigt werden.

3.1.1 Definition des sozial-ökologischen Unternehmenstests

Eine sinnvolle Definition von sozial-ökologischen Unternehmenstests kann einerseits deskriptiv auf erste Realisierungsversuche (vgl. S. 221ff in diesem Buch) Bezug nehmen. Andererseits muß sie präskriptiv ein Arbeitsinstrument umreißen, das die oben beschriebenen Marktdefizite abschwächen, bzw. zur Lösung der damit implizit formulierten Probleme beitragen kann.

Mit den im ersten Kapitel beschriebenen Entwicklungen und Problemlagen sind somit bereits wesentliche Anforderungen formuliert, denen ein sozial-ökologischer Unternehmenstest genügen muß, will er seine Rolle als Markt-Informationsinstrument, das Auskunft über die Verantwortungswahrnehmung von Unternehmen gibt, in effizienter Weise erfüllen. Die folgende Definition ist dementsprechend darauf angelegt, wesentliche Bestimmungen zusammenzustellen, die den sozial-ökologischen Unternehmenstest beschreiben, ihn aber gleichzeitig auch von anderen, verwandten Instrumenten abgrenzen können.

Komplexe Anforderungen an ein neues Markt-Informationsinstrument

> Unter diesen Prämissen definieren wir den sozial-ökologischen Unternehmenstest als ein Arbeitsinstrument, mit dem Unternehmen von unabhängiger Seite unaufgefordert und anhand bestimmter Kriterien daraufhin untersucht und bewertet werden, inwieweit sie in ausgewählten Bereichen sozial und ökologisch verantwortlich handeln. Die gewonnenen Informationen werden in komprimierter Form veröffentlicht und stehen damit auch anderen Marktpartnern als Entscheidungshilfe zur Verfügung.

Die einzelnen Elemente dieser umfassenden Definition sollen zunächst überblicksartig erläutert werden, bevor die damit realisierten Funktionen beschrieben und eine systematische Abgrenzung zu anderen, verwandten Informations- und Bewertungsinstrumenten vorgenommen wird.

Untersuchung von Unternehmen

Im Mittelpunkt der Untersuchungen des Unternehmenstests stehen Unternehmen als rechtlich eigenständige und eigenverantwortliche Marktpartner, die aufgrund ihrer spezifischen Beschaffungs-, Produktions- und Absatzleistungen auf vielfältige Weise in die sie umgebende Gesellschaft hineinwirken. Es geht dabei nicht um subjektive Elemente, wie etwa Motive, Absichten oder Einstellungen von Mitgliedern in Leitungsfunktion, sondern um das an objektiven Ereignissen und Daten festzumachende tatsächliche Wirken. Den Untersuchungsgegenstand des Unternehmenstests stellt das *Handeln von Unternehmungen als Ganzes* dar und nicht etwa von Teilbereichen der Unternehmen, wie einzelnen Abteilungen, Werken oder Filialen. Im Fokus stehen auch nicht die von den Unternehmen hergestellten Produkte, die per Definition den Gegenstand des vergleichenden Warentests bilden. Als spezieller gesellschaftlicher „Output" der Unternehmen kann die (beispielsweise in den Produktionsverfahren, der Produktgestaltung oder dem Umgang mit Altprodukten zum Ausdruck kommende) Übernahme von „Produktverantwortung" allerdings ein Element der gesamten Unternehmensbewertung bilden. Die Frage geeigneter Verfahren zur Auswahl der konkreten Untersuchungsgegenstände aus der Gesamtheit aller Unternehmen wird an anderer Stelle in diesem Buch behandelt (vgl. S. 123ff in diesem Buch).

Untersuchung von unabhängiger Seite

Es erscheint essentiell, daß die Untersuchungen nicht von den Unternehmen selbst, ihren Verbänden oder von Institutionen durchgeführt werden, die sich in irgendeiner Abhängigkeit von den untersuchten Unternehmen befinden, da ansonsten die *Objektivität der Ergebnisse* gefährdet wäre. Die Forderung nach Unabhängigkeit erstreckt sich sowohl auf die juristische und die ökonomisch-finanzielle Dimension, als auch auf etwaige personelle Verflechtungen (vgl. dazu auch S. 99ff in diesem Buch).

Unabhängigkeit der Untersuchung als elementare Bedingung

Unaufgeforderte Untersuchung

Mit diesem Postulat wird nicht grundsätzlich ausgeschlossen, daß Unternehmen aus eigenem Antrieb anregen, getestet zu werden. Wichtig ist jedoch, daß den unabhängigen

Testern allein die Entscheidung über den Test an sich, die Auswahl der Testobjekte und alle weiteren im Verlauf des Tests notwendigen Beschlüsse obliegt. Im Normalfall wird auch die *Initiative* zu einem Unternehmenstest von der Test-Institution ausgehen, und es ist zunächst eher mit Zurückhaltung oder gar Widerständen von einzelnen Unternehmen zu rechnen, als mit einer aktiven Förderung des Testvorhabens.

Untersuchung anhand bestimmter Kriterien

Die Untersuchungskriterien müssen transparent sein

Die der Untersuchung und Bewertung zugrundeliegenden Kriterien müssen vorab festgelegt und legitimiert werden, damit die Vergleichbarkeit und die Nachvollziehbarkeit der Ergebnisse gewährleistet werden kann (vgl. S. 123ff in diesem Buch). Die Transparenz der zugrundeliegenden Kriterien stellt außerdem auch ein äußerungsrechtliches Erfordernis dar (vgl. S. 261ff in diesem Buch).

Vornahme von Bewertungen

Der Unternehmenstest versteht sich als ein Informationsinstrument, das nicht nur unbewertete Daten über verschiedene Unternehmen nebeneinander stellt, sondern auch vergleichend-bewertende Aussagen trifft. Der Komplexität des Gegenstandes entsprechend bieten sich hier eine Mischung von verbalen Bewertungen und – wo möglich – Einordnungen in numerische Bewertungsskalen an (vgl. hierzu auch S. 123 in diesem Buch). Unabhängig davon ist aber in bestimmten Bereichen auch die unkommentierte Mitteilung von Sachinformationen sinnvoll, deren Bewertung allein den Maßstäben der jeweiligen Nutzer überlassen bleibt. Gerade bei divergierenden Meinungen über die positive oder negative Bewertung eines Phänomens ist die unbewertete Mitteilung der zugrundeliegenden Daten die einzige Möglichkeit, die Adressaten in einer Entscheidung gemäß ihrer eigenen Wertestruktur nicht unzulässig zu manipulieren.

Untersuchung ausgewählter Bereiche

Erwartungen der Gesellschaft als Focus der Untersuchung

Nicht jede unternehmerische Aktivität, die sich in irgendeiner Weise auf irgendjemanden oder irgendetwas auswirkt, ist untersuchens- und berichtenswert. Es gilt, die Bereiche zu definieren, in denen eine direkte Verantwortung von Unternehmen für relevante gesellschaftliche Effekte konstatiert werden kann oder in denen die Gesellschaft ein verantwortliches Handeln der Unternehmen einfordert. Hinsichtlich der Untersuchungsinhalte sind Unternehmenstests dann als *Partialuntersuchungen* möglich, wenn nur eine Dimension der sozial-ökologischen Verantwortlichkeit untersucht wird (z.B. die Frauenförderung) oder mehrere Dimensionen (z.B. das Umweltengagement und die Informationsbereitschaft) erfaßt werden. Denkbar sind aber auch *Totaluntersuchungen* mit dem Anspruch einer ganzheitlichen Bewertung der sozial-ökologischen Veranwortlichkeit von Unternehmen. Für die Einlösung dieses Anspruchs müßte jedoch das Konstrukt „sozial-ökologische Verantwortlichkeit" genau definiert und dargelegt werden, warum und mit welcher Gewichtung einzelne Untersuchungsbereiche Berücksichtigung gefunden, bzw. nicht gefunden haben.

Theoretisch könnten zunächst einmal alle nicht-monetären Folgen unternehmerischen Handelns zum Untersuchungsgegenstand werden. Diese Eingrenzung der unternehmerischen Verantwortung auf mehr oder weniger direkte nicht-monetäre Folgen unternehmerischen Handelns unterscheidet sich von einer weiteren Fassung, die seit den 70er Jahren vor allem in den USA Verbreitung gefunden hat. Hier wird davon ausgegangen, daß Unternehmen auch Beiträge zur Lösung von Gemeinschaftsproblemen liefern müssen, die in keinem unmittelbaren und mittelbaren Zusammenhang mit dem Unternehmen stehen (CED 1977). Zu derartigen Leistungen werden in den USA z.B. auch Sponsoring-Aktivitäten in den Bereichen Sport, Kultur oder im Rahmen spezieller wohltätiger Programme gezählt. Obwohl sich das Sponsoring längst als funktionaler Bestandteil unternehmerischer Kommunikationspolitik etabliert hat, dessen Nutzen im wesentlichen in den marketingrelevanten Kategorien von Bekanntheit und Imageprofilierung diskutiert wird, könnten auch Sponsoring-Konzepte ihrem impliziten Anspruch nach in diesen Begründungszusammenhang gestellt werden (Ziegler 1992, S. 21f).

Gerade weil gesellschaftliche Erwartungen bei der Ausformung des Postulats nach Verantwortungsübernahme der Unternehmen eine zentrale Rolle spielen, wird es eine klare und abschließende Festlegung der Bereiche, die zur unternehmerischen Verantwortlichkeit gehören, nicht geben können. Hier ist ein permanenter gesellschaftlicher Diskurs gefordert (vgl. dazu S. 99ff in diesem Buch).

Soziale und ökologische Effekte als Beurteilunsgdimensionen

In seine Definition schließt der Unternehmenstest soziale und ökologische Effekte unternehmerischen Handelns ein und geht damit über alle Ansätze hinaus, die nur je eine dieser Dimensionen betrachten. Er grenzt sich damit auch von einem Verständnis ab, das die ökologische Beurteilungsdimension nur als eine Teilmenge der sozialen Dimension versteht. Die ökologische Dimension betrifft in diesem Sinne das Verhältnis der Menschen zu der sie umgebenden Natur und die soziale Dimension die Tatsachen und Regeln, die das gesellschaftliche Verhältnis der Menschen untereinander bestimmen (Picot 1977). Insbesondere im Bereich der sozialen Dimension ist das Postulat der Notwendigkeit einer permanenten Reflexion der zu untersuchenden Bereiche und der geltenden Bewertungskriterien evident.

> **Soziale und ökologische Effekte werden gleichermaßen berücksichtigt**

Verantwortliches Handeln

Es geht bei der Bewertung von Unternehmen primär nicht um dort bereits vorhandene Einstellungen oder erklärte Absichten, sondern um konkrete Aktivitäten, die gesellschaftliche Auswirkungen zeigen. Bei der Planung eines Unternehmenstests gilt es, den Untersuchungszeitraum auf ein angemessenes Maß einzugrenzen. Es muß die Frage geklärt werden, bis zu welchem Termin in der Vergangenheit Aktivitäten der Unternehmen in die gegenwärtige Bewertung einbezogen werden sollen.

Versteht man unter Verantwortung allgemein das Einstehen für (zukünftige) Folgen von Entscheidungen und Handlungen in der Gegenwart, so verbleiben noch zahlreiche Interpretationsspielräume für die inhaltliche Zuschreibung von Verantwortung an Unternehmen, die an späterer Stelle in diesem Buch diskutiert werden (vgl. S. 99ff in diesem Buch).

Veröffentlichung der Information in komprimierter Form

Die Ergebnisse der Untersuchung und Bewertung werden nicht für die ausschließlich interne Verwendung im Unternehmen erstellt, sondern der erklärte Zweck ist deren Veröffentlichung. Die Vielzahl der vorhandenen Einzelinformationen erfordert dabei einen Prozeß der Datenkomprimierung, um die *Nutzbarkeit* und Verständlichkeit der Informationen zu garantieren. Darstellungsvarianten und Distributionswege für diese Informationen richten sich sinnvollerweise nach den Zielgruppen, die vorher bestimmt wurden.

Entscheidungshilfe auch für andere Marktpartner

Zwar werden die Ergebnisse des Unternehmenstests auch immer eine wichtige Rückmeldung für die Unternehmen selbst darstellen und eine Grundlage für interne Entwicklungskonzepte bilden können, als primärer Verwendungszweck ist jedoch ihre Nutzung bei Entscheidungsprozessen gedacht, vor denen andere Marktteilnehmer in unterschiedlichen Teilmärkten stehen. Dies können Konsumgütermärkte, aber auch Geldanlage- oder Arbeitsmärkte sein (siehe dazu S. 39ff in diesem Buch). In der folgenden Tabelle sind die wichtigsten Zielgruppen, ihre Informationsbedarfe und die Teilmärkte, auf denen sie agieren, zusammengestellt.

Zielgruppe	Informationsbedarf	Markt
Konsumenten	Verbraucherinformation	Konsumgütermarkt
Öffentliches Beschaffungswesen	Beschaffungsrichtlinien	Konsum- und Investitionsgütermarkt
Geldanleger	Anlageberatung	Geldanlagemarkt
Arbeitnehmer (z.B. Führungskräftenachwuchs)	Berufsberatung	Arbeitsmarkt

Tab. 2: Verwendungsformen des sozial-ökologischen Unternehmenstests

3.1.2 Funktionen des Unternehmenstests

Um die Bedeutung des Unternehmenstests richtig einzuordnen, ist es sinnvoll, seine Funktionen für die Beteiligten zu analysieren:

Funktionen des Unternehmenstests		
für die unmittelbaren Nutzer	für die bewerteten Unternehmen	für Markt und Gesellschaft
Informationsgrundlage für verantwortliches Entscheidungsverhalten Schaffung von Zusatznutzen für die Entscheider Impulse für Verhaltensänderungen	Kompetenzgewinn Sanktionierung von sozial-ökologischem Unternehmensverhalten Schaffung von Unternehmensidentität	Ausdehnung des Wettbewerbs auf sozial-ökologisches Unternehmenshandeln Chancen für sozial-ökologische Innovationen

Tab. 3: Funktionen des Unternehmenstests, Quelle: Hansen, Lübke, Schoenheit 1992, S. 13

Unmittelbare Nutzer

Durch den sozial-ökologischen Unternehmenstest werden für die Nutzer Entscheidungen auf eine breitere Informationsgrundlage gestellt. Ob das Informationsangebot auch tatsächlich genutzt wird, hängt im einzelnen von der mehr oder weniger komplexen Präferenzlage der Verwender und der Bereitschaft zur Informationsaufnahme ab. Das Informationsangebot soll es ermöglichen, die vorhandenen Handlungsalternativen den individuellen Präferenzen zuzuordnen. Damit ist eine Entlastung im Entscheidungsverhalten zu erwarten. Eine *Erleichterung* für das *Entscheidungsverhalten* ist auch deshalb wahrscheinlich, weil viele Güter und Dienstleistungen im Urteil der Konsumenten aufgrund ihrer Homogenität im Preis- und Qualitätsbereich kaum noch differenziert werden können.

Möglicherweise ist die unterstellte zentrale Funktion, direkte Hilfe bei Markttransaktionen zu liefern, jedoch auch durch andere Funktionen bzw. Nutzenstiftungen des Informationsangebotes überlagert. So könnte das Informationsangebot für sozial und ökologisch bewußte Personen auch als allgemein bzw. *politisch interessierende Information* gedeutet werden, die nicht nur im unmittelbaren Kontext von Marktentscheidungen von Interesse ist. Eine zusätzliche Nutzenstiftung wäre hier im Gefühl der Zugehörigkeit zu einer aufgeklärten, kritischen Gruppe der Gesellschaft zu sehen und in der Möglichkeit, im Rahmen unterschiedlicher Kommunikationsanlässe Kompetenz und Aufgeklärtheit zu demonstrieren (vgl. dazu auch S. 51ff in diesem Buch).

Bewertete Unternehmen

Die bewerteten Unternehmen können durch den Unternehmenstest während des Bewertungs- und Distributionsprozesses an Kompetenz gewinnen, indem sie für den gesellschaftlich erwünschten Verantwortungsbereich sensibilisiert werden, sich im Kontext konkurrierender Unternehmen einschätzen können und mit der Marktwirkung auch die entsprechende gesellschaftliche Akzeptanz erfahren. Diese Effekte sind auch im Bereich des Warentests bereits bekannt (Silberer 1986). Indem der Unternehmenstest über sozial-ökologisches Verhalten informiert, wird marktliches Sanktionierungspotential geschaffen. Die Verwender werden in die Lage versetzt, durch Kauf/Nichtkauf die wahrgenommene Verantwortung der Unternehmen zu belohnen bzw. zu bestrafen und damit profitabel zu machen. Dieser Effekt ist marktübergreifend wirksam und multipliziert sich mit der Anzahl der von einem Unternehmen angebotenen Produkte. Der Unternehmenstest unterstützt die Bemühungen der Unternehmen um Corporate Identity, sofern hier die Wahrnehmung gesellschaftlicher Verantwortung eine wichtige Rolle spielt. Dabei wird einerseits eine positive Positionierung durch verantwortliches Unternehmensverhalten gegenüber externen Gruppen unterstützt und verstärkt und andererseits ein Beitrag zur Identitätsfindung nach innen geleistet. Ergebnisse des Unternehmenstests und deren Verbreitung in der Öffentlichkeit beeinflussen die Wertestruktur auch innerhalb einer Unternehmung, denn die wahrgenommene Fremdeinschätzung wirkt immer zurück auf die Selbsteinschätzung. Außerdem können Wertediskussionen und Lernprozesse in Gang kommen (Dyllick 1991).

> **Der Unternehmenstest schafft marktliches Sanktionierungspotential**

Markt und Gesellschaft

Für die Marktwirtschaft als Ganzes führt der Unternehmenstest dazu, daß der Wettbewerb auf sozial-ökologische Qualitäten unternehmerischen Handelns ausgedehnt wird. Dadurch könnten neue Marktdifferenzierungen stattfinden und sich die Wettbewerbsstrukturen verändern. Das Instrument des Unternehmenstests bietet marktwirtschaftlich deutliche Chancen für die Entwicklung und Durchsetzung sozial-ökologischer Innovationen. Da es dazu beiträgt, wünschenswertes Unternehmensverhalten positiv zu sanktionieren, werden Innovationen angeregt und unterstützt, so daß eine beschleunigte Entwicklung neuer Konzepte anzunehmen ist. Insofern vermittelt der Unternehmenstest auch Impulse für sozial-ökologische Problemlösungen in der Gesellschaft.

Der Wettbewerb wird auf sozial-ökologische Qualitäten ausgedehnt

3.1.3 Konzeptverwandte Ansätze zur sozialen und ökologischen Bewertung von Unternehmen

Um die möglichen Leistungen, aber auch die Grenzen des sozial-ökologischen Unternehmenstests zu verdeutlichen, ist es hilfreich, ihn im Umfeld konzeptverwandter Ansätze einzuordnen.

Gesellschaftspolitische Problemlagen, praktisch-politische Handlungsbedarfe, aber auch wissenschaftlich motivierte Untersuchungskonzepte führten in den letzten Jahrzehnten zu zahlreichen Informations- und Bewertungssystemen, in denen es um soziale und/oder ökologische Qualitäten geht. Eine durchgängige systematische Zuordnung derartiger Systeme nach den Aspekten, wer sie anwendet (oder anwenden soll), mit welcher Zielsetzung sie benutzt werden oder welche methodischen Elemente ihnen zugrunde liegen, ist dadurch erschwert, daß in vielen Konzepten gleiche Begriffe durchaus unterschiedlich definiert werden. Es herrscht allerdings weitgehende Klarheit über die jeweilige Definition des zu bewertenden Untersuchungsgegenstandes.

Konzeptverwandte Ansätze sollen hier deshalb zunächst nach ihren Untersuchungsgegenständen kategorisiert und in ein fünfstufiges System eingeordnet werden, das von der Makroebene (gesamtgesellschaftliche Ansätze) über die Bewertung von Großtechnologien oder Großprojekten und die Betrachtung von Unternehmen oder Teilen der Unternehmung bis zur Mikroebene (Untersuchung einzelner Produkte, Elemente des Produktionsprozesses oder Bestandteile von Produkten) reicht.

Dabei sind die stärksten Berührungspunkte sicherlich bei den Konzepten zu erwarten, die von vornherein auf die Ebene des Unternehmens abzielen. Andererseits kann die Berücksichtigung umfassender oder aber auch enger gefaßter Ansätze sowohl den Rahmen abstecken, in dem der Unternehmenstest gesellschaftlich verortet werden sollte, aber auch auf notwendige Einzelelemente hinweisen, die als Bestandteile des Gesamtkonzeptes Berücksichtigung finden müssen.

3.1 Der sozial-ökologische Unternehmenstest als spezifisches Instrument

Gesamtgesellschaftliche Ansätze	Technologien/Großprojekte
Sozialindikatoren Umweltökonomische Gesamtrechnung „Nachhaltige Entwicklung"	Technologiefolgenabschätzung Sozialverträglichkeitsprüfung Umweltverträglichkeitsprüfung
Unternehmen/Teile von Unternehmen	
Kennziffer-Informations-System Sozialbilanz Sozialberichterstattung Sozio-Labeling Social-Audit Ökologische Buchhaltung	Ökobilanz Öko-Controlling Öko-Audit Öko-Rating Öko-Labeling/Umweltpreise Umweltberichte
Produkte	**Einzelelemente von Produktion oder Produkt**
Ungüter Umweltzeichen Vergleichender Warentest Ökobilanz Sozio-Labeling Produktlinienanalyse	Ökobilanz Stoff- und Energiebilanz Prozeßkettenanalyse Input/Output-Analyse Ökologische Analyse Stofflinienanalyse

Tab. 4: Überblick über konzeptverwandte Ansätze

Gesamtgesellschaftliche Ansätze

In diesem Bereich sind vor allem *Sozialindikatoren-Systeme* zu erwähnen, die bereits in den 70er Jahren entwickelt wurden, um die Lebensbedingungen („Lebensqualität") der Bevölkerung zu ermitteln (OECD 1976; Zapf 1978; Gehrmann 1987). Auf eine Gesamtbewertung der ökologischen Situation zielt der Ansatz der *umweltökonomischen Gesamtrechnung*, der versucht, auch die Natur als produktives und konsumtives Vermögen in eine ökonomisch-ökologische Rechnungslegung im Sinne eines „Ökosozialproduktes" einzubeziehen (Leipert 1989; Statistisches Bundesamt 1990; Greisberger 1994). Gegenwärtig erleben wir den theoretischen Versuch der Integration sozialer und ökologischer Aspekte in gesellschaftliche Zielkonzepte unter dem Leitbegriff der *nachhaltigen Entwicklung* („Sustainable Development") (vgl. z.B. BUND, Misereor 1996).

Die für eine gesamtgesellschaftliche Betrachtungsweise entwickelten Kriteriensysteme erscheinen zwar zunächst – da notwendigerweise sehr umfassend und allgemein formuliert – als relativ weit entfernt von der Ebene der Kriterien, an denen Unternehmensaktivitäten gemessen werden können. Sie liefern aber trotzdem explizit oder implizit Zielkataloge wünschenswerter sozialer oder ökologischer Entwicklungen, die für die Kriterienbildung innerhalb von Unternehmenstests eine generelle Orientierung darstellen können.

Orientierungspunkte für sozial-ökologische Unternehmenstests

Betrachtung von Großtechnologien

Die *Technologiefolgenabschätzung* soll helfen, Risiken zu analysieren und zu prognostizieren, die mit den technologischen Entwicklungen in unterschiedlichen gesellschaftlichen Bereichen verbunden sind. In weiter gefaßten Konzeptionen wird von ihr auch die Bildung von Alternativen und die Unterstützung politischer Entscheidungen erwartet (Enquete-Kommission 1986). Insbesondere die Ansätze der zweiten Art folgen – wenn man von methodischen Varianten absieht – letztlich einem Denkmodell, das mit der Bezeichnung „Prognose-Empfehlungsmodell" bezeichnet wurde und sich in drei Stufen gliedert:

- Wissenschaftliche Analyse: Identifizierung und Prognose von gesellschaftlichen Entwicklungstrends,

- Vergleich von prognostiziertem Ist-Zustand zu politisch vorgegebenem oder unterstelltem normativen Soll-Ziel und Erstellung wissenschaftlich begründeter Alternativentwürfe,

- darauf basierende Empfehlungen für das praktische Handeln. (Naschold 1987, S. 7)

Als wissenschaftlich-methodische Hauptprobleme werden benannt:

- das Prognoseproblem, das sich immer mehr verschärft, je konsequenter in den Versuchen der Umsetzung auf einfache Kausalbeziehungen zwischen Technik und Gesellschaft verzichtet wird,

- das „informationelle Kontrolldilemma", das dazu führt, daß die Auswirkungen neuer Technologien erst zu einem Zeitpunkt deutlich werden, wenn andere politische Weichenstellungen nur noch schwer möglich sind,

- das (Dis-)aggregationsproblem, das die ungelöste Aufgabe bezeichnet, die Vermittlung zwischen der Ebene der Betriebe und der volkswirtschaftlichen Gesamtbetrachtung zu leisten. (ebd., S. 9)

Der Gedanke einer *Sozialverträglichkeitsprüfung* kann in den USA mit der „Social Assessment"-Forschung und dem „Social Impact Assessment" (SIA) bereits auf eine längere Tradition verweisen. In Deutschland sind nach einer kurzen Diskussion dieses Themas Ende der 70er Jahre in der letzten Zeit vereinzelte Versuche unternommen worden, eine Definition für das Konstrukt „Sozialverträglichkeit" zu finden (vgl. z.B. Meyer-Abich 1979; Albrecht 1986; Lübke 1986; Müller-Reißmann 1988). Generell kann man diese Definitionsansätze danach unterteilen, ob sie durch eine eher wertkonservative oder wert-progressive Orientierung gekennzeichnet sind. Bei den wertkonservativen Ansätzen war die Ausgangsfrage üblicherweise, ob eine Vereinbarkeit mit dem jeweils geltenden (oder unterstellten) Wertesystem einer Gesellschaft gegeben ist. Erst mit der Einbeziehung der gesellschaftlichen Institutionen bzw. Regelungen wurden anfangs starre Bewertungssysteme dynamisiert, und die Frage der „Verträglichkeit" wandelte sich zunehmend zur Frage nach der „Beherrschbarkeit" denkbarer Alternativen. Eine Technologie würde z.B. nach diesem Ansatz dann als „sozial beherrschbar" bewertet, wenn „...sich ihre Anwendung und die gesellschaftlichen Institutionen (Regelungen) so aufeinander abstimmen lassen, daß das Abstimmungsergebnis mit dem sozialen Wertesystem vereinbart werden kann" (Zelewski 1987, S. 557).

Wert-progressive Ansätze gehen demgegenüber von der Variabilität auch der sozialen Werte aus und bewerten Lösungen danach, ob sie sich mit einem als wünschbar angesehenen Wertesystem vereinbaren lassen. Sie sind damit am besten mit der Zielorientierung an der „sozialen Gestaltbarkeit" zu beschreiben (ebd., S. 558).

3.1 Der sozial-ökologische Unternehmenstest als spezifisches Instrument

Der bisher umfangreichste Kriterienkatalog für die Beurteilung der „Sozialverträglichkeit" dürfte wohl im Rahmen des Projektes „Mensch und Technik. Sozialverträgliche Technikgestaltung" des Bundeslandes Nordrhein-Westfalen entstanden sein. Es ging in diesem Projekt konkret um die Sozialverträglichkeit der neuen Informations- und Kommunikationstechniken. Im Unterschied zu vielen anderen Ansätzen wurden hier auch ökologische Aspekte als Untermenge des Oberbegriffs „Sozialverträglichkeit" aufgefaßt. Dazu werden in der folgenden Tabelle die 17 Oberkategorien aufgeführt, denen jeweils diverse Einzelaspekte zugeordnet wurden, die nur noch mit einem anspruchsvollen EDV-Programm zu bewältigen waren und bei denen letztlich eine intersubjektive Nachvollziehbarkeit nicht mehr gegeben war.

Kriterien für die eigene Gesellschaft		Kriterien über die eigene Gesellschaft hinaus
Kulturelle Identität der Gesellschaft	Erhaltung der internationalen Lebensgrundlagen	Solidarität mit der Mitkreatur
Lebensstandard und Komfortniveau	Geringe Verwundbarkeit der Gesellschaft	Solidarität mit anderen Völkern
Leistungsfähigkeit der Gesellschaft	Verträglichkeit mit Leben und Gesundheit des Menschen	Nachweltverträglichkeit
Erhaltung/Entwicklung humaner Gesellschaft	Lebensorientierung und Handlungskompetenz	
Beherrschbarkeit von Umweltstörungen	Innovations- und Anpassungsfähigkeit	
Nationale Souveränität	Innergesellschaftliche Gerechtigkeit und Solidarität	
Demokratie(verträglichkeit)		
Erhaltung der natürlichen Lebensgrundlagen		

Tab. 5: Kriterien der Sozialverträglichkeit, Quelle: Müller-Reißmann 1988

Ein Hauptproblem aller Ansätze zur Definition der „Sozialverträglichkeit" ist, daß es – anders als in der Definition von „Umweltverträglichkeit" – keinen definierbaren „Gleichgewichts-Zustand" oder ein Äquivalent zum Ziel der „Nullbelastung" gibt, das den angelegten Kriterien die Richtung vorgeben könnte. Definitionen der „Sozialverträglichkeit" zitieren deshalb häufig weitgehend akzeptierte Formulierungen gesellschaftspolitischer Ziele, wie „Frieden", „soziale Gerechtigkeit", „Demokratie" usw., deren Präzisierung oder gar Realisierung letztlich wiederum dem politischen Diskurs überlassen werden muß. Es erscheint deshalb angebracht zu akzeptieren, daß die größte Leistung der Sozialverträglichkeitsdebatte gerade auch in

Unangreifbare normative Kriterienkataloge fehlen.

der Mobilisierung von Informations- und Teilhabeansprüchen in der Gesellschaft liegt und weniger in der Erstellung eines unangreifbaren normativen Kriterienkatalogs (van den Daelen 1992).

Neueren Datums sind die Ansätze zur *Umweltverträglichkeitsprüfung* (UVP). Entsprechend dem am 01. August 1990 in Kraft getretenen UVP-Gesetz müssen z.B. bei der Planung von Kraftwerken, größeren Chemieanlagen, Müllentsorgungsprojekten, Massentierfabriken sowie Hotel- und Feriendorfkomplexen vorab alle Umweltauswirkungen geprüft werden (Bechmann 1982). Die UVP bildet damit vor allem ein Interventionsinstrument für Umweltbehörden. Zum Teil wird sie allerdings auch als Instrument auf betrieblicher Ebene angesehen, mit dem interne Programme und Konzepte, Investitions–entscheidungen, Haushaltsansätze, Beschaffungsmaßnahmen oder Produktentwicklungen bewertet werden können (Gruhl 1992).

In der Bundesrepublik sind die Aufgabenbereiche der UVP durch die Gesetzgebung zur Investitionserleichterung unter Berufung auf die besondere Lage nach der Wende in der ehemaligen DDR wieder drastisch eingeschränkt worden. Insbesondere das 1991 erlassene Verkehrswegeplanungsbeschleunigungsgesetz schuf zunächst für die neuen Bundesländer und zwei Jahre später auch für die alten Bundesländer die Möglichkeit, unter bestimmten Voraussetzungen ein Genehmigungsverfahren ohne Prüfung der Folgen für die Umwelt durchzuführen. Mit dem Investitionserleichterungs- und Wohnbaulandgesetz von 1993 wurde die UVP auch bei Raumordnungsverfahren und der Aufstellung von Flächennutzungsplänen nicht mehr bindend vorgeschrieben. Im Unterschied zur sonstigen Entwicklung innerhalb der EU haben die Anzahl, die Qualität und der Fortschritt beim methodischen Know-how der UVP in der Bundesrepublik Deutschland deshalb zunächst einen deutlichen Einbruch erlitten.

Betrachtung von Unternehmen oder Unternehmensteilen

Einige der auf dieser Ebene (und der folgenden Ebene der Produktbewertung) zu diskutierenden Ansätze weisen bereits eine große Nähe zum Konzept des Unternehmenstests auf, weshalb sie z.T. ausführlicher zur Diskussion gestellt werden sollen, als das bei den bisher erwähnten Instrumenten der Fall war.

Konsequente Integration sozialer und ökologischer Aspekte erst im Unternehmenstest

Zunächst einmal können die Ansätze danach unterschieden werden, ob sie soziale oder ökologische Aspekte in den Vordergrund der Betrachtung stellen. Eine konsequente Integration beider Aspekte in einem Instrument findet erst im Unternehmenstest statt (auf vergleichbare Konzepte, die im englischsprachigen Raum für das „ethical investment" oder unter der Bezeichnung „Shopping for a better world" bereits früher entwickelt wurden, sei hier schon einmal hingewiesen. Sie werden an späterer Stelle in diesem Buch auf den S. 221ff näher dargestellt.).

Unter dem Blickwinkel unternehmerischer Verantwortung stand in der Bundesrepublik Deutschland in den 70er Jahren noch die Diskussion über soziale Aspekte unternehmerischen Handelns im Vordergrund. Diese Debatte wurde mit der Wende zu den 80er Jahren durch die beschleunigte öffentliche Diskussion über umweltpolitische Probleme überlagert und fast vollständig abgelöst. Erst mit dem Anfang der 90er Jahre intensivierten Debatte über „Sustainability" sind Ansätze zu einer gleichrangigen Berücksichtigung beider Aspekte zu registrieren. Die folgende Vorstellung von konzeptnahen Ansätzen auf der Ebene der Unternehmensbewertung beginnt deshalb mit den Konzepten, die auf die soziale Dimension zielen, und behandelt ökologisch orientierte Ansätze im zweiten Schritt.

In den 70er Jahren bildete die sog. „gesellschaftsbezogene Rechnungslegung", bzw. die *Sozialbilanzierung* von Unternehmen ein vielbeachtetes Thema im wissenschaftlichen und politischen Bereich. Große Unternehmen weiteten nach amerikanischem Vorbild ihre freiwillige Publizität aus, und Gewerkschaften stellten auf der anderen Seite umfangreiche Kataloge auf, was zu den Inhalten einer Sozialbilanz gehören sollte. Die Gewerkschaften konnten in dieser Debatte bereits auf umfangreiche Vorarbeiten bei der Entwicklung eines *Kennziffer-Informations-Systems* zurückgreifen, das allerdings auch Plandaten enthielt, die nur für den betriebsinternen Gebrauch für Betriebsräte, Wirtschaftsausschüsse und Aufsichtsratsmitglieder bestimmt waren, wohingegen Sozialbilanzen stets veröffentlicht werden sollten (Pieroth 1978; Wysocki 1981).

Der Höhepunkt der Debatte um Sozialbilanzen war mit dem Beschluß des DGB-Bundesvorstandes vom 12. Juli 1979 erreicht, der den folgenden Minimalkatalog für Sozialbilanzen von Großunternehmen vorschlug:

Kategorie	Inhaltsbereiche
1. Beschäftigung	Personalstand und Personalstruktur, Fluktuation, Kündigungsschutz
2. Einkommen	Lohnformen u. Verf. zur Ermittlung des Leistungssolls, Brutto-Löhne u. Gehälter, Zuschläge u. Zulagen, Sonst. Zahlungen u. Leistungen, Soz. Einrichtungen/Sachleistungen mit Einkommenseffekt
3. Arbeitszeit	Länge der Arbeitszeit, Arbeitszeiteinteilung, Erholzeiten und Urlaub
4. Arbeitsgestaltung	Veränderte Technik, Arbeitsorganisation, Gesundheit und Arbeitssicherheit
5. Qualifikation	Qualifikationsstruktur, Bildungsmaßnahmen und Bildungsaufwand, Berufsausbildung
6. Mitbestimmung und Information	Informationspolitik des Unternehmens, Interessenvertretung der Arbeitnehmer, Besondere Konflikte
7. Ökonomische Daten	Produktion, Produktivität, Absatz, Wertschöpfung, Einkommensverteilung, Ausgabenpolitik des Unternehmens
8. Subventionierung/Belastung öffentlicher Haushalte	Art der Subventionen, Herkunft der Mittel, Zielsetzung der Förderung, Art des Förderprogramms, Indirekte Subventionierung
9. Umweltbelastung	Ausmaß der Belastung, Maßnahmen des Unternehmens zur Milderung der Belastung oder Kompensation, Erfüllung von gesetzlichen Normen
10. Beiträge zur Erfüllung gesellschaftlicher Ziele	Investitionen unter regionalen Gesichtspunkten, Investitionen und Beschäftigung

Tab. 6: Anforderungen an Sozialbilanzen, Quelle: Wysocki 1981, S. 169

In der erläuternden Darstellung des Arbeitskreises „Gesellschaftsbezogene Rechnungslegung" zu diesem Katalog werden die genannten Bereiche noch einmal in zahlreiche Unteraspekte aufgeteilt, deren Darstellung hier zu weit führen würde. Es wird aber deutlich, daß der DGB bereits damals über das sog. „innere Beziehungsfeld" (Punkte 1 bis 7) des Betriebes hinausging und versuchte, externe Effekte und gesellschaftliche Aspekte einzubeziehen. Dabei fällt einerseits auf, daß die Kategorie „Internationales" an keiner weiteren Stelle auftauchte, außer bei der Erfassung der Auslandsinvestitionen. Den relativ pauschalen Kategorien zum Punkt 9 ist außerdem unschwer zu entnehmen, daß dieser Katalog vor der differenzierten Diskussion über Umweltaspekte entstand.

Es darf nicht unerwähnt bleiben, daß dieses vom DGB vorgelegte Alternativ-Konzept zur Sozialbilanzierung große Ähnlichkeit mit dem im Jahre 1977 in Frankreich gesetzlich verbindlich eingeführten Modell des „bilan social" aufweist (Vogelpoth 1980). Die französische Inhaltssystematik beschränkt sich allerdings auf Dimensionen des „inneren Beziehungsfeldes" der Unternehmung.

Gegenwärtig hat sich noch keine neue „Konjunktur" für freiwillige Sozialbilanzen von Unternehmen wie in den 70er Jahren herausgebildet. So berichtet das unternehmernahe Institut der Deutschen Wirtschaft zwar über das Fortbestehen eines „Arbeitskreises Sozialbilanzen", zählt darin aber nur noch ca. 15 Mitgliedsunternehmen (Schönball 1993). Darin befinden sich immerhin noch Großunternehmen wie Bertelsmann, Ford und Bayer; diese nutzen den Arbeitskreis jedoch vorwiegend zum Erfahrungsaustausch über innerbetriebliche Strukturmaßnahmen. In einzelnen Fällen werden noch Elemente einer freiwilligen *Sozialberichterstattung* in den regulären Geschäftsbericht integriert, die allerdings jeder Vergleichbarkeit entbehren. Der Rückgang bei der Veröffentlichung von Sozialbilanzen wird neben der Veränderung des wirtschaftspolitischen Kurses (Ablösung der sozial-liberalen Regierungskoalition Anfang der 80er Jahre) vor allem mit dem aus den USA importierten sog. „Cafeteria-Modell" der betrieblichen Sozialleistungen erklärt. In diesem Modell werden denkbare Leistungen wie in einer „Sozialleistungs-Cafeteria" ausgelegt, um dann zwischen Arbeitgeber und den einzelnen Arbeitnehmern individuell ausgehandelt zu werden. Außerdem lesen sich Sozialbilanzen natürlich in wirtschaftlichen Wachstumsphasen meist recht gut, während es bei abflauender Konjunktur gewöhnlich über freiwillige Sozialleistungen nicht mehr so viel Rühmliches zu berichten gibt.

Zur Zeit keine „Konjunktur" für freiwillige Sozialbilanzen von Unternehmen

Sozialbilanzen könnten dann direkt als Informationsbasis für systematische Unternehmenstests dienen, wenn es gelänge, sie aufgrund von Absprachen oder Verpflichtungen methodisch und inhaltlich vergleichbar zu machen und regelmäßig durchführen zu lassen. Für eine derartige Entwicklung fehlen allerdings zur Zeit jegliche Hinweise.

Das *Sozio-Labeling* als Instrument der Auszeichnung für besondere Qualitäten in Hinblick auf soziale Anforderungen hat sich bisher im wesentlichen im Bereich der Kennzeichnung von Produkten durch entsprechende Gütezeichen durchgesetzt (siehe dazu den entsprechenden Abschnitt weiter unten). Initiativen, die die Qualität von Unternehmen mit einem Sozio-Label auszeichnen wollen, sind demgegenüber relativ selten und haben sich bisher kaum durchgesetzt. Zu derartigen Ansätzen gehört etwa die Idee des „Lila Punktes" für frauenfreundliche Betriebe (SPD-Bundestagsfraktion 1994) oder das Zeichen für besondere Ausländerfreundlichkeit, das von der Farben-Firma Schmincke im Jahr 1993 aus der Taufe gehoben wurde (Schumacher 1992).

Sozio-Labeling findet überwiegend Anwendung bei der Kennzeichnung von Produkten

Mit der Entwicklung und Erprobung des Instruments *Social Audit* gehen heute Impulse einher, die eine Neubelebung des Gedankens der „Sozialbilanzierung" bewirken können. Die Idee eines „Social Audits" ist erstmals im Jahre 1940 mit den Veröffentlichungen des amerikanischen Wirtschaftswissenschaftlers Theodore J. Kreps formuliert worden, der mit diesem Verfahren überprüfen wollte, inwiefern Unternehmen einen Beitrag zur Überwindung der sozialen Folgen der Depression der 30er Jahre leisteten. Die Unternehmen sollten durch Externe anhand von allgemeingültigen Kriterien bewertet und die Ergebnisse veröffentlicht werden. Ganz anders fiel die Wiederentdeckung und Neudefinition der Methode in den 50er Jahren durch Howard Bowen aus: Hier wurde darunter eher ein internes Instrument verstanden, das geeignet ist, das Management auf wichtige soziale Dimensionen aufmerksam zu machen und ggf. Impulse zu einer positiven Veränderung zu geben (vgl. Davenport 1996).

Die heutige Definition des „Social Audits" integriert durchaus beide Aspekte, insofern sie vorschlägt, die soziale Verantwortung von Unternehmen aus beiden Perspektiven zu betrachten: zum einen von innen, indem das Unternehmensverhalten mit den eigenen erklärten Zielen und ethischen Grundsätzen verglichen wird, zum anderen aber auch von außen, indem der Vergleich zu allgemeinen sozialen Normen und zu anderen ähnlichen Organisationen vorgenommen wird (Evans, Zadek 1993; Evans u.a. 1997).

Social Audits verbinden Innen- und Außensicht

Seit Beginn der 90er Jahre befindet sich in Großbritannien und den USA eine spezifische Social-Audit-Methodik in der Entwicklung, die versucht, ein Standard-Repertoire, wie z.B. Stakeholder-Befragungen, Dialoge mit internen Audit-Gruppen und Elemente einer externen Verifikation in einer auf das jeweilige Unternehmen ausgerichteten Weise so zu kombinieren, daß ein längerfristiger Organisations-Entwicklungsprozeß einsetzt, der letztlich zu einer größeren sozialen Verantwortungsübernahme führen kann. Da dieser Prozeß ein gewisses Mindestmaß an Sensibilität bereits voraussetzt, wundert es nicht, daß er bisher fast ausschließlich von Unternehmen begonnen wurde, die bereits eine besondere Positionierung im Bereich der sozialen Verantwortung anstreben, wie z.B. die Kosmetik-Kette The Body Shop International (GB), die Alternative Handelsorganisation Traidcraft (GB) oder Ben & Jerry's Homemade Icecream (USA). Den Vertretern der Idee des Social Audit geht es gegenwärtig insbesondere darum, eine anspruchsvolle Methodik entwickelt und möglichst weitgehend bekanntgemacht zu haben, bevor der „Markt" der Überprüfung von Unternehmen nach sozialen Gesichtspunkten von kommerziellen Wirtschaftsprüfern und Privatorganisationen entdeckt und durch verkürzte Bewertungsinstrumente überschwemmt wird.

Im Bereich der ökologischen Bewertung von Unternehmensaktivitäten hat es in den letzten Jahren eine Vielzahl von Ansätzen gegeben, ohne daß es bereits gelungen wäre, zu eindeutigen Definitionen zentraler Begriffe zu gelangen. Ein früher Ansatz zur Erfassung der ökologischen Aspekte war die sog. *„ökologische Buchhaltung"* (Müller-Wenk 1978). Ihr Zweck sollte zum einen die Hilfe bei unternehmensinternen Entscheidungen sein. Darüber hinaus wurde allerdings von Müller-Wenk bereits die Information der Öffentlichkeit sowie die Förderung von qualitativem Wachstum mitbedacht. Letztlich hielt er seinen Ansatz sogar für tauglich, Daten für eine früher oder später fällige „Umweltkontingentierung" zu liefern.

Zahlreiche Ansätze zur ökologischen Unternehmensbewertung

Ein relativ neuer Begriff ist der der „*Ökobilanz*" (Hallay 1990). Ökobilanzen können auf gesamte Unternehmen zielen, aber auch auf Produkte oder aber bestimmte Elemente von Produkten, wie z.B. die Verpackung.

Innerhalb von Betrieben dienen Ökobilanzen der Informationsbeschaffung und der Entscheidungsvorbereitung. Diesen Zweck können sie allerdings erst erfüllen, wenn sie mehrfach eingesetzt werden, sei es, um positive oder negative Entwicklungen eines Unternehmens in Hinblick auf Umweltziele im Zeitvergleich deutlich zu machen oder aber um Alternativen zu vergleichen, zwischen denen eine Entscheidung gefällt werden muß. Im Verständnis des Instituts für ökologische Wirtschaftsforschung läßt sich die betriebliche Ökobilanz folgendermaßen systematisieren:

- Betriebsbilanz (stoffliche und energetische Inputs und Outputs des Betriebes werden einander gegenübergestellt),
- Prozeßbilanz (betriebsspezifische Abläufe werden unter ökologischen Aspekten dargestellt),
- Produktbilanz (die Umweltrelevanz eines erzeugten Produktes wird über den gesamten Pro‚duktlebenszyklus hin beurteilt)
- Substanzbetrachtungen (weitere Umweltauswirkungen, wie Eingriffe in die Landschaft, Bebauung usw., werden erfaßt). (Hallay 1990)

Je deutlicher beispielhafte Ökobilanzen belegten, daß dieses Instrument nicht nur der Umweltentlastung dienen kann, sondern auch zur Kosteneinsparung im Unternehmen wichtige Hinweise bringt, desto mehr verloren sie den Ruf des Exotischen und desto häufiger wurden sie – auch von Großunternehmen – erprobt und übernommen. Allerdings sind zentrale Probleme noch immer ungelöst:

☐ Die Einstufung, welche Daten wichtig und welche unwichtig sind, ist noch relativ beliebig, weshalb Art und Qualität der Daten von Betrieb zu Betrieb sehr unterschiedlich und kaum untereinander vergleichbar sind.

☐ Es existiert noch keine verbindliche Methodik zur Durchführung von Ökobilanzen, so daß auch die Differenzierung zwischen „guten" und „schlechten" Ökobilanzen schwer fällt. Insbesondere die Bestimmung des „Analyse-Rahmens" (z.B. die Einbeziehung von Stufen der Vorproduktion in einer unterschiedlich definierbaren Tiefe) kann das Ergebnis von Bilanzen dramatisch verändern.

☐ Die Datenbeschaffung für Ökobilanzen ist nach wie vor ungemein schwierig. Die Mehrheit der Unternehmen ist zur freiwilligen Beteiligung an Ökobilanzen nur bereit, wenn die betriebsspezifischen Daten in einem komplizierten Verfahren anonymisiert werden. (vgl. Umweltbundesamt 1992, S. 44)

Verwendungen im Sinne der Zielsetzung des Unternehmenstests wären damit von vornherein ausgeschlossen. Auch ein „Ranking" von einzelnen Unternehmen vor dem Hintergrund von branchenspezifischen Kennzahlen (an denen es bisher fehlt) wäre nur auf der Basis einer vorherigen Vollerhebung seriös durchführbar.

Mit Modellen des „*Öko-Controlling*" wird den Unternehmen ein Instrument zur Planung, Steuerung und Kontrolle von umweltrelevanten Entscheidungen an die Hand gegeben. Ausgehend von den ökologischen Unternehmenszielen werden durch Einzelschritte, wie die Erstellung von Stoff- und Energiebilanzen, die systematische Erfassung beurteilungsrelevanter Informationen, die ökologische Schwachstellenanalyse und dem darauf basierenden permanenten Soll-Ist-Vergleich, Optimierungen ermöglicht (Lehmann, Clausen 1991). Zu einem gut organisierten Umweltmanagementsystem in Unternehmen gehört inzwischen auch ein EDV-gestütztes Umweltcontrolling, das praktisch „auf Knopfdruck" definierte Informationen und Auswertungen regelmäßig, aktuell und valide liefert. Damit können nicht nur externe Berichtspflichten, wie die Abfallbilanz oder Emissionserklärungen, unterstützt werden, sondern die Inhalte des Umweltcontrolling können auch eine wichtige Grundlage für Unternehmenstests bilden, denn die entsprechenden Daten werden sowieso erfaßt und den Unternehmen durch ihre Nutzung keine weiteren Aufwendungen zugemutet.

Umweltcontrolling als Datenlieferant für den Unternehmenstest

Die folgende Aufstellung von „klassischen" Bausteinen eines betrieblichen Umweltinformationssytems (Umweltbundesamt 1995, S. 526f) kann erste Hinweise darauf geben, welche Inhaltsbereiche für Controlling und Dokumentation in Frage kommen und deshalb auch quantitative Daten für die ökologische Dimension des Unternehmenstests liefern können:

Bausteine	Inhaltsbereiche
Abfall	Abfallentstehung, Begleitscheinwesen, Transportgenehmigungen, Deponien, Zwischenlager
Transport gefährlicher Güter	GGVS
Wasser/Abwasser	Direkt-/Indirekteinleiter, Abwasserabgabe, Schmutzwasser/ Niederschlag, Kläranlage
Störfallverordnung	Lagerung von Stoffen, Stoffe nach Anhang II
Emissionskataster	Emissionsquellen, Gemessene Emissionen, Analysedaten, Emissionserklärungen
Anlagen	genehmigungsbedürftige Anlagen, Einsatzstoffe, genehmigte/gemessene Emissionen
Betrieb	Betriebsstättendatei, Liegenschaftskataster
Arbeitsschutz	Anhang IV Gefahrstoffverordnung, Sicherheitsdatenblätter, Handhabungsvorschriften, Gefahrstoffdatenbank
Strahlenschutz	genehmigte Nuklide

Tab. 7: Bausteine eines betrieblichen Umweltinformationssystems

Ein ebenfalls noch junger Ansatz ist der des „Öko-Audit". Ursprünglich als Instrument zur Überwachung der Umweltschutzmaßnahmen der Unternehmen im Rahmen der EG gedacht, ist es inzwischen als freiwilliges Instrument der Risikovorsorge umgedeutet worden. Am 29. Juni 1993 trat die EG-Öko-Audit Verordnung Nr. 1836/93 mit dem Titel „Verordnung ... des Rates ... über die freiwillige Beteiligung gewerblicher Unternehmen an einem Gemeinschaftssystem für das Umweltmanagement und die Umweltbetriebsprüfung" in Kraft. Nach einer fünfjährigen Erprobungsphase dieses Instrumentes soll innerhalb der Auswertung aller Erfahrungen auch die Freiwilligkeit der Teilnahme erneut zur Diskussion gestellt werden.

Durch das EG-Öko-Audit sollen Unternehmen einen Anreiz erhalten, freiwillig mehr zu tun, als die sehr technisch orientierten Umweltgesetze und Auflagen fordern (zumal aufgrund des „Vollzugs-Defizits" der Umweltbehörden deren Einhaltung sowieso nicht lückenlos überprüft und durchgesetzt werden kann). Hauptprüfstein dafür bildet die Installation eines Umweltmanagementsystems, das alle drei Jahre im Rahmen einer Umweltbetriebsprüfung vom Unternehmen selbst überprüft und von unabhängigen Umweltgutachtern bestätigt werden muß. Die Prüfergebnisse müssen gegenüber der Öffentlichkeit in einer Umwelterklärung dargestellt werden. Als Zeichen der erfolgreichen Zertifizierung wird das Unternehmen (bzw. der Standort, für den das Prüfungsergebnis gilt) befugt, ein entsprechendes Label zu nutzen.

Beiträge zu Problemlösungen durch Öko-Audits

Es bestehen berechtigte Hoffnungen, daß ein ausreichend genutztes System des Öko-Audit auch wertvolle Leistungen für die Durchführung von sozial-ökologischen Unternehmenstests erbringen kann. Mit der verbindlichen Vorgabe von Prüfgegenständen, der Vorschrift zur Veröffentlichung einer Umwelterklärung und der Überprüfung der Ergebnisse durch zugelassene Umweltgutachter sind einige der zentralen Problembereiche, vor denen man auch bei der Durchführung von Unternehmenstests steht, zumindest auf der Konzeptebene einer Lösung wesentlich näher gekommen. In einer Gesamtwürdigung gilt es deshalb gegenwärtig sicherlich – trotz weiterbestehender Kritik im Detail (vgl. z.B. Kurz 1993; Bodenstein, Spiller 1993, Freimann 1996) –, bewußt auf die Chancen des Öko-Audit zu sehen und das Instrument kritisch-konstruktiv zu nutzen und weiterzuentwickeln.

Gegenstände eines Öko-Audit sind die betriebliche Umweltpolitik, Umweltprogramme und Umweltmanagementsysteme, wie sie im Anhang I der Verordnung beschrieben sind. Vom Umweltmanagement müssen folgende Aspekte berücksichtigt werden:

- Umweltpolitik, -ziele und -programme,
- Organisation und Personal,
- Auswirkungen auf die Umwelt,
- Aufbau- und Ablaufkontrolle,
- Umweltmanagement-Dokumentation,
- Umweltbetriebsprüfung.

Jeder dieser Aspekte ist zu betrachten in Hinblick auf

- Beurteilung, Kontrolle und Verringerung der Auswirkungen der betreffenden Tätigkeit auf die verschiedenen Umweltbereiche,
- Energiemanagement, Energieeinsparungen und Auswahl von Energiequellen,
- Bewirtschaftung, Einsparung, Auswahl und Transport von Rohstoffen, Wasserbewirtschaftung und -einsparung,
- Vermeidung, Recycling, Wiederverwendung, Transport und Endlagerung von Abfällen,
- Bewertung, Kontrolle und Verringerung der Lärmbelästigung innerhalb und außerhalb des Standortes,

3.1 Der sozial-ökologische Unternehmenstest als spezifisches Instrument

- Auswahl neuer und Änderungen bei bestehenden Produktionsverfahren,
- Produktplanung (Design, Verpackung, Transport, Verwendung und Endlagerung),
- betrieblicher Umweltschutz und Praktiken bei Auftragnehmern, Unterauftragnehmern und Lieferanten,
- Verhütung und Begrenzung umweltschädigender Unfälle,
- besondere Verfahren bei umweltschädigenden Unfällen,
- Information und Ausbildung des Personals in bezug auf ökologische Fragestellungen,
- externe Information über ökologische Fragestellungen.

Die Liste dieser Prüfgegenstände verdeutlicht bereits, daß es sich beim Öko-Audit keinesfalls um die Umweltverträglichkeitsprüfung oder die Ökobilanzierung von Betrieben handelt. Vielmehr werden Indizien dafür gesucht, daß die Unternehmen wesentliche Bereiche erkannt haben, in denen Umweltbelastungen von ihnen ausgehen und die organisatorischen Voraussetzungen zur Minderung dieser Belastungen getroffen wurden. Der Öko-Audit-Ansatz zeigt damit eine enge Verwandschaft zum Konzept, das der Unternehmenstest bei der Bewertung ökologischer Dimensionen vertritt. Eine zentrale Schwierigkeit für die Kompatibilität von Öko-Audit und Unternehmenstest liegt allerdings darin, daß das Audit-Verfahren standortbezogen durchgeführt wird, wohingegen der Unternehmenstest Aussagen über die Gesamtunternehmung anstrebt. Hier sind ggf. komplizierte methodische Probleme zu lösen, wenn die Audits verschiedener Standorte zu einer Gesamteinschätzung zusammengeführt werden sollen oder wenn wichtige Standorte eines Unternehmens keine Öko-Audits durchgeführt haben.

Konzeptverwandtschaft zwischen Unternehmenstest und Öko-Audit

Der Gedanke des *Öko-Ratings* von Unternehmen entwickelte sich am deutschen Markt in etwa zeitgleich zur Etablierung des Unternehmenstests. Die Parallelen und Differenzen beider Ansätze sollen deshalb im folgenden näher untersucht werden, da sie zwei durchaus unterschiedliche Antworten auf die im ersten Teil gezeichneten gesellschaftlichen Bedarfslagen repräsentieren.

Konzepte des „Öko-Ratings" von Unternehmen erhielten ihre Entwicklungsimpulse insbesondere aus dem Feld des „ethischen Investments" und aus der ökologischen Erweiterung der Bewertungskonzepte internationaler Ratingagenturen wie „Moody's" oder „Standard & Poor". Auch in der Bundesrepublik Deutschland wird inzwischen von einigen Akteuren ein kommerziell lohnender Markt im Bereich des „Öko-Ratings" gesehen, da voraussichtlich immer häufiger Kreditnehmer auch ihre ökologische Qualität bei potentiellen Kreditgebern per Gutachten nachweisen müssen. Die Problematik der strukturell angelegten „Grauzone", die entsteht, wenn Gutachten im Eigenauftrag bei einer teuer bezahlten Agentur die ökologische Qualität eines Unternehmens nachweisen sollen, wird dabei allerdings selten diskutiert.

Unklare Rolle des Auftraggebers beim Öko-Rating

Einige Ansätze des „Öko-Ratings" gehen folgerichtig davon aus, daß die Ergebnisse des Bewertungsverfahrens nur interne Verwendung finden sollen. Ist das Ziel allerdings die vergleichende Bewertung verschiedener Unternehmen (die richtiger als „Öko-Ranking" bezeichnet werden müßte), wäre eine verdichtete Darstellung der Information für die interessierte Öffentlichkeit notwendig, wie sie ja eine unabdingbare Voraussetzung für Unternehmenstests ist.

Bisher verwirklichte Ansätze des „Öko-Ratings" belegen, daß die einvernehmliche Definition und Operationalisierung von Kriterien, anhand derer ökologische Qualitäten von Unternehmen gemessen werden können, noch als Zukunftsaufgabe anzusehen ist. Zunächst fällt auf, daß sehr unterschiedliche Dimensionen im Zentrum der Betrachtung stehen können, die letztlich alle dem Bereich der Ökologie zugerechnet werden. So kann es um die ökologischen Einstellungen und Werte gehen, die vom Unternehmen vertreten werden, um die organisatorischen Voraussetzungen eines effektiven Umweltmanagements, die tatsächlich erreichten Umweltentlastungen oder gar um die ökologische Bilanz des gesamten Unternehmens. Bereits die Entscheidung zwischen diesen Dimensionen muß legitimiert werden.

Noch komplizierter stellen sich die Versuche dar, die Aggregation unterschiedlicher Umweltbelastungen mit numerisch-quantifizierenden Bewertungsmethoden zu erfassen. In der Konzeption des Unternehmenstests wird es angesichts der weiter oben geschilderten methodischen Probleme einer für ein gesamtes Unternehmen geltenden „Öko-Bilanz" bewußt vermieden, den Eindruck einer „Endnote" für die ökologische „Performance" eines Unternehmens zu erwecken. Vielmehr wurde für die ökologische Bewertung das Konstrukt „Umweltengagement" gebildet, das anhand von (gegenwärtig 21) Einzelkriterien und einschlägigen Indikatoren erfaßt, ob die Unternehmen Anstrengungen unternehmen, umweltpolitischen Erfordernissen nachzukommen, oder nicht. Aufgrund dieser Bewertung wird das Unternehmen - nur in Hinblick auf sein Umweltengagement - in ein vierstufiges Bewertungsmodell eingeordnet. Die bisher bekannten praktischen Anwendungen des „Öko-Ratings" fassen im Unterschied dazu ihre Untersuchungsergebnisse in Form einer „Gesamtnote" zusammen, die die Einordnung der ökologischen Qualität des jeweiligen Unternehmens auf einer metrischen Skala (dazu noch im Vergleich mit branchenfremden Betrieben) erlauben soll.

Der Unternehmenstest verzichtet auf eine Gesamtnote

Beim Unternehmenstest ist die Idee einer „Gesamtnote" – schon wegen der sehr unterschiedlichen Untersuchungsfelder aus dem sozialen und ökologischen Bereich – von vornherein verworfen worden. Vielmehr werden hier „Bereichsurteile" in Form von Symbolen ausgesprochen, die den Nutzern der Information eine Interpretation vor dem Hintergrund ihrer individuellen Wertestruktur erlauben.

Mit dem Umweltzeichen besteht in Deutschland eine relativ lange und entwickelte Tradition des *Öko-Labelings* für Produkte. Die positive Auszeichnung von Unternehmen mit einem Label aufgrund ihrer ökologischen Leistungen hat demgegenüber bisher keine vergleichbare Durchsetzung gefunden.

Ein umfangreicher Ansatz wurde im Jahr 1992 mit dem Vorschlag eines ökologischen Gütezeichens für Handelsbetriebe vom imug vorgeschlagen (imug 1993). Das Konzept umfaßt eine Machbarkeitsstudie, die die organisatorischen, logistischen, politischen und juristischen Voraussetzungen für die Einführung eines derartigen Siegels klärt und umfassende Kriterienkataloge für Lebensmittelgeschäfte, den Papier- und Schreibwarenhandel, Bau- und Heimwerkermärkte sowie für Versandhandelsunternehmen vorgibt. Der Umfang und die Qualität der damit verbundenen „Betriebsprüfungen"

Öko-Labeling findet bisher kaum Anwendung auf Unternehmen

würden es – bei flächendeckender Anwendung – ohne weiteres zulassen, die so erhobenen Daten auch zur ökologischen Bewertung der Betriebe innerhalb eines Unternehmenstests zu nutzen.

Einige andere, auf Teilbereiche der Umweltleistungen des Handels zielende Konzepte konnten inzwischen im regionalen Maßstab umgesetzt werden, so z.B. das Projekt „Mini-Müll" in Hamburg, das die Orientierung an einem Maßnahmenkatalog zur Abfallvermeidung bewertet (imug 1993, S. 172). Auch diverse *Umweltpreise*, die von Behörden, Fachzeitschriften oder Umweltverbänden an Unternehmen verliehen werden, können eine ähnliche Struktur aufweisen und ähnliche Effekte haben wie Konzepte des Öko-Labeling.

Ein entscheidender Unterschied zwischen Konzepten des Labeling, der Verleihung von Umweltpreisen und dem Ansatz des Unternehmenstests besteht in der Art der Entscheidungsinformation, die von beiden Instrumenten für die Nutzer bereitgestellt wird. Handelt es sich beim Labeling und bei Preisen um das Prinzip „alles oder nichts" (entweder das Unternehmen erfüllt die Kriterien oder nicht), so erlauben die Bewertungen des Unternehmenstests graduelle Abstufungen zwischen den untersuchten Unternehmen und lassen aufgrund der komplett veröffentlichten Daten- und Bewertungsbasis sogar die Bildung eines individuellen „Endurteils" zu.

Freiwillige *Umweltberichte* von Unternehmen haben seit einigen Jahren Konjunktur. Von den ersten, bereits Ende der 80er Jahre erschienenen Varianten, die z.T. kaum verbergen konnten, daß ihre Hauptmotivation aus Überlegungen der Public-Relations-Abteilung herrührten, bis hin zu aktuellen Beispielen, die eher den Charakter wissenschaftlicher Gutachten haben, ist die Palette unterschiedlichster Qualitäten breit angelegt.

Beträchtliche Qualitätsunterschiede bei Umweltberichten

In der Literatur werden mindestens fünf Entwicklungsstufen genannt, in denen sich die Varianten von Umweltberichten auch qualitativ beschreiben lassen (Umweltbundesamt 1995, S. 580):

- Am Anfang standen zumeist vereinzelte kurze Umweltinformationen, die in Newsletters, kurzen Absätzen im Geschäftsbericht, speziellen Broschüren oder Videos umweltrelevante Einzelmaßnahmen herausstellten.

- In der nächsten Stufe wurden einmalige spezielle Umweltberichte erstellt, die oftmals mit der Vorstellung der neu entwickelten Umweltleitlinien kombiniert waren.

- Der Übergang zu einer wiederholten (meist jährlichen) Veröffentlichung von Umweltberichten ist meistens verbunden mit dem Wirksamwerden eines betrieblichen Umweltmanagementsystems. Noch sind die Berichte dieser Entwicklungsstufe aber durch eine Dominanz der Text-Anteile gegenüber den Anteilen mit der Darstellung empirischer Daten gekennzeichnet.

- In der nächsten Phase sind die Berichte dadurch gekennzeichnet, daß in den Unternehmen inzwischen verpflichtende Ziele und Strategien auf der Basis eines umweltbezogenen Kennzahlensystems formuliert und verfolgt werden.

☐ In der qualitativ entwickeltesten Variante ist das Kennziffersystem zu einem umfassenden System von Nachhaltigkeitsindikatoren umgestaltet. Der Umweltbericht nimmt damit die Gestalt eines regelmäßigen „Sustainability-Reports" an.

Für den Verwendungszweck des Unternehmenstests und für die von ihm gestellten Ansprüche an die Datenqualität, wären Unterlagen, die der vierten und fünften dieser Entwicklungsstufen entsprechen, natürlich am besten geeignet. Leider ist dieser Standard jedoch auch für die meisten Unternehmen noch Zukunftsmusik, so daß die in Umweltberichten veröffentlichten Informationen nicht ohne weiteres in die Bewertungsalgorithmen passen, die Unternehmenstests zugrunde liegen.

Betrachtung von Produkten oder Dienstleistungen

Auf der Ebene des Produktes ist mit der Begriffsprägung des *Unguts* (im Gegensatz zum „Gut") bereits früh versucht worden, deutlich zu machen, daß Produkte für den einzelnen oder die Gesellschaft auch negative Folgen haben können (Merk 1988). Die überwiegende Anzahl der Beispiele für eine Produktbewertung unter Aspekten, die über die klassische „Gebrauchstauglichkeit" hinausgehen, betrifft allerdings die ökologische Seite. Hier haben sich vor allem die Ansätze des *Umweltzeichens* (RAL 1991) und des *vergleichenden Warentests* unter ökologischen Aspekten seitens der Stiftung Warentest und der Zeitschrift Ökotest hervorgetan (Moritz 1992).

Wie oben bereits erwähnt, wird auch der Begriff der *Ökobilanz* im Bereich von Produkt- oder Dienstleistungsbewertungen verwendet. Die auf der Ebene der Unternehmensbewertung geltenden methodischen Probleme gelten – wie oben beschrieben – sinngemäß auch für die Ökobilanzierung von Produkten.

Mit dem steigenden Bewußtsein für die sozialen Problemlagen, die ebenfalls mit den Produktions- und Konsumweisen in unserer Gesellschaft zusammenhängen, wurden im letzten Jahrzehnt auch Konzepte für das *Sozio-Labeling* von Produkten entwickelt und vereinzelt realisiert.

Sozio-Labeling nur vereinzelt erprobt

In einem Vorschlag zu den Themen „Qualitatives Wachstum und qualitativer Konsum" des Wirtschafts- und Sozialausschusses der Europäischen Gemeinschaft wurde 1985 die Idee einer sozial-ökologischen Warenkennzeichnung entwickelt (European Communities Economic and Social Committee 1985). Das Ziel einer derartigen Kennzeichnung sollte es sein, für die Verbraucher Markttransparenz über die klassischen Kaufkriterien wie Preis oder Gebrauchstauglichkeit hinaus herzustellen, so daß sie mit ihrer Nachfrage auch Einfluß auf die mit der Produktion und dem Konsum von Gütern zusammenhängenden sozialen und ökologischen Probleme nehmen können. Als inhaltliche Dimensionen wurden damals vorgeschlagen:

- Arbeitsplatzcharakter,
- Umweltauswirkungen durch die Produktion,
- Energieverbrauch (bei langlebigen Konsumgütern),
- gesundheitliche Auswirkungen der Produkte,
- Umweltauswirkungen durch den Konsum. (ebd., S. 15f)

Die Tatsache, daß man bei der Ausweitung seiner Bewertungskriterien über die reinen Produkteigenschaften hinaus schnell in Bereiche gerät, die bereits Elemente eines Unternehmenstests darstellen, wurde damals noch nicht so klar erkannt.

Einen neuen Impuls zur Implementation erhielt das Sozio-Labeling von Produkten durch den Verein TRANSFAIR e.V., der seit Mitte 1992 an Lebensmittelhersteller, die bestimmte Kriterien des „fairen Handels mit der Dritten Welt" erfüllen, die Lizenz zum Führen eines entsprechenden Siegels vergibt. Mit diesem Siegel ausgezeichnete Produkte verfügten nach ca. drei Jahren bereits über bemerkenswerte Marktanteile, und mit einem Bekanntheitsgrad von ca. 30% der bundesdeutschen Bevölkerung hat sich dieses Konzept in einem Ausmaß durchgesetzt, wie es vorher von Kritikern nicht für möglich gehalten wurde. Das Beispiel bildet auch den konkreten Beweis für tatsächlich vorhandene Marktpotentiale, die für eine sozial verantwortlichere Ausrichtung des Konsumverhaltens in Frage kommen. Und dies ist um so bemerkenswerter, als die Dimension des „Dritte-Welt-Interesses" zuvor nur in Nischenmärkten Berücksichtigung fand.

TRANSFAIR-Label bringt Bewegung in den Markt

In Hinblick auf die Produktbeurteilung bildet die *Produktlinienanalyse* den theoretisch anspruchsvollsten Ansatz, setzt sie sich doch zum Ziel, die Konsequenzen eines bestimmten Produktes in den Dimensionen „Natur", „Gesellschaft" und „Wirtschaft" über seinen gesamten „Lebenszyklus" (also Rohstoffgewinnung und -verarbeitung, Transport, Produktion, Handel/Vertrieb, Konsum und Beseitigung) zu erfassen (Projektgruppe Ökologische Wirtschaft 1987). Aus der Tatsache, daß sich zahlreiche der in diesem Rahmen erhobenen Daten kaum quantifizieren lassen, werden in der Produktlinienanalyse auch verbale Beschreibungen von Wirkungsbeziehungen zugelassen, die für eine Bewertung vor dem Hintergrund einheitlich dimensionierter kardinaler Werte nicht geeignet sind. Gesamtbewertungen der Vor- und Nachteile bestimmter Alternativen sind deshalb in der Produktlinienanalyse erschwert oder gar unmöglich.

Betrachtung einzelner Elemente der Produktion oder von Produkten

Die überwiegende Anzahl der Untersuchungen auf dieser Stufe betreffen gegenwärtig die Verpackungen von Produkten (Bundesamt 1984; Umweltbundesamt 1992, S. 21). Die Methoden sind als Ökobilanz, Stoff- und Energiebilanz, Prozeßkettenanalyse, Input/Output-Analyse, Ökologische Analyse, Stofflinienanalyse u.a.m. bezeichnet worden (vgl. die Übersicht bei Rubik, Stölting 1992). Für den Unternehmenstest sind derartige Untersuchungen vor allem dann von Interesse, wenn sie nicht auf einzelne Produkte zielen, sondern allgemeine Aussagen (z.B. über Branchen-Standards) erlauben. Wenn z.B. die gesundheitliche oder umweltbezogene Problematik eines Stoffes, der in der Vergangenheit ohne Bedenken verwendet wurde, wissenschaftlich nachgewiesen wird, kann der Zeitraum, in dem und die Konsequenz, mit der ein Unternehmen diesen ersetzt, ein Maßstab der Verantwortlichkeit des Unternehmens sein.

Verallgemeinerbare Aussagen haben den größten Nutzen für den Unternehmenstest

Überblick über die Inhaltsbereiche konzeptverwandter Ansätze

Für den Unternehmenstest bestehen insbesondere gegenüber den konzeptionellen Ansätzen der Dimensionen 2 bis 5 (Betrachtung von Technologien, Großprojekten, Unternehmen, Produkten und Dienstleistungen) z.T. interessante Schnittmengen, aber auch Abgrenzungsbedarfe. Diese Ansätze sind in der folgenden Tabelle noch einmal zusammengestellt und ihre Definitionsbereiche gegenübergestellt worden.

Konzeptionelle Ansätze/ Gegenstandsbereiche	Ökologische Dimension	Soziale Dimension
Gegenstand: Produkte		
Vergleichender Warentest *	■	
Ökobilanz	■	
Umweltzeichen, Öko-Labeling	■	
Sozio-Labeling		■
Ungüter		■
Produktlinienanalyse	■	■
Gegenstand: Unternehmen		
Kennziffer-Informationssystem		■
Sozialbilanz	□	■
Sozialberichterstattung		■
Sozio-Labeling	□	■
Social Audit		■
Ökologische Buchhaltung	■	
Ökobilanz	■	
Öko-Controlling	■	
Öko-Audit	■	
Öko-Rating	■	
Öko-Labeling/Umweltpreise	■	
Umweltberichte	■	
Gegenstand: Technologien/Großprojekte		
Technologiefolgenabschätzung	■	■
Sozialverträglichkeitsprüfung		■
Umweltverträglichkeitsprüfung	■	

■ Hauptaspekt des Ansatzes, □ Nebenaspekt des Ansatzes   * bei Ökotest: ökologische Dimension als Hauptaspekt des Ansatzes

Tab. 8: Konzeptverwandte Ansätze

In allen erwähnten Informations- und Bewertungssystemen sind Legitimationen, Kriteriensysteme und Operationalisierungen für soziale und ökologische Qualitäten entwickelt worden, die auf ihre Relevanz für das Konzept des Unternehmenstests hin geprüft werden sollten. Dies gilt sowohl für die generelle Auswahl von gesellschaftspolitisch relevanten Untersuchungsfeldern, als auch für die Bildung konkreter Kriterien bis hin zur Definition einzelner Indikatoren. Dabei wird es eine entscheidende Rolle spielen, ob die den Unternehmen zugeschriebene gesellschaftliche Verantwortung auf Bereiche beschränkt wird, die sie selbst handelnd verursachen und direkt beeinflussen können, oder ob sie im Sinne einer gesamtgesellschaftlichen Betrachtung weiter gefaßt wird.

Im Kern stellt der Unternehmenstest eine Bestandsaufnahme von gegenwärtigen Unternehmensaktivitäten dar. Sein Untersuchungszeitraum wird deshalb nur wenige Jahre in die Vergangenheit reichen, um aktuelle Entscheidungen auch am aktuellen Stand der Erkenntnisse orientieren zu können. Bei der Anwendung von Großtechnologien oder der Planung von Großprojekten erscheint es allerdings darüber hinaus sinnvoll, die Ergebnisse von Technologiefolgenabschätzung, Sozialverträglichkeits- oder Umweltverträglichkeitsprüfung in die Unternehmensbewertung zu integrieren, sofern Unternehmen die Träger derartiger Aktivitäten sind. Damit wird die unternehmensbezogene Bestandsaufnahme durch eine prognostische Komponente ergänzt, die die zukünftigen Folgen gegenwärtigen Handelns thematisiert.

Im Zentrum des Unternehmenstests: die gegenwärtigen Unternehmensaktivitäten

Die Tatsache, daß der sozial-ökologische Unternehmenstest sowohl die Dimensionen der sozialen als auch der ökologischen Verantwortung berücksichtigt, erscheint allein aufgrund seines Titels evident. Insofern greifen alle konzeptverwandten Ansätze zu kurz, die sich nur auf eines der genannten Bestandteile beziehen. Andererseits haben einzelne der genannten Ansätze bereits eine Analysetiefe und damit auch einen Datenbedarf entwickelt, deren Übernahme für einen kontinuierlich durchzuführenden Unternehmenstest unrealistisch wäre. Bei der Definition der Untersuchungsinhalte für den Unternehmenstest wird es also auch darum gehen müssen, abgesicherte Prioritätensetzungen vorzunehmen, um ein tatsächlich realisierbares Untersuchungskonzept aufzustellen.

Eine derartige Abgrenzung muß insbesondere gegenüber den erwähnten Bewertungssystemen auf der Produktebene vorgenommen werden. Einerseits sind selbstverständlich der Produktionsprozeß und die umweltbezogenen Eigenschaften der Produkte ein Bestandteil der ökologischen Gesamtbewertung einer Unternehmung. Andererseits kann sich der Unternehmenstest nicht auf abgesicherte und vergleichbare Ökobilanzen zu allen Produkten aller Unternehmen der untersuchten Branchen stützen. Eine derartige Datengrundlage ist auch für die nahe Zukunft nicht zu erwarten (Umweltbundesamt 1992, S. 63). Hier muß also nach Bewertungskriterien auf einer höheren Aggregationsstufe gesucht werden, die trotzdem Schlüsselinformationen für den Gesamtaspekt „Umweltverträglichkeit" darstellen und als solche einen möglichst breiten Konsens bei einschlägigen Experten und Betroffenen erreichen. Die gleiche Abgrenzung gilt sinngemäß für die fünfte Stufe der entwickelten Systematik, also die Bewertung von einzelnen Elementen der Produktion oder des Produktes.

Für die Zukunft des Unternehmenstests wird es von entscheidender Wichtigkeit sein, daß es gelingt, seine Weiterentwicklung in enger Koppelung an die methodischen und inhaltlichen Fortschritte der geschilderten konzeptverwandten Ansätze zu betreiben, um den heute bereits erreichten Standard mindestens zu halten. Es wird dabei aber auch immer wieder um einen Ausgleich zwischen dem Interesse an mehr Untersuchungstiefe und Datenfülle sowie der Orientierung an einem Marktinformations-Instrument gehen, das auch noch handhabbar bleibt und in der Lage ist, tatsächliche Effekte zu erzielen.

3.2 Legitimationsprobleme im Rahmen sozial- ökologischer Unternehmenstests

Angesichts der Vielzahl gesellschaftlicher Interessen und dem bestehenden Wertepluralismus in den modernen Industriegesellschaften ist davon auszugehen, daß Untersuchungen, die für sich in Anspruch nehmen, das sozial-ökologische Verhalten von Unternehmen zu dokumentieren und in den Märkten zu kommunizieren, auch kritischen Einwänden begegnen werden. Neben einer Reihe von pragmatischen Einwänden wird es bei der Kritik an der Konzeption oder der konkreten Ausgestaltung von sozial-ökologischen Unternehmenstests im Kern immer um die Frage gehen, wie denn die explizite oder implizite Zielvorstellung eines sozial und ökologisch verantwortlichen Unternehmensverhaltens abgeleitet sei.

Frage nach der Ableitung von Zielvorstellungen im Zentrum kritischer Einwände

Für das Konzept eines sozial-ökologischen Unternehmenstests lassen sich eine Reihe von spezifischen Faktoren finden, die auf die besondere Legitimationsnotwendigkeit dieses Instrumentes verweisen (Hansen, Lübke, Schoenheit 1992, S. 34ff).

So ist der sozial-ökologische Unternehmenstest zunächst einmal ein *neues Informationsinstrument*, das andere Instrumente und Verfahren ergänzen, aber auch in Konkurrenz zu ihnen treten kann. Bezogen auf die Untersuchungsgegenstände „Unternehmen" ergänzt und/oder konkurriert der Unternehmenstest nicht nur mit klassischen ökonomisch-finanziellen Unternehmensbewertungen, die in der Regel die Bonität von Unternehmen zum Gegenstand haben. Er hat deutliche Berührungspunkte zu Ansätzen der externen Rechenschaftslegung, wie der Technologiefolgenabschätzung und Sozialbilanzierung, der ökologischen Buchführung und zum Öko-Controlling, zur Öko-Bilanzierung, zum Öko-Rating und Öko-Audit (Freimann 1993; vgl. S. 73ff in diesem Buch). Auch bezogen auf die Adressaten, vorrangig die Konsumenten, ergänzt das Informationsangebot des sozial-ökologischen Unternehmenstests die bekannten produktbezogenen Einkaufshilfen (test-Urteile der Stiftung Warentest oder von Öko-Test, Produktkennzeichnungen wie dem Blauen Engel oder auch das neue TRANSFAIR-Label). Warum eine solche Ergänzung notwendig ist und welche Problemlösung durch den sozial-ökologischen Unternehmenstest erwartet werden kann, ist deshalb darzulegen. Immerhin können Beeinträchtigungen der Wirksamkeit anderer Informationsangebote nicht ausgeschlossen werden. Auch könnte das zusätzliche Informationsangebot des Unternehmenstests zu einer weiteren Informationsüberlastung des Verbrauchers beitragen.

Informationen über Unternehmen werden unaufgefordert veröffentlicht

Die besondere Notwendigkeit, sich zu rechtfertigen, ergibt sich aber beim sozial-ökologischen Unternehmenstest vor allem daraus, daß hier das Verhalten Dritter, der jeweils untersuchten Unternehmen, *unaufgefordert bewertet* wird. Die Fragen, woher die Bewertungsmaßstäbe kommen und wer diese Bewertungen mit welcher Intention ausspricht, sind deshalb so zentral, weil mit dem Konzept des Unternehmenstests *explizit die Veröffentlichung* der Bewertungen und die Aufforderung an die Konsumenten verbunden ist, diese Informationen bei ihren Einkaufsentscheidungen mit zu berücksichtigen. Die Bewertungen können also *Folgen für die Unternehmen* haben, deren wirtschaftliche Interessen durch die mögliche Abwanderung, Kundentreue oder Kundenneugewinnung tangiert sind. Hier kann nicht nur nach der Legitimität, sondern sogar nach der Legalität, also nach der gesetzlichen Zulässigkeit von externen Unternehmensbewertungen zum Zwecke der Verbraucherinformation, gefragt werden (vgl. S. 261ff in diesem Buch).

Für das Konzept des sozial-ökologischen Unternehmenstests können bei genauerer Analyse *drei Ebenen des „Legitimationsbedarfs"* unterschieden werden. Trotz fließender Übergänge konzentrieren sich die Fragen und Antworten nach der Legitimation von sozial-ökologischen Unternehmenstests auf

- *den gesamten Untersuchungsansatz,*
- *die Auswahl der Untersuchungsbereiche,*
- *„Zielsetzungen" von Verantwortungsübernahmen in den Untersuchungsbereichen.*

Die Unterschiedlichkeit dieser drei Ebenen soll zunächst vorgestellt werden. Anschließend werden verschiedene grundlegende Formen der Legitimation vorgestellt. Es wird diskutiert, welche Rolle einzelne Instrumente bei der Lösung von Legitimationsproblemen spielen können.

Legitimation des gesamten Untersuchungsansatzes

Auf der ersten grundlegenden Ebene wäre darzulegen, warum es legitim ist, Unternehmen, deren Aufgabe es im Kern ist, ökonomisch effizient zu arbeiten, von außen hinsichtlich sozialer und ökologischer Kriterien zu bewerten und die Ergebnisse in die Öffentlichkeit zu tragen. Die *ökonomische Leistungsfähigkeit* eines Unternehmens – so könnte eingewendet werden – ist sogar unter sozialen Vorzeichen (Arbeitsplatzsicherheit u.a.m.) der zentrale Faktor, der nicht von anderen zusätzlichen Unternehmensleistungen in sozialen und ökologischen Belangen kompensiert werden kann. Weitergehend kann – so argumentierten jedenfalls führende Vertreter fundamental-liberaler Positionen (s.o.) – die Umsetzung sozialer und ökologischer Verantwortlichkeit in den Unternehmen geradezu eine Vernachlässigung ihrer eigentlichen markt- und gewinnbezogenen Aufgaben verursachen. Auch könnten durch sozial-ökologische Unternehmenstests „nebensächliche" soziale Aspekte derart in den Vordergrund gerückt werden, daß eine generelle und unverhältnismäßige Schädigung oder auch eine ungerechtfertigte Förderung des Unternehmensimages einsetzt.

Legitimation für die Auswahl der Untersuchungsbereiche

Auf einer zweiten Ebene wäre darzulegen, was in den Untersuchungen unter sozial-ökologischer Verantwortung konkret verstanden wird und warum bestimmte Bereiche der sozial-ökologischen Verantwortlichkeit untersucht werden und andere nicht. Hier könnten willkürliche Vorlieben der „Untersucher" oder andere Interessen eine Rolle spielen. Zu legitimieren wäre, wer mit welchen Begründungen für die Aufnahme bestimmter Untersuchungsbereiche plädiert bzw.

Was soll unter sozial-ökologischer Verantwortlichkeit verstanden werden

darüber entschieden hat. In der Bundesrepublik Deutschland wird im breiten gesellschaftlichen Konsens bspw. akzeptiert, daß Unternehmen eine besondere Verantwortung bei dem Schutz der Umwelt haben. Ob Unternehmen sich im Bereich der Frauenförderung aktiv engagieren müssen, ist bereits deutlich umstrittener, und in anderen sozialen und ethischen Fragen (z.B. Bio- und Gentechnologie) ist die Erwartungshaltung an die Unternehmen geradezu kontrovers.

Legitimation der „Zielsetzungen" von Verantwortungsübernahmen

Schließlich wäre auf einer der Operationalisierung von Bewertungskriterien noch vorgelagerten Ebene darzulegen, welche grundsätzlichen gesellschaftlichen Ziele (Leitideen, Leitbilder u.ä.) Unternehmen in den einzelnen Untersuchungsbereichen unterstützen sollen. Implizite Wertungen wären transparent zu machen und zu begründen. So kann z.B. der Untersuchungsbereich „Gleichstellung der Frauen" insgesamt in eine Zielrichtung gedeutet werden, die von der „berufstätigen Frau" als Leitmotiv ausgeht. Hier existieren jedoch auch andere grundlegende Auffassungen, deren Nichtbeachtung im Untersuchungsansatz zu legitimieren wäre. Auch hinsichtlich der Frage, wie Unternehmen ihre Verantwortung gegenüber der Dritten Welt, z.B. im Falle von Menschenrechtsverletzungen, wahrnehmen müssen, können grundlegende Positionen kontrovers diskutiert werden. So ist die Überlegung, daß die Entwicklung und Stärkung der Handelsbeziehungen prinzipiell der „richtige Weg" sei, nicht unumstritten. Vergleichbare divergierende Auffassungen über die „Richtung" einer verantwortlichen Unternehmenspolitik wird es in allen Untersuchungsfeldern geben. Erst wenn diese grundsätzliche Richtung der Verantwortungsübernahme geklärt ist, kann der Versuch unternommen werden, Bewertungskriterien und Indikatoren zu entwickeln, die die Qualität der Verantwortungsübernahme messbar machen sollen. Allerdings wirft auch die Definition von Kriterien, die tatsächlich das abbilden, was vorgeblich „gemessen" werden soll, neben den bekannten meßmethodischen Problemen (vgl. S. 123ff in diesem Buch) legitimatorische Fragen auf.

> **Kontroverse Auffassungen über den „richtigen" Ansatz verantwortlichen Handelns**

Letztlich muß auf *alle drei Ebenen des Legitimationsbedarfs* für sozial-ökologische Unternehmenstests systematisch eingegangen werden, damit der Arbeitsansatz und die zur Anwendung kommenden Bewertungskriterien nicht als willkürliche Setzungen erscheinen. Umfassende Anstrengungen zur Legitimation sollen den Untersuchungsansatz jedoch nicht nur verteidigen oder defensiv rechtfertigen. Je nachvollziehbarer und nachdrücklicher der Arbeitsansatz begründet wird und auch die impliziten Wertungen erläutert werden, desto höher wird die *Akzeptanz in der Gesellschaft* ausfallen. Diese Akzeptanz, sich bspw. auf vergleichende sozial-ökologische Unternehmensbewertungen überhaupt einzulassen, muß letztlich auch bei den Unternehmen geschaffen werden, deren Mitwirkung z.B. in Form des zur Verfügungstellens von spezifischen Informationen selbstverständlich freiwillig ist.

> **Bemühen um Akzeptanz als wichtiges Ziel von Unternehmenstests**

3.2.1 Formen und Verfahren der Legitimation

Unter Legitimation verstehen wir die systematische Begründung und Rechtfertigung von Vorgehensweisen, Aussagen, Verhaltensweisen, Regeln usw., die direkt oder indirekt Auswirkungen auf die Lebensumstände von anderen Personen oder Organisationen haben können. Die Legitimation von Handlungen usw. erfolgt durch das Vortragen von Argumenten und ist ein Vorgang der Verständigung zwischen Personen und/oder gesellschaftlichen Institutionen. Die Notwendigkeit zur Legitimation eigenen Handelns entsteht immer dort, wo das eigene Handeln die *Lebensumstände anderer* mehr oder weniger nachdrücklich berührt. In alltagssprachlichen Zusammenhängen wird nach der Rechtfertigung für das jeweilige Handeln gefragt. Es wird nach den womöglich guten Gründen geforscht, die Beeinträchtigungen der Lebensumstände bestimmter Personen o.ä. durch die Handlungen anderer Personen vertretbar erscheinen lassen können. Die Notwendigkeit, das eigene Verhalten zu rechtfertigen, wird um so dringlicher eingefordert und häufig auch um so deutlicher empfunden,

- je gravierender und negativer die Auswirkungen dieses Handelns für „Dritte" sind,
- je mehr dieses Handeln von der Konvention abweicht
- und je vielfältiger und konfliktärer die Interessen der Handelnden und der Betroffenen sind.

Diese Notwendigkeit der Legitimation ist nicht zu verwechseln mit der Frage nach der Legalität von Vorgehensweisen, Aussagen, Handlungen, Regeln usw.. Auf der einen Seite haben sich gesetzliche Vorschriften wegen ihrer enormen Bedeutung selbstverständlich selbst (ständig) zu legitimieren. Auf der anderen Seite ersetzt die Legalität von Handlungen usw. nicht automatisch die Notwendigkeit, ihre Legitimität zu begründen.

Die Notwendigkeit, aber auch die Bemühungen, das eigene Handeln zu legitimieren, ist gleichermaßen in lebensweltlichen Zusammenhängen der Bürger, in der öffentlichen und politischen Diskussion und in der Wissenschaft anzutreffen. In Zusammenhang mit der Lösung von Legitimationsproblemen spielt die Wissenschaft eine doppelte Rolle. In der Alltagskommunikation und der politischen und öffentlichen Debatte wird der Hinweis darauf, daß etwas „wissenschaftlich sei", bzw. daß eine bestimmte Handlung durch wissenschaftliche Gutachten untermauert oder durch die Beachtung akzeptierter wissenschaftlicher Standards abgesichert sei, häufig bereits als wesentliches Element der Legitimation vorgetragen. Dem liegt die Auffassung zugrunde, daß „die Wissenschaft" oder zumindest bestimmte wissenschaftliche Standards „letzte", nicht mehr hinterfragbare Erkenntnisse und zugleich auch Handlungsanweisungen für die gesellschaftliche Praxis produzieren können. Diese Hoffnung auf die Lösung von Legitimationsproblemen durch „Wissenschaft" oder durch „Wissenschaftlichkeit" wird nicht zuletzt von Vertretern verschiedener wissenschaftstheoretischer Positionen selbst gründlich bezweifelt.

Alleiniger Verweis auf Wissenschaftlichkeit löst Legitimationsprobleme nicht

So wird von der Position des *kritischen Rationalismus* auf die „vorwissenschaftlichen Werturteile" verwiesen, die nicht Gegenstand „wertfreier" wissenschaftlicher Forschung sein können (Popper). Handlungsempfehlungen, die als Ergebnis der sich so verstehenden wissenschaftlichen Forschung formuliert werden, reflektieren ausdrücklich nicht die

Werturteile, die den Forschungsfragen implizit zugrunde liegen. Die Legitimität solcher Werturteile ist nur „außerwissenschaftlich" zu klären. Werturteile oder Normen müssen demnach vorausgesetzt werden, damit „Wissenschaft" im eigentlichen Sinne beginnen und z.B. Hypothesen empirisch überprüfen kann.

Vertreter der *Systemtheorie* und des *radikalen Konstruktivismus* lehnen den Wahrheitsbegriffs, des kritischen Rationalismus ab. Wissenschaftliche Erkenntnis könne keinen Wahrheitsanspruch haben, sondern nur den Anspruch auf Nützlichkeit und Anschließbarkeit formulieren (Schmidt 1987, S. 41ff). Für Luhmann tritt deshalb „an die Stelle der sachlichen Wahrheit, die erkannt und autoritativ verkündet werden kann", die zeitliche Sequenz der entsprechenden Kommunikationen und ein Verfahren der evolutionären Selektion dessen, was unter sich ändernden Bedingungen zu überzeugen vermag (Luhmann 1988, S. 299f).

Auch aus der Sicht der *kritischen Theorie* werden letztlich „Verfahren" vorgeschlagen, um grundlegende Wertentscheidungen zu begründen. Dabei ist für Vertreter der kritischen Theorie die Reflexion der normativen Grundlagen unserer Erkenntnis und auch der wissenschaftlichen Erkenntnis ein unverzichtbarer Teil der Wissenschaft selbst. Sie erwarten denn auch von der Wissenschaft, daß sie ihre Forschungsprogramme, Einrichtungen und Methoden selbst legitimiert (Murray, Ozanne 1991). In der Theorie des kommunikativen Handelns und ihrem Kernstück der Diskursethik wird vor dem Hintergrund der kritischen Theorie dann auch konsequenterweise ein metatheoretisches Konzept zur Verständigung über Normen vorgeschlagen (Habermas 1983; Zierhofer 1994). Obwohl die Reflexion über die normativen Grundlagen eigenen Handelns hier zum Gegenstand der (kritischen) Wissenschaft selbst wird, werden keine substantiellen normativen Aussagen entwickelt, sondern lediglich *Verfahrensregeln* für die Verständigung über Normen vorgeschlagen (Habermas 1983, S. 99). Allerdings wird „mit der Bereitschaft, in der Praxis ein Menschenbild von der Art zu akzeptieren, wie es dem Konzept der kommunikativen Vernunft zugrunde liegt, ... eine Brücke vom Sein zum Sollen geschlagen" (Zierhofer 1994, S. 168). Wer mit dem Vortragen guter Gründe argumentiert und sein Handeln legitimieren will, geht implizit bereits bestimmte ethische Voraussetzungen ein. Er räumt die Möglichkeit ein, andere Instanzen als sich für die Gültigkeit von Aussagen zuzulassen, und verzichtet darauf, die eigenen (Wert)-Vorstellungen durch den Gebrauch von Macht durchzusetzen. So legt es jedenfalls die sprachphilosophische Deutung des Vorgangs des „Argumentierens" nahe, der von der Theorie des kommunikativen Handelns zur Grundmetapher des vernünftigen, verständigungsorientierten Handelns erhoben wird (Habermas 1981).

Kommunikative Verständigung und Verfahrensregeln als handlungsleitende Idee

Vor dem Hintergrund der skizzierten wissenschaftstheoretischen Positionen zur Legitimation von Werturteilen werden in der Literatur d*rei grundsätzliche Formen und Möglichkeiten der Legitimation* unterschieden (Stauss 1980, S. 62ff):

- **normativ-deduktive Legitimation**
- **empirisch-induktive Legitimation**
- **Legitimation durch Verfahren**

Sie sollen hier zunächst allgemein vorgestellt und hinsichtlich ihrer Nützlichkeit für die Lösung der speziellen Legitimationsprobleme von sozial-ökologischen Unternehmenstests diskutiert werden. Sie geben den Interpretationsrahmen für die pragmatischen Ansätze der Legitimation von externen sozial-ökologischen Unternehmenstests ab, die anschließend vorgestellt werden.

Normativ-deduktive Legitimation

Im Rahmen *normativ-deduktiver* Begründungen wird versucht, aus übergeordneten Werten oder aus allgemein akzeptierten gesellschaftspolitischen Normen, gelegentlich auch unter Rekurs auf anthropologisch verortete Fundamentalbedürfnisse des Menschen, Handeln zu legitimieren.

Unter Bezugnahme auf *gesellschaftliche Grundnormen* wird unterstellt, daß in der Gesellschaft Wertvorstellungen und Ziele existieren, die zumindest in dem Sinne allgemeine Gültigkeit besitzen, als sie eine breite Akzeptanz haben und von allen gesellschaftlichen Gruppen mitgetragen werden. So lassen sich z.B. in Verfassungen, Grundgesetzen und grundlegenden Proklamationen zentrale Grundnormen, wie die Unantastbarkeit der Menschenwürde, die freie Entfaltung der Persönlichkeit oder das Recht auf körperliche und geistige Unversehrtheit, finden, aus denen auch weitere allgemein akzeptierte Normen, wie z.B. Chancengleichheit oder Konsumfreiheit, abgeleitet werden können.

Auch *wirtschaftspolitische Grundnormen* können herangezogen werden, um die Legitimität einzelner Handlungen zu überprüfen bzw. herauszustellen. Sowohl gesellschaftspolitischen als auch wirtschaftspolitischen Grundnormen liegen häufig (unausgesprochen) prägende Auffassungen über die *„Natur des Menschen", seine Bedürfnisse bzw. grundlegenden Interessen* zugrunde.

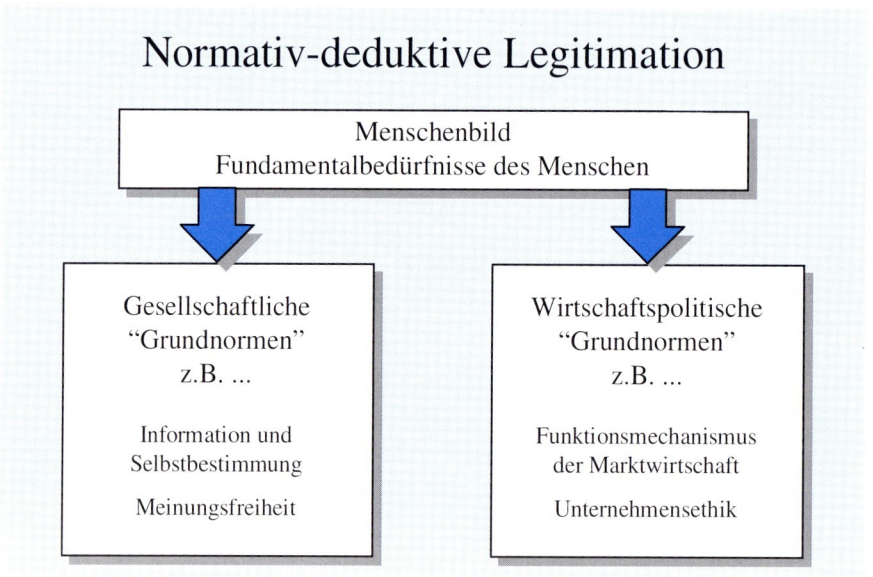

Abb. 20: Normativ-deduktive Formen der Legitimation

Da an verschiedenen Stellen dieses Buches bereits ausführlich Argumentationen vorgetragen wurden, die auch als Elemente einer normativ-deduktiven Legitimation verstanden werden können, sollen hier nur überblicksartig die jeweiligen Argumentationsweisen vorgestellt und ggf. vertieft werden, wenn sie an anderen Stellen dieses Buches nicht erfolgen.

Information und Selbstbestimmung

Die Forderung nach verstärkter Information über sowohl gesellschaftliche als auch wirtschaftliche Zusammenhänge kann aus der Forderung nach Freiheit im Sinne des Selbstbestimmungsrechtes des mündigen Bürgers abgeleitet werden, was ein generell akzeptiertes Ideal unserer Gesellschaft darstellt. In einer freien Wirtschaftsordnung muß dem einzelnen die Möglichkeit gegeben werden, freie Entscheidungen bezüglich seiner wirtschaftlichen Situation zu treffen, was nur unter der Voraussetzung möglich ist, daß er genügend Informationen besitzt, um Handlungsalternativen und deren Konsequenzen abzuschätzen. Einerseits werden diese Selbstbestimmungsrechte durch eine Unterdrückung der Information eingeschränkt, auf der anderen Seite erwirkt diese Handlungsfreiheit dann auch eine Verantwortung für die Konsequenzen, welcher man allerdings nur bei ausreichender Information gerecht werden kann.

Information als Voraussetzung für freie Entscheidungen

Als oberster Grundsatz unserer demokratischen Wirtschafts- und Gesellschaftsordnung kann die Lenkung des Systems durch das Volk verstanden werden, wobei „das Mitspracherecht in öffentlichen Angelegenheiten ... mit Sachkenntnis [zusammenhängt], nicht nur mit dem formalen Wahlrecht" (Bahr 1970, S. 93). Die Voraussetzung für eine marktwirtschaftliche Ordnung ergibt sich somit aus der Mitbestimmung der gesellschaftlichen und wirtschaftlichen Situation die jedoch nur unter der Bedingung zu erreichen ist, daß alle Teilnehmer über ausreichende Informationen verfügen. Hinsichtlich des Verhaltens der Unternehmen wird unterstellt, daß eine Steuerung durch Entscheidungen wirtschaftlicher und politischer Art seitens der Unternehmensumwelt mit dem Informationsniveau steigt. „Nur durch eine umfassende Information kann erreicht werden, daß die praktische Vernunft im Sinne einer ganzheitlichen Betrachtungsweise für die Lebensqualität aller, mit privatwirtschaftlicher Rationalität übereinstimmt und das Wirtschaftssystem seinen Zweck erfüllen kann" (Moll 1986, S. 80; vgl. auch Ulrich 1980). Nur so kann verhindert werden, daß einzelwirtschaftliche Maßnahmen seitens der Unternehmen vorteilhaft wirken, obwohl sie gesamtwirtschaftlich mit negativen Folgen behaftet sind. Ohne eine ausführliche Information der Öffentlichkeit würde den gesellschaftlichen und wirtschaftlichen Institutionen eine nicht kontrollierbare Handlungsfreiheit eingeräumt (Gefahr des Mißbrauchs), wodurch die Lenkung durch die Öffentlichkeit nicht mehr gewährleistet wäre.

Informierte Öffentlichkeit als Kontrollinstanz

Vor diesem Hintergrund wird die Forderung diskutiert, die *Publizitätspflicht* der Unternehmen, Verbände und Institutionen zu verstärken und auch durch unabhängige Dritte eine bessere Transparenz über die Auswirkungen des sozial-ökologischen Unternehmensverhaltens herzustellen.

Meinungsfreiheit als Grundrecht

Artikel 5 des Grundgesetzes garantiert jedermann die Freiheit der Meinung. Dieses wichtige Grundrecht kann nur unter sorgfältiger Güterabwägung und bei der Gefahr der Verletzung anderer wichtiger grundrechtlich verbindlicher Normen und Ziele eingeschränkt werden. Aus der Sicht derjenigen, die unaufgefordert sozial-ökologische Unternehmensbewertungen durchführen, kann die Veröffentlichung der Ergebnisse als Meinungsäußerung betrachtet werden, die sich über die tatsächliche Verantwortungsübernahme von Unternehmen äußert. Allerdings werden diese Äußerungen – so sieht es der Konzeptansatz vor – unter konkreter Nennung der Unternehmen veröffentlicht. Solche Veröffentlichungen müssen sich deshalb an bestimmte Regeln halten (vgl. S. 261ff in diesem Buch).

Pluralität der Meinungen muß gewährleistet sein

Die von unabhängigen Seiten erfolgenden Meinungsäußerungen über die sozial-ökologischen Leistungen der Unternehmen könnten in einem übergreifenden Sinne dazu beitragen, daß in der Öffentlichkeit überhaupt so etwas wie eine Pluralität der Meinungen zustande kommt. Traditionell ist die Meinungsbildung über diese Fragen von Äußerungen aus dem Umfeld der Unternehmen dominiert. Die unternehmerische PR, die ja nach eigener Deutung dann erfolgreich ist, wenn die Zwecke des jeweiligen Unternehmens dadurch besser erreicht werden, daß „... potentiell kritische Publika systematisch im Sinne der Unternehmensziele persuadiert werden" (Zerfaß, Scherer 1993, S. 12), bedarf in demokratischen Gesellschaften auch der *korrigierenden Gegenstimme*. Dies wird in modernen PR-Theorien – sicherlich auch schon aus Gründen der Legitimität einer strategisch ausgerichteten unternehmerischen PR – jedenfalls unterstellt. Auch unternehmensferne gesellschaftliche Interessengruppen haben demnach die Gelegenheit (oder sollten sie zumindest haben), den „Meinungsmarkt" zu versorgen. Das in der öffentlichen Wahrnehmung schließlich durchgesetzte Unternehmensimage kann dann als Ergebnis einer kommunikativen Interessenkoordination angesehen werden, die ganz ähnlich dem Abstimmungsmechanismus auf Konsumgütermärkten funktioniert (Merten 1992, S. 40f). Dem beträchtlichen professionellen Mitteleinsatz der Unternehmen stehen hier die materiell stets unterlegenen, jedoch mit höherer Glaubwürdigkeit ausgestatteten Diskussionsbeiträge und Verlautbarungen unternehmensunabhängiger Organisationen (z.B. Umwelt- und Verbraucherverbände) gegenüber.

Marktwirtschaftlicher Funktionsmechanismus

Die Funktionsfähigkeit unserer Wettbewerbsordnung und der sozialen Marktwirtschaft hängt davon ab, daß die Produzenten von Waren und Leistungen von den Nachfragern vor allem durch ihr Kaufverhalten möglichst eindeutige Rückmeldungen erhalten, ob sie mit dem Angebot zufrieden sind oder nicht. Die Produzenten benötigen diese Signale,

Lenkungsfunktion setzt Markttransparenz voraus

damit sie sich an den Erwartungen, Interessen oder – wie wirtschaftswissenschaftlich formuliert wird – an den Präferenzen der Nachfrager orientieren können. Wirklicher Wettbewerb und andere Rahmenbedingungen vorausgesetzt, erfüllen die Nachfrager dann dadurch, daß sie am Markt nur ihre eigenen Präferenzen ausleben, eine wichtige Lenkungsfunktion in der Marktwirtschaft. Allerdings können die Nachfrager diese Lenkungsfunktion nur ausüben, wenn sie über genügend Informationen über das Marktangebot verfügen, die eine Berücksichtigung ihrer Präferenzen erst ermöglichen.

In diesem grundlegenden Funktionsmechanismus unserer Marktwirtschaft wird nicht darüber spekuliert, welche Präferenzen die Nachfrager haben bzw. artikulieren. Diese Präferenzen sind zumindest solange prinzipiell nicht hinterfragbar, sondern als gegeben hinzunehmen, wie sie mit grundlegenden gesellschaftlichen Normen und den Gesetzen kompatibel sind. Häufig wird jedoch als quasi anthropologische Prämisse unterstellt, daß die Menschen im allgemeinen und bei wirtschaftlichen Transaktionsprozessen im besonderen stets *nur eigennützige Ziele* verfolgen. Auch wenn vordergründig altruistische Ziele angestrebt werden und bei einer wirtschaftlichen Entscheidung höhere Preise oder vermeidbare Unbequemlichkeiten aufgrund einer inneren normativen Verpflichtung akzeptiert werden, neigt zumindest die neoklassische Wirtschaftstheorie dazu, den so Handelnden auch hier letztlich nur die Verfolgung des Eigennutzes zu unterstellen. Dieses Handeln erzeuge ein gutes Gefühl und/oder besondere „Zugehörigkeiten" und sei deshalb eben auch nur eine spezifische Form des Eigennutzes. Unabhängig davon, ob diese *„Mononutzentheorie"* als richtig, hilfreich oder als falsch, bzw. als hinderlich für das umfassende Verständnis von Handlungsmotivationen auf Märkten angesehen wird (Etzioni 1994, S. 108f), bleibt aber festzuhalten, daß auch „moralische Präferenzen", die bspw. beim Kauf von Produkten den Schutz der Natur mit ins Kalkül ziehen oder die auf die Förderung von Bauern in der Dritten Welt zielen, unhinterfragt zu akzeptieren sind.

Auch moralische Präferenzen sind Präferenzen

Informationsökonomische Überlegungen unterstreichen nun jedoch die Tatsache, daß Unternehmen von sich aus kaum bereit und in der Lage sein werden, genügend Informationen über soziale und ökologische Leistungen zu verbreiten, die den Nachfragern eine ausreichende Sicherheit, bezogen auf die Vollständigkeit und ihre Richtigkeit, bieten können (Hansen, Lübke, Schoenheit 1992, S. 12f). Solche Glaubwürdigkeitsinformationen müssen deshalb in aller Regel erzeugt werden. Ob sich vor diesem Hintergrund und aus der Zielsetzung, die soziale Marktwirtschaft weiterzuentwickeln, die Notwendigkeit ergibt, so etwas wie einen vergleichenden sozial-ökologischen Unternehmenstest durch staatliche Initiative zu etablieren, ist ggf. näher zu diskutieren (Moll 1986; Hansen, Lübke, Schoenheit 1992).

Zweifel an Vollständigkeit und Richtigkeit unternehmerischer Informationen

Unternehmensethik

Unternehmen müssen sich heute zunehmend mit Erwartungshaltungen der Öffentlichkeit auseinandersetzen, die von ihnen Beiträge zur Durchsetzung gesellschaftspolitischer Zielvorstellungen verlangen. Wenn es um die Versöhnung von Ökologie und Ökonomie, die Gleichstellung von Frauen in Beruf und Gesellschaft, um die kulturelle Entwicklung der Regionen oder auch um faire Handelsbeziehungen mit Partnern in der Dritten Welt geht, sind heute auch die Unternehmen mit gefordert. Wesentliche Gründe dafür können in den anhaltenden Konzentrationsprozessen und der Vermutung einer damit einhergehenden Machtzunahme gerade bei multinationalen Konzernen gesehen werden. Angesichts der zunehmenden *öffentlichen Exponiertheit* der (vor allem großen) Unternehmen wird die „... Respektierung der ethischen Dimension im unternehmerischen Entscheiden und Handeln ... immer mehr zu einer existenznotwendigen Bedingung". (Enderle 1987, S. 435f).

Ethik, verstanden als das systematische Nachdenken über Moral, wird als Ergänzung und Korrektiv des ökonomischen Prinzips unter diesen Rahmenbedingungen wichtiger, weil Dysfunktionalitäten bei der einseitigen Verfolgung des ökonomischen Prinzips offenkundig werden und diese Dysfunktionalitäten (z.B. unerwünschte „externe Effekte") auch noch diesem ökonomischen Prinzip ursächlich zugeschrieben werden. Unternehmensethik soll „... die ethisch negativ bewerteten Wirkungen bei der Verfolgung des Gewinnzieles begrenzen helfen; sie soll insofern einen Beitrag zu einem auf Dauer konfliktfreien ökonomischen Handeln leisten". (Steinmann, Löhr 1988, S. 301). In stark normativ geprägten Vorschlägen im Rahmen unternehmensethischer Diskussionen werden Unternehmen darauf verpflichtet, neben ökonomischen Zielen, soziale, ökologische Ziele und die Verbesserung der Lebensqualität generell als Zieldimension gleichberechtigt zu verfolgen. „Soziale Verantwortung des Unternehmens ist damit nicht einer fragwürdigen Sonderaufgabe gleichzustellen, sondern ... integraler Teil der Managementfunktion ..." (Ullmann 1988, S. 912).

Unternehmensethik begrenzt Dysfunktionalitäten des Gewinnprinzips

Allerdings sind die handlungsorientierenden Vorgaben, was in konkreten Situationen denn nun ethisch begründet zu tun oder zu unterlassen sei, alles andere als konkret. So wundert es nicht, daß sich angesichts der ungeklärten Beziehung zwischen Unternehmensethik und Unternehmenserfolg „... ein Unbehagen gegenüber den ethischen Zumutungen an die Unternehmensführung ..." breit macht (Ulrich, Thielemann 1993, S.664). Es scheint, daß die Transformation von Ethik in das unternehmerische Handeln solange mißlingt, wie Ethik nicht ökonomisch relevant ist, bzw. nicht nachvollziehbar in ökonomische Kategorien transformiert werden kann (Ridder 1993, S. 24). Dies ist immer dann der Fall, wenn Unternehmensethik nur als Anwendung allgemeiner ethischer Normen in der Wirtschaftspraxis verstanden wird. „Ethik reduziert sich hier auf eine bloße *Gegen*perspektive zur wirkungsmächtigen ökonomischen Sachlogik..." (Ulrich, Thielemann 1993, S. 664).

Ist Ethik jedoch tatsächlich ökonomisch relevant, wird sie von den Unternehmen schnell als zu beachtende Rahmenbedingung integriert, gelegentlich als Positionierungschance genutzt oder in einzelnen Fällen gar als Geschäftsfeld oder Geschäftsidee definiert. Allerdings sollte es nicht darum gehen, „... Unternehmen zu kritisieren, die Ethik als Geschäft begreifen ..., sondern (vielmehr darum), die unüberwindbare Schranke von philosophischen Prinzipien und Ökonomie zu begreifen, sofern erstere sich nicht final zum letzteren verhalten." (Ridder 1993, S. 20) So besteht besonders in unternehmensethischen Diskussionen, die die institutionelle Bedingtheit moralischen Handelns übersehen, die Gefahr, daß die Moralisten der Moral den Rest geben (Homann 1996, S. 39). Wenn auch die pointierte Zuspitzung, die auf *Bedingungswandel* statt auf *Gesinnungswandel* setzt, die Frage vernachlässigt, wie denn ein Bedingungswandel wohl zustande kommen kann (oder soll), so verweist sie dennoch überzeugend auf eine moderne Wirtschaftsethik, die zwischen einer *Ordnungsethik* (auf der Steuerungsebene) und einer *Anreizethik* (auf der individuellen Handlungsebene) unterscheidet. „Wer bei der Frage der Implementation hoher moralischer Ideale nicht zentral über institutionell bedingte Anreize und Fehlanreize redet, hat die Bedingungen für moralisches, solidari-

Ethik als zu beachtende Rahmenbedingung und als Geschäftsfeld

sches Handeln in der anonymen Großgesellschaft noch nicht zur Kenntnis genommen."
(Homann 1996, S. 39)

> „So bleibt ganz bewußt auch die Frage unbeantwortet, ob Unternehmen nun aus „moralischen","marktstrategischen" oder aus Gründen der Mitarbeitermotivation verantwortlich handeln. Wenn auch die Frage nach den Motiven für verantwortliches Handeln interessant erscheint, so ist sie letztlich kaum nachvollziehbar zu beantworten. Möglicherweise verkennt auch derjenige, der nur eine „moralische" Motivation für verantwortliches Handeln gelten läßt, die wirtschaftlichen Zwänge, unter denen unternehmerische Entscheidungen getroffen werden. So will der Unternehmenstester ja gerade dazu beitragen, daß sich soziale und ökologische Interessen in Gestalt des Einkaufsverhaltens engagierter Konsumenten am Markt besser artikulieren *und verantwortliches Unternehmensverhalten belohnt* wird."
> (imug u.a. 1995, S. 34)

Wer mit den genannten guten Gründen auf das Bild angemessener (ordnungsethisch reflektierter) Rahmenbedingungen und eines (anreizethisch motivierten) wirkungsvollen Sanktionspotentials (steuerlicher Art, spezifische Marktnachfrage, öffentliche Meinungsbildung u.a.m.) setzt, unterstellt womöglich allzu leichtfertig die prinzipielle Harmonie von ethischen Handlungsaufforderungen mit den unternehmerischen Erfolgszielen (Ulrich, Thielemann 1993, S. 664). Vernachlässigt wird auf jeden Fall die äußerst plausibel zu belegende Möglichkeit, daß sich in einigen Fällen auch dann die Durchsetzung ethischer Prinzipien unter Wettbewerbsbedingungen weder kurz- noch langfristig für ein einzelnes Unternehmen „rechnen" wird und sie deshalb dann auch nicht durchgesetzt werden. Unternehmensethik, die solche Dilemmasituationen übersieht und vorschnell eine prinzipielle Harmonie mit unternehmerischen Gewinnerzielungsabsichten unterstellt, gibt ihre kritische Perspektive auf. Sie wird auf diesem Wege letztlich „... um ihre Inhalte entkleidet, wird Rentabilitätsfaktor". (Ridder 1993, S. 27)

Im Kontext unternehmensethischer Diskussionen können sozial-ökologische Unternehmenstests in ihrer Katalysatorfunktion, Anreizfunktion und in ihrer Kontrollfunktion gesehen werden. Eine verantwortungsvolle gesellschaftliche Rolle werden sozial-ökologische Unternehmenstests dann ausüben können, wenn sie sich als *Katalysator* zwischen Unternehmen, Konsumenten und der Öffentlichkeit über Fragen verstehen, die im Zusammenhang mit den Entwicklungen hin zu einer zukunftsfähigen Wirtschaftsweise auftauchen (Schoenheit 1996, S. 198f). Ihre Aufgabe wäre es, die vielfältigen und z.T. heterogenen Diskussionsbeiträge in der Öffentlichkeit über die sozial-ökologischen Erwartungen an die Unternehmen (z.B. einer Branche) zusammenzufassen und sie zur Diskussion zu stellen.

Katalysator-, Anreiz- und Kontrollfunktion von sozial-ökologischen Unternehmenstests

Zugleich erfüllen sozial-ökologische Unternehmenstests, deren Ergebnisse und Erkenntnisse (definitionsgemäß) veröffentlicht werden, die in den unternehmensethischen Diskussionen angeführten, heute vielfach fehlenden *Anreizfunktionen*. Sozial und ökologisch engagierteres Verhalten soll belohnt werden. Konsumenten, Geldanleger, Jobsucher, das öffentliche Beschaffungswesen können die Informationen nutzen und ihr

Nachfragepotential entsprechend steuern. Eng verknüpft damit ist auch die aus den Diskussionen zur Unternehmensethik ableitbare Kontrollfunktion. Gerade wenn Ethik und Moral legitimerweise zum Rentabilitätsfaktor werden, ist die Gefahr des Trittbrettfahrerverhaltens auch auf der Unternehmensseite nicht auszuschließen. Transparenz über tatsächliche Leistungen herbeizuführen und von bloßem Window-Dressing unterscheidbar zu machen, stellt eine legitime (argumentativ im Kontext der Unternehmensethik-Diskussion begründbare) Aufgabe von sozial-ökologischen Unternehmenstests dar.

Zusammenfassend kann hervorgehoben werden, daß eine Reihe überzeugender Möglichkeiten existiert, aus grundlegenden gesellschaftlichen oder wirtschaftspolitischen Normen ein Instrument wie den sozial-ökologischen Unternehmenstest zu legitimieren. Zugleich ist es jedoch offensichtlich, daß der Weg der Deduktion häufig auf einer hohen Abstraktionsebene verbleibt, die *kaum eine operationalisierbare Handlungsanleitung* ermöglicht. So ist insgesamt kein schlüssiges Verfahren bekannt, mit dem „... aus abstrakten übergeordneten Zielen – hier den Grundnormen – eindeutig bestimmte nachgeordnete abzuleiten" sind (Kuhlmann 1990, S. 61). Auch der Rückgriff auf sogenannte Grundbedürfnisse des Menschen führt zu ähnlichen Problemen. So bleibt insgesamt im Konzept der normativ-deduktiven Legitimation die *Problematik der Deduktion* ungelöst, in die nur allzu häufig im Zuge der dann doch notwendigen Konkretisierungen nicht explizite weitere Wertungen eingehen. Wenn es gerade in gesellschaftspolitisch strittigen Feldern auch keinen gesellschaftlichen Konsens über wertende Elemente des Untersuchungsansatzes des Unternehmenstests geben dürfte, könnte vom expliziten Darlegen der normativen Grundentscheidungen zumindest Offenheit und Transparenz über diese normativen Elemente erreicht werden.

Deduktionsproblem ist ungelöst

Wenn allein durch normativ-deduktive Verfahren auch keine überzeugende Begründung für die in externen sozial-ökologischen Unternehmensbewertungen untersuchten Verantwortungsbereiche und erst recht nicht für die *Verwendung einzelner Kriterien* möglich scheint, so kann – und muß womöglich sogar – das Instrument der externen sozial-ökologischen Unternehmensbewertung *in seiner Gesamtheit* durch deduktiv abgeleitete Normen differenziert begründet werden. Dabei verweisen die hier vorgetragenen Argumente auf die wichtigsten Ansatzpunkte einer normativen Begründung sozial-ökologischer Unternehmenstests.

Empirisch-induktive Legitimation

In *empirisch-induktiven* Begründungen wird der Versuch unternommen, wertende Entscheidungen vor allem aus empirisch belegbaren Entwicklungen in der Gesellschaft abzuleiten. Neben den indirekten Hinweisen auf die Interessen und Erwartungen der Konsumenten und Bürger, wie sie aus der Werte-, Markt- und Einstellungsforschung bekannt sind, können auch aus der direkten Beobachtung z.B. des Kaufverhaltens Rückschlüsse auf die Interessen der Konsumenten und Bürger gezogen werden. Aber auch die von speziellen Interessengruppen bzw. Stakeholdern (Freeman 1984) an die Unternehmen gerichteten Erwartungen und Forderungen können als empirischer Beleg und als Indiz für ein vorhandenes gesellschaftliches Interesse an bestimmten Fragen und Erwartungen gelten. Schließlich zeigen Unternehmen und Unternehmensverbände z.T.

mit einzelnen Aktivitäten auf, welche sozial-ökologischen Leistungen erbracht werden können.

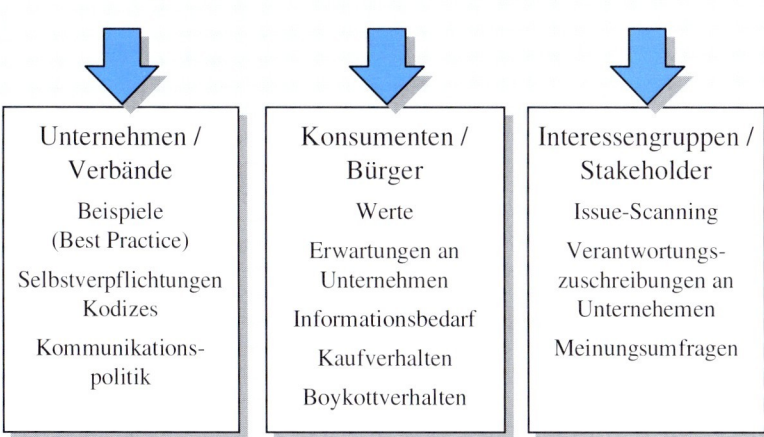

Abb. 21: Empirisch-induktive Formen der Legitimation

Konsumenten und Bürger

Insbesondere empirisch abgesicherte Aussagen über die *gesellschaftsbezogenen Werte* der Bürger, über ihre *Erwartungen an die Industrie* und die tatsächlichen Verantwortungszuschreibungen (Raffée, Wiedmann 1986; Stern Bibliothek 1990; Stern Bibliothek 1995) können eine wichtige Bezugsgröße für die Festlegung von Untersuchungsschwerpunkten und in einzelnen Fällen sogar von einzelnen Bewertungskriterien sein (vgl. S. 123ff in diesem Buch).

Für den sozial-ökologischen Unternehmenstest, der sich insbesondere als Informationsinstrument für Verbraucher versteht, ist vor allem der *subjektiv artikulierte Informationsbedarf* der Bürger und Verbraucher eine unverzichtbare Bezugsgröße. Die Veröffentlichung von bewertenden und informationsverdichteten Aussagen über das Unternehmensverhalten ist ausgesprochen überzeugend dadurch empirisch-induktiv zu begründen, daß eine relevante Zahl von Konsumenten subjektiv an solchen Informationen interessiert ist. (Hansen, Schoenheit, Devries 1994). Es kann weiterhin differenziert aufgezeigt werden, welche *konkreten* Erwartungen die Konsumenten an das Verhalten der Unternehmen haben (imug-Emnid 1993; imug-Emnid 1996). Vor allem jedoch kann die Wichtigkeit einzelner Untersuchungsbereiche oder gar die Bedeutung einzelner Kriterien für die Unternehmensbewertungen überprüft und begründet werden.

Tatsächliches Informationsinteresse legitimiert sozial-ökologische Unternehmenstests

Als weitere empirische Absicherung läßt sich das tatsächliche *Konsumentenverhalten* untersuchen, interpretieren und argumentativ zur Begründung des Informationsangebots des sozial-ökologischen Unternehmenstests heranziehen. Allerdings ist die Beobachtung des konkreten Konsumentenverhaltens als Indiz für die tatsächlichen Interessen der Verbraucher nicht ohne weiteres möglich. Zum einen liegen bislang kaum systematisch konzipierte Informationen über das soziale und ökologische Verhalten von Unternehmen vor, nach denen Konsumenten ihr Verhalten ausrichten könnten. Zum anderen ist das Kaufverhalten und der ggf. zu beobachtende Markenwechsel nur selten eindeutig auf die wahrgenommenen Rollen der hinter den Marken stehenden Unternehmen zurückzuführen. Eine Ausnahme bilden *Boykottaktionen*, die fallbezogen zeigen, welche Elemente der Unternehmenspolitik von den Verbrauchern als so wichtig empfunden werden, daß sie sich ggf. an einem Boykott beteiligen (Fischer, Lübke 1990; Stern Bibliothek 1995, S. 422; imug-Emnid 1996).

> **Boykottverhalten gibt Hinweise, welche Themen von zentralem Interesse sind**

Die hier als Elemente einer empirisch-induktiven Legitimierung von sozial-ökologischen Unternehmenstests vorgestellten Methoden sind zugleich als „klassische" Marktforschungsmethoden für Unternehmenstests zu verstehen und im Rahmen des Marketing für die Idee und die „Produkte" von Unternehmenstests zu nutzen. Für den Erfolg von sozial-ökologischen Unternehmenstests sind die Fragen, welche Bürger an welchen Informationen über welche Unternehmen zu welchem Preis, in welcher dargebotenen Form, usw. interessiert sind, von zentraler Bedeutung.

Interessengruppen und Stakeholder

Was Bürger und Verbraucher an sozial-ökologischen Leistungen von den Unternehmen erwarten, wird besonders nachdrücklich von verschiedenen gesellschaftlichen Organisationen und Verbänden artikuliert. Zum Teil *stellvertretend* für die eigentlichen Betroffenen formulieren heute Umwelt- und Verbraucherverbände, Tierschützer, Frauenverbände, Bürgerinitiativen, Dritte Welt-Gruppen, kirchliche und gewerkschaftliche Organisationen spezifische Erwartungen an Unternehmen. Neben der traditionell bedeutenden Rolle der Gewerkschaften und der Kirchen haben sich in den letzten 15 Jahren die sogenannten NGO's (Non-Governmental Organisations) trotz der enormen Heterogenität von Interessen und Positionen als *nahezu eigenständige Kraft* im Feld der gesellschaftlichen Meinungsbildung etabliert. Aus der Perspektive von Unternehmen werden diese Gruppen in der Regel als Anspruchsgruppen gedeutet. Die von ihnen formulierten Erwartungen und Forderungen stellen wichtige und nur schwer zu kalkulierende Rahmenbedingungen der Unternehmenspolitik dar. Im Rahmen des strategischen Marketing wird deshalb ausdrücklich empfohlen, sich mit ihren Positionen intensiv und proaktiv auseinanderzusetzen (Wiedmann 1993, S. 62f) und eine Art strategische Frühaufklärung zu betreiben (Steger, Winter 1996, S. 607f). Die prinzipielle Legitimität ihrer Anliegen wird im sogenannten Stakeholder-Approach unterstellt (Freeman 1984). Zu den Stakeholdern eines Unternehmens werden neben den Wettbewerbern, Kunden und Mitarbeitern ausdrücklich auch solche gesellschaftliche Gruppen gezählt, die sich von der Politik eines Unternehmens betroffen fühlen oder die ihrerseits direkten oder indirekten Einfluß auf die Unternehmenspolitk ausüben können.

> **Stakeholder formulieren wichtige Erwartungen an die Unternehmen**

Eine empirische Analyse der gesellschaftlichen Erwartungen an die Unternehmen ist deshalb ohne die Berücksichtigung der in diesen Organisationen diskutierten Anliegen und Ansprüche unvollständig.

Die Erwartungen, die in diesen Organisationen gegenüber Unternehmen existieren, sind durch die Analyse von Veröffentlichungen, Stellungnahmen u.a.m. prinzipiell leicht zugänglich. Allerdings ist die Interpretation dieser „Daten" ausgesprochen schwierig. Sie erfordert eine genaue Kenntnis der Rolle der jeweiligen Organisation innerhalb des Netzwerkes der NGO`s und eine genaue Beobachtung, welche gesellschaftspolitischen Strategien mit der jeweiligen Position verbunden sind. Die Analyse gesellschaftlicher Anliegen, die gesellschaftliche Organisationen u.a. auch an Unternehmen adressieren, kann systematisch als *Issue-Monitoring* gestaltet werden (Dahle, Häßler 1996). Diese komplizierte Analyse und Interpretation ist deshalb besonders lohnend, weil in den NGO`s Positionen und Erwartungen häufig bereits zu einem relativ frühen Zeitpunkt ausformuliert vorliegen, die sich in empirischen Erhebungen bei Verbrauchern und Bürgern z.T. (noch) nicht nachweisen lassen (Steger, Winter 1996, S. 613f).

NGO´s formulieren gesellschaftliche Erwartungen an Unternehmen „frühzeitig"

Damit ist zugleich auf die *Schwierigkeit und Gefahr* verwiesen, die darin besteht, daß in den NGO`s z.T. auch Positionen und Erwartungen gegenüber den Unternehmen formuliert werden, die zumindest von größeren Teilen der Verbraucher (noch) nicht geteilt werden. Die von NGO`s im Interesse (häufig stellvertretend) z.B. der Verbraucher (der Dritten Welt, der Natur oder der nachwachsenden Generationen) artikulierten Erwartungen an die Industrie können im Gegensatz zu subjektiven Interessen und dem tatsächlichen Verhalten der Mehrzahl der Verbraucher (oder der anderen „Betroffenen") stehen. Auch hier ist eine theoriegeleitete Interpretation unverzichtbar.

Unternehmen und Unternehmensverbände

Als weitere Elemente einer empirisch-induktiven Legitimation von sozial-ökologischen Unternehmenstests können Analysen des tatsächlichen *Verhaltens von Unternehmen*, aber auch von *unternehmenspolitischen Erklärungen* oder *Selbstverpflichtungen* dienen. Auch die Analyse der in der *Kommunikationspolitik* der Unternehmen sich selbst zugerechneten Verantwortlichkeiten kann wichtige Hinweise enthalten, für welche Themen sich Unternehmen nach eigenem Bekunden in der Verantwortung sehen. Gerade angesichts der Beliebigkeit von Verantwortungszuschreibungen an die Unternehmen und der latenten Gefahr, daß den Unternehmen von Dritten Leistungen zugemutet werden, die schlechterdings nicht oder nur um den Preis der Gefährdung des Unternehmens realisierbar sind, ist es unverzichtbar, empirisch zu belegen, daß überhaupt Handlungsspielräume für die Unternehmen existieren. Dies ist so wichtig, weil das „Sollen" insbesondere das „Können" voraussetzt. Dies ist eine der Kernaussagen der Verantwortungsethik, die den Zusammenhang von Verantwortung und der kausalen Macht betont, für die Folgen eigenen Handelns einzutreten (Jonas 1979; Göbel 1992, S. 61).

Sollen setzt Können voraus

Allerdings wird auch der empirische Nachweis, daß bestimmte sozial-ökologische Leistungen von einzelnen Unternehmen in der Praxis bereits erbracht werden, nicht allein die Legitimität von Forderungen sicherstellen, dies nun auch von anderen oder gar allen Unternehmen in gleicher Weise zu erwarten. Zu spezifisch können die ökonomischen und gesellschaftlichen Unterschiede bei den jeweiligen Unternehmen sein. Das Vorgehen, sogenannte *„Best Practice-Unternehmen"* als eine Art Referenzgröße zu definieren, stößt dort schnell an seine Grenzen, wo Unternehmen verschiedener Branchen,

Größenordnungen u.a.m. mit vergleichbaren Verantwortungszuschreibungen und in deren Folge dann anhand der gleichen sozial-ökologischen Untersuchungskriterien bewertet werden. Die hier möglicherweise gegebene Verzerrung in der Bewertung der sozial-ökologischen Verantwortlichkeit der Unternehmen kann dadurch eingegrenzt werden, daß möglichst branchennah die tatsächlichen Handlungsmöglichkeiten ermittelt und die Bewertungskriterien (auch) auf diese Handlungsmöglichkeiten hin ausgerichtet werden. Ebenfalls ist strukturell zu überlegen, ob insbesondere die unterschiedlichen Unternehmensgrößen, die die größten Auswirkungen auf *unterschiedliche Handlungsspielräume* vermuten lassen, sich nicht in verschiedenen Kriterienkatalogen niederschlagen müßten. Am Beispiel des ersten deutschen sozial-ökologischen Unternehmenstests in der Nahrungs- und Genußmittelindustrie konnten die hier aufgeworfenen Fragen ansatzweise empirisch überprüft werden. Auf den Seiten 203ff in diesem Buch werden bspw. Hypothesen, die einen Zusammenhang zwischen „der Größe eines Unternehmens" und dem „Ausmaß seiner Verantwortungsübernahme" unterstellen, diskutiert.

Ungelöst bleiben bei allen hier angesprochenen Elementen einer empirisch-induktiven Legitimation stets intra- und interpersonale Interessen- und Informationskonflikte. So kann z.B. die Kaprizierung auf subjektiv artikulierte Interessenbekundungen der Konsumenten eine tendenzielle Vernachlässigung von übergeordneten und langfristigen Interessen nach sich ziehen (Wimmer 1986, S. 172f). Der empirische Nachweis eines tatsächlichen Informationsinteresses an den in sozial-ökologischen Unternehmenstests angebotenen Informationen ist zwar ein wichtiges Element für die Legitimierung, aber letztlich allein kaum in der Lage, alle Probleme der Legitimation zu lösen. Ein sozial-ökologischer Unternehmenstest wird sich deshalb *nicht als „bloßer Informationslieferant"* verstehen dürfen, der die am Markt gerade gewünschten Informationen anbietet, sondern muß die vorhandenen Informationsbedürfnisse *selbst kritisch reflektieren*. Ein sozial-ökologischer Unternehmenstest, der sich selbst lediglich als „Informationsmanager" sieht, indem er die jeweiligen Informationsbedürfnisse bestimmter Gruppen der Bevölkerung unreflektiert befriedigt, wird selbst ethisch bedenklich und könnte so den Anspruch, „verantwortlich" zu handeln, für sich selbst nicht einlösen. Eine Verzahnung mit den oben vorgestellten normativ-deduktiven Verfahren einer Legitimation scheint deshalb unverzichtbar.

Unternehmenstest ist kein „bloßer Informationslieferant"

Legitimation durch Verfahren

Um Macht und Entscheidungen in hochkomplexen Systemen zu rechtfertigen, wird auch mit Blick auf die erwähnten Probleme normativ-deduktiver und empirisch-induktiver Vorgehensweisen vorgeschlagen, die Legitimität durch den bestimmten Anforderungen genügenden Prozeß der Entscheidungsfindung, also in der Anwendung bestimmter *akzeptierter Verfahren,* anzustreben, in die unterschiedliche Interessen eingebracht werden können (Luhmann 1977, S. 30ff).

Dieser auf den ersten Blick *pragmatische Ansatz*, Legitimationsprobleme anzugehen, reflektiert die Pluralität von Wertorientierungen und divergierenden Interessen in der Gesellschaft, denen gegenüber auch „die Wissenschaft" kein letztes Wort beanspruchen kann (s.o.). Wer ist z.B. aus welchen Gründen berechtigt, im Namen der Natur oder der Umwelt bestimmte Forderungen zu formulieren? Wenn jedoch – um am Beispiel der Ökologie zu bleiben – die Hoffnung enttäuscht wird, mit einfachen oder komplizierten

Rechenmodellen überzeugend z.B. die jeweiligen Umwelträume festzulegen, die bestimmte Branchen, Unternehmen und Konsumenten verbrauchen dürfen, bleibt für die Begründung umweltpolitischer Zielvorgaben im Grunde nur noch die Möglichkeit, nach Formen der Verständigung über die Wege hin zu einer zukunftsfähigen Wirtschaftsweise zu suchen (Schoenheit 1996, S. 197f). Auch die Ableitung von konkreten Kriterien für die Bewertung der Umweltverträglichkeit von Unternehmen müßte sich von dem trügerischen Schein einer naturwissenschaftlichen Objektivität verabschieden und sie statt dessen als zeitpunktbezogenes Ergebnis von gesellschaftlichen Verständigungsprozessen verstehen, die mehr oder weniger demokratisch und rational verlaufen.

Pluralität der Werte und Interessen ist zu berücksichtigen

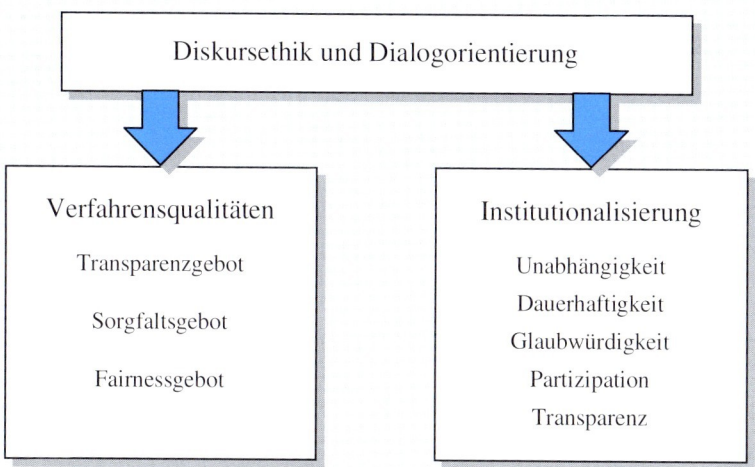

Abb. 22: Legitimation durch Verfahrensqualitäten

Es kann vermutet werden, daß die oben erwähnte Diskursethik auch eine konzeptionelle Arbeitsgrundlage von einzelnen Maßnahmen der Verfahrenslegitimation bietet, wenn ihr Anspruch nicht abstrakt überhöht wird und z.B. die Vision einer idealen Kommunikationsgemeinschaft nicht als Erfüllungsvoraussetzung verstanden wird. Realistisch gewendet kann die Diskursethik eine Leitidee für ein *verständigungsorientiertes Handeln* auch für solche Bereiche gesellschaftlicher Praxis sein, in denen es nicht um die Formulierung letzter, mit universellem Anspruch versehener Grundnormen, sondern auch um so konkrete Fragen wie der sozialen und ökologischen Bewertung von Unternehmensverhalten geht. So wird die *Diskursethik*, die gelegentlich als Theoriebezug für die Legitimation des unternehmerischen Handelns vorgeschlagen wurde (Steinmann, Löhr 1992, S. 245ff), auch bei der Verwirklichung von externen sozial-ökologischen Unternehmensbewertungen von einer grundlegenden Bedeutung sein können.

Verfahrensqualitäten

Als wissenschaftstheoretische und zugleich ethische Fundierung des Ansatzes müssen z.B. materielle Normen (Verhaltensstandards, -kodizes) bei der Durchführung von Unternehmenstests etabliert werden. Solche *Verfahrensqualitäten* können sich bspw. im Transparenz-, Sorgfalts- und Fairnessgebot ausdrücken und sich zusätzlich in mehr oder weniger institutionalisierten und formalisierten Kommentierungs- und Mitwirkungsmöglichkeiten von verschiedenen gesellschaftlichen Gruppen, aber auch der von den Untersuchungen betroffenen Unternehmen niederschlagen. Für grundlegende Entscheidungen, z.B. über Untersuchungskriterien und Bewertungsverfahren, müßten vernünftige Gründe vorgestellt und eine Verständigung darüber mit den von Unternehmenstests betroffenen Personen und Institutionen angestrebt werden. Unter dieser Perspektive wäre bspw. auch nach Formen zu suchen, wie unmittelbar Betroffene (Unternehmen) und verschiedene Nutzergruppen des sozial-ökologischen Unternehmenstests frühzeitig ihre Interessen und Argumente hinsichtlich der Untersuchungskonzeptionen einbringen können. Insbesondere wäre zu überprüfen, ob bestimmte Verfahren und Qualitätsansprüche, die sich allmählich für die Durchführung von *Dialogverfahren* zwischen Unternehmen und gesellschaftlichen Organisationen herausbilden, auch im Kontext sozial-ökologischer Unternehmensbewertungen anwendbar sind (Hansen, Niedergesäß, Rettberg, Schoenheit 1995).

> Dialogverfahren als Elemente von sozial-ökologischen Unternehmenstests

Institutionalisierung

Die hier diskutierten Formen der Verfahrenslegitimation im engeren Sinne haben einen deutlichen Bezug zur Institutionalisierungsform sozial-ökologischer Unternehmenstests. Denn konsequenterweise müßte letztlich auch eine organisatorische und institutionelle Verankerung legitimer Interessen bezüglich des Unternehmenstests angestrebt werden.

Die bisherigen nicht institutionalisierten Formen der Informationsvermittlung über sozial-ökologische Aspekte unternehmerischen Handelns, z.B. die eigene Kommunikationspolitik der Unternehmen, bzw. sporadisch eingreifende Medieninitiativen, zeichnen sich überwiegend aus durch den Mangel an einem transparenten, allgemein nachvollziehbaren Verfahren mit vergleichbaren Bewertungsmaßstäben (Lübke, Schoenheit 1992). Dies wirft die Frage auf, durch welche *Form der Institutionalisierung* des Unternehmenstests solche Mängel am ehesten abzustellen sind und eine umfassende Berücksichtigung der hier vorgestellten Elemente einer Verfahrenslegitimation sichergestellt werden kann. Drei grundlegende Formen können unterschieden werden:

- Die Informationsvermittlung über die sozial-ökologische Seite unternehmerischen Handelns kann im Rahmen einer *privatwirtschaftlichen Organisation des Unternehmenstests,* also durch einen kommerziellen Informationsanbieter erfolgen. Marktwirtschaftlicher Raum hierfür entsteht, wenn sich eine genügend große und mit Kaufkraft versehene Nachfrage mit einer entsprechenden Zahlungsbereitschaft für derartige Informationen herausbildet.

- Gruppen und Verbände, die sich originär für die Lösung separater gesellschaftspolitischer Problemlagen engagieren, könnten die *kooperative Durchführung* von Unternehmenstests und die Distribution der Informationen im Rahmen einer *ge-*

meinsamen Trägerschaft übernehmen. Sie werden um so eher dazu bereit sein, wenn sie darin politisch-strategische Vorteile für sich sehen.

☐ Als Drittes kann eine *staatliche Stiftung als Träger* für den Unternehmenstest gewählt werden. In diesem Fall würde der Staat mehr oder weniger direkt eine Gestaltungs- und Steuerfunktion zur Förderung des sozial-ökologischen Unternehmensverhaltens übernehmen. Die Basis dazu könnte die Umsetzung der im Rahmen der Wirtschaftsaufsicht von Behörden gewonnenen Daten in eine aktive Informationspolitik bilden. Als besondere Variante wäre bspw. eine „Stiftung Unternehmenstest" ähnlich der Stiftung Warentest denkbar. Bereits in den 80er Jahren ist ein solches Konzept in enger Verknüpfung mit einer gesetzlich vorgeschriebenen gesellschaftsbezogenen Berichterstattung, z.B. der Pflicht zur Aufstellung einer Sozialbilanz[50], diskutiert worden (Moll 1986, S. 224f).

Um diese drei Institutionalisierungsformen vor dem Hintergrund des Legitimationsproblems bewerten und vergleichen zu können, werden sie im folgenden anhand einiger problembezogener Anforderungen[51] diskutiert.

Unabhängigkeit der Institution

Die Unabhängigkeit des Trägers von den Interessen der betroffenen Unternehmen ist entscheidend für die Objektivität der Ergebnisse und damit auch für die Glaubwürdigkeit der Informationen bei den Adressaten. Unabhängigkeit sollte sowohl in personeller und finanzieller Hinsicht (organisatorische Komponente) als auch in bezug auf die Methodik, Kriterienwahl, Art und Vollständigkeit der Informationsquellen und Ergebnisdarstellung (inhaltliche Komponente) gewährleistet sein. Bestehende Einflüsse sind in jedem Fall zu kennzeichnen und die Auswirkungen transparent darzustellen.

Private Trägerschaft kann Unabhängigkeit kaum sicherstellen

Aufgrund der wahrscheinlich bestehenden Schwierigkeiten eines privatwirtschaftlichen Trägers, sich *selbst zu finanzieren* (s.u.), und den daraus möglicherweise entstehenden Abhängigkeitsverhältnissen von den unterstützenden Organisationen, sind in diesem Punkt die staatliche Stiftung und das Kooperationsmodell als Träger im Vorteil. Die Unabhängigkeit einer staatlichen, bzw. einer staatlich geförderten Institution, die vergleichende sozial-ökologische Unternehmenstests durchführt, würde aufwendige Formen des Interessenausgleichs zwischen Unternehmen, Öffentlichkeit, Wissenschaft und spezifischen gesellschaftlichen Interessengruppen erfordern. Unter der Zielsetzung der Unabhängigkeit (ggf. auch von der staatlichen Einflußnahme) dürfte die Kooperationsalternative jedoch am positivsten zu bewerten sein.

Dauerhaftigkeit der Existenz der Institution

Der Unternehmenstest sollte eine auf Dauerhaftigkeit angelegte Institution sein. Einmalige Testaktionen sind nicht dazu geeignet, das Anliegen einer in die Zukunft reichenden Unterstützung sozial-ökologischer Verantwortung von Unternehmen einzulösen. Ein Kompetenzgewinn bei Unternehmen wäre kurzfristig nicht erzielbar, und zudem müssen die Veränderungen unternehmerischen Verhaltens durch eine dauerhafte Ergebnisfortschreibung festgehalten werden, da ansonsten mit obsoleten Testurteilen dysfunktionale und die Marktdynamik hindernde Effekte auftreten würden. Aus der Forderung nach einer dauerhaften Existenz ergibt sich zwangsläufig die Notwendigkeit einer dauerhaften ökonomischen Absicherung. Dabei ist zu berücksichtigen, daß im Falle einer anhaltenden Fremdfinanzierung Konflikte in bezug auf die geforderte Unabhängigkeit der Institution Unternehmenstest entstehen können.

Unternehmenstests sollten eine dauerhafte Ergebnisfortschreibung sicherstellen

Vor diesem Hintergrund erscheint derzeitig das allein auf marktwirtschaftlicher Verwertungsstrategie basierende Modell des privaten Informationsproduzenten zu risikoreich. Es ist anzuzweifeln, daß der Idealfall einer genügend großen Nachfrage nach unternehmensbezogenen sozial-ökologischen Informationen eintritt, verbunden mit der Bereitschaft, einen entsprechenden Preis dafür zu zahlen, mit dem die erforderlichen Deckungsbeiträge erzielt werden könnten (Tschandl 1994, S. 204). Die staatliche Finanzierung – wie sie bei den beiden anderen Modellen möglich erscheint – wäre auch hier zumindest im Sinne einer Anschubfinanzierung für die erste Entwicklungsphase von Vorteil. Im weiteren Bestehen einer solchen Institution – sei es als Kooperationsmodell oder als staatliche Stiftung – könnte eine eigene Teilfinanzierung durch den Verkauf von Informationsbroschüren oder Beratungsleistungen ermöglicht werden.

Glaubwürdigkeit der Information

Im Zusammenhang mit der geforderten Unabhängigkeit des Trägers wurde bereits auf die Wichtigkeit der Glaubwürdigkeit der Informationen bei den Adressaten hingewiesen. Aufgrund der hohen Brisanz der Informationen aus einem Unternehmenstest sowohl für die Nutzer als auch für die betroffenen Unternehmen, entscheidet die Glaubwürdigkeit dieses Informationsinstruments mit über dessen gesellschaftspolitischen Stellenwert.

Glaubwürdigkeit muß durch sorgfältige und kontinuierliche Arbeit erworben werden

Das privatwirtschaftliche Organisationsmodell liegt hier eher im Nachteil gegenüber den beiden anderen Institutionalisierungsformen, da aufgrund seiner stärkeren Marktabhängigkeit mit Glaubwürdigkeitsproblemen beim Zielpublikum gerechnet werden muß (s.o.). Zudem ist es für einen privatwirtschaftlichen Träger zu Beginn nicht möglich, auf seinen guten Ruf durch zielgruppenorientiertes Handeln in der Vergangenheit zu verweisen.[52] Glaubwürdigkeit, die auf besonderen Leistungen, Ernsthaftigkeit der Untersuchungen oder Objektivität der angewandten Methoden beruht, kann erst mit dem längerfristigen Bestehen eines Unternehmenstests erworben werden. Allerdings könnten sowohl eine staatliche Trägerschaft und noch mehr das Kooperationsmodell mit einem Glaubwürdigkeitsvorteil rechnen.

Partizipation

Soweit – wie im Falle eines Unternehmenstests – sozial-ökologische Informationen von dritter Seite erhoben und distribuiert werden, stellt sich die Frage nach der Einbeziehung der betroffenen Unternehmen als Testobjekte. Eine Dialogorientierung des Konzepts „Unternehmenstest" und damit eine Partizipation der Betroffenen wird gerade angesichts der geschilderten Legitimationsprobleme als unbedingt notwendig erachtet. Auf Unternehmen angewendet hat diese Dialogforderung eine normative und eine strategische Komponente. Aus normativer Sicht werden Verfahren gefordert, die einen fairen Erhebungsprozeß auf der Basis eines Kontextverständnisses unternehmerischen Handelns ermöglichen. Dazu sind eine Zweiweg-Kommunikation mit den Betroffenen und die Einräumung von Vorschlagsrechten wünschenswert. Ziel des Dialogs ist eine Konsensfindung, vor allem über den Prozeß der Bewertung. In strategischer Hinsicht ist die Anwendung des Dialogprinzips für die notwendige Informationsbeschaffung von Bedeutung. Dialoge im Unternehmenstest sollten mit den bewerteten Unternehmen und auch übergreifend mit Verbänden geführt werden.

Eine Einbeziehung der Betroffenen ist notwendig

Es ist zu vermuten, daß im Konzept einer staatlichen Trägerschaft am ehesten das Partizipationsgebot verwirklicht werden kann. Im Rahmen einer privaten Trägerschaft dürfte der notwendige Weg auf dem schmalen Pfad zwischen *angemessener Partizipation* und *nicht-transparenter Beeinflussung* durch die Unternehmen große Schwierigkeiten bereiten. Auch im Rahmen einer kooperativen Trägerschaft dürfte dieser Balanceakt schwerfallen. Allerdings zeigen die Erfahrungen bei der Durchführung des ersten sozial-ökologischen Unternehmenstests in einer Trägerschaft, die dem Kooperationsmodell entspricht, daß es auch in diesem Modell möglich ist, Dialogformen und Partizipationsmöglichkeiten erfolgreich anzuwenden. Auch aus Sicht der in einem Kooperationsmodell mitwirkenden gesellschaftlichen Organisationen könnten sozial-ökologische Unternehmenstests Anlaß sein, um mit den Unternehmen von der Intention her verständigungsorientiert über sozial-ökologische Themen zu diskutieren (Schoenheit 1996, S. 200).

Aus einer anderen Sichtweise könnte aber auch das Problem bestehen, daß Unternehmen von vornherein nicht zu einer Mitarbeit bereit sind. In diesem Fall sind die Möglichkeiten einer Einflußnahme auf die Partizipationsbereitschaft der Unternehmen bei allen drei Institutionalisierungsvarianten – insbesondere allerdings bei der privatwirtschaftlichen Alternative – als gering anzusehen (Tschandl 1994, S. 200ff).

Transparenz

Die Forderung nach Informationstransparenz bezieht sich auf die Durchschaubarkeit des Entstehungszusammenhangs und auf die Erhältlichkeit der Informationen. Damit ist sie eng verbunden mit den Postulaten der Glaubwürdigkeit und der Benutzerfreundlichkeit und hat essentiellen Einfluß auf die Akzeptanz von sozial-ökologischen Unternehmenstests.

Hierbei sind wiederum bei einer privatwirtschaftlichen Trägerschaft des Unternehmenstests Probleme zu erwarten. Wenn das Instrument des Unternehmenstests dem Mechanismus des Marktes überlassen und damit verschiedenen Testinstitutionen und -alternativen mit u.U. verschiedenen Ergebnissen Raum gegeben wird, besteht die Gefahr einer Informationsüberflutung und -verunsicherung der privaten Nutzer. In bezug auf die Alternative einer kooperativen Trägerschaft besteht die Gefahr, daß Informationen durch Interessenverbände nicht unbedingt neutral weitergegeben, sondern von ihnen genutzt werden, um von sich und ihren Zielen ein positives Ziel in der Öffentlichkeit zu schaffen (Moll 1986, S. 97). Um so mehr ist hier Transparenz über die Vorgänge der Informationserhebung und -bewertung erforderlich.

Diese kurze Diskussion einzelner zentraler Anforderungen an die Institutionalisierung des Unternehmenstests lassen zusammenfassend den Schluß zu, daß bei allen Alternativen einer Trägerschaft mit prinzipiellen Vor- und Nachteilen gerechnet werden muß.

3. Das Konzept: Der sozial-ökologische Unternehmenstest

Allerdings erscheint die privatwirtschaftliche Variante mit entscheidenden Risiken behaftet, so daß die Wahl zwischen der staatlichen und der kooperativen Trägerschaft erfolgen sollte. Ein *tragfähiger Kompromiß* könnte hier sicherlich die Organisation als kooperatives Modell von Gruppen und Verbänden sein, das allerdings insbesondere im Interesse des Informationszugangs und seiner Dauerhaftigkeit mit staatlicher ideeller und materieller Unterstützung vorangetrieben werden müßte. Eine Anlehnung an das Institutionalisierungs- und Arbeitsmodell der *Stiftung Warentest* wäre hier möglich, wie insgesamt die Stiftung Warentest durchaus in der Lage sein könnte, durch eine neue und zeitgemäße Fassung des Verbraucherbegriffs und der Deutung dessen, was Konsum heute ausmacht, vergleichende sozial-ökologische Unternehmensbewertungen in ihr Informationsangebot zu integrieren.

Unternehmenstests im Kooperationsmodell oder in staatlicher Trägerschaft

Zusammenfassung

In Abwägung aller Vor- und Nachteile der drei hier vorgestellten *grundsätzlichen Formen der Legitimation* (normativ-deduktiv, empirisch-induktiv, Verfahrensqualitäten) ist zu vermuten, daß die nicht unerheblichen Legitimations- und Bewertungsprobleme von sozial-ökologischen Unternehmenstests am ehesten zu bewältigen sein werden, wenn Elemente aller drei Ansätze berücksichtigt werden. Vor allem jedoch werden akzeptierte und transparente Verfahren der Entscheidungsfindung zu installieren sein. Die Legitimation durch Einhaltung bestimmter Verfahrensqualitäten ist vor allem für die jeweils

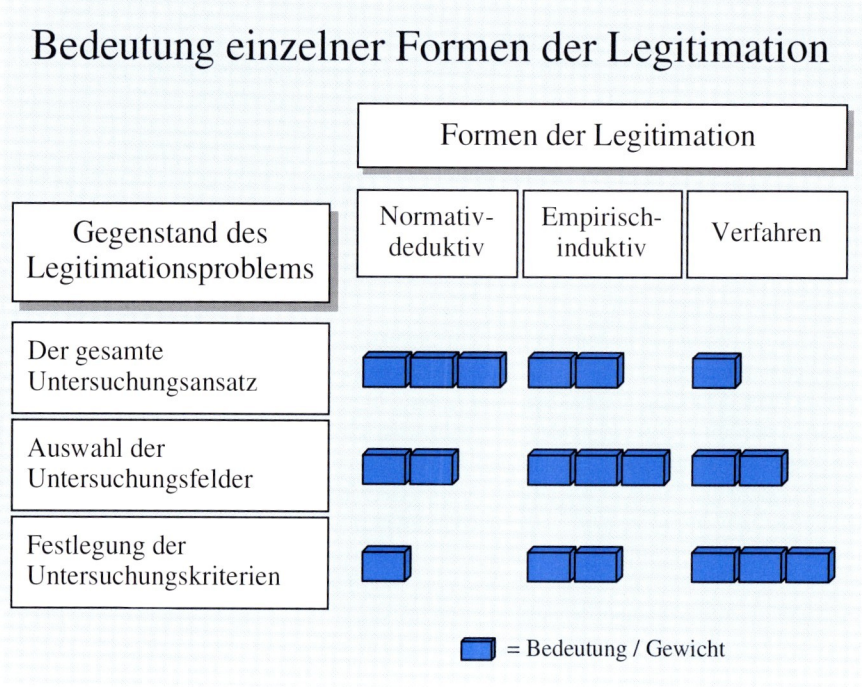

Abb. 23: Bedeutung einzelner Formen der Legitimation

konkrete Festlegung der Untersuchungskriterien von zentraler Bedeutung (vgl. Abb. 23). Da eine solche Verfahrenslegitimation letztlich inhaltlich „neutral" und selbst häufig nur Ausdruck herrschender Machtverhältnisse ist (Habermas 1971, S. 242f), werden fallweise auch die anderen oben angesprochenen Modelle mit zur Anwendung kommen und auf eine normative Grundausrichtung wird ebensowenig verzichtet werden können wie auf eine empirische Absicherung des unterstellten Informationsbedarfs (vgl. Abb. 22). Es ist jedoch zu vermuten, daß die erheblichen Probleme der Legitimation des sozial-ökologischen Unternehmenstests vor allem durch die Transparenz der gesamten Arbeitsweise und einen grundsätzlichen Arbeitsansatz aufgefangen werden können, der als „Ethik der Partizipation" umschrieben werden kann. Sie bietet für die gesellschaftspolitische Verankerung dieses Arbeitsansatzes zugleich ein hervorragendes Chancenpotential.

Alle drei Legitimationsansätze müssen berücksichtigt werden

3.2.2 Tatsächliche Bedeutung der Legitimation von sozial-ökologischen Unternehmenstests

Wenn die durchgeführten Projekte einer externen sozial-ökologischen Unternehmensbewertung unter der Fragestellung untersucht werden, welche spezifischen Aktivitäten zur Legitimierung verwendet wurden, dann muß zunächst einmal zwischen expliziten und impliziten Aktivitäten unterschieden werden. Bezieht man sich ausschließlich auf die publizierten Projektergebnisse und die im Umfeld der jeweiligen Projekte vorgetragenen Konzeptionsüberlegungen und Berichte (Hansen, Lübke, Schoenheit 1992), dann kann ein explizites Eingehen auf die Legitimationsproblematik lediglich im Projekt des sozial-ökologischen Unternehmenstests des imug gefunden werden. Aber auch implizite legitimatorische Aktivitäten sind bisher kaum anzutreffen. Wenn die hier nachdrücklich betonten Notwendigkeiten zur Legitimation in der Praxis bisher nicht als so dringlich gesehen werden, dann kann dies auf zwei Hauptgründe zurückgeführt werden:

Kaum systematische Legitimationsanstrengungen in der Praxis

Zum einen könnte es daran liegen, daß die durchgeführten Projekte in ihrer gesellschaftspolitischen Wirkung und damit Bedeutung (noch) randständig sind. Der Einfluß der Veröffentlichungen auf die öffentliche Debatte über verantwortliches Unternehmensverhalten könnte noch zu gering sein, als daß aufgrund der Wirksamkeit, was eine identische Formulierung für die einen Legitimationsbedarf auslösende „Folgen" für Dritte ist, hier ein Bedarf entsteht. Unter diesen Bedingungen einer nur angekündigten Wirksamkeit können externe sozial-ökologische Unternehmensbewertungen – so die zusammenfassende Vermutung – noch unter der Flagge eines „Anything goes" ihre Informationen verbreiten. Diese Situation kann sich sofort verändern, wenn sich der gesellschaftliche Einfluß der externen sozial-ökologischen Unternehmensbewertungen erhöht oder durch die spezifische Form der Institutionalisierung der Untersuchungsarbeit eine größere Autorität mit der Arbeit verbunden wird. Je spürbarer für einzelne Unternehmen Wirkungen von den Veröffentlichungen der sozial-ökologischen Unternehmensbewertungen ausgehen, desto deutlicher wird die Legitimation solcher Veröffentlichungen auf dem Prüfstand stehen.

Als zweiter Grund für die Vernachlässigung des Legitimationsproblems in den meisten Projekten kann ihre z.T. fehlende sozialwissenschaftliche Fundierung und Überprüfung angeführt werden. Die Einbeziehung wissenschaftlichen Know-hows bezieht sich in den allermeisten Fällen auf ein instrumentelles Wissen, z.B. bei der Beurteilung bestimmter Sachverhalte der Unternehmenspolitik. Eine gesellschaftspolitische und/oder wirtschaftsethische Begründung und *Selbstreflexion der Projektarbeit* ist eher die Ausnahme (z.B. Moll 1986; Tschandl 1994; Hansen, Lübke, Schoenheit 1992). Auch hier kann vermutet werden, daß sich das im Zuge der weiteren Institutionalisierung von Unternehmenstests zugunsten vermehrter Anstrengungen der Legitimation verändern wird.

3.3 Methodische Aspekte des sozial-ökologischen Unternehmenstests

Nachdem in den vorherigen Abschnitten das Instrument des sozial-ökologischen Unternehmenstests vorgestellt wurde und die grundlegenden Fragen der Legitimation diskutiert wurden, sollen jetzt die methodischen Aspekte von sozial-ökologischen Unternehmenstests problemorientiert entfaltet und Lösungsansätze vorgestellt werden.

Hierbei geht es im ersten Abschnitt um die Bestimmung und Auswahl der *Untersuchungsobjekte*, während im zweiten Abschnitt die Fragen der *Messung* im Vordergrund stehen. Im dritten Abschnitt werden schließlich Fragen der *Informationsbeschaffung* diskutiert.

3.3.1 Bestimmung der Untersuchungsobjekte

Vergleichende sozial-ökologische Unternehmenstests untersuchen definitionsgemäß *Wirtschaftsunternehmen*. In einer erweiterten Definition könnten zwar alle am Wirtschaftsgeschehen Beteiligten zum Untersuchungsobjekt eines sozial-ökologischen Tests gemacht werden – die entsprechende Überprüfung bspw. von Behörden, Forschungseinrichtungen oder auch privaten Haushalten[53] wird im Rahmen dieser Ausführungen aber nicht weiter verfolgt.

Unter der übergeordneten Zielsetzung der verbesserten Transparenz über das sozial-ökologische Handeln in einer Marktwirtschaft kann das Vorhandensein relevanter Informationen oder gar einer sozial-ökologischen Bewertung von allen Wirtschaftsunternehmen als pauschal wünschenswert gelten. In der Praxis impliziert jedoch die Durchführung entsprechender Untersuchungen unter der Grundannahme begrenzter Ressourcen immer auch die Notwendigkeit einer Auswahl von Untersuchungsobjekten aus der Grundgesamtheit aller Wirtschaftsunternehmen. Neben einer Reduktion des Arbeitsaufwandes gibt es aber auch weitere Bestimmungsgrößen, die eine Beschränkung auf die Untersuchung einer Teilmenge aller Wirtschaftsunternehmen nahelegen.

Notwendigkeit der Auswahl von Untersuchungsobjekten

Die *Auswahl der Untersuchungsobjekte* wurde bereits an anderer Stelle (vgl. S. 73ff in diesem Buch) als eine von drei Dimensionen genannt, die unterschiedliche Variationen von sozial-ökologischen Unternehmenstests begründen – neben den *Untersuchungsinhalten* und den *Verwendungsformen* der Untersuchungsergebnisse.

Diese Dimensionen – als die einen sozial-ökologischen Unternehmenstest konstituierenden Rahmen – lassen sich nicht isoliert betrachten und sind auch als wichtige gegenseitige Einflußgrößen zu sehen (vgl. Abb. 24).

Da ein vergleichender Unternehmenstest die untersuchten Unternehmen relativ zu allen anderen Unternehmen der Untersuchungsgesamtheit betrachtet und bewertet, ist es nicht zuletzt aufgrund methodischer Überlegungen sinnvoll, eine in den Merkmalen möglichst *homogene Untersuchungsgesamtheit* auszuwählen. So enthält die Dimension „Untersuchungsinhalte" auch die implizite Annahme einer Vergleichbarkeit der Untersuchungsmethodik und somit auch der Untersuchungsergebnisse.

Ferner wurden als mögliche Verwender eines vergleichenden sozial-ökologischen Unternehmenstests die Verbraucher, Arbeitnehmer oder auch Anleger genannt. Die Dimension „Verwendungsformen" bezieht sich daher auf die *Ziele und Zielgruppen* der Untersuchung und somit auf die Verwendbarkeit der Ergebnisse zu den untersuchten Unternehmen.

Die Fragen „Was wird untersucht?" und „Wer nutzt die Ergebnisse?" beeinflussen somit direkt auch die Auswahl der Untersuchungsobjekte.

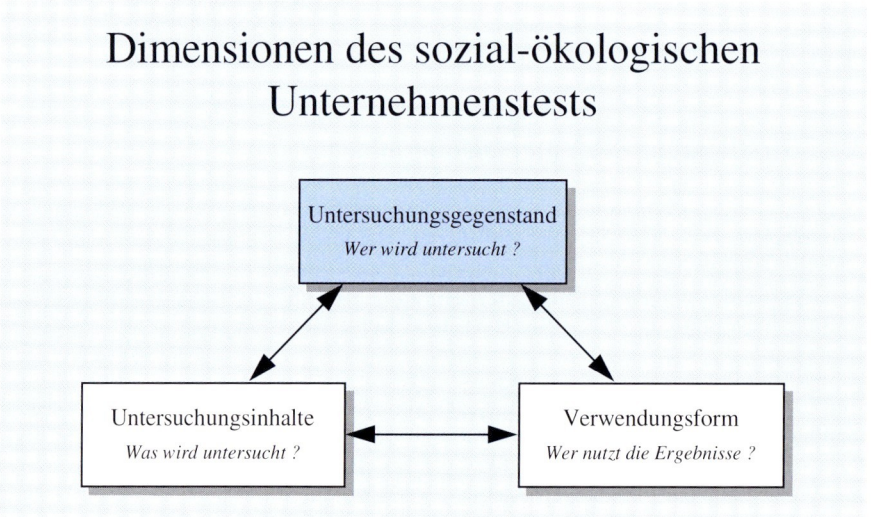

Abb. 24: *Dimensionen des sozial-ökologischen Unternehmenstests*

Auswahlkriterien

Im folgenden werden verschiedene praktikable Kriterien zur Auswahl der Untersuchungsobjekte in sozial-ökologischen Unternehmenstests erläutert und diskutiert. Die Kriterien beziehen sich z.T. aufeinander und sind in der Anwendung kombinierbar:

- Auswahl nach regionalen Kriterien
- Marktbezogene Auswahl
- Auswahl nach der Marktbedeutung
- Auswahl nach der Unternehmensgröße
- Auswahl nach der Rechtsform
- Auswahl nach der Maximierung des Zielerreichungsgrades

Auswahl nach regionalen Kriterien

In einer Auswahl nach regionalen Kriterien konzentriert sich die Untersuchung auf Unternehmen mit gleichen regionalen Merkmalen. Ein naheliegendes und das in der Praxis bisher am häufigsten angewandte Auswahlkriterium ist die Durchführung der Untersuchung im nationalen Maßstab, denkbar sind jedoch auch andere Formen regionaler Differenzierung.

> **Marktpräsenz und Herkunft eines Unternehmens sind zu unterscheiden**

Zu unterscheiden ist hier allerdings zwischen der *Herkunft* der untersuchten Unternehmen (z.B. alle deutschen Unternehmen) und der *Marktpräsenz* der untersuchten Unternehmen (z.B. alle auf dem deutschen Markt tätigen Unternehmen). Die Merkmale sind nicht zwangsläufig deckungsgleich, was insbesondere in der zunehmenden Internationalisierung und Verflechtung vieler Wirtschaftsbereiche begründet ist.

So ist bei marktbezogenen Untersuchungen (s.u.) eine Einbeziehung auch derjenigen Unternehmen, die nicht aufgrund ihrer Herkunft, sondern aufgrund ihrer Marktpräsenz unter das regionale Raster der Untersuchung fallen, dringend geboten. Dies kann wiederum Auswirkungen auf die Untersuchungsinhalte haben. Hier ist zu fragen, ob das Unternehmensverhalten entsprechend der vorgenommenen regionalen Eingrenzung oder aber insgesamt untersucht werden soll. Eine nur nationale Betrachtung, gerade wenn es sich um multinationale Unternehmen handelt, die in zahlreichen Ländern aktiv sind, steht immer in der Gefahr, deren internationaler Rolle nicht gerecht zu werden. Nicht zuletzt hierin begründet sich die Notwendigkeit der Entwicklung und Durchführung *länderübergreifender Unternehmenstests,* auch wenn diese mit neuen Herausforderungen insbesondere im Bereich der Datenbeschaffung und der -bewertung konfrontiert sein werden.

Eine Auswahl nach regionalen Kriterien ist ferner immer auch in bezug auf die geplante Verwendung eines Unternehmenstests zu prüfen. Ist die künftige Verbreitung und Nutzung der Untersuchungsergebnisse regional einzugrenzen, wird sich eine entsprechende Regionalisierung auch bei der Auswahl der Untersuchungsobjekte anbieten.

Marktbezogene Auswahl

Das Kriterium der marktbezogenen Auswahl stellt die Zugehörigkeit eines Unternehmens zu einem bestimmten Markt bzw. einer bestimmten Branche in den Mittelpunkt. Insbesondere im Hinblick auf die Homogenität der Untersuchungsgesamtheit und die damit verbundene Vergleichbarkeit der Untersuchungsergebnisse, aber auch in bezug auf die Verwendung der Ergebnisse ist die marktbezogene Auswahl eines der wichtigsten zur Verfügung stehenden Auswahlkriterien. Gerade auch für verbraucherorientierte Unternehmenstests ist eine marktbezogene Eingrenzung der Untersuchungsobjekte eine wichtige Voraussetzung zur effektiven Verwendung der Untersuchungsergebnisse. Nur wenn Informationen auch zu alternativen Anbietern eines gesuchten Produkttyps vorhanden sind, kann eine sinnvolle Kaufentscheidung anhand sozial-ökologischer Kriterien erfolgen.

> **Marktbezogene Auswahl ist eine der wichtigsten Vorgehensweisen**

Das Auswahlkriterium „Marktbezug" beinhaltet allerdings die Schwierigkeit der korrekten *Abgrenzung* des jeweiligen Marktes bzw. der jeweiligen Branche. Ein Unternehmenstest kann sich zu diesem Zweck jedoch einer Vielzahl vorhandener Ansätze der Branchenanalyse und der Marktabgrenzung bedienen.[54] Bei der marktbezogenen Auswahl der Untersuchungsobjekte müssen zudem die *unternehmenstestspezifischen Anforderungen* an die durchzuführende Marktabgrenzung beachtet werden (Wilhelm 1993, S. 22). Dazu gehört insbesondere eine sorgfältige Einteilung und Beschreibung des Branchenangebots, da die Identifikation und Zuordnung von Unternehmen insbesondere seitens der Verbraucher über die am Markt angebotenen Produkte erfolgt und auch Kaufalternativen innerhalb der definierten Produktgruppen zu finden sein müssen. Dies impliziert auch die Verwendung der den Verbrauchern geläufigen Einteilungen und Bezeichnungen.

Die Vorteile einer marktbezogenen Auswahl sind zum einen für die Verwender des Unternehmenstests – insbesondere wenn es sich um die Zielgruppe Verbraucher handelt – Verständlichkeit, Vergleichbarkeit und Anwendbarkeit der Untersuchungsergebnisse. Ein weiterer wichtiger Aspekt ist die Möglichkeit, in den Untersuchungsinhalten auf die Besonderheiten einer Branche einzugehen und dadurch eine höhere Aussagekraft der Ergebnisse zu erreichen.

Auswahl nach der Marktbedeutung

Ist eine Entscheidung für eine Branche oder einen abgegrenzten Markt getroffen, kann aufgrund der hohen Zahl der Anbieter eine weitere Eingrenzung der Untersuchungsobjekte notwendig sein. Die Marktbedeutung der zu untersuchenden Unternehmen bietet sich als weiterführendes Auswahlkriterium deshalb an, weil hierdurch im Zuge einer „Top-down-Auswahl" mit geringem Aufwand (Untersuchung weniger Unternehmen) ein hoher Effekt (größtmögliche Marktabdeckung) erzielt werden kann.

Eine optimale Kennziffer für eine Auswahl anhand der Marktbedeutung ist der *Marktanteil*; ersatzweise können aber auch Verwendungshäufigkeiten oder der Bekanntheitsgrad herangezogen werden. Diese Kennziffern sind i.d.R. produktbezogen. In Abhängigkeit vom Umfang des untersuchten Marktes, den Produktpaletten der zu untersuchenden Unternehmen, aber auch vom Maß der Produktbezogenheit der Darstellung der Untersuchungsergebnisse lassen sich marktführende Unternehmen identifizieren. Zu differenzieren ist allerdings zwischen der Marktbedeutung einzelner Produkte und der Marktbedeutung des gesamten Unternehmens.

Marktanteil als optimale Kennziffer für Marktbedeutung

Die Anwendung dieses Kriteriums ist insgesamt recht aufwendig. Schwierigkeiten bestehen insbesondere im Bereich der Informationsbeschaffung, da Daten über Marktanteile o.ä. nicht durchgängig zur Verfügung stehen.

Eine weitere – prinzipielle – Problematik der Auswahl nach Marktbedeutung, insbesondere im Zuge einer Top-down-Auswahl, kann an dieser Stelle nur angedeutet werden: Mit der Beschränkung der Untersuchung auf die größeren, bekannteren Unternehmen einer Branche geht immer auch eine (bewußte) Vernachlässigung weniger bedeutsamer Marktteilnehmer einher. Inwieweit dieses Auswahlverfahren gerade in bezug auf die Gruppe der im sozial-ökologischen Bereich innovativen Klein- und Mittelunternehmen den eigentlichen Zielen des Unternehmenstests entgegensteht, ist zumindest zu diskutieren.

Auswahl nach Unternehmensgrößen

Ein relativ einfach zu handhabendes Auswahlkriterium ist die Unternehmensgröße. Diese läßt sich am einfachsten über charakteristische betriebliche Kennzahlen messen (die gebräuchlichste ist der Jahresumsatz). Anhand dieser Kennziffer lassen sich zum einen Unternehmen gleicher Größenklassen zu einer Untersuchungsgesamtheit zusammenfassen (z.B. Untersuchung der 50 größten Industrieunternehmen eines Landes oder Untersuchung aller mittelständischen Unternehmen einer Region).

Unternehmensgröße ist ein einfaches Auswahlkriterium

Zum anderen ist das Kriterium der Unternehmensgröße im Zuge einer bereits o.g. Top-down-Auswahl innerhalb eines abgegrenzten Marktes ein – durch die hohe Verfügbarkeit der entsprechenden Daten – *praktikabler Ersatz* für das weitaus komplexere Kriterium der Marktbedeutung. Unter der Annahme einer Korrelation von Umsatzhöhe und Marktanteil können mit Hilfe dieses Auswahlkriteriums annähernd gute Ergebnisse erzielt werden.

Vergleichbare Unternehmensgrößen innerhalb der Gruppe der zu untersuchenden Unternehmen sind auch methodisch vorteilhaft. Die Vergleichbarkeit unternehmerischer Leistungen – in diesem Fall in sozial-ökologischen Handlungsfeldern – ist um so fraglicher, je signifikanter die Unterschiede in den Unternehmensgrößen sind.

Auswahl nach der Rechtsform

Das Auswahlkriterium der Rechtsform von Unternehmen ist zum einen im Falle der Verwendung der Ergebnisse eines Unternehmenstests durch die spezielle Zielgruppe der *Geldanleger* interessant. Dies ist dadurch bedingt, daß die Möglichkeiten einer finanziellen Beteiligung an Unternehmen in erster Linie von der Rechtsform abhängig sind. Neben einer direkten Beteiligung ist dies in den meisten Fällen nur über den Erwerb öffentlich erhältlicher Anteile, wie z.B. Aktien, möglich. Folgerichtig und beispielhaft wäre hier eine Eingrenzung der Untersuchung auf Aktiengesellschaften.[55]

Rechtsform ist insbesondere für die Geldanleger von Bedeutung

Die Rechtsverhältnisse von Unternehmen spielen aber auch im komplexen Bereich der *Unternehmensverflechtungen* eine große Rolle. So ist zu fragen, ob rechtlich selbständige Unternehmen unabhängig von ggf. existenten Muttergesellschaften auf ihre Wahrnehmung sozial-ökologischer Verantwortung untersucht werden sollen oder ob Unternehmensverantwortung ggf. auf Konzernebene definiert und untersucht wird. Rechtsverhältnisse sagen in der Praxis oftmals nichts über Selbständigkeit oder Handlungsfreiheiten einzelner Unternehmen bzw. „Konzernteile" aus.

Hier gleiche Maßstäbe anzusetzen, ist in jedem Fall auch methodisch geboten. Der Vorteil der Untersuchung und Bewertung einzelner Konzern-Unternehmen ist die höhere Genauigkeit und Aussagekraft der Ergebnisse sowie die bessere Vergleichbarkeit mit Einzelunternehmen ohne Konzernzugehörigkeit.

Auch wenn die Untersuchung verantwortlichen Verhaltens auf Konzernebene der Forderung nach der Fokussierung auf die tatsächlich Verantwortlichen nachgibt, sind dieser Vorgehensweise Grenzen gesetzt – wegen der o.g. methodischen Erwägungen und nicht zuletzt auch wegen der unter „Auswahl nach regionalen Kriterien" genannten neuen Herausforderungen bei der Untersuchung multinationaler Unternehmen.

Auswahl nach der „Maximierung des Zielerreichungsgrades"

Eine weiterführende Herangehensweise zur Auswahl der Untersuchungsobjekte läßt sich aus der Berücksichtigung der Funktionen des Unternehmenstests für die unmittelbaren Adressaten, für die bewerteten Unternehmen und für Markt und Gesellschaft ableiten (vgl. S. 75ff in diesem Buch). In Betrachtung dieser Funktionen des Unternehmenstests läßt sich die Forderung nach einer Maximierung ihres jeweiligen Zielerreichungsgrades formulieren. Aus diesem Blickwinkel können folgende Auswahlkriterien formuliert werden:

- Adressaten: *Maximierung der Informationsgrundlagen*
  Wo sind die Informationsdefizite der Nutzer der Untersuchungsergebnisse am höchsten? Wie kann der Informationsbedarf bspw. der Konsumenten am effektivsten gedeckt werden? Mit einer gezielten Auswahl derjenigen Untersuchungsobjekte, deren Verhalten z.B. bei Verbrauchern auf das größte Informationsinteresse stößt, kann der Unternehmenstest seine Funktion für die Adressaten am wirkungsvollsten erfüllen.

- Unternehmen: *Maximierung des Anreizmechanismus für sozial-ökologisches Unternehmensverhalten*
  In welchen Branchen ist der Grad der realisierten Verantwortungsübernahme am geringsten? Durch gezielte Auswahl und Untersuchung von „verantwortungslosen" Branchen, d.h. Branchen mit einer überdurchschnittlich hohen Anzahl sozial-ökologisch wenig aktiver Unternehmen, und durch anschließende Publikation dieser Informationen können – relativ gesehen – maximale Verhaltensänderungen angeregt werden.

- Markt und Gesellschaft: *Maximierung der Ausdehnung des Wettbewerbs auf sozial-ökologisches Unternehmenshandeln*
  In welchen Bereichen wirtschaftlichen Handelns und gesellschaftlicher Verantwortung läßt sich mittels eines Unternehmenstests der Wettbewerb zwischen Unternehmen am wirkungsvollsten stimulieren? Auf die Auswahl von Untersuchungsobjekten bezogen heißt das bspw.: Auf welchen Märkten können einzelne Aspekte sozial-ökologischen Verhaltens am ehesten zum Wettbewerbsargument werden? Beispielhaft kann die hohe Wichtigkeit genannt werden, die Konsumenten Informationen zum Verzicht auf Tierversuche durch Unternehmen beimessen. In einer Branche wie bspw. der Körperpflegemittelindustrie sind die Ergebnisse zu diesem Untersuchungsfeld eines Unternehmenstests durchaus als wettbewerbsrelevant anzusehen.

Um die Auswahlkriterien zur Maximierung von Zielerreichungsgraden ableiten zu können, sind entsprechende *empirische Daten* erforderlich. Diese sind nicht immer oder nur teilweise vorhanden. Die „Maximierung des Anreizmechanismus für sozial-ökologisches Unternehmensverhalten" oder die „Maximierung der Ausdehnung des Wettbewerbs auf sozial-ökologisches Unternehmenshandeln" sind auch als übergeordnete Motive nicht unmittelbar handlungsanleitend. Insbesondere aber die „Maximierung der Informationsgrundlagen" für die Adressaten ist ein wichtiges und relevantes Auswahlkriterium. Schon bei der Planung von sozial-ökologischen Unternehmenstests werden bereits Überlegungen vorhanden sein, für welche Zielgruppe die Untersuchungsergebnisse gedacht sind und wie deren spezielle Informationsbedarfe berücksichtigt werden müssen.

Die Anwendung der beschriebenen Kriterien zur Auswahl von Untersuchungsobjekten in der Konzeption von Unternehmenstests bedarf einer Reihe von Entscheidungen. In der komplexen Abstimmung mit den Unternehmenstest-Dimensionen „Untersuchungsinhalte" und „Verwendungsformen" wird die *Kombination* der genannten Auswahlkriterien unter Beachtung der jeweiligen Zielstellungen, aber auch der Randbedingungen der Untersuchung erfolgen müssen.

Zur letztendlichen Bestimmung der Gruppe der zu untersuchenden Unternehmen fehlt nach Berücksichtigung und Einbezug der gewünschten Auswahlkriterien ein letzter Schritt: Im Idealfall ist eine Untersuchung aller Unternehmen einer Grundgesamtheit durchführbar, die sich durch gemeinsame Merkmale im Sinne der obigen Auswahlkriterien auszeichnet. Die Möglichkeit einer solchen *Vollerhebung* im vorgegebenen Rahmen ist jedoch unmittelbar abhängig von den zur Verfügung stehenden Arbeitskapazitäten. Eine Vollerhebung bspw. in der deutschen Nahrungs- und Genußmittelindustrie ist bei 4.600 Unternehmen praktisch nicht durchführbar. In anderen, kleineren Branchen oder im Falle bereits stark eingrenzender Kombinationen von Auswahlkriterien sind Vollerhebungen durchaus möglich.

Vollerhebung nur selten möglich

Ein Weg zur weiteren Eingrenzung aller Unternehmen einer Grundgesamtheit, die sich durch gemeinsame Merkmale im Sinne der obigen Auswahlkriterien auszeichnet, stellt die *Teilerhebung* dar. Hier bieten sich methodische Hilfestellungen aus der Marktforschung an, bspw. die Aufteilung in „zufallsgesteuerte Auswahlverfahren" und „nicht zufallsgesteuerte Auswahlverfahren" (Nieschlag, Dichtl, Hörschgen 1991, S. 683ff). Die „nicht zufallsgesteuerten Auswahlverfahren" lassen sich noch weiter unterteilen in „willkürliche" und „bewußte Verfahren", wie bspw. das für die Zwecke einer weiteren Eingrenzung der Untersuchungsobjekte in Unternehmenstests sehr praktikable Cut-off-Verfahren oder auch *Konzentrationsprinzip*. Beim Konzentrationsprinzip finden nur die wesentlichen Untersuchungseinheiten Berücksichtigung. Damit ist es möglich, die Zahl der Untersuchungseinheiten ohne entscheidende Informationsverluste hinsichtlich des Untersuchungsgegenstandes zu reduzieren.

Methoden der Marktforschung sind jedoch bei der Auswahl der zu untersuchenden Unternehmen nur bedingt hilfreich, verfolgen sie doch – zumindest im Falle der oben genannten – das Ziel der Repräsentativität. Diese ist aber nicht das Ziel eines Unternehmenstests. Es sollen keine übergreifenden Aussagen zur Grundgesamtheit gemacht werden können, bspw. zum Branchenverhalten, sondern explizit Informationen zum sozial-ökologischen Verhalten einzelner Unternehmen erhoben werden. Gerade die *Unterschiede* im Verhalten innerhalb der untersuchten Gruppe sollen ja herausgearbeitet werden und nicht die Gemeinsamkeiten. Daß natürlich dennoch immer auch Aussagen zum Verhalten der Untersuchungsobjekte insgesamt gemacht werden können, wird beispielhaft auf S. 203ff dieses Buches gezeigt.

Methoden der Marktforschung sind nur bedingt hilfreich

Auswahl von Untersuchungsobjekten in der Praxis

In den bisher durchgeführten Unternehmenstests wird die Auswahl der Untersuchungsobjekte im übrigen deutlich pragmatisch gehandhabt. Die später folgende Übersicht zu realisierten Unternehmenstestprojekten (siehe S. 231 in diesem Buch) liefert hier einen detaillierten Überblick. Dabei lassen sich durchaus *Gemeinsamkeiten* bei der Auswahl von Untersuchungsobjekten in verbraucherorientierten Unternehmenstests feststellen: In der Regel werden in einem mit den vorhandenen Kapazitäten zu bewältigenden Maßstab Unternehmen der Konsumgüterindustrie in nationalem Maßstab untersucht. Zur jeweilig zugrundeliegenden *Methodik* der Auswahl von Untersuchungsobjekten liegen jedoch keine durchgängigen Informationen vor (vgl. S. 231ff in diesem Buch).

Ein etabliertes und weithin akzeptiertes Verfahren zur Auswahl von Testobjekten hat die *Stiftung Warentest* entwickelt. Das Vorgehen ist mittlerweile soweit standardisiert, daß einzelne Elemente sogar in einer eigenen Norm, der DIN 66054, festgeschrieben wurden. Am Anfang eines Warentests steht die Bestimmung des Konsumgüterbereichs, aus dem die Testobjekte ausgewählt werden.[56] Als Gründe für eine nachfolgende Beschränkung der Anzahl der Untersuchungsobjekte werden genannt: die Vielfalt der auf dem Markt angebotenen Modelle, die aus zeitlichen Gründen begrenzte Kapazität von Prüfinstituten und die Les- und Nutzbarkeit der Ergebnisse (Stiftung Warentest 1987, S. 33). Bei den meisten Warenarten liegt sowohl die Zahl der angebotenen Modelle als auch die Zahl der Anbieter über den Kapazitäten der Warentester. So werden Auswahlkriterien aufgestellt, die es ermöglichen, zu einer rational begründeten Marktauswahl von etwa 20 Erzeugnissen zu kommen. Klassische *Auswahlkriterien* der Stiftung Warentest neben der Marktbedeutung sind die Preisgruppe, gleiche oder zumindest ähnliche technische Merkmale und der Verwendungszweck; bei der Fabrikatwahl innerhalb des Segments die Distributionsbreite, innerhalb des Sortiments eines Anbieters schließlich die Absatzbedeutung. In den letzten Jahren wurde verstärkt auch nach Umweltverträglichkeit oder nach umweltbezogenen Inhaltsstoffen ausgewählt (Moritz 1992, S. 226).

Auch Warentester treffen eine Auswahl von Testobjekten

Die Auswahl von Testobjekten durch die Stiftung Warentest hat starke *wettbewerbliche Konsequenzen*, geht man davon aus, daß ein gutes Ergebnis im Test die Nachfrage mittlerweile ganz erheblich beeinflussen kann. Die Stiftung Warentest hat jedoch das Recht, nach eigenem vertretbaren und diskutablen Ermessen die Produkte für den Test auszuwählen. Vom Bundesgerichtshof wurde ihr ein angemessener Spielraum zugestanden, solange neutral, objektiv und sachkundig vorgegangen wird (BGH-Urteil vom 6.12.1975 – VI ZR 157/73).

Regeln zur Auswahl von Untersuchungsobjekten in sozial-ökologischen Unternehmenstests

Analog zur Arbeit der Stiftung Warentest kann auch die Auswahl von Untersuchungsobjekten in sozial-ökologischen Unternehmenstests wettbewerbliche Konsequenzen haben, vorausgesetzt die Ergebnisse von Unternehmenstests finden eine angemessene Verbreitung. Es kann davon ausgegangen werden, daß der sozial-ökologische Unternehmenstest ähnlich wie der Warentest das Recht in Anspruch nehmen kann,

Auswahl der Unternehmen hat wettbewerbliche Konsequenzen

nach eigenem vertretbaren und diskutablen Ermessen die Untersuchungsobjekte auszuwählen – solange neutral, objektiv und sachkundig vorgegangen wird.

Inwieweit jedes der oben beschriebenen Auswahlkriterien und Auswahlverfahren den Anforderungen des BGHs genügt, kann hier nicht im einzelnen überprüft werden. Möglich ist jedoch, auf der Grundlage der vorstehenden Ausführungen *praktikable und transparente Regeln* zur Auswahl von Untersuchungsobjekten bei der Durchführung von sozial-ökologischen Unternehmenstests in der Bundesrepublik zu formulieren:

- Erster Schritt bei der Auswahl der Untersuchungsobjekte ist die aus der Zielsetzung des Unternehmenstests abgeleitete *Definition der Verwender* der Untersuchungsergebnisse. Aus der Einschätzung des Informationsbedarfs dieser Verwender und durch Einbeziehung entsprechend artikulierter Informationswünsche lassen sich erste wertvolle Hinweise auf die zu untersuchende Gruppe von Unternehmen generieren.
- Unter Berücksichtigung von Untersuchungsmethodik und -inhalten empfiehlt sich die Auswahl einer möglichst homogenen Gruppe von Untersuchungsobjekten. Diesem Zweck genügt eine *markt- oder branchenbezogene* Auswahl. Die Festlegung auf eine bestimmte Branche oder einen bestimmten Branchenausschnitt ist aber nicht nur methodisch vorteilhaft, zusätzlich wird dadurch die Kommunikation mit den zu untersuchenden Unternehmen vereinfacht (u.a. durch die Möglichkeit der Einschaltung von Branchenverbänden), und wettbewerbsstrategische Überlegungen erhöhen u.U. die Mitwirkungsbereitschaft der Unternehmen. Letztendlich wird auch die Präsentation und Publikation der Untersuchungsergebnisse durch Beschränkung auf eine Branche attraktiver.
- Der nächste Schritt ist eine Anwendung *regionaler Kriterien*. Trotz Binnenmarkt und zunehmender Globalisierung erscheint aufgrund der Größe des bundesdeutschen Marktes eine nationale Eingrenzung i.d.R. sinnvoll. Der zunehmenden Internationalisierung von Unternehmen kann durch die Einbeziehung aller Marktanbieter, also auch ausländischer Anbieter, begegnet werden. Eine derartige regionale Eingrenzung schließt auch nicht die Übernahme und Nutzung von Ergebnissen entsprechender nationaler Unternehmenstests anderer Länder oder auch länderübergreifender Untersuchungen aus.
- Ist die Gruppe der zu untersuchenden Unternehmen nach den ersten drei genannten Schritten zur Auswahl der Untersuchungsobjekte aufgrund beschränkter Kapazitäten der untersuchenden Institution noch zu groß, sind *weitere Eingrenzungen* möglich.

Insbesondere für den Fall verbraucherorientierter Unternehmenstests ist eine weitere Auswahl der Unternehmen nach ihrer Marktbedeutung sinnvoll.

Das formulierte Ziel einer maximalen Marktabdeckung ist aber auch zu hinterfragen. Das beim Cut-Off-Verfahren praktizierte „Abschneiden" gerade kleinerer, am Markt nicht so durchsetzungsstarker Unternehmen verstärkt womöglich unbeabsichtigt *Konzentrationstendenzen* und kann die Entwicklung kleiner – u.U. überdurchschnittlich verantwortlich handelnder – Unternehmen behindern. Insbesondere in der aktuellen Umweltschutz-Diskussion werden die strukturellen Vorteile gerade regionaler Anbieter hervorgehoben.

Eine Lösung des beschriebenen Dilemmas liegt in einer öffentlich kommunizierten Zugangsmöglichkeit zum jeweiligen Unternehmenstest auch für kleinere Unternehmen. Zumindest eine freiwillige Teilnahme eines Unternehmens, das außer der Marktbedeutung alle Merkmale der ausgewählten Untersuchungsgesamtheit erfüllt, darf nicht ausgeschlossen werden.

Im weiteren ist eine Grundsatzentscheidung zur Behandlung von Konzernen mit einer Reihe von *Tochtergesellschaften* notwendig. Im Interesse einer höheren Genauigkeit und Aussagekraft der Ergebnisse sowie einer besseren Vergleichbarkeit innerhalb der Branche ist hier der Untersuchung und Bewertung der einzelnen Tochtergesellschaften der Vorzug zu geben.

❏ Eine letzte – übergeordnete – Anforderung an ein Auswahlverfahren zur Bestimmung der Untersuchungsobjekte ist die der *Transparenz*. Die Auswahl jedes einzelnen Unternehmens muß – in erster Linie für das getestete Unternehmen selbst – nachvollziehbar sein.

Neutralität, Objektivität und Sachkunde der den Unternehmenstest durchführenden Institution vorausgesetzt, wird ein derart gestaltetes Auswahlverfahren eine ähnliche Akzeptanz erwarten dürfen, wie sie heute gegenüber dem Verfahren der Stiftung Warentest bereits vorhanden ist.

3.3.2 Die Messung der sozial-ökologischen Qualität von Unternehmen

Eine der wichtigsten Aufgaben eines sozial-ökologischen Unternehmenstests ist die Beurteilung des Unternehmensverhaltens hinsichtlich ausgewählter Aspekte. Um eine intersubjektive Vergleichbarkeit der Bewertung von verschiedenen Unternehmungen im Rahmen eines Unternehmenstests zu ermöglichen, müssen bereits im Vorfeld der Datenerhebung Regeln formuliert werden, die die angestrebte Transformation der zu erhebenden Daten in normierte Skalenwerte ermöglichen. Damit sind die Problembereiche der Messung und hier insbesondere der Operationalisierung, Skalierung und Gewichtung von sozial-ökologischen Kriterien angesprochen, die in den folgenden Abschnitten erörtert werden.

Operationalisierung von sozial-ökologischen Kriterien

Soziale und ökologische Verhaltensweisen von Unternehmungen verweigern sich einer eindeutigen, eindimensionalen Bewertung. Bei den verschiedenen Kriterien, die zur Beurteilung der sozial-ökologischen Qualität von Unternehmen sinnvoll herangezogen werden müssen, handelt es sich statt dessen um *komplexe, vielschichtige Sachverhalte*, von denen jedes einzelne Kriterium ein umfangreiches Spektrum an Inhalten und Problemen repräsentiert, die es bei der Ermittlung eines numerischen Urteilswertes im Rahmen einer Unternehmensbeurteilung stets zu berücksichtigen gilt.

Sozial-ökologische Kriterien weisen einen hohen Abstraktionsgrad auf

Sozial-ökologische Kriterien bzw. Teilqualitäten weisen insofern einen hohen Abstraktheitsgrad auf und stellen im Sinne der empirischen Sozialforschung Konstrukte mit *indirektem empirischen Bezug* dar, die nicht unmittelbar gemessen werden können. Für die meßtheoretische Beurteilung der verschiedenen Kriterien, die ein „Kernstück" der Unternehmensbewertung darstellt, ergibt sich aus dieser Erkenntnis die Notwendigkeit zur *Operationalisierung* der Kriterien. Unter Operationalisierung kann dabei ganz allgemein der Prozeß der Zuordnung von direkt beobachtbaren Größen zu theoretischen Begriffen durch die Formulierung von Korrespondenzregeln verstanden werden (Neibecker 1992, S. 837).

Der Prozeß der Operationalisierung von Konstrukten im Rahmen der sozial-ökologischen Unternehmensbewertung läßt sich in *verschiedene Phasenabschnitte* zergliedern (Friedrichs 1985, S. 164; Kroeber-Riel 1992, S. 28), die in Abbildung 25 übersichtsartig dargestellt sind.

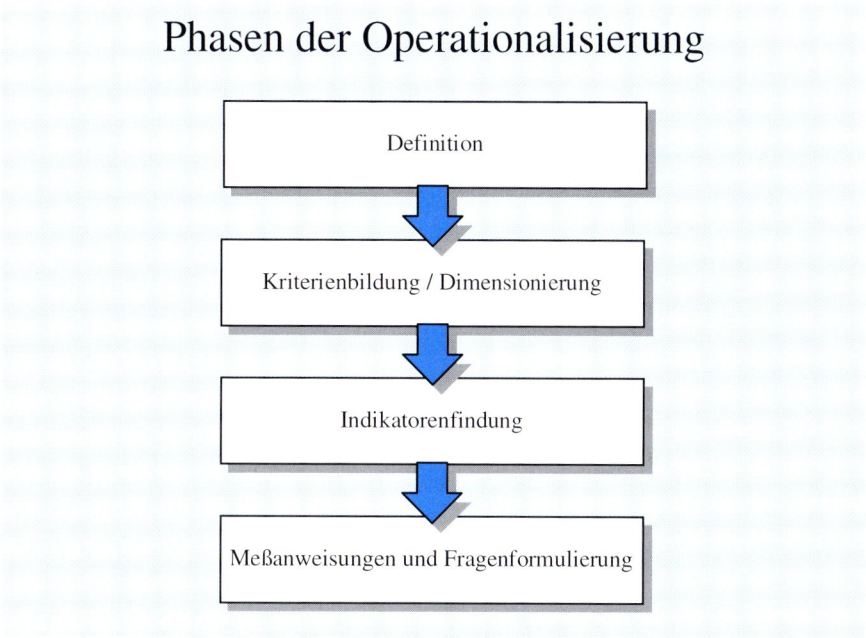

Abb. 25: Phasen der Operationalisierung

Die einzelnen Phasen sollen im folgenden näher erläutert werden. Anhand des Konstruktes „Umweltengagement" werden dabei in jeder Phase die theoretischen Ausführungen um ein konkretes Anwendungsbeispiel ergänzt.

Definition

Eine Vielzahl von Begriffen, die es im Vorfeld konkreter Messungen zu operationalisieren gilt, sind unklar oder können in verschiedener Bedeutung verwendet werden (Opp 1987, S. 56). Dieses gilt auch und in besonderer Weise für den Bereich des Unternehmenstests, wo einzelne Begriffe wie Umweltschutz, Arbeitnehmerinteressen etc. von gesellschaftlichen Interessengruppen z.T. sehr unterschiedlich interpretiert werden.

Um den sozialwissenschaftlichen Forderungen nach *Objektivität, Reliabilität und Validität* der Messung entsprechen zu können (Malhotra 1993, S. 306ff), bedarf es der Offenlegung des gewählten Begriffsverständnisses. Die untersuchten unklaren, bzw. auf verschiedene Weise interpretierbaren Begriffsbestandteile müssen in Gestalt einer *Definition* inhaltlich festgeschrieben werden, wobei es nicht um die Richtigkeit oder Falschheit der zugrunde gelegten Inhalte geht, sondern ausschließlich um deren *Zweckmäßigkeit oder Unzweckmäßigkeit*.[57] Mit der Formulierung einer eindeutigen Definition wird somit eine *intersubjektive Überprüfbarkeit* der erzielten Resultate ermöglicht, die die Grundlage zur Erfüllung der o.g. Gütekriterien darstellt. Für das Beispiel „Umweltengagement" muß zunächst der zugrunde zu legende Umweltbegriff aus einer Vielzahl möglicher Begriffsvarianten (Wicke 1991, S. 6) ausgewählt und definiert werden, etwa im Sinne der Umwelt als „Zustand von Luft, Wasser, Boden, Pflanzen- und Tierwelt". Desweiteren muß festgelegt werden, was im Forschungszusammenhang unter dem Begriff „Engagement" verstanden wird (z.B. der „Einsatz für eine Sache aus weltanschaulicher Verbundenheit"). Faßt man beide Teildefinitionen zusammen, läßt sich Umweltengagement als „Einsatz einer Unternehmung für den Zustand von Luft, Wasser, Boden, Pflanzen- und Tierwelt aus weltanschaulicher Verbundenheit" definieren.

Eindeutige Definitionen ermöglichen intersubjektive Überprüfbarkeit

Werden im Rahmen der Definition von Konstrukten Begriffe verwendet, die selbst auf verschiedene Weise verstanden werden bzw. werden können, ist es unbedingt notwendig, auch diese Begriffe zu definieren. Der Vorgang der Begriffsdefinition stellt in solchen Fällen einen *mehrstufigen Prozeß* dar. Eine Nicht-Beachtung der Mehrstufigkeit führt dazu, daß das Problem der Unklarheit der im Untersuchungsverlauf verwendeten Begriffe nicht gelöst, sondern nur auf nachgelagerte Begriffsebenen verschoben und der Vorgang der Definition somit *ad absurdum* geführt wird.

Kriterienbildung/Dimensionierung

Komplexe Konstrukte umfassen häufig eine Vielzahl von Inhaltsbereichen, die es bei der Messung i.d.R. in ihrer Gesamtheit zu berücksichtigen gilt. Da die oft große Entfernung zwischen (abstrakten) Konstrukten und (konkreten) Indikatoren die vollständige Erfassung von Problembereichen erschwert und z.T. sogar unmöglich macht, kann es sinnvoll sein, das Konstrukt auf einer mittleren Ebene in verschiedene *Teilbereiche (Kriterien)* zu untergliedern. Diese Teilbereiche bilden weitgehend voneinander *unabhängige Themengebiete* ab und können entsprechend auch als *Dimensionen* des Ausgangskonstruktes bezeichnet werden.

Die Identifikation bzw. Bildung derartiger Teilbereiche kann auf verschiedene Weise erfolgen, wobei insbesondere der sachlogische und der empirische Ansatz genannt werden sollen. Während der *sachlogische Ansatz* in erster Linie auf Plausibilitätsüberlegungen basiert und sich dadurch auszeichnet, daß Experten eine überschneidungsfreie Systematik von Teilbereichen des zu untersuchenden Konstruktes (z.B. Umweltengagement) entwickeln (deduktives Vorgehen), werden im *empirischen Ansatz* eine Vielzahl von Indikatoren generiert, die mittels geeigneter statistischer Verfahren (Faktorenanalyse; vgl. Backhaus u.a. 1994, S. 188ff) zu verschiedenen Dimensionen verdichtet werden (induktiver Ansatz). Auf Vor- und Nachteile beider Vorgehensweisen soll hier nicht näher eingegangen werden[58]; es sei aber darauf hingewiesen, daß sich im Idealfall die Ergebnisse der beiden Ansätze entsprechen.

Betrachtet man konkret das Konstrukt *Umweltengagement* als wesentliches Element eines Unternehmenstests, könnte das Ergebnis einer sachlogischen Kriterienbildung u.a.

die Dimensionen „Organisatorische Umsetzung des Umweltengagements", „Umweltengagement im Fertigungsprozeß" und „Umweltengagement in der Produktgestaltung" umfassen.

Auch bei der Kriterienbildung ist darauf zu achten, daß die zur Kennzeichnung verwendeten Begriffe oder Begriffsteile eindeutig sind, d.h. einheitlich und von verschiedenen Verwendern auf dieselbe Weise interpretiert werden. Ist dieses nicht der Fall, sind die Kriterien ebenso wie das zugrundeliegende Konstrukt selbst zu definieren (s.o.).

Indikatorenfindung

Im Anschluß an Konstruktdefinition und Kriterienbildung gilt es, die verschiedenen inhaltlichen Aspekte der einzelnen Kriterien durch meßbare, direkt beobachtbare Größen zu erfassen. Diese Größen, die in einem festgelegten Verhältnis zum Kriterium stehen müssen, um einen Rückschluß auf die Beurteilung des Kriteriums und folglich des Ausgangskonstruktes zu ermöglichen, werden als *Indikatoren* bezeichnet (Kroeber-Riel 1992, S. 28).

Inhaltliche Aspekte müssen durch meßbare Größen erfaßt werden

Im Rahmen von Unternehmenstests müssen sämtliche sozialökologischen Konstrukte (Umweltengagement, Frauenförderung etc.) durch die Zuordnung von geeigneten Indikatoren erfaßbar gemacht werden. Dabei können insbesondere die folgenden Problembereiche unterschieden werden:

- Identifizierung von Indikatoren,
- Bestimmung des Kriterium-Indikator-Zusammenhangs.

Hinsichtlich der *Identifikation* von Indikatoren existieren keine allgemeingültigen Regeln. Neben sachlogischen Überlegungen können sekundärstatistisches Material und hier in erster Linie die in themenverwandten empirischen Untersuchungen verwandten Meßkonzepte erfolgversprechende Ansatzpunkte zur Indikator-Identifikation beinhalten.

Sind geeignete Indikatoren identifiziert, muß die *Nähe und Richtung des Zusammenhangs* von Kriterium und Indikator festgestellt werden. Dabei steht im Vordergrund, ob etwaige Störvariablen das Verhältnis beider Größen beeinflussen und folglich die Kriteriumsbeurteilung verzerren können. Ein mögliches, allerdings auch recht aufwendiges Verfahren zur Beurteilung des Zusammenwirkens stellt hier die *Kovarianzstrukturanalyse* (Kausalanalyse) bereit (vgl. dazu Homburg 1992).

Bezogen auf das Kriterium „Organisatorische Umsetzung des Umweltengagements" können als sinnvolle Indikatoren u.a. die Umweltzuständigkeit auf Managementebene, die Einbeziehung der Mitarbeiter oder der Umweltbeauftragte genannt werden. Diese Indikatoren sind jeweils auf die Existenz von Störfaktoren hin zu untersuchen.

Gestaltung von Meßanweisungen und Fragenformulierung

Im letzten Schritt der Operationalisierung stellt sich schließlich die Frage, auf welchem Wege die *Messung der Indikatoren* zu erfolgen hat. Damit ist wiederum ein komplexes und umfangreiches Problemfeld angesprochen, das die Gestaltung von Meßanweisungen und die Formulierung konkreter Forschungsfragen einschließt und im folgenden diskutiert werden soll.

❐ *Single-Item vs. Multi-Item-Messung.* Zur Messung der Indikatoren werden sog. *Items* herangezogen. Bei Items handelt es sich um Fragen, Aussagen (Statements) oder Aufgaben, kurzum um alles, was die Auskunftsperson zu einer Reaktion gegenüber dem Indikator veranlaßt (Böhler 1992, S. 103; Nieschlag, Dichtl, Hörschgen 1991, S. 645). Für jeden einzelnen Indikator muß geklärt werden, ob seine Messung durch ein einzelnes Item (*Single-Item-Operationalisierung*) oder durch eine Mehrzahl an Items (*Multi-Item-Operationalisierung*) erfolgen soll, wobei die Entscheidung von der inhaltlichen Breite des jeweiligen Indikators beeinflußt wird. Grundsätzlich kann aber festgestellt werden, daß Multi-Item-Skalen eine höhere Validität aufweisen als Single-Item-Skalen (Churchill 1979). So kann etwa der Indikator „Umweltbeauftragter" (UB) durch verschiedene Items, wie Existenz des UB, Anzahl der UB, Hierarchische Einordnung des UB, Budgetzuteilung des UB etc., gemessen werden. Ein geeignetes Maß zur Beurteilung der Meßgüte von Multi-Item-Operationalisierungen stellt der Koeffizient α von Cronbach dar (Nunnally 1978, S. 190ff).

❐ *Art der Fragestellung.* Die Frage, ob geschlossene oder offene, indirekte oder direkte Fragen Verwendung finden sollen, kann nur in Abhängigkeit von der Art der Datenerhebung (Selbsteinschätzung/Fremdeinschätzung, Befragungsmethode, Primärerhebung/Sekundärerhebung) beantwortet werden. Der Vergleichbarkeit der erzielten Antworten wegen sollte im Fall der Primärerhebung durch Befragung ein weitgehend standardisiertes Frageinstrumentarium (Itembatterie) zum Einsatz gelangen.

❐ *Zeitbezug der Befragungsinhalte.* Da es sich bei einer Vielzahl sozial-ökologischer Problembereiche um dynamische Aspekte handelt, sollte jeweils festgelegt werden, auf welchen Zeitpunkt sich die zu erhebenden Daten beziehen. Grundsätzlich ist zu klären, ob und in welchem Maße dynamische Entwicklungen, etwa die *Planung* der Ernennung eines Umweltbeauftragten, in die Unternehmensbewertung einbezogen werden sollen.

❐ *Zeitraum der Erhebungsdurchführung.* Um zu vermeiden, daß Störvariablen das Ergebnis verzerren können, ist ein konkreter und abgegrenzter Zeitraum zu bestimmen, in dem die Datenerhebung durchzuführen ist.

❐ *Befragungsdurchführung.* Im Rahmen der Operationalisierung muß schließlich ebenso festgelegt werden, *wer* die Erhebung durchführt (Frage nach dem Befragungspersonal).

Die folgende Abbildung zeigt den Prozeß der Operationalisierung am Beispiel des Begriffs „Umweltengagement".

3.3 Methodische Aspekte des sozial-ökologischen Unternehmenstests 137

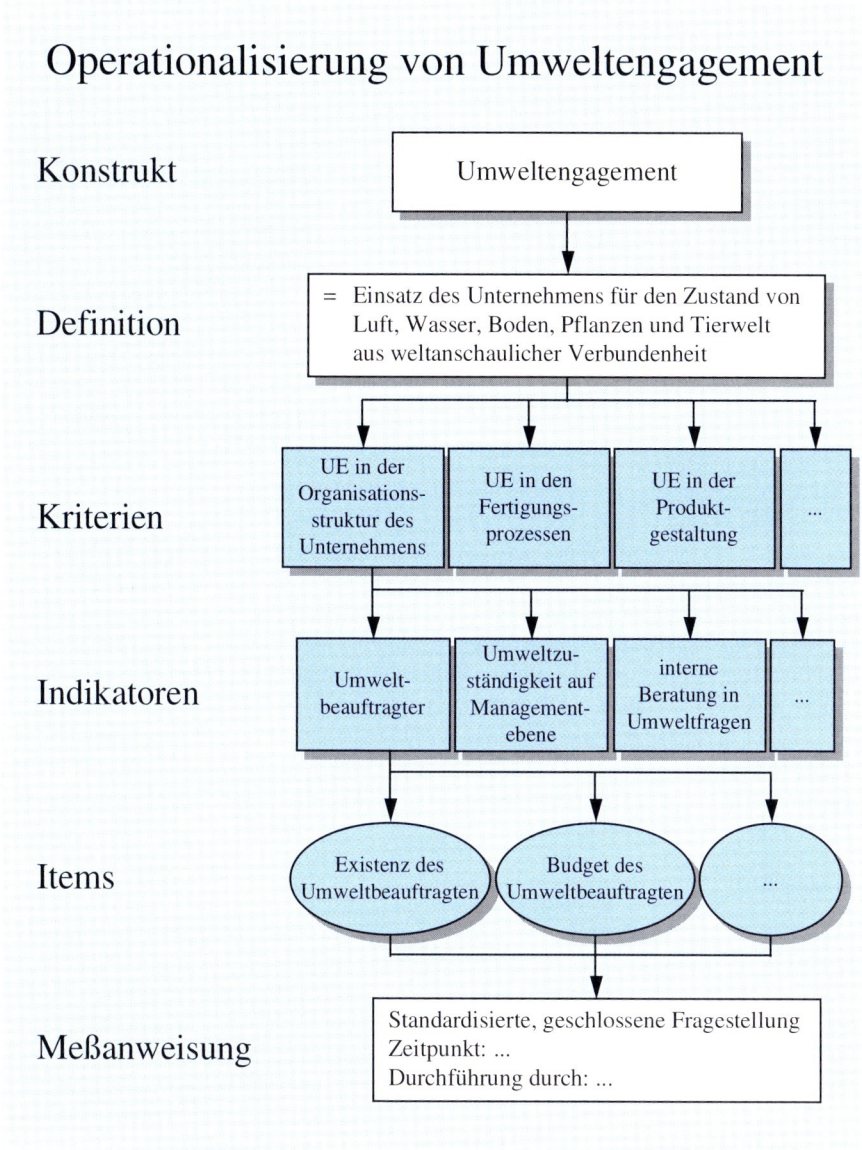

Abb. 26: Prozeß der Operationalisierung am Beispiel Umweltengagement

Skalierung von sozial-ökologischen Kriterien

Unter *Skalierung* kann ganz allgemein die Zuordnung von Zahlen zu Objekten oder Eigenschaften mit Hilfe einer Skala verstanden werden. Eine *Skala* stellt dabei einen Maßstab bzw. eine „Meßlatte" dar, auf der die Ausprägungen eines Objektes oder einer Eigenschaft abgetragen werden können (Nieschlag, Dichtl, Hörschgen 1991, S. 644f).

Eine Klassifizierung von Skalenarten kann insbesondere anhand ihres Meßniveaus (*Skalenniveaus*) erfolgen: demnach wird i.d.R. zwischen nichtmetrischen Skalen einerseits und metrischen Skalen andererseits unterschieden, wobei sich die nichtmetrischen noch in Nominal- und Ordinalskalen, die metrischen in Intervall- und Ratioskalen aufteilen lassen (Böhler 1992, S. 99ff).

Für die Skalierung der sozial-ökologischen Qualität von Unternehmen ist es von Bedeutung, daß die Vielzahl der benötigten Daten (Items) unterschiedlichen Skalenniveaus zugeordnet werden muß. So läßt sich etwa die Frage, *ob* ein Unternehmen über Umweltbeauftragte verfügt, anders beantworten als die verwandte Frage, über *wieviele* Umweltbeauftragte es verfügt, bzw. welches Budget diese Umweltbeauftragten verwalten. Mit dieser Erkenntnis eng verbunden sind grundlegende Auswertungsprobleme im Rahmen der Unternehmensbewertung, da metrische Daten gänzlich andere *Transformationsprozesse* erlauben als nicht-metrische.[59] Im folgenden soll kurz auf die *Besonderheiten* der verschiedenen Skalenniveaus im konkreten Fall des sozial-ökologischen Unternehmenstests eingegangen werden.

Nominalskalen

Kategoriale Daten, etwa die schon angesprochene Frage nach der Existenz des Umweltbeauftragten im Unternehmen, werden grundsätzlich mittels *Nominalskalen* erfaßt, die eine Verknüpfung der erhobenen Daten zu Gesamtwerten nur sehr begrenzt zulassen. Bezogen auf die angestrebte Beurteilung von Unternehmen ist allerdings in den meisten Fällen eine Wertigkeit der Antwortalternativen gegeben (so ist im betrachteten Fall die Existenz eines Umweltbeauftragten der Nicht-Existenz im Hinblick auf eine sozial-ökologische Unternehmensqualität in jedem Fall vorzuziehen). Folglich können auch kategoriale Daten im Fall der Unternehmensbewertung unter Zugrundelegung der teleologischen Perspektive als Rangreihungen, d.h. als *ordinalskaliert* (s.u.) angesehen und entsprechend weiterverarbeitet werden.

Ordinalskalen

Ordinalskalen bilden Rangfolgen in der Bewertung einzelner Objekte bzw. Objekteigenschaften ab, ohne die Abstände zwischen den verschiedenen bewerteten Objekten zu berücksichtigen oder widerzuspiegeln. Ordinale Merkmale im Zusammenhang mit der Beurteilung des Umweltengagements von Unternehmen sind u.a. die organisationale Verankerung der Umweltverantwortlichkeit (Einteilung nach Hierarchieebenen) oder die Berücksichtigung von Umweltaspekten bei der Produktgestaltung (umfangreiche Berücksichtigung, geringe Berücksichtigung, keine Berücksichtigung). Die statistische Transformation im Rahmen der Auswertung von ordinalskalierten Merkmalen ist allerdings nur sehr begrenzt möglich, da ordinalskalierte Werte nicht addiert, subtrahiert, dividiert oder multipliziert werden können. Als charakterisierende Kenngrößen dürfen ausschließlich Median und Modalwerte, nicht aber Mittelwerte oder Streuungsparameter herangezogen werden.

> Vielzahl der Daten benötigt unterschiedliche Skalenniveaus

Metrische Skalen

Im Unterschied dazu geben *metrische Skalen* konkrete Informationen über den Abstand der verschiedenen Ausprägungen eines Items. „The numbers tell us how far apart the objects are with respect to the attribute" (Churchill 1991, S. 416). Im Zusammenhang mit der Beurteilung des Umweltengagements von Unternehmen kann etwa die Messung der Items „Zahl der Umweltbeauftragten" und „Budget des Umweltbeauftragten" mit Hilfe von Intervallskalen erfolgen. Die Ergebnisse derartiger Variablen können auf verschiedene Weise weiterverarbeitet werden (Addition, Multiplikation); des weiteren können zu ihrer Beschreibung alle Lage- und Streuungsparameter (insbesondere Mittelwerte) verwendet werden.

Das Konstrukt sozial-ökologische Unternehmensqualität setzt sich folglich aus „weichen" (nicht-metrischen) und „harten" (metrischen) Items bzw. Variablen zusammen, die im Laufe des Bewertungsprozesses miteinander verknüpft werden müssen. Dabei ist ein Verzicht auf ordinale Daten im Fall des Unternehmenstests aufgrund des damit verbundenen erheblichen Informationsverlustes nicht sinnvoll.

Angemessener erscheint hingegen eine *Umskalierung* beider Itemgruppen. Eine derartige Datenangleichung kann unter Zuhilfenahme von *Rating-Skalen* erfolgen (Berekoven, Eckert, Ellenrieder 1991, S. 69ff). Dabei wird im Fall der sozial-ökologischen Unternehmensbewertung wie folgt vorgegangen:

❏ Die möglichen Ausprägungen eines jeden Items müssen vollständig *gesammelt* werden.

❏ Anschließend gilt es, diese Ausprägungen in eine *Wertungsrangfolge* zu bringen.

❏ Den so geordneten Ausprägungen müssen jeweils *Skalenpunkte* zugewiesen werden. Dabei kann es in einzelnen Fällen durchaus sinnvoll sein, bestimmte Skalenwerte nicht zuzuordnen. Die Entscheidung darüber, welche Art von Rating-Skala konkret zu verwenden ist (Anzahl der Abstufungen, ungerade/gerade Zahl an Skalenpunkten, visuelle Ausgestaltung), ist von einer Vielzahl von Einflußgrößen abhängig.

❏ Sind auf die geschilderte Weise Skalen für sämtliche Items generiert worden, müssen die verschiedenen Skalen noch hinsichtlich der Identität des verwendeten Maßstabes überprüft werden (*Inter-Item-Abgleich*).

Ein wesentlicher *Vorteil* der Verwendung von Rating-Skalen im Zusammenhang mit der Messung der sozial-ökologischen Unternehmensqualität kann darin gesehen werden, daß die erzeugten Skalen unter Einhaltung gewisser Prämissen als *quasi-metrisch* bezeichnet und entsprechend behandelt werden können (Böhler 1992, S. 101): „Rating-Skalen liefern Meßwerte, die man nach weit verbreiteter Meinung, ohne größere Fehler zu machen, wie metrische Meßwerte behandeln kann" (Kroeber-Riel 1992, S. 186). Die Validität einer derartigen Vorgehensweise hängt in besonderem Maße davon ab, ob es gelingt, für jedes Item bzw. jede Frage eine Skala zu entwickeln, deren Merkmalsausprägungen dem Kriterium der *Äquidistanz* entprechen, d.h. gleichgroße Abstände zueinander aufweisen.

Die Zuweisung von Skalenpunkten zu einzelnen Verhaltensausprägungen wird auch beeinflußt von den *Wertvorstellungen* des Bewertenden. Je nachdem, welche sozial-ökologischen Anforderungen an die zu untersuchenden Unternehmen gestellt werden, erfolgt die Zuweisung der Werte. Wird bspw. das Vorhandensein eines Umweltbeauftragten für unabdingbar gehalten, wird die tatsächliche Existenz desselben weniger positiv beurteilt werden, als wenn ein Umweltbeauftragter nicht als unverzichtbare Notwendigkeit angesehen wird.

Wie im Fall der Operationalisierung kann festgestellt werden, daß es grundsätzlich keine falschen, sondern ausschließlich unzweckmäßige Wertzuweisungen gibt. Auch hier ist zu fordern, daß die eigenen *Wertmaßstäbe*, d.h. die sozial-ökologischen Anforderungen an Unternehmen, *offengelegt* und auf diese Weise die Bewertungskriterien transparent und nachvollziehbar gestaltet werden. Die Teilergebnisse der einzelnen Items bzw. Indikatoren bzw. Kriterien können aufgrund ihres quasi-metrischen Niveaus schließlich kombiniert und zu einer Gesamtbewertung *verdichtet* werden. Die folgende Abbildung 27 zeigt diesen Vorgang anhand eines ausgewählten Beispiels.

Bewertungskriterien sollen transparent und nachvollziehbar sein

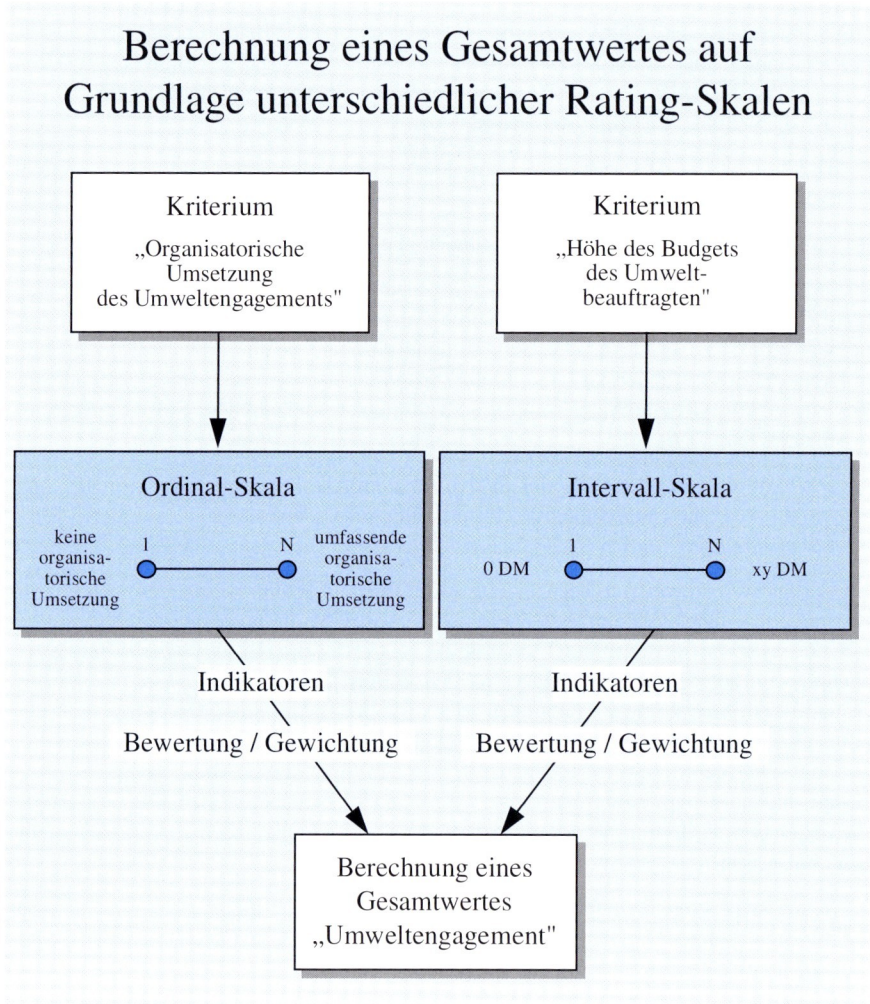

Abb. 27: Berechnung eines Gesamtwertes auf Grundlage unterschiedlicher Rating-Skalen

3.3 Methodische Aspekte des sozial-ökologischen Unternehmenstests

Auf welche Weise die Zusammenführung der Teilergebnisse erfolgt, wird in erheblichem Umfang von der Bedeutung der verschiedenen Teilskalen für das Gesamtergebnis beeinflußt. Dieser Aspekt wird nun im anschließenden Abschnitt betrachtet.

Modellierung und Gewichtung von sozial-ökologischen Kriterien

Die Vielzahl von Einzelaspekten, die im Verlaufe von Unternehmenstests gemessen werden, können auf unterschiedliche Weise zu einem Gesamtwert verknüpft werden. Die folgende Abbildung 28 zeigt ausgewählte *Arten der Modellierung* von sozial-ökologischer Unternehmensqualität.

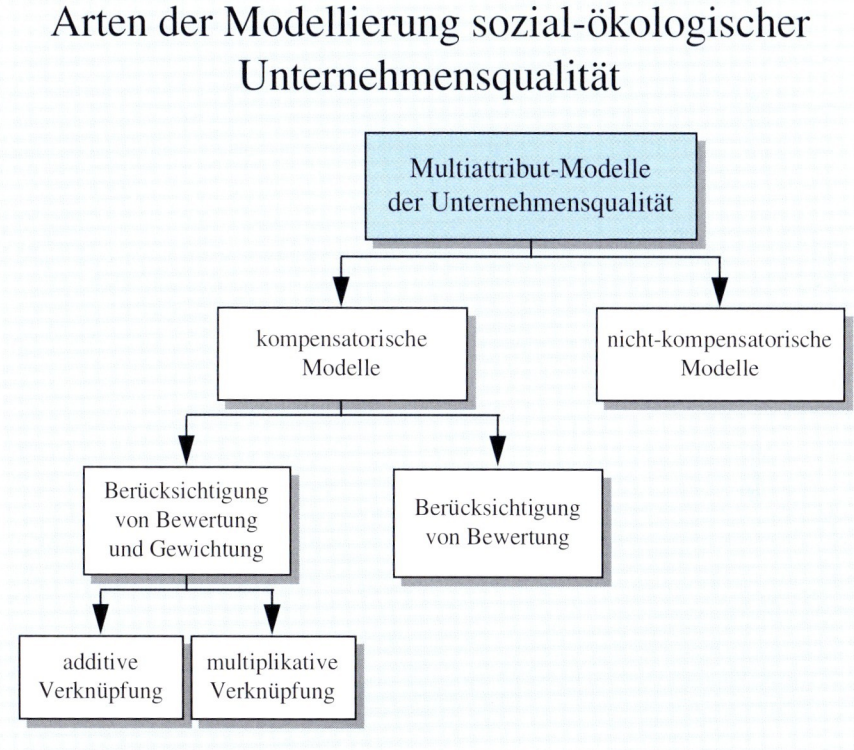

Abb. 28: Arten der Modellierung sozial-ökologischer Unternehmensqualität

Es erscheint plausibel, daß die verschiedenen Items einen unterschiedlichen Einfluß auf das Konstrukt Unternehmensqualität ausüben, weshalb der *Bedeutung* bzw. dem *Gewicht* der Einzel-Urteile eine zentrale Rolle bei der Verdichtung der Daten zu Gesamtbewertungen zufällt. Formal läßt sich die Gesamtqualität in diesem Fall beschreiben als

$$Q = f(U_i, G_i)$$

mit U_i = Beurteilung des Kriteriums i
        G_i = Gewichtung des Kriteriums i

Verknüpft man die beiden Größen *multiplikativ* miteinander, entspricht das Modell weitgehend dem sog. Adequacy-Importance-Ansatz der Einstellungsmessung (vgl. zu diesem Ansatz z.B. Freter 1979, S. 165).[60]

Die *Ermittlung der Gewichte* der einzelnen Items, Indikatoren und Kriterien kann ebenfalls auf verschiedenen Wegen erfolgen. Neben der Frage der *Auskunftspersonen* – im Falle eines Unternehmenstests bspw. Branchenexperten, Interessenvertreter, Unternehmensmitarbeiter oder Konsumenten – sind *methodische Aspekte* der Gewichteermittlung zu beachten. Insbesondere ist hier zwischen direkten und indirekten Verfahren zu trennen:

- *direkte* Ermittlung der Gewichte,
- *indirekte* Ermittlung der Gewichte.

Den am wenigsten aufwendigen und am meisten verbreiteten Ansatz stellt die *direkte Befragung* dar. Allerdings ist hierbei zu beachten, daß aufgrund von Anspruchsinflationswirkungen häufig erhebliche Validitätsmängel zu beklagen sind. Aus diesem Grund wird im Rahmen der Qualitäts- und Einstellungsmessung verschiedentlich auch vorgeschlagen, auf die Einbeziehung von Attributgewichten gänzlich zu verzichten (Cronin, Taylor 1992; Hansen, Hennig, Wochnowski 1996).

Indirekte Verfahren berücksichtigen im Gegensatz zu direkten Verfahren den in der Realität vorgenommenen Trade-Off zwischen den zu bewertenden Items und weisen zumeist eine höhere Validität auf. Mögliche Vorgehensweisen sind die Konstantsummen-Methode (Hammann, Erichson 1994, S. 309ff), das Conjoint Measurement (Schubert 1991, S. 132ff) und schließlich die multiple Regressionsanalyse (Backhaus u.a. 1994, S. 1ff).

Im Fall der *Konstantsummenverfahren* werden die Auskunftspersonen gebeten, eine vorgegebene Punkteanzahl (z.B. 100 Punkte) auf verschiedene Items ihrer Bedeutung entsprechend zu verteilen; so erhält etwa das wichtigste Merkmal 50 Punkte, das zweitwichtigste 30 Punkte und das am wenigsten wichtigste Merkmal die verbleibenden 20 Punkte. Hierbei stellt sich das Problem, daß mit steigender Anzahl an Items eine kognitive Überforderung der Probanden einsetzt. Diesem Aspekt kann u.a. dadurch entgegengetreten werden, daß eine mehrstufige Punktevergabe vorgenommen wird.

Die *Conjoint Analyse* (oder Conjoint Measurement) als Kombination von Erhebungs- und Auswertungsmethode schließlich ermittelt die Itemgewichte in Form von Teilnutzenschätzungen. Als ein besonderer Vorteil des Verfahrens kann angesehen werden, daß über die Einbeziehung von Trade-Off-Prozessen hinaus auch Wechselwirkungen zwischen einzelnen Kriterien berücksichtigt werden können. Die Schwierigkeiten der Analysetechnik im betrachteten Anwendungsfall liegen hingegen zum einen in der vergleichsweise großen Zahl an Kriterien und Items, die in die Untersuchung einbezogen werden müssen,[61] und zum anderen im Vergleich zur Regressionsanalyse im Mehraufwand einer zusätzlichen Datenerhebung.

Schließlich kann eine indirekte Ermittlung der Gewichte unter Anwendung der *multiplen Regressionsanalyse* (mRA) erfolgen. Dazu bedarf es der Erhebung eines Gesamturteils (im Beispiel: die sozial-ökologische Gesamtqualität eines Unternehmens) sowie der Bewertung der verschiedenen Kriterien (im Beispiel: Umweltengagement, Frauenförderung etc. bei demselben Unternehmen). Allerdings wird im Hinblick auf die Anwendungen der Analyse bei Unternehmensbewertungen insbesondere die direkte Ermittlung einer sozial-ökologischen Gesamtqualität Probleme hervorrufen, da diese ja erst aus den o.g. Modellen berechnet werden soll.

Im Ergebnis steht eine Bewertung der sozial-ökologischen Qualität von Unternehmensverhalten, die zumindest innerhalb eines Unternehmenstests eine vergleichende Beurteilung der untersuchten Unternehmen erlaubt. Verbunden mit einer transparenten Darstellung der gewählten Bewertungs- und Gewichtungsmethoden wird ein entsprechend formuliertes Bewertungsmodell auch einer zu erwartenden kritischen Betrachtung Stand halten können.

3.3.3 Informationsquellen und Probleme der Informationsbeschaffung und -überprüfung

Die Qualität von sozial-ökologischen Unternehmentests ist in hohem Maße abhängig von der Verfügbarkeit der dazu notwendigen Informationen. Generell können die Arten entsprechender Informationen danach unterschieden werden, ob sie ausschließlich unternehmensintern oder (auch) unternehmensextern verfügbar sind. Die Tatsache, daß komplette Datensätze über Unternehmen – bis auf Ausnahmen – ausschließlich intern vorliegen, stellt einen der entscheidenden Engpässe für die Durchführung von unabhängigen Unternehmenstests dar. Je geringer der Anteil der aus externen Informationsquellen erhältlichen Informationen ist, desto größer ist die Abhängigkeit der Unternehmenstester von der Bereitschaft der Unternehmen zur Mitwirkung am Unternehmenstest selbst. Umgekehrt nimmt die Freiheit von Unternehmenstestern, auch im Falle der Informationsverweigerung durch Unternehmen Werturteile auszusprechen, in dem Maße zu, wie der Anteil der Informationen steigt, der aus externen Quellen gewonnen werden kann.

Der Zugang zu Informationen bildet ein zentrales Problem

Das Ausmaß der in einer Gesellschaft auch *extern erhältlichen Informationen* über Unternehmen hängt vor allem von drei Faktoren ab:

* dem Umfang der geltenden gesetzlichen Publizitätspflichten,
* der Haltung der Unternehmen gegenüber einer freiwilligen Publizität,
* den Zugangsmöglichkeiten zu unternehmensbezogenen Daten, die Behörden im Rahmen der Wirtschaftsaufsicht erheben („Freedom of Information").

In allen drei Bereichen werden Unternehmenstests in der Bundesrepublik Deutschland sehr enge Grenzen gesetzt:

In der Bundesrepublik gelten seit langem prinzipielle *Publizitätspflichten* für Kapitalgesellschaften. Mit dem Erlaß des Publizitätsgesetzes im Jahre 1969 wurden derartige Pflichten auch auf Unternehmen mit anderen Rechtsformen ausgedehnt. Die konkreten Bestimmungen richten sich danach, ob die Unternehmen nach einem definierten Kriteriensystem als große, mittelgroße oder kleine Gesellschaften einzustufen sind. Der primäre Schutzzweck der deutschen Publizitäts-Vorschriften wird allerdings generell durch das Interesse von Kapitalanlegern und anderen Gruppen in der Gesellschaft definiert, die von einem plötzlichen ökonomischen

Publizitätspflichten beschränken sich wesentlich auf ökonomische Kennziffern

Niedergang dieser Unternehmen direkt betroffen wären. Die zu veröffentlichenden Daten beschränken sich deshalb ausschließlich auf ökonomische Kennziffern und bieten keine Basis zur Beurteilung weiterer Dimensionen, die für den sozial-ökologischen Unternehmenstest essentiell sind.

Auch die Bereitschaft zu einer erweiterten freiwilligen Publizität hat bei Unternehmen in der Bundesrepublik Deutschland keine Tradition. So beschreibt etwa die „Arbeitsgemeinschaft Selbständiger Unternehmer" (ASU) in einem Grundsatzpapier ihr Verhältnis zur Publizität wie folgt: „Das Unternehmen muß sich am Markt behaupten, und es soll wachsen und erfolgreich sein. Diesem Unternehmensinteresse ist der Grad der Publizität nach außen unterzuordnen. Es ist keine moralische Frage, wie weit man sich in die Karten sehen läßt. Ein gesetzlicher Zwang zur Publizität außerhalb der großen Kapitalgesellschaften ist abzulehnen." (ASU 1993, S. 47). Diese restriktive Haltung gegenüber der Publizität geht bei anderen Unternehmensverbänden bis an die Grenze der Obstruktion. So wirbt z.B. ein im Jahre 1988 gegründeter „Verband der GmbH-Geschäftsführer" mit der Hilfestellung, die er seinen Mitgliedern gewährt, wenn Registergerichte ihnen gegenüber die gesetzliche Publizität mittels Zwangsgeld oder der Androhung einer gerichtlichen GmbH-Löschung durchzusetzen versuchen. Die Wiederaufhebung der bisher in der Bundesrepublik bzw. der EU definierten Publizitätspflichten – zumindest für kleinere und mittlere Kapitalgesellschaften – ist darüber hinaus das erklärte Ziel zahlreicher Initiativen seitens unterschiedlicher Unternehmensverbände.

Zuletzt muß auch unter dem Aspekt der „*Freedom of Information*" konstatiert werden, daß der Umgang mit Unternehmensdaten in der Bundesrepublik Deutschland eher durch Begriffe wie „Geheimhaltung" und „Geschäftsgeheimnis" definiert wird, als durch einen offenen Zugang. In den USA gilt z.B. der sogenannte „Freedom of Information-Act", nach dem es jedem Bürger möglich ist, bestimmte Daten, die bei Behörden vorliegen, zu erhalten, darunter auch Daten, die im Rahmen der Wirtschaftsaufsicht über Unternehmen erhoben wurden. Besonders bemerkenswert ist, daß man

**Informationen
über Unternehmen
in den USA**

nicht einmal amerikanischer Staatsbürger sein muß, um dieses Recht in Anspruch zu nehmen. Weder verfügen wir in der Bundesrepublik über eine Regelung, die diesem in den USA (ähnlich aber auch in Kanada, Australien und einigen skandinavischen Ländern) geltenden Gesetz auch nur annähernd vergleichbar wäre, noch sind die entsprechenden Ansätze, die zur Zeit innerhalb der EU diskutiert werden, von derartiger Tragweite. So ist z.B. die inzwischen auch in der Bundesrepublik Deutschland umgesetzte *Umweltinformations-Richtlinie* der EU von Anfang an so eng ausgelegt worden, daß Behörden die Auskunft mit Hinweis auf das „Geschäftsgeheimnis" generell ablehnen können. Auch die Informationsbeschaffung über den Umweg des „Freedom of Information-Acts" – der bei amerikanischen Institutionen, die sich mit der Bewertung von Unternehmensverhalten beschäftigen, sehr beliebt ist und häufig genutzt wird – steht also für einen deutschen Unternehmenstest nicht offen.

Angesichts dieser schwierigen Lage in Hinblick auf die Informationsbasis für den sozial-ökologischen Unternehmenstest verbleiben nur zwei Basis-Strategien, um die Durchführung von Untersuchungen dennoch zu ermöglichen:

3.3 Methodische Aspekte des sozial-ökologischen Unternehmenstests

- die umfassende Nutzung von unternehmensexternen Informationsquellen, die sie von der Mitwirkungs-Bereitschaft der Unternehmen tendenziell unabhängig machen,
- die Auswahl von Faktoren-Kombinationen, die geeignet sind, die Mitwirkungsbereitschaft der Unternehmen möglichst zu erhöhen.

Öffentlich zugängliche Informationsquellen		
durch die Unternehmen selbst veröffentlichte Informationen	von Verbänden/Institutionen ausgesprochene Bewertungen unter Einzelaspekten	sonstige allgemein zugängliche Quellen
Geschäftsberichte (entspr. gesetzl. Publizitätspflichten oder freiwillige)	Preisverleihungen für „Umweltfreundlichkeit", „Frauenfreundlichkeit" u.a.m.	Tageszeitungen, Wochenzeitungen, Zeitschriften
Umweltberichte/Sozialberichte	Positiv-Listen (z.B. tierversuchsfreie Kosmetik)	Regionalpresse
Selbstdarstellungen, PR-Materialien	praktische Tests (z.B. behindertenfreundliche Handelsfilialen)	Fachpresse
Pressemeldungen		Gewerkschaftspresse
Medien der Marketingkommunikation, insbesondere Werbemittel	Umfrage-Ergebnisse (z.B. zur Nutzung der Gentechnologie)	Adressbücher
		Wirtschaftsarchive
Informationen in Zusammenhang mit den Produkten/Dienstleistungen (Warenkennzeichnung, Bedienungsanleitungen, Vertragstexte usw.)	öffentliche Rügen von Selbstkontrollorganen	Archive von Print- oder AV-Medien
		Wirtschaftsdatenbanken
		Berichte der Bundestagspräsidentin über die Parteienfinanzierung
Stellenanzeigen		
Halböffentliche Informationsquellen		**Unternehmensinterne Informationsquellen**
Daten, die im Rahmen der Wirtschaftsaufsicht von Behörden erhoben werden	Daten, die von Verbänden im Rahmen der Interessenvertretung erhoben werden	
Informationen zu Wettbewerbsverfahren	Datenbänke der Verbraucherverbände zu AGB- oder UWG-Verstößen	
Umweltdaten (entspr. der Umweltinformationsrichtlinie)	Tarifvertrags-Dokumentation der Gewerkschaften	
	Datensammlungen der Fachabt./Verwaltungsstellen der Einzelgewerkschaften	

Tab. 9: Potentielle Informationsquellen für Unternehmenstests

In der Praxis des Unternehmenstests ist es sinnvoll, beide Strategien, die im folgenden näher beschrieben werden, gleichzeitig zu verfolgen. Im Sinne der erstgenannten Strategie kann eine systematische Auflistung der potentiellen Informationsquellen dazu dienen, auch Ressourcen ausfindig zu machen, an die spontan nur selten gedacht wird. Diesem Ziel dient die folgende Zusammenstellung, die die Informationsquellen nach dem Grad ihrer Öffentlichkeit in „öffentlich zugängliche", „halböffentliche" und „unternehmensinterne Informationsquellen" unterteilt und ihre jeweiligen Besonderheiten kurz anspricht. Dabei werden vereinzelt auch schon Bewertungen zu den Quellen ausgesprochen. Der Übersichtlichkeit halber sind die angesprochenen Informationsquellen in der Tabelle 9 dargestellt.

Die Eignung von Informationsquellen für den Unternehmenstest kann anhand der folgenden Kriterien gemessen werden:

- Zugänglichkeit: Wer hat unter welchen Bedingungen Zugang zu den Daten?
- Ergiebigkeit: Wie ergiebig sind die Quellen in Hinblick auf die definierten Kriterien?
- Verläßlichkeit: Wie valide sind die Daten?
- Aktualität: Sind die Daten genügend aktuell?
- Zitierfähigkeit: Können die Quellen auch im Konfliktfalle offen benannt werden?
- Aufwand: Können die Daten mit einem vertretbaren Aufwand beschafft werden?

Je nach der inhaltlichen Schwerpunktsetzung, der Trägerschaft oder der gesellschaftspolitischen Verankerung eines konkreten Umsetzungsmodells des Unternehmenstests werden die potentiellen Informationsquellen unter diesen Aspekten unterschiedlich beurteilt werden können. Trotzdem ergeben sich aus der Erfahrung der bisherigen Arbeit am Unternehmenstest einige generelle Einschätzungen, die in der folgenden Aufstellung bereits angeführt und damit zur Diskussion gestellt werden.

Öffentlich zugängliche Informationsquellen für den Unternehmenstest

Hier sind an erster Stelle die Informationen zu nennen, die Unternehmen aufgrund von gesetzlich festgelegten Publizitätspflichten veröffentlichen müssen. Die wesentlichen Regelungen finden sich im Handelsgesetzbuch (§§ 325ff) und im sog. „Publizitätsgesetz" vom 15.8.1969. Seit Inkrafttreten des *Publizitätsgesetzes* gelten für alle Unternehmen (auch über Kapitalgesellschaften hinaus – unabhängig von der Rechtsform) öffentliche Rechenschaftspflichten, wenn für einen Abschlußstichtag und in der Regel für die zwei darauf folgenden Abschlußstichtage jeweils mindestens zwei der folgenden drei Merkmale zutreffen:

- die Bilanzsumme ist höher als 125 Mio. DM,
- die Umsatzerlöse übersteigen 250 Mio. DM,
- es werden mehr als 5.000 Arbeitskräfte beschäftigt.

Kapitalgesellschaften, die nach § 267 HGB als „große Kapitalgesellschaften" einzustufen sind, müssen vor Ablauf des 9. Monats des dem Abschlußstichtages folgenden Geschäftsjahres ihren Jahresabschluß, den Lagebericht, den Bericht des Aufsichtsrates und ggf. den Vorschlag zur Verwendung des Ergebnisses sowie den Beschluß darüber im Bundesanzeiger veröffentlichen und beim Handelsregister am Firmensitz niederlegen. Kapitalgesellschaften, die als „mittelgroße" bzw. „kleine Kapitalgesellschaften" einzustufen sind, müssen ihre Bilanz in der vorgeschriebenen Form beim Handelsregister am Firmensitz niederlegen und das jeweilige Handelsregister dann im Bundesanzeiger bekanntgeben. In diesen Fällen bilden die Bedingungen der Informationsbeschaffung (Ort der Niederlegung, Öffnungszeiten der Handelsregister-Geschäftsstelle, Zeit- und Kostenaufwand für die postalische Bestellung eines Registerauszugs, usw.) bereits Barrie-

3.3 Methodische Aspekte des sozial-ökologischen Unternehmenstests

ren, die die Klassifizierung als „öffentlich zugänglich" in der Praxis stark relativieren können.

Auch die Beschaffung der im Bundesanzeiger veröffentlichten Berichte impliziert einen gewissen Rechercheaufwand, falls der Bundesanzeiger nicht regelmäßig ausgewertet wird. Der übliche Weg ist hier die Ermittlung des Veröffentlichungsdatums über eine CD-ROM-Recherche in einer größeren öffentlichen Bibliothek und die Einsicht in die Mikroverfilmung oder die Anfertigung einer Kopie davon. Wenn man diesen Rechercheaufwand in Grenzen halten möchte, empfiehlt es sich immer, zunächst das betreffende Unternehmen um Zusendung der entsprechenden Geschäftsberichte zu bitten. Dieser Bitte wird in der Regel nachgekommen, sofern es sich um aktuelle Berichte handelt. Erfahrungsgemäß sind jedoch die für externe Interessierte bestimmten veröffentlichten Geschäftsberichte nicht absolut deckungsgleich mit den Veröffentlichungen im Bundesanzeiger. Es kann sich also durchaus lohnen, beide Quellen zu beschaffen.

Hoher Informationsaufwand auch bei bestehenden Publizitätspflichten

Neben den bisher aufgeführten gesetzlich vorgeschriebenen Geschäftsberichten veröffentlichen inzwischen zunehmend mehr Unternehmen auch eigenständige Umweltberichte (geschieht dies z.Zt. noch auf rein freiwilliger Basis, so kann bei einer Durchsetzung des „EG-Öko-Audits" vermutet werden, daß die zu erwartenden Marktvorteile zunehmenden Druck in Richtung einer derartigen Berichterstattung ausüben werden). Auch die Erstellung spezieller Sozialberichte findet nach einer Phase der fast völligen Vergessenheit in den 80er Jahren gegenwärtig wieder fallweise statt (vgl. S. 73ff in diesem Buch).

Darüber hinaus sind selbstverständlich eine Fülle von Materialien erhältlich, die im Sinne der Unternehmens-PR eine positive Selbstdarstellung des Unternehmens oder seiner Produkte zum Ziel haben. Materialien zur Jahres-Pressekonferenz, Pressemeldungen zu Einzelereignissen, Produktliste und Materialien für die Händlerwerbung haben z.B. diesen Charakter. Von allen derartigen Aktivitäten, die man der Unternehmensfunktion der Marketingkommunikation zuordnen kann, ist sicherlich die Publikumswerbung der Unternehmen am leichtesten zugänglich. Bei einer entsprechenden Kriterienbildung können qualitative Aussagen zu diesem Bereich, aber auch zu weiteren Kommunikations-Strategien von Unternehmen relativ leicht getroffen werden, auch wenn sie ihre sonstige Beteiligung am Unternehmenstest versagen, denn auf Kommunikation im Interesse ihrer Absatzziele sind Unternehmen generell angewiesen. Insofern können auch Informationen, die in direktem Zusammenhang mit den von Unternehmen angebotenen Produkten oder Dienstleistungen stehen, wichtige Daten liefern. Derartige Informationsquellen sind z.B. die Warenkennzeichnung, Verpackungstexte, Beipackzettel, Bedienungsanleitungen, Kundendienst-Informationen, Vertragstexte u.a.m..

Zahlreiche unternehmenseigene Informationsquellen

Eine besondere Form der „Veröffentlichung" von Unternehmensdaten bilden die *Stellenanzeigen*, die z.T. interessante Folgerungen z.B. über das Thema Hierarchien, Gehaltsaspekte oder den Stellenwert der Frauenförderung im Betrieb zulassen.

Eine völlig andere Art der öffentlich zugänglichen Informationsquellen stellen Unternehmensbewertungen dar, die von anderen Institutionen – meist unter isolierten Einzelaspekten – bereits öffentlich vorgenommen wurden. Zu dieser Klasse von Informationen gehören z.B. die Positiv-Listen des Deutschen Tierschutz-Verbandes über Firmen, die keine Tierversuche durchführen, zahlreiche Preisverleihungen, die zu den Themen „umweltfreundlicher Betrieb" oder „frauenfreundlicher Betrieb" immer wieder durch die Presse gehen und deren Basismaterial evtl. benutzt werden kann oder auch Umfrage-Ergebnisse wissenschaftlicher Institutionen oder engagierter Verbände (z.B. zur Verwendung gentechnologischer Verfahren in der Produktion) oder die Ergebnisse praktischer Tests (z.B. zur Behindertenfreundlichkeit von Filialbetrieben des Einzelhandels), die zu einer Teilbewertung des sozialen und ökologischen Unternehmensverhaltens führen können. In Einzelfällen sprechen sogar Selbstkontrollorgane der Wirtschaft *öffentliche Werturteile über Unternehmen* aus, wie z.B. der deutsche Werberat, der zwar generell keine Namen der beanstandeten Firmen nennt, in einzelnen Fällen besonderer „Uneinsichtigkeit" allerdings zum Mittel der „öffentlichen Rüge" greift.

Teilbewertungen zu Einzelaspekten berücksichtigt

Als sonstige öffentlich zugängliche Quellen sind natürlich noch zu erwähnen und zu berücksichtigen:

- Tages- und Wochenzeitungen (hier ist ggf. die Kooperation mit Institutionen empfehlenswert, die sowieso bereits eine kontinuierliche Presseauswertung durchführen, da eigene Aufträge bei Presseausschnitt-Diensten schnell relativ teuer werden können. Eine Investition in diesem Bereich ist auch unter dem Aspekt zu problematisieren, daß die allgemeine Tages- und Wochenpresse in ihrer unternehmensbezogenen Berichterstattung wesentlich auf den Pressemitteilungen der Unternehmen selbst beruht).

- Regionale Presseorgane (die häufig wegen der räumlichen Nähe über sehr viel tiefer gehende Informationen verfügen, als dies bei der überregionalen Presse der Fall ist),

- Fachpresse-Organe (die z.T. Insider-Informationen veröffentlichen, die in der allgemeinen Presse nicht zu finden sind),

- die entsprechende Gewerkschaftspresse (in der bei Arbeits- und Tarifkonflikten oftmals Unternehmensnamen genannt werden, um als „letztes Mittel" auch öffentlichen Druck auf Unternehmen auszuüben – oder aber zur Motivation der Mitgliedschaft auch Positiv-Beispiele beschrieben werden),

- Adressbücher (aus denen man neben den gültigen Adressmaterialien häufig auch die Namen und Durchwahlnummern wichtiger unternehmensinterner Ansprechpartner findet, was zeitraubende Umwege abkürzen kann),

- Wirtschaftsarchive (die über einen längeren Zeitraum systematisch branchen- oder unternehmensbezogene Daten sammeln und damit auch interessante Längsschnitt-Analysen möglich machen),

- Archive von Print- oder AV-Medien (die im Prinzip vor den gleichen Problemen der Datenbeschaffung stehen wie Unternehmenstester und im Idealfalle dafür qualifiziertes Personal beschäftigen, dessen Dienstleistung allerdings meist angemessen vergütet werden muß),

- Wirtschaftsdatenbanken (die, wenn sie nicht in öffentlichen Bibliotheken kostenlos zugänglich sind, schnell hohe Recherche-Kosten verursachen können und leider häufig genug nicht die Aktualität aufweisen, die sie in ihren Selbstdarstellungen behaupten).

Eine wenig bekannte – in ihrem Informationswert allerdings leider begrenzte – Datenquelle stellen die halbjährlich veröffentlichten Berichte der Präsidentin des Deutschen Bundestages über die Rechenschaftsberichte der politischen Parteien dar. Hier werden regelmäßig auch die *Parteispenden* von einer gewissen Größenordnung an unter Angabe der Spender veröffentlicht. Bekanntermaßen gibt es aber zahlreiche Umgehungsmöglichkeiten des hier prinzipiell bestehenden Transparenzgebotes, so daß sich nur noch die Namen der Unternehmen darin finden, die diese Möglichkeiten nicht ausnutzen, um anonym zu bleiben.

Halböffentliche Informationsquellen für den Unternehmenstest

Zu dieser Klasse von Informationsquellen gehören vor allem die Datensammlungen, die Behörden im Rahmen ihrer *Wirtschaftsaufsicht* über Unternehmen anlegen. Es wurde bereits weiter oben darauf hingewiesen, daß diese Daten – obwohl „im öffentlichen Interesse erhoben" – der Öffentlichkeit praktisch nicht zur Verfügung stehen. Trotzdem kommt es fallweise vor, daß Behördendaten auch direkt in die Datenbasis für Unternehmenstests eingehen können. So veröffentlichen z.B. die Kartellämter in ihren Berichten häufig die Namen von Firmen, die zum Gegenstand von Wettbewerbsverfahren wurden. Im Rahmen der Fusionskontrolle durch das Bundeskartellamt werden z.T. interessante qualitative Daten über Unternehmen öffentlich, die auch zum Gegenstand einer öffentlichen Bewertung gemacht werden können. Ein anderes Beispiel bildet die Beschwerdestatistik des Bundesaufsichtsamtes für das Versicherungswesen, die nach langen Auseinandersetzungen inzwischen unter Nennung der Namen der betroffenen Versicherungsgesellschaften veröffentlicht wird. Generell bleibt hier aber noch ein weites Feld für politische und juristische Strategien, wenn dem Ideal der „Freedom of Information" auch in der Bundesrepublik Deutschland nähergekommen werden soll.

Wirtschaftsaufsicht verfügt über einschlägige Informationen

Die zweite Klasse von „halböffentlichen" Quellen betrifft die Daten, die von *Verbänden* im Rahmen ihrer Tätigkeit als *Interessenvertreter* erhoben werden. Hier sind z.B. die Verbraucherverbände zu nennen, die etwa im Rahmen des Verbandsklagerechtes die Werbung und die Allgemeinen Geschäftsbedingungen von Unternehmen überprüfen, ggf. abmahnen oder sogar dagegen klagen können. Die Belege über Verstöße in diesen Feldern werden in internen Datenbanken gespeichert, die für zielverwandte Institutionen ebenfalls zur Verfügung stehen. Ein weiteres Beispiel sind Einzelgewerkschaften, die z.B. zur Qualifikation der eigenen Mitglieder und Funktionäre, aber auch zum Auffinden von Positiv- und Negativ-Beispielen interne Sammlungen von Tarifvertragswerken anlegen, die ihnen einen schnellen und systematischen Überblick über Regelungen in unterschiedlichen Betrieben und Institutionen ermöglichen. Auch diese Daten stehen selbstverständlich nicht jedem Anfrager zur Verfügung. Ähnliche Datensammlungen finden sich auch in den Fachabteilungen bzw. regionalen Verwaltungsstellen von Einzelgewerkschaften.

Interessenverbände können gezielt Informationen liefern

Eine weitere Klasse von Informationsquellen, die zumindest temporär nur als „halböffentlich" zu betrachten sind, sind *direkte* Tests, denen man die betreffenden Unternehmen unterzieht und deren Ergebnisse bis zum Abschluß der Untersuchung natürlich unveröffentlicht bleiben müssen. So läßt die Stiftung Warentest z.B. bei Dienstleistungstests den ansonsten zu Beginn stattfindenden Fachbeirat (an dem auch Vertreter der getesteten Unternehmen teilnehmen) erst nach der Durchführung der Testphase zusammentreten, um die Erhebungs-Ergebnisse nicht zu verfälschen. Im Feld der Berücksichtigung von „Verbraucher-Interessen" können in diesem Sinne z.B. Informationen aufgrund von selbst durchgeführten Tests der Kundendienstleistung von Unternehmen oder der Kommunikation mit anfragenden oder reklamierenden Verbrauchern direkt erzeugt werden.

Unternehmensinterne Informationsquellen für den Unternehmenstest

In dieser Rubrik finden sich natürlich neben der Geschäftsleitung die diversen Mitarbeiter von Fachabteilungen, die innerhalb der Unternehmen direkt für einzelne Kriterien des Bewertungskatalogs zuständig sind. Hier wird man sich bei einer gut funktionierenden Kommunikation mit den Unternehmen vor allem mit der Personalabteilung, den Umweltbeauftragten und natürlich häufig mit der PR-Abteilung austauschen. Es empfiehlt sich allerdings, vor einer direkten Kontaktaufnahme mit diesen Spezialisten das generelle Einverständnis der Geschäftsleitung eingeholt zu haben.

Mit den Betriebsräten, Behindertenobleuten oder Vertrauensleuten in Betrieben sind besondere Personengruppen benannt, die aufgrund ihrer Funktion zu bestimmten Themen über einen umfassenderen Überblick verfügen, als er Mitarbeitern des Unternehmens üblicherweise möglich ist. Trotzdem empfiehlt es sich auch hier, zunächst die generelle Zustimmung der Geschäftsleitung einzuholen, bevor eine entsprechende Kontaktaufnahme versucht wird, da sonst Konflikte entstehen können, die die Kommunikation mit dem Unternehmen generell unmöglich machen. Daten, die etwa von diesen Personengruppen unter der Bedingung der „Vertraulichkeit" mitgeteilt werden, leiden generell darunter, daß ihre Verwendung aus juristischer Sicht nur sehr beschränkt möglich ist.

Mitwirkungsbereitschaft der Unternehmen ist unverzichtbar

Die letzte noch zu erwähnende Personengruppe sind ehemalige Mitarbeiter des Unternehmens (im Sinne von „ehemals internen" Informationsquellen). Sollten Befragungen auch in dieser Personengruppe geplant sein, so muß insbesondere auf die Frage der Aktualität von Daten, der „Zitierfähigkeit" und auf die ggf. tendenziöse Darstellung von Personen, die eine unharmonische Trennung von der Firma erlebt haben, geachtet werden.

Als *Instrumente der Datenbeschaffung* für unternehmensinterne Informationen kommen prinzipiell Fragebögen und persönliche oder telefonische Interviews in Frage. Im allgemeinen ist der Datenbeschaffung per Fragebogen zunächst der Vorzug zu geben, da die Unternehmen erst einmal eine Grundentscheidung bezüglich der Bereitschaft zur Teilnahme zu fällen haben. Ein Fragebogen ist dazu geeignet, den Unternehmensleitungen die Gegenstände und den Umfang der Befragung deutlich zu machen, so daß eine wirklich reflektierte Entscheidung möglich wird. Außerdem benötigen alle Unternehmen auch bei einer prinzipiellen Unterstützung des Unternehmenstests einen gewissen Zeitraum, um den Fragebogen komplett auszufüllen, da zum Teil wichtige Daten selbst erst zusammengestellt werden oder unterschiedliche Abteilungen mit der Beantwortung der Fragen befaßt werden müssen. Das persönliche oder telefonische Interview ist in einer späteren Phase ein geeignetes Instrument, um noch vorhandene Lücken auszufüllen,

Mißverständnisse auszuräumen oder Interpretationsfragen zu klären, die trotz der Arbeit mit dem Fragebogen noch bestehen.

In einer Gesamtwürdigung der bis hierher dargestellten Möglichkeiten der Informationsbeschaffung kann konstatiert werden, daß es für den Unternehmenstest in der Bundesrepublik nur wenige Untersuchungsbereiche gibt, in denen die Mitwirkungsbereitschaft der Unternehmen nicht eine zentrale Rolle spielt.

Am ehesten können Bewertungen auch ohne das direkte Einverständnis der Unternehmen noch im Bereich ihres *Informationsverhaltens* ausgesprochen werden. Wird das Ausmaß, in dem Unternehmen sich interessierten oder gar kritischen Nachfragen der Öffentlichkeit stellen, selbst als Element eines verantwortungsvollen Verhaltens gedeutet, so erschließen sich eine Fülle von Informationsquellen einfach aus der Tatsache heraus, daß Unternehmen – so wie Personen – nicht „nicht kommunizieren" können. Insofern stellt sogar die Informationsverweigerung ein Datum dar, das gemessen und bewertet werden kann.

Information über das Informationsverhalten

In Untersuchungsfeldern wie den *Verbraucher- oder Umweltinteressen* hängt es stark von der Definition der konkreten Bewertungskriterien ab, inwieweit mangelnde Mitwirkungsbereitschaft der Unternehmen die Testarbeit erschweren kann oder nicht. Je mehr die Kriterien auf Daten fußen, die die Unternehmen im Rahmen von Produktion, Distribution oder Marketing sowieso öffentlich werden lassen müssen, desto höhere Freiheitsgrade entstehen für die Testarbeit. Auf der anderen Seite litten die Glaubwürdigkeit und Wirksamkeit des Unternehmenstests natürlich erheblich, wenn die Bewertungskriterien allein nach dem Kriterium der Zugänglichkeit der entsprechenden Daten ausgewählt würden. Hier wird es in der Praxis wichtig sein, Kompromisse zu finden, die weder zu große Abhängigkeiten noch eine mangelhafte Validität in Hinblick auf die intendierten Wertaussagen befürchten lassen.

In einer weiteren Klasse von Untersuchungsfeldern (wie z.B. den Arbeitnehmer-Interessen, den Behinderteninteressen oder der Frauenförderung) kann davon ausgegangen werden, daß die relevanten Daten fast ausschließlich unternehmensintern zu finden sind. Hier wird es Unternehmenstestern generell am schwersten fallen, zu begründeten Wertaussagen zu kommen, wenn die Unternehmen bei der Datenbeschaffung nicht aktiv mitwirken.

Unter diesen Voraussetzungen ist es empfehlenswert, neben der Suche nach brauchbaren Sekundärquellen sehr ernsthaft die obengenannte zweite Basis-Strategie zu verfolgen, die darin besteht, geeignete Faktorenkombinationen zu wählen, die die *Mitwirkungsbereitschaft der Unternehmen* erhöhen können. Deshalb seien auch die wesentlichen Faktoren, die hierauf einen fördernden Einfluß haben können, aufgeführt:

- eine Träger- bzw. Beiratskonstruktion, die ein möglichst breit getragenes öffentliches Interesse und die Ernsthaftigkeit des Vorhabens signalisiert,
- Auswahl von Branchen, in denen von vornherein von einer erhöhten Mitwirkungsbereitschaft ausgegangen werden kann,
- seriöse Methoden der Kommunikation, Recherche und Informationsaufbereitung,
- Offenheit in der eigenen Informationspolitik,

- Einbeziehung von Unternehmensvertretern in den Gesamtprozeß, wo immer es sinnvoll ist,
- frühzeitige Einbeziehung auch der betreffenden Unternehmensverbände,
- seriöser Umgang mit Einwänden seitens der Unternehmen und ihrer Verbände, ggf. durch eine Pro/Contra-Darstellung,
- Orientierung von Art und Anzahl der Kriterien (auch) an dem notwendigen Erhebungsaufwand, der für die Unternehmen entsteht,
- Feedback der erhobenen Daten zu den betreffenden Unternehmen vor dem Prozeß der Bewertung und Veröffentlichung,
- das ernsthafte Bemühen, eine „skandalorientierte" Verwendung der Testergebnisse durch bestimmte Presseorgane zu verhindern,
- Weiterführung der Kommunikation mit den Unternehmen auch nach Veröffentlichung der Testergebnisse.

Die relativ hohe Abhängigkeit von sozial-ökologischen Unternehmenstests von der Bereitschaft der Unternehmen, an Fragebogenaktionen mitzuwirken, kann zur kritischen Nachfrage führen, wie es denn um die Glaubwürdigkeit und die Verläßlichkeit der von den Unternehmen im Rahmen von Selbstauskünften zur Verfügung gestellten Daten bestellt sei.

Hierzu ist generell anzumerken, daß im Sinne der oben benannten ersten Basis-Strategie Daten, die durch andere Experten bzw. Quellen prüfbar sind und bestätigt werden können, die erste Priorität genießen sollten. Wo derartige Informationen nicht verfügbar sind, kann und sollte zunächst einmal von der Ehrlichkeit und Seriosität der auskunftsbereiten Unternehmen ausgegangen werden. Zusätzlich bestehen verschiedene Möglichkeiten zur weitergehenden Absicherung von Daten, die im Rahmen der Selbstauskunft von Unternehmen anfallen:

Vielfältige Möglichkeiten zur Prüfung von Unternehmensinformationen

- ❏ Es ist wichtig, in entsprechenden Bereichen konkrete Belege für die angegebenen Aktivitäten und Leistungen der Unternehmen zu fordern. So kann z.B. die Angabe, regelmäßige umweltbezogene Schulungen für die Angestellten durchzuführen, durch die Zusendung entsprechender Schulungs-Materialien und -Programme untermauert werden.

- ❏ Zahlreiche Daten sind auch einer stichprobenartigen Kontrolle zugänglich. Zur Bestätigung der Angabe, daß das Unternehmen über eine Behindertenvertretung verfügt, kann z.B. ein einfacher Anruf in der Telefonzentrale und der Wunsch, mit der Behindertenvertretung verbunden zu werden, genügen.

- ❏ Die Gegenkontrolle der Unternehmensangaben durch in dem jeweiligen Untersuchungsfeld erfahrene Experten kann ggf. Hinweise auf Informationen bringen, die noch einmal überprüft werden sollten. Derartige Hinweise können selbst dann Wirkung zeigen, wenn sie nur „vertraulich" erfolgen.

- ❏ Bei begründeten Zweifeln an einzelnen Angaben kann es nützlich sein, danach noch einmal gezielt zu fragen und um eine ausdrückliche Bestätigung zu bitten. Gegebenenfalls besteht dann die Möglichkeit für das Unternehmen, die Angabe als fehlerhaft zu identifizieren und sie noch zu korrigieren.

Neben diesen Mitteln, die Datenbasis vor der Durchführung einer Unternehmensbewertung noch einmal abzusichern, besteht das effektivste Kontrollinstrument natürlich in der Tatsache der *Veröffentlichung* selbst. Mit der Offenlegung der Daten, die der Bewertung zugrunde liegen, besteht prinzipiell für jedermann, der – sei es privat oder beruflich – über einzelne Informationen zu Aspekten des Unternehmensverhaltens verfügt, die Möglichkeit des Datenabgleichs. Ein Prinzip der Bestimmung und Operationalisierung von Bewertungskriterien sollte es deshalb sein, dem Test solche Informationen zugrunde zu legen, die in irgendeiner Weise „Datenspuren" (in Form von Kennzahlen, Statistiken, Berichten, Dokumenten usw.) hinterlassen, so daß ggf. Widersprüche aufgefunden und auch belegt werden können. Jedes Unternehmen, das bewußt falsche Angaben machte, ginge dann das Risiko ein, daß Personen – innerhalb oder außerhalb der Firma – die Widersprüche entdecken und in irgendeiner Weise publik machen können.

Veröffentlichung und Öffentlichkeit als Kontrollprinzip

Das genannte Kontrollprinzip steht natürlich in besonderer Weise den Wettbewerbern eines Unternehmens am Markt offen. Die systematische Beobachtung der Konkurrenz führt dazu, daß mögliche irreführende oder gar falsche Angaben eines Unternehmens in Gefahr stehen, auch von Wettbewerbern entdeckt und ggf. öffentlich angeprangert zu werden. In jedem Falle wird von der Rufschädigung, die eine bewußte Falschangabe möglicherweise haben könnte, ein nicht unerheblicher zusätzlicher Druck zur ehrlichen Beantwortung der Fragebögen ausgehen.

Neben der Frage der Absicherung der Selbstauskünfte von Unternehmen kommt es natürlich fallweise auch zu Konflikten um die Daten, die aus externen Quellen stammen. Diese werden spätestens dann deutlich, wenn den Unternehmen die erhobenen Daten vor der Bewertung noch einmal zur Kenntnis gegeben werden – was aus juristischer Sicht unbedingt notwendig ist (vgl. dazu S. 261ff in diesem Buch). Sollte es hier nicht möglich sein, im Dialog mit den Beteiligten eine einvernehmliche Klärung zu erreichen, so kann es notwendig sein, im Rahmen der Veröffentlichung beide Seiten in ihrer Widersprüchlichkeit darzustellen und ggf. in dem betreffenden Punkt auf eine Bewertung zu verzichten, da die Datenbasis nicht eindeutig ist.

4. Die Umsetzung

Der erste vergleichende sozial-ökologische Unternehmenstest in Deutschland

4.1 Das Projekt Unternehmenstest als Verbraucherinformation

In der Bundesrepublik Deutschland wird seit 1992 an sozial-ökologischen Unternehmenstests gearbeitet.[62] Im Februar dieses Jahres hatten eine Reihe von Verbraucherverbänden, das Magazin Ökotest und das Institut für Markt-Umwelt-Gesellschaft (imug) vereinbart, in gemeinsamer Verantwortung das Projekt „Unternehmenstest als Verbraucherinformation" für die Bundesrepublik durchzuführen. Das *Projektmanagement* wurde vom imug mit Sitz in Hannover übernommen. Der Initiative lag die Einschätzung der Träger zugrunde, daß es in der Bundesrepublik noch nicht in genügendem Ausmaß gelungen ist, Unternehmen zur praktischen Wahrnehmung ihrer gesellschaftspolitischen, insbesondere ihrer sozialen und ökologischen Verantwortung zu bewegen. Als einer der Gründe wurde identifiziert, daß es für ein derartiges Unternehmensverhalten kaum marktwirtschaftliche Anreize gibt. Um diese Anreize zu schaffen, sollten die Unternehmen einer sachlichen und transparenten Prüfung unterzogen werden. Die Projektträger bemängelten, in der Bundesrepublik fehle „eine seriöse und umfassende öffentliche Diskussion über das soziale und ökologische Engagement der Unternehmen, bei der von unabhängiger Seite relevante Informationen über das tatsächliche Verhalten von Unternehmen bereitgestellt werden." (imug 1992, S. 1)

Anreize für sozial-ökologisches Verhalten sind kaum vorhanden

Als *Aufgaben des Projekts* „Unternehmenstest als Verbraucherinformation" wurden formuliert: Informationen über das tatsächliche Unternehmensverhalten in wichtigen gesellschaftlichen Feldern zu sammeln und auszuwerten, Unternehmen daraufhin nach sozialen und ökologischen Kriterien zu bewerten und diese Ergebnisse in verständlicher Form an die Verbraucher weiterzugeben. Den deutschen Konsumenten sollten mit den Projektergebnissen verläßliche und glaubwürdige Informationen über die soziale und ökologische Verantwortlichkeit von Unternehmen zur Verfügung gestellt werden. Die Projektträger legten bereits damals besonderen Wert auf die Feststellung, daß es sich bei ihrem Unternehmenstest nicht „... um ein 'anti-business-Projekt' handelt, sondern daß es um einen kritischen Dialog im Interesse der Erstellung von korrigierender und ergänzender Marktinformation geht." (imug 1992, S. 5)

Das Projekt „Unternehmenstest als Verbraucherinformation" in der deutschen Nahrungs- und Genußmittelindustrie wird in diesem Kapitel vorgestellt. Dabei werden der Projektverlauf bis hin zur Entstehung der Buchveröffentlichung „Der Unternehmenstester" geschildert sowie die der Veröffentlichung zugrundeliegenden Inhalte und die Methodik der wissenschaftlichen Untersuchung erläutert. Darüber hinaus erfolgt *erstmalig* eine weitergehende Auswertung der erhobenen Daten zum sozial-ökologischen Verhalten der deutschen Nahrungs- und Genußmittelindustrie. Die hier vorgestellten Informationen gehen über die bereits veröffentlichten Untersuchungsergebnisse zu einzelnen Unternehmen hinaus: Auf Grundlage der vorliegenden Informationen werden vielmehr fundierte Aussagen über das sozial-ökologische Verhalten der Nahrungs- und Genußmittelindustrie insgesamt gemacht.

Verhalten von Unternehmen auf dem Prüfstand

Die folgende Darstellung des Projektes und der Projektergebnisse ist die – auch auf internationaler Ebene – *erste vollständige Dokumentation* der Durchführung eines sozial-ökologischen Unternehmenstests und kann somit auch als Grundlage für die Diskussion und Weiterentwicklung dieses Instrumentes in der Bundesrepublik dienen.

4.1.1 Institutionalisierung

Träger

Der sozial-ökologische Unternehmenstest wurde als ein Arbeitsinstrument definiert, mit dem Unternehmen von *unabhängiger „dritter Seite"* und *unaufgefordert* untersucht werden (vgl. S. 74ff in diesem Buch). Eine entsprechend glaubwürdige und transparente Unternehmensbewertung kann per definition effektiv weder als „Behördenmodell", also als staatliche Aufgabe, etabliert werden, noch könnte sie als Initiative der Industrie oder ihres Marketing lanciert werden und funktionieren. Sie kann nur von unternehmensunabhängigen Institutionen durchgeführt werden.

Um den ersten sozial-ökologischen Unternehmenstest in der Bundesrepublik Deutschland durchzuführen, haben sieben *unternehmensunabhängige Institutionen* in einem Trägerkreis zusammengearbeitet:

- das imug – Institut für Markt-Umwelt-Gesellschaft e.V., Hannover,
- die Arbeitsgemeinschaft der Verbraucherverbände (AgV), Bonn,
- die Verbraucher-Zentrale Baden-Württemberg, Stuttgart,
- die Verbraucher-Zentrale Niedersachsen, Hannover,
- die Verbraucher-Zentrale Nordrhein-Westfalen, Düsseldorf,
- die Verbraucher-Initiative, Bonn,
- das Ökotest-Magazin, Frankfurt.

Dieser Trägerkreis umfaßt Institutionen, die mit ihren unternehmensunabhängigen und auch kritischen Verbraucherinformationen in der Öffentlichkeit anerkannt sind. Für diese Institutionen war das Projekt „Unternehmenstest als Verbraucherinformation" die logische *Weiterentwicklung* ihrer Anstrengungen, Informations- und Beratungsangebote für ein ökologisch und sozial verantwortliches Konsumverhalten zu verbreiten. Die Zusammensetzung des Trägerkreises mit der Kooperation der „klassischen" mit den eher „alternativen" Verbrauchervertretungen war in dieser Form im übrigen eine deutsche Novität. Alle grundlegenden Entscheidungen wurden von den Projektträgern auf regelmäßigen Sitzungen gemeinsam getroffen.

Kooperation von „klassischen" und „alternativen" Verbraucherorganisationen

Zum Trägerkreis selbst gehört auch das Institut für Markt-Umwelt-Gesellschaft e.V. (imug) in Hannover, das als gemeinnütziges Forschungsinstitut die Untersuchungen durchführte und das gesamte Projektmanagement bis hin zur Ausarbeitung der Veröffentlichung übernahm.

Beirat

Um eine breite gesellschaftliche Unterstützung und Rückkopplung für das Projekt zu sichern und zu dokumentieren, wurde ferner ein Projekt-Beirat konstituiert, dem namhafte Vertreterinnen und Vertreter aus Gesellschaft, Politik und Wirtschaft angehören sollten. Im Laufe des Jahres 1992 wurde das Projekt einer ausgewählten Reihe potentieller Beiratsmitglieder mit durchweg positiver Resonanz vorgestellt. Im Januar 1993 erfolgte schließlich die Konstitution des Projekt-Beirates, der folgende Zusammensetzung hatte:

- Siglinde Adam de Rivadeneira, Arbeitsgemeinschaft Kirchlicher Entwicklungsdienst (AGKED), Stuttgart,
- Richard Adams, New Consumer, Newcastle,
- Wolfgang Apel, Deutscher Tierschutzbund e.V., Bonn,
- Frank Braßel, Foodfirst Informations- & Aktionsnetzwerk (FIAN), Herne,
- Prof. Dr. Michael Braungart, Hamburger Umweltinstitut, Hamburg,
- Max Deml, Forschungsinstitut für ethisch-ökologische Geldanlagen (FIFEGA), Wien,
- Annett Gnass, Ökobank, Frankfurt,
- Fritz Hahne, Wilkhahn Wilkening + Hahne, Bad Münder,
- Dr. Martin Held, Evangelische Akademie Tutzing, Tutzing,
- Prof. Dr. Helmut Hesse, Landeszentralbank in Bremen, Niedersachsen und Sachsen-Anhalt, Hannover,
- Rainer König, AEG-Hausgeräte, Nürnberg,
- Prof. Dr. Rudi Kurz, Bund für Umwelt und Naturschutz Deutschland (BUND), Bonn,
- Dr. Heide Ott, Deutscher Frauenrat, Bonn,
- Dr. Klaus Piepel, Misereor, Aachen,
- Heinz Preis, BAG Hilfe für Behinderte, Düsseldorf,
- Günther Rosenberger, Stiftung Verbraucherinstitut, Berlin,
- Doris Schneider-Zugowski, Deutscher Gewerkschaftsbund (DGB), Düsseldorf,
- Prof. Dr. Ulrich Steger, European Business School, Oestrich-Winkel,
- Alice Tepper Marlin, Council on Economic Priorities (CEP), New York,
- Detlev von Livonius, Otto Versand, Hamburg,
- Jacob v. Uexküll, Right Livelihood Foundation, London,
- Peter Webster, Ethical Investment Research Service (EIRIS), London.

Als Funktion des Beirats nach innen wurde formuliert, die Projektträger zu beraten. Er soll insbesondere bei der Entscheidung über grundlegende Fragen zu den Untersuchungsobjekten, den Untersuchungsfeldern und -kriterien, den eingesetzten Verfahren der Informationsgewinnung sowie bei der Informationsdarstellung und -distribution mit seinem *Sachverstand* Anregungen und Vorschläge unterbreiten. Die nach außen gerichtete Funktion des Beirates ist die *Akzeptanzerhöhung* dieses neuen Arbeitsansatzes in allen gesellschaftlichen Bereichen. Daß der gesamte Beirat dabei nicht in allen Detailpunkten zu einheitlichen Sichtweisen gelangen muß, ist selbstverständlich.

Der gewählte Ansatz zur Institutionalisierung des sozial-ökologischen Unternehmenstests hat sich offensichtlich bewährt: Alle mitwirkenden Institutionen und Personen aus Trägerkreis und Beirat wirken auch an der Fortsetzung des Projekts „Unternehmenstest als Verbraucherinformation" mit (vgl. S. 215ff in diesem Buch).

Einbeziehung der Unternehmen

Bereits im Beirat des Projekts „Unternehmenstest als Verbraucherinformation" sind Vertreter der Industrie einbezogen worden. Um Interessenkonflikten vorzubeugen, wurde jedoch bewußt auf die Aufnahme von Unternehmensvertretern der untersuchten Branche verzichtet. Nicht im eigentlichen Sinne institutionalisiert wurde somit die Einbeziehung der untersuchten Unternehmen und ihrer Verbände. Dennoch hat sich im Laufe des Projekts ein *regelmäßiger Dialog* mit eben diesen Vertretern der untersuchten Branche etabliert, der zumindest ansatzweise einen institutionellen Charakter aufwies. Die Initiative hierzu ging vom imug aus, das die zuständigen Unternehmensverbände vor der Untersuchung von seinem Vorhaben informierte. Ferner wurde allen angeschriebenen Unternehmen der Dialogcharakter der Untersuchung kommuniziert und die Bereitschaft zu Gesprächen signalisiert. Der Dialog mit Teilen der Industrie benötigte eine lange Vorlaufzeit. Einmal begonnen, wurde jedoch insbesondere in den Diskussionsrunden mit dem Markenverband, dem BDI und einer Reihe einbezogener Unternehmen intensiv und sachverständig über die Untersuchungsinhalte gestritten.

> **Regelmäßige Information der Unternehmensvertreter**

Inwieweit eine langfristige Institutionalisierung dieses einmal begonnenen Dialogs möglich und sinnvoll ist, kann aufgrund des uneinheitlichen Auftretens der Industrie nicht abschließend beurteilt werden. Insbesondere die positiven Erfahrungen der Gespräche mit dialogbereiten Unternehmensvertretern lassen jedoch auch für zukünftige Untersuchungen einigen Spielraum für die Einbeziehung der untersuchten Unternehmen und ihrer Vertreter vermuten. Insbesondere die fachliche Kompetenz der Unternehmensseite kann einen wertvollen Beitrag zum *inhaltlichen Gelingen* zukünftiger Untersuchungen leisten, ein dergestalter Dialog wird nach den bisher gemachten Erfahrungen immer auch zur *gesteigerten Akzeptanz* bei den zu untersuchenden Unternehmen beitragen. Wenn auch die Ausdehnung der gesellschaftlichen Verankerung des Konzeptes des Unternehmenstests auch auf die Unternehmensseite generell anzustreben ist, muß jedoch die Wahrung der Unabhängigkeit und der Entscheidungshoheit über die Untersuchungsinhalte Priorität genießen.

> **Dialog steigert Akzeptanz bei den Unternehmen**

4.1.2 Projektverlauf

Als übergeordnete Aufgaben des Projekts „Unternehmenstest als Verbraucherinformation" wurden einleitend formuliert: die Sammlung von Informationen und Auswertung der Daten in wichtigen gesellschaftlichen Feldern, die Bewertung der Unternehmen nach sozialen und ökologischen Kriterien und die Weitergabe der Untersuchungsergebnisse an die Verbraucher in verständlicher Form.

Im Laufe des Projektes wurde über einen Zeitraum von drei Jahren eine Reihe von Ansätzen zur Lösung dieser Aufgaben entwickelt, geprüft, diskutiert, verworfen oder modifiziert und schließlich verabschiedet und durchgeführt, bis die Projektergebnisse in Form der Buchveröffentlichung „Der Unternehmenstester" am 01. Juni 1995 publiziert wurden.

4.1 Das Projekt Unternehmenstest als Verbraucherinformation

Die *Arbeitsschritte* des Projekts bis zur Realisation des „Unternehmenstesters" werden im vorliegenden Abschnitt skizziert, das Buch selbst wird kurz vorgestellt. Einzelheiten zur Untersuchung und insbesondere zur Projektmethodik finden sich weiter unten in diesem Kapitel.

Der Projektzeitraum überspannte die Zeit von April 1992 bis Juni 1995. Der Schwerpunkt der Arbeiten zur Untersuchung des sozial-ökologischen Verhaltens von 250 Unternehmen der Nahrungs- und Genußmittelindustrie lag in den Jahren 1993 und 1994. Die wichtigsten Arbeitsschritte sind chronologisch mit ihrer ungefähren zeitlichen Lage und Dauer dokumentiert:

- Konstitution der Trägergruppe und Projektdefinition (April 1992),
- Gründung des Projektbeirats (Januar 1993),
- Identifikation und Auswahl der Untersuchungsbereiche (Mitte 1992 bis Mai 1993),
- Entwicklung und Diskussion der Untersuchungskriterien (Mitte 1992 bis Mai 1993),
- Planung und Aufbau der Sekundärforschung (ab Mitte 1992),
- Aufbau einer umfassenden Branchendokumentation mit dem Schwerpunkt Unternehmen (ab Mitte 1992),
- Entwicklung des Fragebogens „Unternehmensbefragung 1993" (Ende 1992 bis Mai 1993),
- Aufbau einer EDV-Logistik zur Koordination der Kontakte mit den untersuchten Unternehmen (Anfang 1993),
- Auswahl der Untersuchungsobjekte (April 1993),
- Versand der schriftlichen „Unternehmensbefragung 1993" an 250 Unternehmen (Juni 1993),
- begleitende telefonische Unterstützung der „Unternehmensbefragung 1993" bei ausgewählten Unternehmen (Juni 1993 bis September 1993),
- Präsentation des Projekts Unternehmenstest als Verbraucherinformation auf einer Bonner Pressekonferenz (August 1993),
- Versand eines Erinnerungsschreibens zur Unternehmensbefragung an betreffende Unternehmen und darauffolgender Fax-Versand einer Pressemeldung zur imug-Emnid-Untersuchung „Unternehmen und Verantwortung" an alle Unternehmen (Oktober 1993).

Das Ergebnis der ersten Unternehmensbefragung wurde Ende 1993 von den Projektträgern als unbefriedigend eingestuft. Mit dem Eingang von 12 ausgefüllten Unternehmensbefragungen war der Rücklauf wesentlich geringer als erwartet, gleichzeitig formierte sich seitens der Unternehmen und einiger Branchenverbände Widerstand gegen das Projekt und die Projektziele. Ohne die Arbeiten an einer veränderten Veröffentlichungskonzeption auf Basis der vorliegenden Informationen zu vernachlässigen, wurde daher der Dialog mit der Unternehmensseite intensiviert. Das Ziel der Projektträger war hierbei die *stärkere Einbeziehung* der Industrie, allerdings mit der Maßgabe, die Inhalte der Untersuchung nicht grundlegend zu verändern. Wenn auch über die Untersuchungsfelder und -kriterien an einigen Stellen mit den involvierten Unternehmen und Verbänden kein Einvernehmen erzielt wurde, wurden dennoch

Dialog mit den Unternehmen wurde intensiviert

ernstzunehmende Argumente ausgetauscht und wichtige Anregungen der Unternehmensseite von den Projektträgern aufgegriffen. So wurde bspw. vereinbart, zu gesellschaftspolitisch strittigen Themen, wie z.B. der Gentechnologie oder der Verwendung von Zusatzstoffen, die Argumente der streitenden Parteien in der Veröffentlichung möglichst authentisch im Sinne einer Pro- und Contra-Diskussion abzubilden.

Von den Beteiligten des Dialogs ist eine *konstruktive Art* des Umgangs gefunden worden. Gleichzeitig wurde jedoch auch dafür gesorgt, daß sich eine neue dialogische Streitkultur zwischen gesellschaftlichen Gruppen und ihren Anliegen auf der einen Seite und den Unternehmen auf der anderen Seite nicht zu kräftig entwickelte. So hatten die Bundesvereinigung der Ernährungsindustrie (BVE) und der Bund für Lebensmittelrecht und Lebensmittelkunde (BLL) lediglich den selbstverständlichen Hinweis beizutragen, daß eine Teilnahme an Befragungen immer freiwillig bleiben müsse.[63] Mit dem weitergehenden Hinweis, daß mit der geplanten Veröffentlichung womöglich das „Persönlichkeitsrecht" von Unternehmen tangiert sei, wurden denjenigen Unternehmen, die auf die Untersuchung mit Ignoranz oder gar Widerspruch reagieren wollten, die scheinbar auch noch juristisch abgesicherten Stichworte frei Haus geliefert. Von einzelnen Unternehmen wurde dann folgerichtig unter Bezugnahme auf diese Verbandsstellungnahmen sogar versucht, jegliche Erwähnung des Unternehmensnamens oder der recherchierten Tatsachen zu untersagen.

Meinungsumschwung zugunsten des Unternehmenstests

Bedingt durch den insgesamt positiven Verlauf des Dialogs der Projektträger mit der Unternehmensseite und die darauf folgenden befürwortenden Stellungnahmen insbesondere des Markenverbandes sowie des BDI, wurde zumindest in Teilbereichen der Industrie ein *Meinungsumschwung* zugunsten des Instrumentes Unternehmenstest bewirkt, der auf eine weit höhere Resonanz im Falle einer neuerlichen Unternehmensbefragung schließen ließ. Trotz des damit verbundenen erheblich höheren Arbeitsaufwandes und der abzusehenden Überschreitung des geplanten Projektzeitraumes, wurde vom Trägerkreis beschlossen, eine modifizierte Unternehmensbefragung durchzuführen.

Die Untersuchung wurde mit folgenden Arbeitsschritten fortgesetzt:

- Trägerinterne Überprüfung und Diskussion der Untersuchungsfelder und Untersuchungskriterien (Oktober 1993-Februar 1994),
- Aufnahme einer Gesprächsrunde mit Unternehmens- und Verbandsvertretern (November 1993-Februar 1994),
- Überarbeitung der „Unternehmensbefragung 1993" zur „Unternehmensbefragung 1994" (März 1994),
- Versand der „Unternehmensbefragung 1994" an alle Unternehmen (April 1994),
- begleitende telefonische Unterstützung der „Unternehmensbefragung 1994" bei ausgewählten Unternehmen (April bis Juli 1994),
- Versand eines Erinnerungsschreibens zur Unternehmensbefragung an betreffende Unternehmen (Mai 1994),
- Auswertung und Zusammenstellung der vorliegenden Informationen zum sozialökologischen Verhalten der Unternehmen (Mai bis August 1994),

- Versand eines Datenbankauszugs per Einschreiben mit Rückschein. Mit dem Datenbankauszug wurden allen Unternehmen die über sie erhobenen Informationen zur Kontrolle mitgeteilt (August 1994),
- Entwicklung des Bewertungsmodells (projektbegleitend bis August 1994),
- Versand eines Erinnerungs-Fax an betreffende Unternehmen (September 1994),
- Entwicklung der Veröffentlichungskonzeption (projektbegleitend bis September 1994),
- EDV-gestützte Bewertung der 75 im „Unternehmenstester" ausführlich vorgestellten Unternehmen (September u. Oktober 1994),
- Manuskripterstellung (Mai bis Dezember 1994),
- juristische Prüfung der zur Veröffentlichung vorgesehenen Unternehmensdaten (Oktober 1994),
- Buchproduktion (Januar bis Mai 1995),
- Vorstellung des „Unternehmenstesters" auf einer Bonner Pressekonferenz (Mai 1995),
- offizieller Erscheinungstag des „Unternehmenstesters" (01. Juni 1995),
- begleitende Presse- und Öffentlichkeitsarbeit (ab Juni 1995)

Diese Aufzählung der wichtigsten Stationen kann nur ein ungefähres Bild des Projektablaufes vermitteln. So werden u.a. die *vielfältigen Interdependenzen* der einzelnen Arbeitsschritte hier nur z.T. deutlich. Die Komplexität einzelner Teilaufgaben deutet sich auch in den Ausführungen zur Untersuchungsmethodik an anderer Stelle dieses Kapitels an. Die zeitliche Abfolge im Projekt wurde ab Juni 1993 insbesondere durch die Durchführung und Ausgestaltung der Kommunikation mit den Unternehmen beeinflußt. Die beobachtete allgemeine „Zähigkeit" von Unternehmensreaktionen, der hohe Erläuterungsbedarf des Konzeptes Unternehmenstest, die Palette unterschiedlichster Unternehmensreaktionen, verbunden mit einer im Zeitverlauf zunehmenden Notwendigkeit der Individualisierung der Kommunikation, sowie der hohe Anspruch des Projekts, den Unternehmen eine Möglichkeit zur Kommentierung der Untersuchungsergebnisse zu geben, bedeuteten hohe Anforderungen an das Projektmanagement. Insgesamt wurden ca. 2.500 Unternehmenskontakte im Projekt „Unternehmenstest als Verbraucherinformation" realisiert und dokumentiert: vom Serienanschreiben, über das Telefonat, bis zum persönlichen Interview und Abholen des ausgefüllten Fragebogens.

Insgesamt wurden ca. 2.500 Unternehmenskontakte dokumentiert

Bei Abschluß der Arbeiten zur direkten Erhebung von Unternehmensdaten im September 1994 lagen 47 ausgefüllte Fragebogen von Unternehmen der Nahrungs- und Genußmittelindustrie vor. Damit hatte sich der Rücklauf der Unternehmensbefragung im Vergleich zum Oktober 1993 nahezu vervierfacht. Die vorliegenden Daten waren nun ausreichend, um zur ursprünglichen Konzeption eines Einkaufsführers für Konsumenten zurückzukehren.

4.1.3 Der Unternehmenstester

Die Veröffentlichung der Untersuchungsergebnisse unter dem Titel „Der Unternehmenstester" bildete den vorläufigen Abschluß des Projekts „Unternehmenstest als Verbraucherinformation". Die Darstellung dieses in Deutschland noch weitgehend unbekannten Instrumentes und die Präsentation der Ergebnisse einer wissenschaftlichen Untersuchung in für die deutsche Verbraucherschaft verständlicher Form stellten hohe Anforderungen an die Konzeption dieser Veröffentlichung. Der „Unternehmenstester" sollte die in Deutschland vorhandenen Informationsangebote über die Qualität von Produkten und Dienstleistungen dauerhaft ergänzen. Über die Informationen des sozialökologischen Unternehmensverhaltens der deutschen Nahrungs- und Genußmittelindustrie hinaus mußten aber auch erst einmal die Grundlagen für das Verständnis und die Einordnung dieser Informationen geschaffen werden.

Ergänzung der vorhandenen Informationsangebote

In den Mittelpunkt des „Unternehmenstesters" wurde die sozial-ökologische Verantwortung der deutschen Nahrungs- und Genußmittelindustrie gestellt. Die einzelnen Bereiche gesellschaftspolitischer Verantwortung von Unternehmen werden herausgearbeitet, ebenso sind auch die der Untersuchung zugrundeliegenden Kriterien abgebildet. Die Bewertungen des Unternehmensverhaltens in den einzelnen Untersuchungsfeldern werden erläutert, die ergänzenden Hinweise näher erklärt. Breiten Raum nehmen die detaillierten Informationen über das konkrete soziale und ökologische *Verhalten von 75 Unternehmen* der Nahrungs- und Genußmittelindustrie ein. Zu diesem Zweck wurden sog. Unternehmensprofile entwickelt, die in standardisierter Form einen Überblick über das Unternehmen enthalten und die *Bewertungen* und *Kommentierungen* zum sozialökologischen Unternehmensverhalten in den einzelnen Untersuchungsfeldern abbilden.

Um den Verbrauchern den Gebrauch des Buches zu erleichtern, wurde eine Vielzahl weiterer Daten im Anhang des Buches übersichtlich aufbereitet: Kenndaten (Unternehmensname, Anschrift, Telefon, Muttergesellschaft) zu allen insgesamt 250 Unternehmen der Branche, die zur Teilnahme an der Untersuchung aufgefordert wurden, sind im Unternehmensverzeichnis abgebildet. Hier läßt sich auch nachlesen, wie jedes dieser Unternehmen – auf einer Skala mit den Ausprägungen *Kooperation*, *Duldung*, *Absage*, *Nichtbeachtung* oder *Widerspruch* – mit dem „Unternehmenstester" umgegangen ist. Ferner wurde ein umfangreiches Verzeichnis der Marken und Produktgruppen zusammengestellt. Dieses Verzeichnis ermöglicht die Zuordnung einer Marke zum herstellenden Unternehmen oder auch die Suche nach entsprechenden Produktalternativen. Auch die Methodik der Untersuchung und selbst die Einzelbewertung der Untersuchungskriterien wird aus Gründen der Transparenz, aber auch aus Gründen der juristischen Absicherung im Anhang abgebildet.

Der „Unternehmenstester" enthält aber nicht nur Informationen über das sozialökologische Verhalten der Unternehmen der Nahrungs- und Genußmittelindustrie. Eigene begleitende Abschnitte widmen sich der Frage nach der Verantwortung der Konsumenten und dem aktuellen Thema der Informationsbereitschaft der deutschen Unternehmen. Als erste Veröffentlichung dieser Art in der Bundesrepublik hat der „Unternehmenstester" nach Ansicht der Projektträger aber auch die Aufgabe, die Idee, Hintergründe und Zielsetzungen des Projektes „Unternehmenstest als

Erste Veröffentlichung dieser Art in der Bundesrepublik

Verbraucherinformation" vorzustellen und zu erläutern. Es sollte deutlich gemacht werden, daß es sich bei dieser Veröffentlichung nicht um ein einmaliges, originelles Buchprojekt handelt. Vielmehr wird der Anspruch erhoben, eine seriöse und umfassende *öffentliche Diskussion* über das soziale und ökologische Engagement von Unternehmen zu eröffnen.

Der „Unternehmenstester" wurde am 01. Juni 1995 im Rowohlt-Verlag veröffentlicht. Bis Ende des ersten Verkaufsjahres wurden ca. 11.000 Exemplare verkauft.

Abb. 29: Titelblatt der Buchveröffentlichung „Der Unternehmenstester"

4.2 Gesellschaftspolitische Verantwortung der Nahrungs- und Genußmittelindustrie

Im Zentrum des Projekts „Unternehmenstest als Verbraucherinformation" stand die Untersuchung der Übernahme gesellschaftspolitischer Verantwortung seitens der deutschen Nahrungs- und Genußmittelindustrie. Vorab war jedoch zu klären, zu welchen gesellschaftlich relevanten Problemfeldern die entsprechenden Daten erhoben werden sollten, d.h. in welchen Bereichen den Unternehmen dieser Branche eine gesellschaftliche Verantwortung zugeschrieben werden kann. Die Fragen der *Verantwortungszuschreibungen* an Unternehmen und der Verantwortungsübernahme von Unternehmen sowie entsprechende Legitimationsprobleme eines sozial-ökologischen Unternehmenstests wurden bereits an anderer Stelle ausführlich diskutiert (vgl. S. 99ff in diesem Buch). Hier werden nun diejenigen *Verantwortungsbereiche* vorgestellt, die im Projekt als relevant für die deutsche Nahrungs- und Genußmittelindustrie identifiziert und somit als Untersuchungsbereiche ausgewählt wurden. Um die Zuordnung der Untersuchungsbereiche zu erleichtern, wird eine kurze Charakterisierung der untersuchten Branche vorangestellt.

4.2.1 Die deutsche Nahrungs- und Genußmittelindustrie

Die Nahrungs- und Genußmittelindustrie zählte zum Zeitpunkt der Untersuchung zu den bedeutendsten Bereichen der deutschen Volkswirtschaft. Sie war – bezogen auf das Inland – mit einem Umsatz von ca. 246 Mrd. DM im Jahr 1993 sogar der *umsatzstärkste Wirtschaftsbereich* in der Bundesrepublik; zur Nahrungs- und Genußmittelindustrie zählten im selben Jahr ca. 4.600 Unternehmen mit insgesamt 587.000 Beschäftigten (Statistisches Bundesamt 1995, S. 195).

Umsatzstarke Branche mit 4.600 Unternehmen

Nach der Branchenabgrenzung des Statistischen Bundesamtes bilden die Wirtschaftsbereiche Ernährungsindustrie und Tabakverarbeitende Industrie zusammen die Nahrungs- und Genußmittelindustrie oder auch die Nahrungs- und Genußmittelbranche. Diese setzt sich wiederum zusammen aus verschiedenen Wirtschaftszweigen. Die in sich sehr vielgestaltige Nahrungs- und Genußmittelindustrie wird zu einer Einheit durch den Charakter ihrer Erzeugnisse: sie stellt Lebensmittel her. *Lebensmittel* sind nach dem deutschen Lebensmittel- und Bedarfsgegenständegesetz (LMBG) folgendermaßen definiert: „Lebensmittel im Sinne dieses Gesetzes sind Stoffe, die dazu bestimmt sind, in unverändertem, zubereitetem oder verarbeitetem Zustand von Menschen verzehrt zu werden; ausgenommen sind Stoffe, die überwiegend dazu bestimmt sind, zu anderen Zwecken als zur Ernährung oder zum Genuß verzehrt zu werden." (§ 1 Abs. 1 LMBG). Im LMBG werden auch Tabakwaren als Lebensmittel definiert. Auch im „Unternehmenstester" wurde die Nahrungs- und Genußmittelindustrie oder auch Lebensmittelindustrie zusammenfassend betrachtet (Wilhelm 1993, S. 26).

Die Branche stellt heute zusammen mit dem Ernährungshandwerk und dem Lebensmittelhandel die wesentliche Verbindung zwischen der landwirtschaftlichen Erzeugung und dem Verbraucher dar. Die Verbraucher zählen gutes Essen, Trinken und den Genuß nach wie vor zu den allerwichtigsten Interessengebieten im Leben. Und dazu gehört für 28% der Bevölkerung ab 10 Jahren immer noch auch das Rauchen – allen gutmeinenden Kampagnen zum Trotz. Die täglichen Ausgaben für Nahrungs- und Genußmittel bilden einen der bedeutendsten Posten im Budget privater Haushalte. Die Gesamtausgaben der Haushalte für Nahrungsmittel, Getränke und Tabakwaren überschritten 1992 im vereinten Deutschland erstmals die Summe von *300 Mrd. DM* (o.V. 1994; Globus 1994; Statistisches Bundesamt 1994, S. 692).

Essen, Trinken und Genuß als wichtige Konsumfelder

Ein durchschnittlicher 4-Personen-Haushalt in den alten Bundesländern – die Werte für die neuen Bundesländer lagen um ca. 10% darunter – gab 1993 monatlich 876 DM für Nahrungsmittel, Getränke und Tabakwaren aus. Der Anteil dieser Ausgaben am gesamten privaten Verbrauch dieser Durchschnittsfamilie betrug 20%, also ein Fünftel des Haushaltsbudgets. Ein Vergleich mit den Daten früherer Jahre zeigt eine deutliche Abnahme dieses Anteils, der noch 1970 bei ca. 35% lag, nunmehr aber seit mehreren Jahren relativ stabil bleibt (Statistisches Bundesamt 1994, S. 574; BVL 1992, S. 25).

Die Nahrungs- und Genußmittelindustrie war neben ihrer volkswirtschaftlichen Stellung und der Bedeutung ihrer Erzeugnisse für die Verbraucher aber auch noch aus anderen Gründen für den „Unternehmenstester" interessant. Nahrungs- und Genußmittel werden in großer Zahl zu insgesamt durchaus vergleichbaren Qualitäten und Preisen angeboten, so daß eine Vielzahl an *Kaufentscheidungsalternativen* vorhanden ist. Es handelt sich um Verbrauchsgüter, die fast täglich eingekauft werden – zum großen Teil Markenprodukte, die auch einen hohen Bekanntheitsgrad genießen –, und schließlich gehören Nahrungs- und Genußmittel zu den am stärksten beworbenen Gütern überhaupt.

4.2.2 Gesellschaftliche Anliegen und Verantwortungszuschreibungen gegenüber der Nahrungs- und Genußmittelindustrie

In welchen Bereichen sollen die Unternehmen der Nahrungs- und Genußmittelindustrie überhaupt konkret verantwortlich handeln? Der Untersuchung von Unternehmen im Projekt „Unternehmenstest als Verbraucherinformation" liegt eine bestimmte Grundauffassung zu den Möglichkeiten und Notwendigkeiten eines verantwortlichen Unternehmensverhaltens zugrunde: Die Lösung grundlegender Probleme unserer Volkswirtschaften kann ohne die stärkere und umfassende *Verantwortungsübernahme* von Wirtschaftsunternehmen nicht gelingen. Den jeweiligen Unternehmenspolitiken werden somit signifikante ökologische, soziale und kulturelle Auswirkungen zugeschrieben.

Sozial-ökologischer Unternehmenstest bezieht eindeutig Stellung

Gesellschaftliche Verantwortungsbereiche von Unternehmen der Nahrungs- und Genußmittelindustrie wurden im Projekt „Unternehmenstest als Verbraucherinformation" über verschiedene Zugänge identifiziert:

Es wurde eine Reihe von *Beispielen und Initiativen* für verantwortliches Unternehmensverhalten untersucht. In zahlreichen Fällen demonstrieren Unternehmen ihre Möglich-

4.2 Gesellschaftspolitische Verantwortung der Nahrungs- und Genußmittelindustrie

keiten, sich für die Lösung gesellschaftlicher Problemlagen aktiv einzusetzen. Insbesondere das Engagement für die Umwelt, aber auch Beispiele verbesserter Aufstiegschancen für Frauen, eine umfassende Kulturförderung u.a. sind tatsächliche Bestandteile von Unternehmenspolitiken. Die Nahrungs- und Genußmittelindustrie bspw. hat sich durch ein im Vergleich zur restlichen Industrie überdurchschnittliches Engagement in den Neuen Bundesländern ausgezeichnet.

Zahlreiche gesellschaftliche Organisationen formulieren ihre *Erwartungshaltungen* an Unternehmen. Insbesondere die Nahrungs- und Genußmittelindustrie muß hier – nicht zuletzt aufgrund ihrer direkten Auswirkungen auf die Gesundheit der Verbraucher – besonderen Anforderungen genügen. Anspruchs- und Interessengruppen, wie Umweltverbände ebenso wie Gewerkschaften, Kirchen, Frauen- oder Behindertenverbände, formulieren ihre Forderungen, die von den Unternehmen berücksichtigt werden sollen. Im Bereich der Nahrungs- und Genußmittelindustrie sind es vor allem die Verbraucherorganisationen und die Tierschutzverbände, die eine lange Tradition der inhaltlichen Auseinandersetzung mit der Branche haben.

Erwartungshaltungen in der Gesellschaft differenziert analysiert

Nicht zuletzt wurde auf entsprechende Untersuchungen zu Einstellungen und *Informationsbedarfen* der Verbraucher zurückgegriffen (vgl. S. 51ff in diesem Buch). Zum Zeitpunkt des Projektbeginns wollte eine Mehrheit der Verbraucher zunehmend auch über verschiedene Bereiche sozialen und ökologischen Unternehmensverhaltens informiert werden. Insgesamt 58% der bundesdeutschen Bevölkerung sagten, sie würden immer (30%) oder oft (28%) Produkte bevorzugen, wenn sie wüßten, daß sie von Unternehmen stammten, die in besonderer Weise gesellschaftliches Verantwortungsbewußtsein gezeigt haben – vorausgesetzt, sie unterscheiden sich in Preis und Qualität nicht von den anderen (imug-Emnid 1993, S. 19; vgl. S. 51ff in diesem Buch).

Im Projekt „Unternehmenstest als Verbraucherinformation" wurden bei der Suche nach dem geeigneten Vorgehen zur Identifikation der Verantwortungsbereiche neben empirisch-induktiven auch normativ-deduktive Verfahren abgeprüft sowie die Ergebnisse von existenten projektverwandten Ansätzen in die Entscheidungsfindung einbezogen. Als praktikabel und effektiv hat sich vor allem die sog. *Verfahrenslegitimation* erwiesen, d.h. die Verwendung akzeptierter Verfahren, in denen die verschiedenen gesellschaftlichen Gruppen ihre spezifischen Interessen einbringen können. Auch deshalb wurde von den Projektträgern, die selbst bereits einen repräsentativen Querschnitt der Verbraucherarbeit bieten, der Projektbeirat gegründet. Der Beirat – mit Vertretern von Dachverbänden und Einzelpersönlichkeiten der tangierten gesellschaftlichen Gruppen besetzt – hat die im Projekt entstandenen Entwürfe der Untersuchungsbereiche und des Kriterienkataloges geprüft und kritisch kommentiert. Darüber hinaus wurden zahlreiche Einzelkommentare zu den Projektgrundlagen von Wissenschaftlern, aber auch von Unternehmensvertretern sowie Unternehmensverbänden eingeholt.

Die darauffolgende Festlegung der Verantwortungsbereiche und ihre Konkretisierung in Kriterien erfolgte durch die Projektträger. Sie wurde vorgenommen unter der generellen Grundhaltung, daß die sozial-ökologischen Verantwortungsbereiche von Unternehmen dem *gesellschaftlichen Diskurs* offenstehen müssen und eine laufende Überprüfung notwendig ist. Weil Unternehmen als Teil der Gesellschaft auch deren Wandlungsprozessen unterworfen sind, wird es einen im Zeitver-

Festlegung der Verantwortungsbereiche durch die Projektträger

4. Die Umsetzung: Der erste vergleichende Unternehmenstest in Deutschland

lauf feststehenden „Verantwortungskatalog" nicht geben können. Durch ständige Beobachtung der Wandlungsprozesse in den Unternehmen, in der Gesellschaft und speziell bei den Verbrauchern hat der sozial-ökologische Unternehmenstest die Aufgabe, weiterhin als ein Katalysator in der Diskussion über verantwortliches Unternehmensverhalten zu wirken.

Als relevante *Verantwortungsbereiche* und somit als Untersuchungsfelder wurden festgelegt: die Informationsoffenheit der Unternehmen, die Berücksichtigung von Verbraucherinteressen, die Berücksichtigung von Arbeitnehmerinteressen, die Frauenförderung, die Berücksichtigung von Behinderteninteressen, das Umweltengagement der Unternehmen sowie der Bereich Spenden-Stiftungen-Sponsoring, das Engagement in den neuen Bundesländern, die ausländerfreundlichen Aktivitäten, der Einsatz der Gentechnologie, Tierschutz und schließlich die „Dritte-Welt"-Interessen.

Branchenbesonderheiten in den Untersuchungsfeldern berücksichtigt

Diese *Untersuchungsfelder* sind zunächst zur Untersuchung von Unternehmen der Nahrungs- und Genußmittelindustrie entwickelt worden. Deren Besonderheiten sind dann auch in einigen Untersuchungsfeldern berücksichtigt worden – insbesondere bei den Verbraucherinteressen, in Teilen beim Umweltengagement, explizit bei den Feldern Gentechnik und Tierversuche. Dennoch sind sie in weiten Teilen auch auf andere Branchen anwendbar. Die erstmalige Festlegung und Ausgestaltung von Untersuchungsfeldern im vorgestellten Unternehmenstest ist somit durchaus auch für zukünftige Untersuchungen relevant.

Neben diesen Feldern sind weitere Verantwortungsbereiche von Unternehmen denkbar. Dazu gehören z.B. die Tabakproduktion, Alkoholproduktion, die Gewährung von Parteispenden, die Beteiligung bei der Erzeugung der Atomkraft oder die Herstellung von Rüstungsgütern, aber auch das Werbeumfeld. Diese Verantwortungsbereiche wurden jedoch mit unterschiedlichen Begründungen im Projekt „Unternehmenstest als Verbraucherinformation" ausgeklammert und werden an dieser Stelle nicht vorgestellt.[64]

4.3 Vorgehensweise der Untersuchung

Im folgenden werden die grundlegenden methodischen Entscheidungen der Untersuchung im Projekt „Unternehmenstest als Verbraucherinformation" dokumentiert. Auch wenn die Durchführung des ersten deutschen Unternehmenstests Pilotcharakter hatte, kann die Untersuchung – bedingt durch Sorgfalt und Gründlichkeit der praktizierten Vorgehensweise sowie durch die begleitende aufwendige Einbeziehung von gesellschaftlichen Gruppen und Experten – als eine profunde methodische Basis für die Arbeit an weiteren sozial-ökologischen Unternehmenstests in der Bundesrepublik angesehen werden.

4.3.1 Auswahl der Untersuchungsobjekte

Im Projekt „Unternehmenstest als Verbraucherinformation" wurden 250 Unternehmen der deutschen Nahrungs- und Genußmittelindustrie untersucht. Folgende Überlegungen gingen dem voraus:

Verwender, also Zielgruppe des Unternehmenstests, sollten Verbraucher sein. Dies legte die Untersuchung einer *Konsumgüterbranche* nahe. Darüber hinaus waren in der auszuwählenden Branche die Produktion und der Vertrieb von *Markenartikeln* Bedingung, um den Verbrauchern die eindeutige Zuordnung vom Produkt zum herstellenden Unternehmen zu ermöglichen. Ein weiterer wichtiger Gesichtspunkt war die Tatsache, daß am Markt genügend Alternativen zur Verfügung stehen, es also eine *Wahlmöglichkeit* beim Kauf eines bestimmten Produkttyps gibt. Für eine effektive Verwendung der vom Unternehmenstest den Verbrauchern zur Verfügung gestellten Informationen ist es aber auch notwendig, daß es sich um Konsumgüter mit einer möglichst hohen *Wiederkaufrate* handelt. Im Zusammenhang mit der Bedeutung der Produkte für den Konsumenten sind ein als gering empfundenes Kaufrisiko und ein geringes Produktinvolvement weitere Faktoren, deren Vorliegen eine tatsächliche Nutzung des Unternehmenstests durch den Verbraucher unterstützt (Hansen 1990, S. 147ff).

Alle diese Kriterien wurden in einem hohen Maße von der Nahrungs- und Genußmittelindustrie erfüllt. Lebensmittel sind klassische Konsumgüter mit einer hohen Wiederkaufrate. Markenartikel hatten zum Entscheidungszeitpunkt einen Anteil am Gesamtangebot von 83% (Batzer, Greipl 1992, S. 201). Es sind eine Vielzahl von Produktalternativen am Markt vorhanden. Ein gering empfundenes Kaufrisiko und ein relativ geringes Produktinvolvement konnten für die Mehrzahl der Konsumenten in diesem Bereich vorausgesetzt werden. Ferner spielte bei der Entscheidung eine Rolle, daß es sich um einen sehr bedeutenden Ausgabenbereich der Konsumenten handelte.

Nahrungs- und Genußmittelindustrie erfüllt alle Anforderungen

Es erfolgte also zunächst eine Eingrenzung der zu untersuchenden Unternehmen anhand des Kriteriums *Branche*. Als zweiter Schritt erfolgte eine *regionale Eingrenzung*: Untersucht werden sollten die Produzenten von Nahrungs- und Genußmittel-Markenartikeln, die am deutschen Markt angeboten werden, d.h. alle inländischen sowie die Tochtergesellschaften ausländischer Unternehmen (*Marktpräsenz*). Dabei war ferner Voraussetzung, daß die angebotenen Produkte vom Verbraucher erkannt und einem Unternehmen zugeordnet werden können, es sich somit um *Markenprodukte* handelte. Dadurch wurden Handelsunternehmen, die Eigenmarken vertreiben, aus der Untersuchung ausgeschlossen. Ausgeschlossen wurden somit auch einige der großen Produzenten von nicht markierten Frischwaren.

Bei der Vielzahl der Anbieter auf dem deutschen Markt – 1993 gab es ca. 4.600 Unternehmen (Statistisches Bundesamt 1995, S. 195) – war es geboten, mit einer Stichprobe zu arbeiten. Dabei war allerdings nicht an eine repräsentative Stichprobe gedacht worden, sondern, um einen möglichst großen Teil des Marktes abzudecken, an ein „Cut-off-Verfahren". Innerhalb der eingegrenzten Gruppe von Anbietern wurde somit weiterhin nach der *Marktbedeutung* der Unternehmen ausgewählt. Die Umsatzbedeutung der zu untersuchenden Unternehmen wurde dabei ebenso berücksichtigt wie die Marktanteile ihrer Produkte – soweit entsprechende Daten zur Verfügung standen. Zu diesem Zweck wurde das Marktangebot an Nahrungs- und Genußmitteln in 31 Produktgruppen unterteilt, um auch umsatzschwächere Unternehmen mit hohen Marktanteilen in einzelnen Teilmärkten in der Untersuchung zu berücksichtigen. Dabei bereitete die Heterogenität der Branche insofern Schwierigkeiten, als daß eine *verbrauchernahe Segmentierung* nach Produktmärkten vom imug selbst vorgenommen werden mußte (Wilhelm 1993, S.72ff). Insgesamt wurde eine Untersuchungsgesamtheit mit 250 Unternehmen der Branche als praktikabel festgelegt, der kumulierte Inlandsmarktanteil dieser 250 Unternehmen am Gesamtumsatz mit Nahrungs- und Genußmitteln in der Bundesrepublik betrug ca. 61% (Wilhelm 1993, S. 101). Die befragten Unternehmen sollten für ihren eigenen Betrieb berichten, bei Konzernunternehmen sollten die Tochtergesellschaften nach Möglichkeit einzeln untersucht werden, entsprechende Unternehmensverflechtungen sollten ausgewiesen werden.

Inlandsmarktanteil der untersuchten Unternehmen beträgt 61%

4.3.2 Operationalisierung der Untersuchungsfelder

Zur Operationalisierung des Verhaltens der Unternehmen in den Untersuchungsfeldern wurde vom imug ein umfasser Kriterienkatalog festgelegt. Anforderungen an diese Kriterien waren:

- *Objektivität*: Die Kriterien der Untersuchung müssen nachvollziehbar sein.

- *Plausibilität*: Die Kriterien müssen sich erkennbar auf den definierten Untersuchungsrahmen beziehen.

- *Praktikabilität*: Die Tatsache, ob ein Kriterium erfüllt oder nicht erfüllt wird, bzw. in welchem Umfang dies der Fall ist, muß mit vertretbarem Aufwand erhebbar und ggf. nachprüfbar sein.

- *Differenzierbarkeit*: Die Kriterien müssen geeignet sein, innerhalb der Gruppe der untersuchten Unternehmen qualitative Unterschiede herauszuarbeiten.

4.3 Vorgehensweise der Untersuchung

☐ *Akzeptanz*: Um die Identifikation einer möglichst großen Gruppe von Personen mit den Projektzielen und -ergebnissen sicherzustellen, muß über die Kriterien ein möglichst breiter Konsens in der Öffentlichkeit oder zumindest der Fachöffentlichkeit herrschen.

Allgemeine Vorgabe war weiterhin, die Kriterien möglichst *konkret* zu formulieren und auf das tatsächliche, meßbare Verhalten eines Unternehmens als Ganzes abzuzielen. Nicht die Einstellungen, Meinungen oder Motivation der befragten Mitarbeiter oder der Unternehmensführung, sondern die sichtbare Umsetzung der Verantwortungsübernahme sollte überprüft werden. So wurde auch bewußt die Frage ausgeklammert, aus welchen Gründen – moralischen, marktstrategischen o.a. – Unternehmen verantwortlich handeln. Wenn auch die Frage nach den Motiven für verantwortliches Handeln interessant scheint, wird sie letztlich kaum nachvollziehbar zu beantworten sein. Und weiterhin: Allein eine „moralische" Motivation für verantwortliches Handeln gelten zu lassen, bedeutet womöglich, die wirtschaftlichen Zwänge zu verkennen, unter denen unternehmerische Entscheidungen getroffen werden. Zur Zielsetzung des sozial-ökologischen Unternehmenstests gehört es aber gerade, dazu beizutragen, daß sich soziale und ökologische Interessen in Gestalt des Einkaufsverhaltens engagierter Konsumenten am Markt besser artikulieren und verantwortliches Unternehmensverhalten belohnt wird (Hansen, Schoenheit 1993, S. 70ff).

Nicht Einstellungen, sondern Umsetzungen wurden überprüft

Der *Kriterienkatalog* zur Operationalisierung des sozial-ökologischen Verhaltens der Unternehmen in den benannten Untersuchungsfeldern wurde im Projekt „Unternehmenstest als Verbraucherinformation" zum einen durch die Auswertung der wissenschaftlichen und unternehmensbezogenen Literatur, zum anderen in zahlreichen Expertengesprächen und Unternehmenskontakten schrittweise erarbeitet. Der Kriterienkatalog spiegelt den aktuellen Stand der vielfältigen Möglichkeiten jedes Unternehmens wider, sich im Zeitraum der Untersuchung sozial-ökologisch verantwortlich zu verhalten; gleichzeitig ist er auch gedacht als Zielvorgabe für eine sozial-ökologisch orientierte Unternehmenspolitik in der Nahrungs- und Genußmittelindustrie. Das sozial-ökologische Verhalten der Unternehmen der Nahrungs- und Genußmittelindustrie wurde durch folgende Untersuchungsfelder mit jeweils einer Reihe von Untersuchungskriterien operationalisiert:

Bewertungsfelder	Hinweisfelder
Informationsoffenheit	Spenden-Stiftungen-Sponsoring
Verbraucherinteressen	Engagement in den neuen Bundesländern
Arbeitnehmerinteressen	Ausländerfreundlichkeit
Frauenförderung	Gentechnologie
Behinderteninteressen	Tierschutz
Umweltengagement	

Tab. 10: Untersuchungsfelder im Projekt „Unternehmenstest als Verbraucherinformation"

Kriterien zu den Bewertungsfeldern

In den Untersuchungsfeldern Informationsoffenheit, Verbraucherinteressen, Arbeitnehmerinteressen, Frauenförderung, Behinderteninteressen und Umweltengagement wurde das Unternehmensverhalten anhand der vorliegenden Kriterien *bewertet*. Dabei gilt die einfache Formel, daß die Bewertung eines einzelnen Kriteriums um so besser ausfällt, je umfassender und ausgeprägter es erfüllt wird. Die zusammenfassende Bewertung eines Verantwortungsbereichs fällt um so besser aus, je mehr Kriterien möglichst umfassend erfüllt werden (zu Einzelheiten des Bewertungsmodells s.u.).

Die Kriterien zur Beurteilung der Informationsoffenheit

Im Projekt „Unternehmenstest als Verbraucherinformation" wurde Informationsoffenheit wie folgt definiert: Das Unternehmen informiert die interessierte Öffentlichkeit, insbesondere die Verbraucher, über gesellschaftlich wichtige Fragen der Unternehmens- und Produktpolitik auch über die gesetzlichen Publizitätsregelungen hinaus. Folgende Kriterien dienten der Operationalisierung:

- Das Unternehmen beteiligt sich an den Befragungen des „Unternehmenstesters".
- Das Unternehmen veröffentlicht regelmäßig einen Geschäftsbericht, in dem die Berichterstattung über soziale und ökologische Aspekte der Unternehmenspolitik quantitativ und qualitativ angemessen vertreten ist.
- Das Unternehmen reagiert auf externe Anfragen mit der Zusendung von Materialien.
- Als Reaktion auf externe Anfragen bezieht das Unternehmen – auch zu kontroversen Themen – Stellung.
- Das Unternehmen spricht sich grundsätzlich für eine Kennzeichnung bestrahlter Lebensmittel aus.
- Das Unternehmen spricht sich grundsätzlich für eine Kennzeichnung von unter Anwendung der Gentechnologie hergestellten Lebensmitteln aus.

Die Kriterien zur Beurteilung der Berücksichtigung von Verbraucherinteressen

Im Projekt „Unternehmenstest als Verbraucherinformation" wurden die Verbraucherinteressen folgendermaßen definiert: Das Unternehmen begeht keine schwerwiegenden Verstöße gegen grundlegende Interessen der Verbraucher, wie das Interesse an gesundheitlicher Unversehrtheit, Sicherheit, qualitativ hochwertigen Produkten und objektiv richtiger Information. Folgende Kriterien dienten der Operationalisierung:

- Das Unternehmen verfügt über effiziente Systeme der Qualitätssicherung.
- Das Unternehmen verwendet Rohstoffe aus einer Produktion, in der ökologische Gesichtspunkte nachweislich berücksichtigt werden.
- Das Unternehmen reduziert den Einsatz von Zusatzstoffen, bzw. verwendet keine Zusatzstoffe überhaupt. Insbesondere verzichtet das Unternehmen zumindest auf den Einsatz von Zusatzstoffen, die von den deutschen Verbraucherorganisationen als problematisch und verzichtbar angesehen werden.
- Das Unternehmen spricht sich gegen eine Bestrahlung von Lebensmitteln oder Zutaten von Lebensmitteln aus.

- Das Unternehmen deklariert umfassend und über den gesetzlichen Rahmen hinausgehend seine Produkte (z.B. Zuckergehalt, Salzgehalt u.a.m.).
- Das Unternehmen ist nicht durch unlautere, d.h. irreführende oder der Zielsetzung einer gesunden Ernährung zuwiderlaufende Werbeaktivitäten aufgefallen.
- Das Unternehmen bietet Möglichkeiten eines direkten und unkomplizierten Kommunikationszugangs für Verbraucher an.
- Das Unternehmen bearbeitet telefonische und schriftliche Verbraucheranfragen zügig und sachgerecht.
- Das Unternehmen unterstützt durch verschiedene Aktivitäten die Zielsetzung einer gesunden Ernährung und kann auf spezielle Anstrengungen zur Gesundheitsförderung der Verbraucher verweisen.

Die Kriterien zur Beurteilung der Berücksichtigung von Arbeitnehmerinteressen

Im Projekt „Unternehmenstest als Verbraucherinformation" wurden die Arbeitnehmerinteressen folgendermaßen definiert: Zu den Basisinteressen von Arbeitnehmern zählen das Interesse an einem sicheren Arbeitsplatz und Einkommen, an physischer Unversehrtheit, an Weiterqualifizierung, an Handlungs- und Dispositionsspielräumen sowie an Mitbestimmung und Demokratisierung des Unternehmens. Folgende Kriterien dienten der Operationalisierung:

- Das Unternehmen verfügt über einen Betriebsrat entsprechend dem Betriebsverfassungsgesetz.
- Das Unternehmen hat einen geringen Anteil von Beschäftigten, deren Arbeitsverträge unter der sozialversicherungspflichtigen Grenze liegen oder hat diesen Anteil reduziert.
- Der Anteil der durch den Produktionsprozeß bedingten Berufskrankheiten ist gering oder merklich reduziert worden.
- Die Zahl der Berufsunfälle im Unternehmen ist gering oder merklich reduziert worden.
- Das Unternehmen führt Fort- und Weiterbildungsmaßnahmen für eine relevante Anzahl an Mitarbeitern und mit angemessenem finanziellen Aufwand durch.
- Das Unternehmen schafft für alle Beschäftigten familienfreundliche Angebote, wie flexible Arbeitszeitmodelle, Möglichkeiten zur Reduzierung der Arbeitszeit und Kinderbetreuungsangebote.
- Bei der Einführung und Ausgestaltung von Teilzeitarbeit gewährleistet das Unternehmen die Gleichstellung von Teilzeitbeschäftigten mit den Vollzeitbeschäftigten.
- Das Unternehmen gewährt im Rahmen der betrieblichen Entgelt- und Sozialpolitik verschiedene Zahlungen und Leistungen. Dabei werden alle Beschäftigten gleichgestellt.
- Das Unternehmen ergreift besondere Aktivitäten zur Gesundheitsförderung und Gesunderhaltung seiner Beschäftigten.

Die Kriterien zur Beurteilung der Frauenförderung

Im Projekt „Unternehmenstest als Verbraucherinformation" wurde das Untersuchungsfeld Frauenförderung folgendermaßen definiert: Betriebliche Frauenförderung bezeichnet das Bemühen eines Unternehmens, die vielfältigen Benachteiligungen von Frauen im Erwerbsleben abzubauen und für Chancengleichheit von Frauen und Männern Sorge zu tragen. Folgende Kriterien dienten der Operationalisierung:

- Das Unternehmen ergreift Maßnahmen zur Erarbeitung, Umsetzung und Erfolgskontrolle einer betrieblichen Frauenförderung. Es sind verbindliche Regelungen geschaffen worden.
- Der Frauenanteil in der betrieblichen Erstausbildung ist hoch oder in den letzten drei Jahren erhöht worden.
- Der Frauenanteil an den geringfügig Beschäftigten ist gering oder in den letzten drei Jahren verringert worden.
- Der Frauenanteil an den außertariflich Beschäftigten ist hoch oder in den letzten drei Jahren erhöht worden.
- Das Unternehmen berücksichtigt Frauen und Männer gleichermaßen bei der Fort- und Weiterbildung.
- Das Unternehmen entwickelt eine gezielte Personalentwicklungsplanung, in der die Aufstiegsförderung sowie die Besetzung leitender Positionen mit Frauen Berücksichtigung findet.
- Das Unternehmen bietet verlängerte Erziehungszeiten auf Basis eines ruhenden Arbeitsverhältnisses an und verknüpft diese Möglichkeit mit Kontakthalteangeboten, Fortbildungsmöglichkeiten und Rückkehrhilfen.
- Das Unternehmen ergreift Maßnahmen gegen sexuelle Belästigung oder gegen die Möglichkeit sexueller Belästigungen am Arbeitsplatz.

Die Kriterien zur Beurteilung der Berücksichtigung von Behinderteninteressen

Im Projekt „Unternehmenstest als Verbraucherinformation" wurden die Behinderteninteressen folgendermaßen definiert: Das Unternehmen berücksichtigt das Interesse von Behinderten an einem Arbeitsplatz und einer Interessenvertretung. Folgende Kriterien dienten der Operationalisierung:

- Das Unternehmen beschäftigt mindestens so viele Schwerbehinderte, wie die gesetzliche Beschäftigungsquote vorschreibt.
- Das Unternehmen verfügt über eine gewählte Schwerbehindertenvertretung (sofern diese nach dem Schwerbehindertengesetz vorgeschrieben ist).
- Das Unternehmen vergibt regelmäßig Aufträge an Behindertenwerkstätten.

Die Kriterien zur Beurteilung des Umweltengagements

Im Projekt „Unternehmenstest als Verbraucherinformation" wurde Umweltengagement folgendermaßen definiert: Umweltengagement bezeichnet das nachgewiesene Bemühen eines Unternehmens, die von ihm ausgehenden Umweltbelastungen in allen Bereichen zu mindern. Folgende Kriterien dienten der Operationalisierung:

- Der Umweltschutz ist ein schriftlich fixierter Bestandteil der Unternehmensgrundsätze.
- Das Unternehmen hat eine oder mehrere Erklärungen zur unternehmerischen Verantwortung für die Umwelt mitunterzeichnet.
- Das Unternehmen verfügt auf der Ebene des Managements über mindestens einen Mitarbeiter, der für Umweltbelange zuständig ist.
- Das Unternehmen verfügt über mindestens einen Mitarbeiter, der innerhalb des Betriebes für die Beratung in Umweltschutzfragen zuständig ist.
- Das Unternehmen erteilt umweltschutzbedingte Auflagen bei Ausschreibungen bzw. Beschaffungen, und/oder es werden entsprechende ökologisch begründete Anforderungen an Zulieferbetriebe gestellt.
- Das Unternehmen mißt umfassend ökologisch relevante Stoff- und Energieströme und zeichnet diese Messungen auf (Energieverbrauch, Wasserverbrauch, Abwasserfrachten, Emissionen in die Luft, Rohstoffverbrauch, Hilfsstoffverbrauch).
- Das Unternehmen speist die gemessenen Daten in ein betriebliches Informations- bzw. Umweltmanagementsystem ein, um daraus Strategien zur Umweltentlastung abzuleiten.
- Das Unternehmen erstellt bereits Ökobilanzen bzw. führt Umwelt-Audits durch.
- Das Unternehmen hat in den Bereichen Energieverbrauch, Wasserverbrauch, Abwasserfrachten, Emissionen in die Luft, Rohstoffverbrauch und Hilfsstoffverbrauch eine Minderung der Umweltbelastungen erreicht.
- Das Unternehmen hat den Verbrauch problematischer Stoffe (z.B. Biozide, Desinfektionsmittel, Gefahrstoffe u.a.) kontinuierlich gesenkt oder diese durch weniger umweltbelastende Stoffe ersetzt.
- Das Unternehmen hat besondere Anstrengungen zur Verminderung der Umweltbelastungen unternommen, die aus dem Bereich der Verpackungen resultieren.
- Das Unternehmen hat seine verkehrsbedingten Umweltbelastungen vermindert.
- Das Unternehmen führt im Büro- und Personalbereich generelle Maßnahmen zur Minderung von Umweltbelastungen durch (Job-Tickets, Mehrweggeschirr in Kantinen, Getrenntsammlung von Abfällen, Einsatz von Recyclingpapier u.a.).
- Das Unternehmen führt eine systematische umweltschutzbezogene Information und Fortbildung für seine Mitarbeiter durch.
- Das Unternehmen informiert die Öffentlichkeit über seine Umweltaktivitäten.
- Wenn zutreffend: Das Unternehmen wendet bei der Produktion im Ausland deutsche – oder ggf. strengere – umweltrechtliche Maßstäbe an.

Kriterien zu den Hinweisfeldern

In den Untersuchungsfeldern Spenden-Stiftungen-Sponsoring, Engagement in den neuen Bundesländern, Ausländerfreundliche Aktivitäten, Gentechnologie und Tierschutz fand *keine Bewertung* des entsprechenden Unternehmensverhaltens statt. Es wurde stattdessen durch ein Symbol auf die Erfüllung des entsprechenden Kriteriums *hingewiesen*.

Kriterium für einen Hinweis zu den Spenden-Stiftungen-Sponsoring -Aktivitäten

Das Unternehmen hat im Laufe des Jahres 1993 Geldmittel in Form von Spenden, Stiftungen oder Sponsoring für gesellschaftspolitische Zwecke aufgebracht.

Kriterium für einen Hinweis zum besonderen Engagement in den Neuen Bundesländern

Das Unternehmen engagiert sich in besonderer Weise in den Neuen Bundesländern. Ein besonderes Engagement liegt vor, wenn Produktionsstätten übernommen oder aufgebaut wurden oder wenn Unternehmensaktivitäten in mindestens drei der im folgenden genannten Bereiche nachweisbar sind: die Errichtung bzw. Übernahme von Produktionsstätten, die Errichtung bzw. Übernahme von Vertriebsstätten, die Errichtung bzw. Übernahme von Zweigniederlassungen, die Vergabe von Lohnfertigungsaufträgen, die Vergabe von Zulieferaufträgen, der Einkauf von Roh-, Hilfs- und Betriebsstoffen, ein Managementtransfer, die Übernahme von Unternehmenspatenschaften, die Aufnahme von Kooperationsprojekten.

Kriterium für einen Hinweis zur Ausländerfreundlichkeit

Das Unternehmen reagiert öffentlich durch demonstrative Maßnahmen auf ausländerfeindliche Ausschreitungen und Stimmungen in der Gesellschaft, und/oder das Unternehmen ergreift intern Maßnahmen zum Schutz der ausländischen Mitarbeiterinnen und Mitarbeiter vor Diskriminierung und Anfeindung.

Kriterium für einen Hinweis zur Gentechnologie

Das Unternehmen ist bereits aktiv mit der Gentechnologie befaßt. Darunter werden selbst durchgeführte oder in Auftrag gegebene Forschungen, Laborexperimente oder Freisetzungsversuche, Patentanmeldungen u.a. Aktivitäten verstanden, die als Vorarbeiten für den praktischen Einsatz gentechnologischer Verfahren in der Produktion angesehen werden müssen.

Kriterium für einen Hinweis auf Tierschutz-Aspekte

Das Unternehmen ist selbst mit Tierversuchen befaßt, bzw. gibt Tierversuche in Auftrag, und/oder das Unternehmen verwendet Produkte aus der Massentierhaltung, ohne deutliche Anstrengungen zu unternehmen, die Probleme der Massentierhaltung zu mindern.

Während zu den Hinweisfeldern mit einem Symbol lediglich auf das Zutreffen des Kriteriums hingewiesen wurde, wurde die Erfüllung der Kriterien in den Bewertungsfeldern jeweils im einzelnen beurteilt und dann in einem zusammenfassenden Urteil pro Untersuchungsfeld gewürdigt. Im folgenden wird dieser Bewertungsalgorithmus erläutert.

4.3.3 Bewertungsmodell und Skalierung

Bei der Betrachtung des sozial-ökologischen Verhaltens eines Unternehmens wurde zwischen den *Bewertungsfeldern* und den *Hinweisfeldern* unterschieden. Die einzelnen Felder wurden unabhängig voneinander untersucht. Eine – über die Abbildung des Verhaltens hinausgehende – Bewertung wurde ausschließlich in den sechs Untersuchungsfeldern Informationsoffenheit, Verbraucherinteressen, Arbeitnehmerinteressen, Frauenförderung, Behinderteninteressen sowie Umweltengagement durchgeführt.[65]

Das Ziel der Vorgehensweise im Bewertungsmodell war eine 4-stufige *Bewertung*, die das Verhalten des Unternehmens in dem untersuchten Feld durch ein Symbol zum Ausdruck bringt. Im folgenden wird dargestellt, wie die Umsetzung der über ein Unternehmen zu einem Untersuchungsfeld erhobenen Informationen in eine Bewertung erfolgt.

Zu den Untersuchungsfeldern wurden die o.g. *Kriterien* entwickelt, anhand derer sich das Verhalten des Unternehmens operationalisieren läßt. Nicht alle Kriterien eines Bewertungsfeldes sind dabei gleich gewichtig. Es wurde daher für jedes einzelne Kriterium eine *Gewichtung* vorgenommen, die seine Bedeutung innerhalb des jeweiligen Untersuchungsfeldes widerspiegelt.

Auch diese Gewichtung erfolgte anhand einer 4-stufigen Skala:

- 4 :   hohes Gewicht,
- 3 :   Abstufung,
- 2 :   Abstufung,
- 1 :   weniger hohes Gewicht.
- 0 :   Das betrachtete Kriterium ist für das untersuchte Unternehmen nicht zutreffend und wird nicht in die Bewertung einbezogen.

Die einzelnen Kriterien können weiterhin vom Unternehmen in verschiedenen Abstufungen erfüllt werden. Jedes Kriterium eines Bewertungsfeldes konnte daher einer eigenen *Bewertung* unterzogen werden. Die Bewertungen erfolgten mit Hilfe einer quasimetrischen, 4-stufigen Skala. Die Skala für die einzelnen Kriterien deckt sich mit den Abstufungen der Bewertungen für das gesamte Untersuchungsfeld:

- 4 :   Kriterium umfassend erfüllt,
- 3 :   Kriterium weitgehend erfüllt,
- 2 :   Kriterium teilweise erfüllt,
- 1 :   Kriterium unzureichend erfüllt.
- 0 :   Es liegen nicht genügend Informationen für eine Bewertung des Kriteriums vor.

Zur jeweiligen Skalierung der einzelnen Kriterien wurde eine Reihe verschiedener Skalenniveaus verwandt, die zu der genannten Bewertungsskala vereinheitlicht wurden. Die Zielsetzung, die unterschiedlichen Möglichkeiten der Kriterienerfüllung in der Vielzahl von untersuchten Handlungsfeldern auf einer Skala von 4 - 1, respektive 0, abzubilden, bedingte sehr schnell diesen pragmatischen Skalierungsansatz. Die folgende Tabelle zeigt den Einsatz unterschiedlicher Skalenniveaus im Projekt „Unternehmenstest als Verbraucherinformation" anhand von Beispielen.

Nominalskala		
Kriterium	Ausprägungen	Bewertung
Existenz eines Betriebsrats	- Betriebsrat vorhanden - nicht besetzt - nicht besetzt - Betriebsrat nicht vorhanden - ungenügende Informationen	4 1 0
Ordinalskala		
Kriterium	Ausprägungen	Bewertung
Mitwirkung beim Unternehmenstest	- 2x den Fragebogen ausgefüllt - 1x den Fragebogen ausgefüllt - Absage (mind. 1x) - 1993 und 1994 keine Reaktion	4 3 2 1
Intervallskala		
Kriterium	Ausprägungen	Bewertung
Anteil von Frauen in der betrieblichen Erstausbildung	- 50% und mehr - 35% bis unter 50% - 20% bis unter 35% - unter 20% - ungenügende Information	4 3 2 1 0

Tab. 11: Beispiele unterschiedlicher Skalenniveaus im Projekt „Unternehmenstest"

Um die Bewertung des gesamten Untersuchungsfeldes vornehmen zu können, werden Gewichtung und Bewertung der Kriterien in einfachen Rechenschritten in die *Bewertungsziffer* umgesetzt. Sind zu ausreichend vielen Kriterien Informationen vorhanden, wird aus der Bewertungsziffer das Bewertungssymbol. Dies wird im folgenden schrittweise beschrieben:

1. Für jedes Kriterium wird eine *Gewichtung* festgelegt (Werte 0, 1, 2, 3, 4 = A i). Bildung der Summe A i.
2. Die Erfüllung jedes Kriteriums wird für das untersuchte Unternehmen *bewertet* (Werte 0, 1, 2, 3, 4 = B i).
3. Multiplikation von Gewichtung und Bewertung (A i x B i = C i). Bildung der Summe C i – dies ist die vom Unternehmen erreichte *Punktzahl* im Untersuchungsfeld.
4. Um die Fälle zu berücksichtigen, in denen keine Informationen vorhanden sind – ein Kriterium also nicht bewertet und nicht in die Bewertung des Untersuchungsfeldes einbezogen werden kann – wird noch einmal eine Summe der Gewichte derjenigen Kriterien gebildet, die auch tatsächlich bewertet werden konnten (Summe D i = Summe der A i, für die gilt: B i ungleich 0). Diese Summe dient der Ermittlung der Bewertungsziffer (siehe 6. Schritt).
5. Um auszuschließen, daß eine Bewertung vorgenommen wird, obwohl im Untersuchungsfeld nicht genügend Informationen über das Unternehmen vorhanden sind, wird als Kontrolle der Prozentsatz der tatsächlich verwendeten Gewichte ermittelt (Summe D i : Summe A i x 100 = xy%). Es wird ein Mindestprozentsatz festgelegt (hier: 66%), der als *Bewertungshürde* übersprungen werden muß, um eine Bewertung vornehmen zu können.

6. Die *Bewertungsziffer* ermittelt sich aus der Division der erreichten Punktzahl durch die Summe der Gewichte der tatsächlich bewerteten Kriterien (Summe C i : Summe D i).
7. Umsetzung der Bewertungsziffer in das *Bewertungssymbol*. Ein Auf- oder Abrunden ist hierbei i.d.R. notwendig: Dabei bedeutet:

4,00 - 3,5 : ✓✓
3,49 - 2,5 : ✓
2,49 - 1,5 : x
1,49 - 1,00 : xx
Bewertungshürde nicht übersprungen : ?

Diese fünf möglichen Symbole haben folgende Bedeutungen:

✓✓ Die Kriterien des jeweiligen Untersuchungsfeldes werden *umfassend* erfüllt.

✓ Die Kriterien des jeweiligen Untersuchungsfeldes werden *weitgehend* erfüllt.

x Die Kriterien des jeweiligen Untersuchungsfeldes werden *nur teilweise* erfüllt.

xx Die Kriterien des jeweiligen Untersuchungsfeldes werden *unzureichend* erfüllt.

? Es liegen *nicht genügend Informationen* für eine Bewertung in dem jeweiligen Untersuchungsfeld vor.

Im Projekt „Unternehmenstest als Verbraucherinformation" wurde bewußt *kein Gesamturteil* über die sozial-ökologische Verantwortlichkeit der einzelnen Unternehmen ausgesprochen. Die in diesem Fall erforderliche Abwägung oder Gewichtung z.B. des Untersuchungsfeldes Verbraucherinteressen gegen die Arbeitnehmerinteressen oder das Umweltengagement sollte zum einen dem Verwender der Untersuchungsergebnisse vor dem Hintergrund der jeweiligen individuellen Werthaltungen nicht abgenommen werden. Zum anderen wäre es auch methodisch nicht begründbar, die Einzelbewertungen in einem Gesamturteil zusammenzufassen.

Unternehmenstest vergibt kein Gesamturteil

4.3.4 Informationsbeschaffung

Der Untersuchungszeitraum umfaßte die Jahre 1991 bis 1993. Die entsprechenden Daten zum sozial-ökologischen Verhalten der Unternehmen wurden in der Zeit von April 1992 bis zum Jahresende 1994 erhoben.

Eine Ausgangsthese des sozial-ökologischen Unternehmenstests lautete, Informationen über das sozial-ökologische Verhalten von Unternehmen seien am Markt nicht oder nur ungenügend vorhanden. Die Erhebung, Bearbeitung und Verbreitung dieser Art von Informationen verfolgt ja gerade das Ziel, die bestehenden Informationsdefizite zu beseitigen. Den Trägern des Projekts waren somit die *Schwierigkeiten der Informationsbeschaffung* bereits im Vorfeld der Untersuchung bewußt. Folgerichtig wurde auch von Beginn an der direkten schriftlichen Befragung der Unternehmen ein hoher Stellenwert eingeräumt. Auf die Umsetzung der Untersuchungskriterien in verständliche, mit vernünftigem Aufwand zu beantwortende, schließlich auch auswertbare Fragen sowie auf die Gestaltung des Fragebogens wurde viel Arbeit verwandt. Dennoch bestand der Großteil der Arbeit zur Befragung der Unternehmen nicht in der Bearbeitung des Fragebogens, sondern in der Kommunikation mit den Unternehmen zu dem Ziel, die Teilnahme an der Befragung überhaupt sicherzustellen. Dieser Aspekt der Informationsbeschaffung läßt sich weniger der Überschrift Methodik zuordnen, sondern muß eher im Bereich der Sozialtechniken „Überzeugen" und „Überreden" angesiedelt werden (Dennoch kann für einige wenige Unternehmen die Bereitschaft zur Teilnahme am Unternehmenstest aus eigenem Antrieb konstatiert werden.).

Geschäftsleitung als erster Ansprechpartner in den Unternehmen
Zur Beschaffung der unternehmensinternen Daten wurde vom imug prinzipiell und ausschließlich die Geschäftsleitung des jeweiligen Unternehmens angesprochen. Damit wurden zum einen die Bedeutung und Wichtigkeit der Befragung signalisiert, zum anderen war zu erwarten, daß i.d.R. an dieser Stelle im Unternehmen über *Beteiligung oder Nichtbeteiligung* an der Unternehmenstest-Befragung entschieden wurde. Im Sinne einer „Vertrauensbildung" sollte von vornherein der Eindruck unsauberer Recherche-Methoden vermieden werden. Wenn auch die Bearbeitung der Befragung in den einzelnen teilnehmenden Unternehmen in den meisten Fällen von der Geschäftsleitung delegiert wurde, waren die einzelnen Ansprechpartner durchgängig sehr weit oben in den Unternehmenshierarchien angesiedelt. Ein zentrales Problem im Kontakt mit den Unternehmen war die *zeitliche Dimension*: Die Sanktionsmöglichkeiten der Projektträger bei Überschreiten gesetzter Termine waren gering. Gemeinsam mit der offensichtlich herrschenden (und auch häufig kommunizierten) Arbeitsbelastung der internen Ansprechpartner und einem oftmals unterentwickelten Bewußtsein der Unternehmensseite für die Wichtigkeit und Dringlichkeit einer zügigen Fragebogen-Bearbeitung führte dies zu „Hängepartien" nicht vorhergesehenen Ausmaßes. Dies erschwerte zum einen die Ergebnisauswertung, zum anderen wurde das vorhandene Zeitbudget stark belastet. Hier wurde einmal mehr deutlich, daß der Erfolg des Unternehmenstests nicht zuletzt auch auf das *Verhandlungsgeschick* der testenden Institution und die *Mitwirkungsbereitschaft* der Unternehmen angewiesen ist.

Neben den Unternehmensbefragungen wurden ferner umfangreiche *Sekundärrecherchen* durchgeführt. Der „Unternehmenstester" hat sich dabei der Mehrzahl der bereits an anderer Stelle in diesem Buch aufgeführten Informationsquellen bedient (vgl. S. 143ff in diesem Buch). Im Bereich der öffentlich zugänglichen Informationsquellen stand die Auswertung von Printmedien im Vordergrund. Neben allgemeinen Wirtschaftszeitungen und -magazinen (von Handelsblatt bis Wirtschaftswoche) wurde über den gesamten Untersuchungszeitraum nahezu die gesamte bundesweite Fachpresse im Nahrungs- und Genußmittelbereich beobachtet und ausgewertet. Pressearchive, wie das des Hamburger Weltwirtschaftsarchivs (HWWA), leisteten hierbei die inhaltliche Starthilfe beim Aufbau eines eigenen Archivs, Adreßbücher, wie Hoppenstedts „Handbuch der Großunternehmen", Branchen-Nachschlagewerke – bspw. die nach Wirtschaftszweigen der Nahrungs- und Genußmittelindustrie getrennt veröffentlichten Nachschlagewerke des Behr's Verlages – oder Spezialpublikationen wie die „Top 500 der deutschen Ernährungsindustrie" der Hamburger Gesellschaft für Wettbewerbsforschung und Handelsentwicklung (GWH), lieferten wichtige Basisdaten der Untersuchung und bildeten die Grundlage für Auswahl und Befragung der Unternehmen. Die Erfahrungen mit kommerziellen Datenbankanbietern waren hingegen noch nicht befriedigend: die deutschen Wirtschaftsdatenbanken präsentierten sich zu teuer, wenig komfortabel und dabei nicht immer aktuell.

Abb. 30: Titelblatt der imug-Unternehmensbefragung 1994

Einen inhaltlich wichtigen Beitrag lieferten ferner die halböffentlichen Informationsquellen. Wenig kooperativ zeigten sich allerdings bisher die Behörden, die bei Testbefragungen bspw. zu Emissionsdaten untersuchter Unternehmen wenig auskunftsfreudig waren. Als ergiebiger stellten sich z.T. die *Datenbestände anderer Institutionen* heraus. In einem Rundschreiben im Sinne eines „Call for information" wurde zu Beginn des Projekts vom imug einer Reihe von nichtamtlichen Organisationen die Ziele und das Vorgehen des Projekts „Unternehmenstest als Verbraucherinformation" vorgestellt. Der Rücklauf auf diese Anfrage war zwar in quantitativer Hinsicht gering, die tatsächlich ausgetauschten Informationen, bspw. aus Umfragen anderer Institutionen, waren jedoch von hoher Qualität. Umgekehrt wurde auch von einer Reihe von Institutionen großes Interesse an den Ergebnissen des Unternehmenstests bekundet.

„Call for information" als Mittel der Informationsbeschaffung

Das imug hat auch in einem Fall selbst bei den Unternehmen geforscht und auf diesem Wege Informationen über das Unternehmensverhalten *selbst erzeugt*. Zur Bewertung der Qualität des Kundenkontakt-Managements im Untersuchungsfeld Verbraucherinteressen (ein Bereich, in dem eine Selbstauskunft der Unternehmen wenig aussagekräftig ist) wurden im Herbst 1994 alle zu bewertenden Unternehmen mit je einer schriftlichen und einer telefonischen Anfrage sowie einer telefonischen Beschwerde eines „Durchschnitts-Konsumenten" konfrontiert. Die unterschiedlichen Unternehmensreaktionen wurden anschließend einer Bewertung unterzogen, die wiederum in das Bereichsurteil im Untersuchungsfeld Verbraucherinteressen einfloß (Hennig 1995). Die aufwendige – und dadurch kostenintensive – Verfahrensweise wurde legitimiert durch die hohe Qualität der Ergebnisse.

Zusammenfassend hat sich die Ausgangsthese der Untersuchung, Informationen über das sozial-ökologische Verhalten von Unternehmen seien am Markt nicht oder nur ungenügend vorhanden, im Laufe der Untersuchung *voll bestätigt*. Insbesondere die öffentlich zugänglichen Informationen müssen als insgesamt sehr oberflächlich eingestuft werden. Sie beschränken sich ferner in den meisten Fällen auf ökonomische Daten oder Marketingaspekte. Daten über sozial-ökologisches Verhalten von Unternehmen sind hingegen echte *Mangelware* und in der Medienberichterstattung i.d.R. kein Thema. Aufgefallen ist die relativ häufige Übereinstimmung der Presseberichterstattung mit den von den Unternehmens-Pressestellen veröffentlichten Informationen. Aus Unternehmenstest-Sicht – vielleicht aber auch aus gesellschaftspolitischer Sicht – ist insbesondere der NuG-Fachpresse eine kritischere und vor allem auch erweiterte Sicht auf Unternehmen zu wünschen.

Öffentliche Informationsquellen sind oftmals oberflächlich

Die Untersuchung hat auch bestätigt, daß eine umfassende – und somit für eine Bewertung ausreichende – Informationsbeschaffung zu sozial-ökologischem Unternehmensverhalten ohne Selbstauskünfte der Untersuchungsobjekte noch nicht möglich ist. Der sozial-ökologische Unternehmenstest wird sich daher mittelfristig weiterhin wesentlich dieser Informationsquelle bedienen müssen. Es bleibt letztlich zu hoffen, daß das Instrument Unternehmenstest mittelbar oder unmittelbar zu mehr Informationsoffenheit und -transparenz im Wirtschaftsleben beiträgt.

4.3.5 Darstellung und Distribution

Aufgabe des Projekts war es, die Untersuchungsergebnisse zum sozialen und ökologischen Unternehmensverhalten als *Verbraucherinformation* zu veröffentlichen. Als potentielle Zielgruppe einer derartigen Publikation konnte schätzungsweise ein Fünftel der bundesdeutschen Bevölkerung angesehen werden: dieser Anteil hat lt. imug-Emnid-Untersuchung ein – über alle Bereiche hinweg – sehr hohes Interesse an Informationen über das sozial-ökologische Verhalten von Unternehmen (imug-Emnid 1993, S. 15). Zu entscheiden war nun, mit welcher Konzeption der „Unternehmenstester" veröffentlicht werden sollte.

An erster Stelle stand natürlich die Nutzbarkeit als *Einkaufsführer* für die Nahrungs- und Genußmittelindustrie. Darüber hinaus wurden aber von den Trägern des Projekts weitere Zielsetzungen für diese erste deutsche Veröffentlichung eines sozial-ökologischen Unternehmenstests formuliert. Die Veröffentlichung sollte:

- den in der Bundesrepublik neuen und unbekannten Arbeitsansatz ausführlich vorstellen und erläutern,

- die sozial-ökologischen Verantwortungsbereiche von Unternehmen am Beispiel der Nahrungs- und Genußmittelindustrie darstellen und begründen,

- Einblick in die Arbeitsweise und Methodik des sozial-ökologischen Unternehmenstests geben und die Kriterien der Untersuchung offenlegen,

- Einfluß auf die Diskussion zu verantwortlichem Unternehmensverhalten und verantwortlichem Konsumentenverhalten nehmen sowie die Thematik „Informationsbedarf der Öffentlichkeit – Informationsverhalten der Unternehmen" erörtern.

4.3 Vorgehensweise der Untersuchung

Eine wesentliche Rahmenbedingung bei der Gestaltung der Veröffentlichungskonzeption war der Umfang der zur Verfügung stehenden Informationen zum Unternehmensverhalten. Der Rücklauf der Unternehmensbefragungen ermöglichte die umfassende Bewertung von 47 Unternehmen. Zu ca. 30 weiteren, insbesondere großen Herstellern lagen ausreichend Informationen für eine Veröffentlichung vor. Dennoch war es mit diesem Datenmaterial noch nicht möglich, einen ausführlichen, systematisch nach Produktgruppen sortierten, annähernd marktabdeckenden Einkaufsführer zu erstellen.

Aus dieser Situation heraus wurde der Darstellung der vorhandenen Informationen in ausführlichen *Unternehmensprofilen* der Vorzug gegeben. 75 Unternehmensprofile enthalten in standardisierter Form auf jeweils ca. 2-4 Seiten einen Überblick über wichtige Kenndaten (Unternehmensname, Anschrift, Telefon, Umsatz der letzten beiden Jahre, Mitarbeiterzahl der letzten beiden Jahre, Muttergesellschaft, Tochtergesellschaften, evtl. Schwestergesellschaften, Produktgruppen und Marken) sowie eine kurze textliche Charakterisierung des jeweiligen Unternehmens. Die Unternehmensprofile bilden ferner in einer Übersicht die Bewertungen zum sozial-ökologischen Unternehmensverhalten sowie die Kommentierungen des „Unternehmenstesters" über das Unternehmensverhalten in den einzelnen Untersuchungsfeldern ab.

Berentzen-Gruppe AG

Anschrift:	Ritterstraße 7
	49740 Haselünne
Telefon:	05961/502-0
Umsatz 1993:	849 Millionen DM
Mitarbeiter 1993:	791
Muttergesellschaft	–
Tochtergesellschaften:	Berentzen Brennereien GmbH, Doornkaat AG, Emsland Getränke GmbH & Co., Weinbrennerei Pabst & Richarz GmbH & Co. u. a.
Produktgruppen & Marken:	**Spirituosen**: Berentzen, Doornkaat, Puschkin, Schinkenhäger u. a.

Die Bewertung des Unternehmensverhaltens:

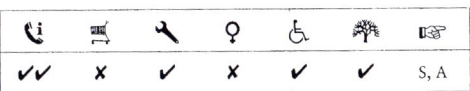

«Was hilft aller Sonnenaufgang, wenn wir nicht aufstehen!» Mit diesem Lichtenberg-Zitat leitet der Spirituosenhersteller Berentzen eine Firmenbroschüre ein. Lebensfreude wird in Haselünne eine hohe Priorität eingeräumt. Daß dabei das Geschäft nicht zu kurz kommt, zeigen die steigenden Absatzzahlen: 1993 wurden 106 Millionen Flaschen hochgeistigen Inhalts verkauft. Zur Finanzierung des weiteren geplanten Wachstums hat das Familienunternehmen Berentzen 1994 den Gang an die Börse gewagt.

Was uns aufgefallen ist:

INFORMATIONSOFFENHEIT

Dem Unternehmenstester hat sich Berentzen als engagiertes, informationsoffenes Unternehmen präsentiert. Unsere Befragung wurde im zweiten Anlauf beantwortet, die nachfolgende Kommunikationsbereitschaft war vorbildlich. Auch auf andere Anfragen, die dem

Abb. 31: Exemplarisches Unternehmensprofil (Auszug), Quelle: imug u.a. 1995, S. 96

186   4. Die Umsetzung: Der erste vergleichende Unternehmenstest in Deutschland

Unter der Überschrift „*Ratgeber für den verantwortlichen Einkauf*" stehen die Unternehmensprofile im Mittelpunkt des „Unternehmenstesters". Auf über 230 Seiten wird ein detaillierter Einblick in das sozial-ökologische Verhalten der Unternehmen der Nahrungs- und Genußmittelindustrie gegeben, in der Mehrzahl der Fälle wird dieses Verhalten vom „Unternehmenstester" bewertet. Eine Übersicht der Untersuchungsergebnisse, die den direkten Vergleich der 75 Unternehmen ermöglicht, findet sich im Anschluß an die Profile. Im Anhang des „Unternehmentesters" findet sich ein 20-seitiges Verzeichnis der Produktgruppen und Marken als Suchhilfe für den Verbraucher.

Den harten Kern der Unternehmensprofile bilden die jeweiligen Bewertungen in den *Bewertungszeilen*. Hier wird in komprimierter Form unter Zuhilfenahme von Symbolen das Untersuchungsergebnis des „Unternehmenstesters" dargestellt. Analog zu Produkttest-Ergebnissen bspw. der Stiftung Warentest läßt sich hier auf einen Blick das Urteil der Tester ablesen – auch ohne Kenntnis des Untersuchungsansatzes, der Kriterien oder der gesamten Untersuchungsergebnisse. Die gewählte Symbolik ist u.a. in der Unternehmenstest-Historie begründet (auch amerikanische und englische Publikationen bewerten mit Kreuzen und Haken).

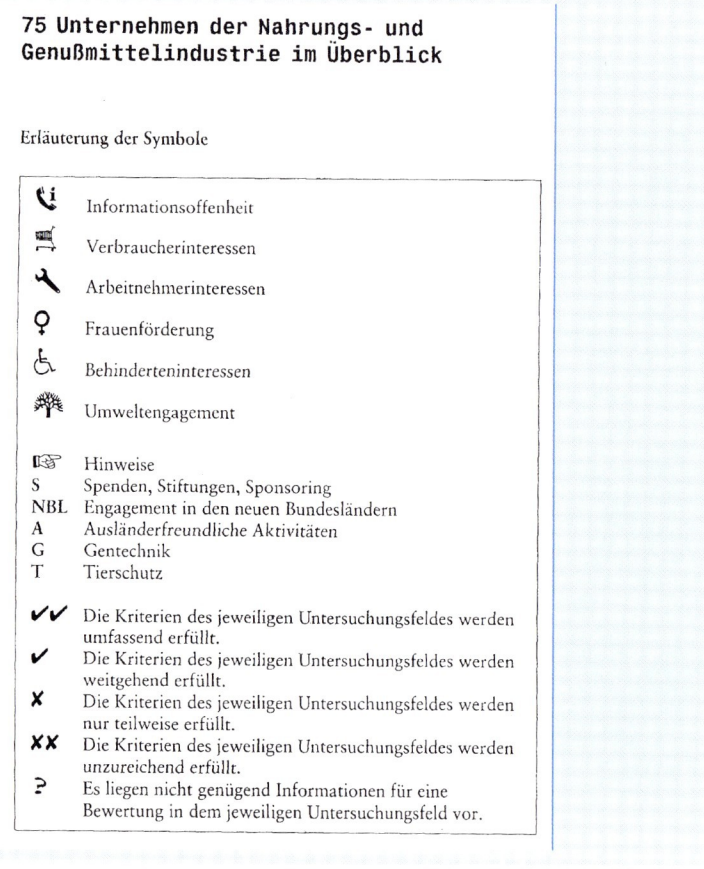

Abb. 32: Bewertungs-Symbole im Unternehmenstester, Quelle: imug u.a. 1995, S. 312

4.3 Vorgehensweise der Untersuchung

Die Distribution der Publikation „Der Unternehmenstester" wurde einem erfahrenen Verleger – dem *Rowohlt Verlag* in Hamburg – überlassen. Da der „Unternehmenstester" einen verbrauchergerechten Preis haben sollte, wurde die Taschenbuchvariante gewählt. Die bundesweite Veröffentlichung des „Unternehmenstesters" erfolgte zum 01. Juni 1995. Der Verkauf des Buches wurde unterstützt durch Werbeaktivitäten des Verlages sowie die Pressearbeit der Projektträger. Zum Erscheinungstermin wurde eine Pressekonferenz in Bonn abgehalten, einige Tage vor Erscheinen veröffentlichte das Nachrichtenmagazin „Der Spiegel" exklusiv einen Bericht über die Arbeit am „Unternehmenstester" (o.V. 1995). Bis Ende des Jahres wurden weit über 100 Presseberichte gezählt, zusätzlich wurde auch in den elektronischen Medien mehrfach über den „Unternehmenstester" berichtet.

Distribution der Ergebnisse in unterschiedlichen Varianten

Ein Jahr nach Erscheinen der Buchveröffentlichung wurden die wichtigsten Informationen des „Unternehmenstesters" noch einmal in einem *Faltblatt* der Verbraucherorganisationen veröffentlicht. Dieser vom imug erstellten Variante der Darstellung der Untersuchungsergebnisse – die sich bewußt über einige der oben formulierten Bedenken hinwegsetzte – lagen verschiedene Motive zugrunde:

Marke	Unternehmen							Anderes
BABY- UND KINDERNAHRUNG								
Alete	Nestlé Deutschland	✓	✓	✓	✓	✓	✓✓	spendet/stiftet/sponsert, ausländerfreundlich, neue Bundesländer, Gentechnik
Aponti	Nestlé Deutschland	✓	✓	✓	✓	✓	✓✓	spendet/stiftet/sponsert, ausländerfreundlich, neue Bundesländer, Gentechnik
Milupa	Milupa	✓	✓	✓	✓	X	✓	spendet/stiftet/sponsert, ausländerfreundlich, neue Bundesländer, Tierversuche
BACKWAREN UND BACKZUTATEN								
Bahlsen	Bahlsen	X	?	?	?	?	?	ausländerfreundlich, neue Bundesländer
Dahli	Dahli-Kuchen (Wendeln)	XX	?	?	?	?	?	neue Bundesländer
Dr. Oetker	Oetker	✓	X	✓	✓	✓	✓	spendet/stiftet/sponsert, ausländerfreundlich, neue Bundesländer, Massenhaltung
Harry	Harry-Brot	✓✓	✓	✓	X	✓	✓	spendet/stiftet/sponsert, ausländerfreundlich, neue Bundesländer
Juweel	Ruf Lebensmittelwerk	✓	X	X	X	XX	✓	
Kraft	Kraft Jacobs Suchard	✓	X	✓✓	XX	✓	✓✓	spendet/stiftet/sponsert, ausländerfreundlich, Massenhaltung
Lady Cake	Lady Cake (Südzucker)	X	?	?	?	?	?	neue Bundesländer, Gentechnik
Ruf	Ruf Lebensmittelwerk	✓	X	X	X	XX	XX	
Weber	Weber	X	?	?	?	?	?	neue Bundesländer
Wendeln	Wendeln	XX	?	?	?	?	?	neue Bundesländer
BIER								
Astra	Bavaria St. Pauli	✓	✓	✓	X	✓	✓	ausländerfreundlich, neue Bundesländer
Beck's	Beck & Co.	✓	X	✓	XX	✓	✓	spendet/stiftet/sponsert, ausländerfreundlich, neue Bundesländer
Binding	Binding	✓	X	✓	XX	✓✓	✓	spendet/stiftet/sponsert, ausländerfreundlich, neue Bundesländer
Bitburger	Bitburger	✓	✓	✓	X	✓	✓	ausländerfreundlich, neue Bundesländer
DAB	Dortmunder Actien (Binding)	✓	X	✓	XX	✓✓	✓	spendet/stiftet/sponsert, ausländerfreundlich, neue Bundesländer
Dortmunder Union	Dortmunder Union (Brau und Brunnen)	✓	?	?	?	✓	?	spendet/stiftet/sponsert, ausländerfreundlich, neue Bundesländer
Eichbaum	Eichbaum	✓	✓	✓	X	✓✓	X	ausländerfreundlich
Fürstenberg	Fürstenbergische Brauerei	✓	?	✓	X	✓	✓	ausländerfreundlich
Herforder	Felsenkeller Herford	X	✓	✓	XX	X	✓	spendet/stiftet/sponsert, ausländerfreundlich
Holsten	Holsten	X	?	?	?	?	?	spendet/stiftet/sponsert, neue Bundesländer
Jever	Bavaria St. Pauli	✓	✓	✓	X	✓	✓	ausländerfreundlich, neue Bundesländer
Licher	Licher	✓	✓	✓	X	✓	✓	ausländerfreundlich, neue Bundesländer

Abb. 33: Ergebnisdarstellung im Faltblatt „Unternehmenstester" (Auszug); Quelle: Verbraucher-Zentrale Niedersachsen u.a. 1996, S. 2

188 4. Die Umsetzung: Der erste vergleichende Unternehmenstest in Deutschland

Erstes und wichtigstes Ziel des Faltblatts war die weitere Verbreitung der sehr guten und sehr aufwendig erhobenen Ergebnisse der Untersuchung. Darüber hinaus sollte auf diesem Weg auch die dem Unternehmenstest zugrundeliegende Idee weiter verbreitet werden. Erhofft wurde auch ein kleiner Werbeeffekt für die ausführliche Buchversion. Letztlich sollte auch – bereits im Hinblick auf zukünftige Unternehmenstest-Publikationen – getestet werden, wie die Verbraucher auf diese Variante der Informationsdarstellung reagieren. Das Faltblatt ist am 01. Juni 1996 in einer Auflage von 10.000 Exemplaren erschienen und wird zum Preis von 1,50 DM von den beteiligten Verbraucherorganisationen vertrieben.

Mittlerweile sind die Ergebnisse aus dem „Unternehmenstester" auch weltweit *online* im Internet abrufbar. Das imug hat die Informationen zur Lebensmittelbranche in seine eigene „homepage" integriert. Der besondere Komfort dieses elektronischen Angebots für den Nutzer besteht in der Möglichkeit, schnell nach bestimmten Produkten zu suchen und dann per Mausklick direkt die Informationen zum Anbieter zu erhalten. Inwieweit das Internet mit all seinen Eigenheiten das richtige Medium zur Distribution von Unternehmenstest-Ergebnissen ist, muß zu einem späteren Zeitpunkt und in Berücksichtigung der gesammelten Erfahrungen geprüft werden.

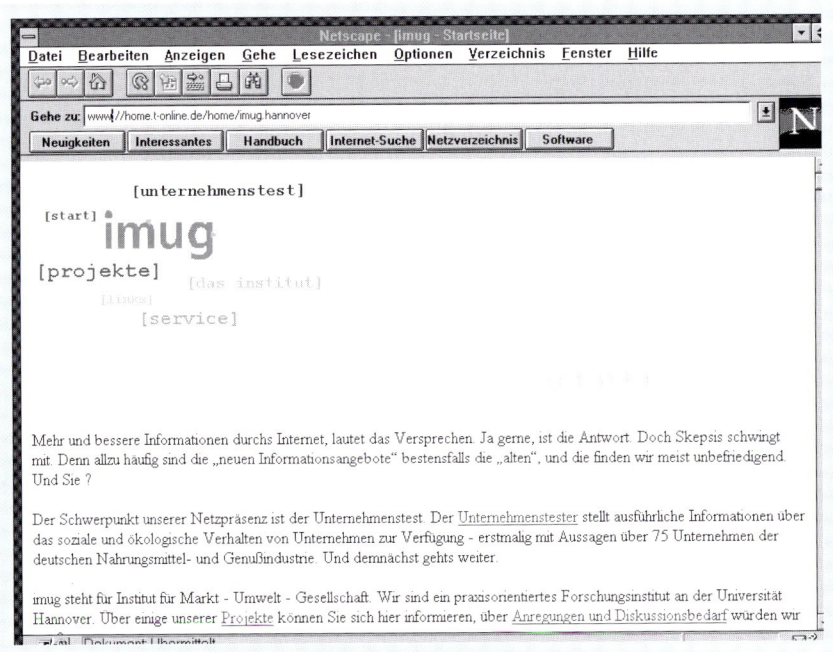

Abb. 34: Homepage des imug im Internet;
Quelle: http://www.home.t-online.de/home/imug.hannover

4.3 Vorgehensweise der Untersuchung 189

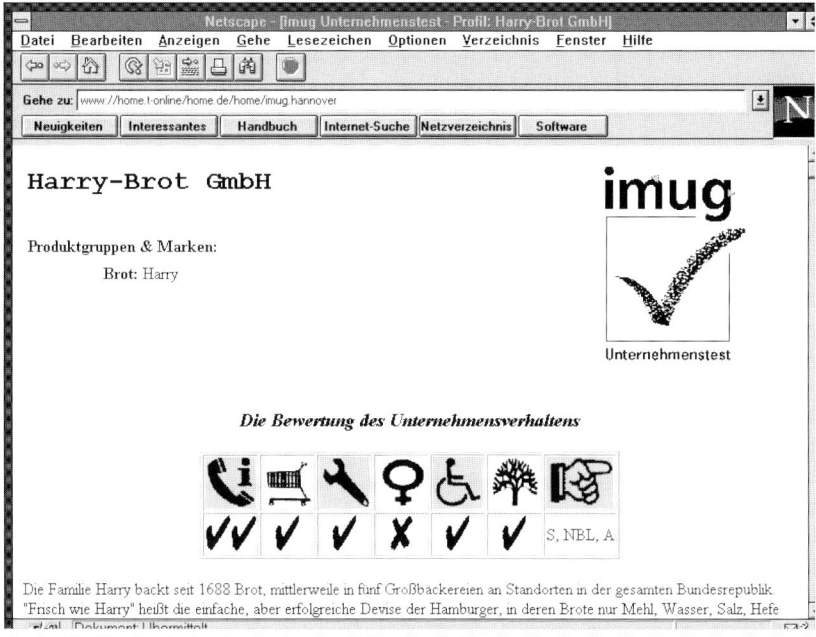

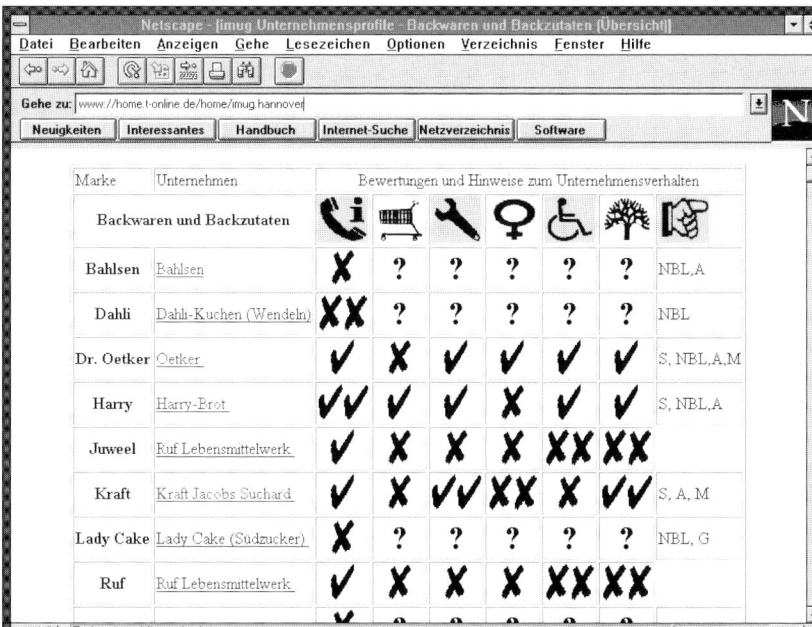

*Abb. 35: Beispiele für die Präsentation des Unternehmenstesters im Internet;
Quelle: http://www.home.t-online.de/home/imug.hannover*

4.4 Ergebnisse der Untersuchung

Der „Unternehmenstester" konnte sich bei seinen Untersuchungen nicht allein auf die Auskunftsbereitschaft der Unternehmen verlassen. Trotzdem kam der *Selbstauskunft* und den von Unternehmen zur Verfügung gestellten Belegen bei der Datenbeschaffung ein hoher Stellenwert zu. Die Unternehmensbefragungen wurden 1993 und 1994 an insgesamt 251 Unternehmen versandt. Diese Unternehmen sind im „Unternehmenstester" aufgelistet. In dieser Zahl enthalten sind einige bewußte Überschneidungen wegen des gleichzeitigen Versands des Fragebogens an Mutter- und Tochtergesellschaften. Insgesamt 47 ausgefüllte Unternehmensbefragungen fanden den Weg zurück ins imug. Durch einige besondere Fälle, in denen die Muttergesellschaft für sich und die Tochtergesellschaften gemeinsam geantwortet haben (u.a. Nestlé Deutschland), repräsentieren diese 47 eingegangenen Fragebögen insgesamt 61 der angeschriebenen Unternehmen. Die *Rücklaufquote* betrug somit 24,3%. Das Spektrum der unterschiedlichen Reaktionsweisen reichte aber weit über die Teilnahme an der Untersuchung hinaus. Es läßt sich wie folgt klassifizieren:

Differenzierte Reaktionen der Unternehmen

Kooperation

61 Unternehmen haben selbst oder durch ihre Muttergesellschaft mindestens bei einer der beiden Befragungen oder gar bei beiden mitgewirkt. Allerdings: Sechs dieser Unternehmen zogen die angegebenen Daten wieder zurück. Das sozial-ökologische Verhalten der betreffenden Unternehmen wurde dennoch bewertet und veröffentlicht, jedoch nicht, ohne auf die besondere Position des Unternehmens zu verweisen.

Duldung

52 Unternehmen haben die Unternehmensbefragung nicht ausgefüllt. Der zur Kontrolle zugesandte Datenbankauszug wurde jedoch bearbeitet, in vielen Fällen wurde Informationsmaterial zugeschickt.

Absage

26 Unternehmen haben mindestens einmal die Mitwirkung am „Unternehmenstester" – meist begründet – abgelehnt.

Nichtbeachtung

65 Unternehmen haben generell überhaupt nicht auf die Zusendungen des „Unternehmenstesters" reagiert. Einige dieser Unternehmen gaben nach der letzten Zusendung per Einschreiben an, nie einen Fragebogen vom „Unternehmenstester" erhalten zu haben.

192 4. Die Umsetzung: Der erste vergleichende Unternehmenstest in Deutschland

Widerspruch

47 Unternehmen haben im Ergebnis die Ziele des „Unternehmenstesters" aktiv behindert, indem sie entweder die zur Kontrolle mitgeteilten Daten „ausdrücklich nicht" bestätigten oder sich generell die Veröffentlichung von Daten, bzw. die Verwendung ihres Firmennamens verbaten, dies z.T. unter Androhung der Einlegung von Rechtsmitteln.

Im „Unternehmenstester" werden 75 Unternehmen ausführlich behandelt. Diese Unternehmen haben zumindest eine der Unternehmensbefragungen ausgefüllt, so daß umfassende Bewertungen des sozial-ökologischen Verhaltens möglich waren, oder es lagen ausreichende Daten vor, die zumindest im Feld Informationsoffenheit, in einigen wenigen Fällen auch darüber hinaus, eine Bewertung erlaubten. Eine Übersicht über diese Untersuchungsergebnisse bieten die folgenden Abbildungen:

Der Unternehmenstester: Übersicht der Untersuchungsergebnisse

Unternehmen	👥	🛏	🔧	♀	♿	🌳	☞
Asbach	✓	✓	✓	?	✓✓	✓	S, A
Bahlsen	✗	?	?	?	?	?	NBL, A
B. A. T.	✗	?	?	?	?	?	S
Bavaria-St. Pauli	✓	✓	✓	✗	✓	✓	NBL, A
Becker's Bester	✗	✓	?	?	?	?	S, NBL
Berentzen	✓✓	✗	✓	✗	✓	✓	S, A
Binding	✓	✗	✓	✗✗	✓✓	✓	S, NBL, A
Bitburger	✓	✓	✓	✗	✓	✓	NBL, A
Blaue Quellen	✓	✗	✗	✓	✗✗	✓	S, A
Brau und Brunnen	✓	?	?	?	✓	?	S, NBL
Brauerei Beck	✓	✗	✓	✗✗	✓	✓	S, NBL, A
Coca-Cola	✓	✗	✓✓	✓	?	✓✓	NBL, A
CPC Deutschland	✗	?	?	?	?	?	NBL
Deller	✓	✗	✗	✗	✓	✗	S, A
Dittmeyer	✓	✓	?	?	?	✓	NBL, A
Eckes	✗	?	?	?	?	?	NBL
Eduscho	✓	?	?	?	✓	?	
Eichbaum	✓	✓	✓	✗	✓✓	✗	S, NBL, A
Ferrero	✗	?	?	?	?	?	
Freiberger	✓	✓	?	?	?	✗✗	T
Frikifrisch	✓	✓	✗	✗✗	✗	✗	S, NBL
Fuchs	✓	✗	✓	✗	?	✗	NBL, A
Fürstenbergische	✓	?	✓	✗	✓✓	✓	A
Gerolsteiner	✓	✓	✓	✗✗	✗	✓	S, NBL, A
Gubor	✓	✗	✓	✗	✗	✗	
Haribo	✗	?	?	?	?	?	NBL
Harry-Brot	✓✓	✓	✓	✗	✓	✓	S, NBL, A
Hawesta	✓	✗	✗	✗	✗	✗	A
Felsenkeller Herford	✗	✓	✓	✗✗	✓	✓	S, A
Holsten	✗	?	?	?	?	?	S, NBL
Homann	✓	✓	✓	✓	✓	✓	S, NBL, A, G, T
Karwendel	✓	✗	✓	✗✗	✓	✗	
Katjes	✓	✗	✓	✗	✓	✗	S, A
Kellogg	✗	?	?	?	?	?	
Kraft Jacobs Suchard	✓	✗	✓✓	✗✗	✗	✓✓	S, A, T
Langnese-Iglo	✓✓	✗	✓	✓	✗	✓	S, A, G, T
Licher	✓	✓	✓	✗	✓	✓	NBL, A

Abb. 36: Übersicht über die Untersuchungsergebnisse im Projekt Unternehmenstest, Quelle: imug u.a. 1995, S. 313

4.4 Ergebnisse der Untersuchung 193

Unternehmen	ℹ	🛒	🔧	♀	♿	🌳	☞
Mars	✗	?	?	?	?	?	
Milupa	✓	✓	✓	✓	✗	✓	S, NBL, A, T
Mineralb. Überkingen	✓	✗	✓	✗	✗	✓	NBL, A
Molkerei Müller	✗	?	?	?	?	?	NBL
Möwe	✓✓	✓	✗	✗	✗	✗	S, NBL
Nestlé	✓	✓	✓	✓	✓	✓✓	S, NBL, A, G
Nordsee	✓	✗	✓	✓	✗	✓	S, NBL, A, G, T
Odenwald	✓	✗	✓	✗	✗	✗	S
Oetker	✓	✗	✓	✓	✓	✓	S, NBL, A, T
Pepsi-Cola	✓	✗	?	?	?	✗	
Pfeifer & Langen	✗✗	?	?	?	?	?	NBL
Philip Morris	✗	?	?	?	?	?	S, NBL
Rabenhorst	✓	✓	✓	✗	✗	✓	S, A
Ragolds	✓	✗	✓	✗	✗	✗	A
Reemtsma	✓	✗	✓	✓	✗	✓	S, NBL, A
Reinert	✓	✗	✗	?	✗	✓	S, A, T
Reynolds	✗	?	?	?	?	?	
Ritter	✓	✗	✓✓	✗	✗	✓	S, A
Rothmans	✗	?	?	?	✓	?	
Ruf	✓	✗	✗	✗	✗✗	✗✗	
Sachsenmilch	✓	✓	✓	?	✗	✗	NBL
Schöller	✗	?	?	?	?	?	S, NBL
Schwartauer	✗	?	?	?	?	?	
Schwarze & Schlichte	✓	✓	✓	✗✗	✓✓	✗	S
Stollwerck	✗✗	?	?	?	?	?	S, NBL
Storck	✗	?	?	?	?	?	S, NBL
Südmilch	✗	?	?	?	?	?	NBL
Südzucker	✗	?	?	?	?	?	NBL, G
Tchibo	✗	?	?	?	?	?	NBL
Underberg	✗	?	?	?	?	?	
Unilever			siehe Ergebnisse der Tochtergesellschaften				
Union	✓✓	✗	✓✓	✓	✓✓	✓	S, NBL, A, G, T
VK Mühlen	✗✗	?	?	?	?	?	NBL
Warsteiner	✓	✓	✓	✗	✓	✓	S, A
Weber	✗	?	?	?	?	?	NBL
Weltmarken	✗	?	✓	✗	✗✗	✗	S
Wendeln jr.	✗✗	?	?	?	?	?	NBL
Zentis	✗	?	?	?	?	?	

Abb. 37: Übersicht über die Untersuchungsergebnisse im Projekt Unternehmenstest (Forts.)
Quelle: imug u.a. 1995, S. 314

Wenn es im Konzept des Unternehmenstests auch erklärtes Ziel ist, Aussagen über das jeweilige Unternehmen zu treffen, können doch im folgenden in Ergänzung dieser unternehmensindividuellen Auswertungen *erstmalig weitergehende Auswertungen* zum sozial-ökologischen Verhalten der deutschen Nahrungs- und Genußmittelindustrie vorgestellt werden. Auf diesem Wege können weitere fundierte Aussagen über das sozialökologische Verhalten der deutschen Nahrungs- und Genußmittelindustrie insgesamt gemacht werden sowie Trends im Unternehmensverhalten herausgearbeitet werden.

Die vorgestellten Ergebnisse basieren auf den für die Unternehmensbewertung recherchierten Informationen über das sozial-ökologische Verhalten von insgesamt 75 Unternehmen der deutschen Nahrungs- und Genußmittelindustrie. Hervorzuheben ist, daß es sich bei diesen Informationen nicht um „Meinungen" oder „Einstellungen" der Unternehmen oder ihres Managements handelt, sondern um eine kriterienbezogene *Messung des Verhaltens*. Allerdings kann in bezug auf die Nahrungs- und Genußmittelindustrie kein Anspruch auf Repräsentativität erhoben werden. Zum einen ist die Zusammensetzung der an der Unternehmensbefragung teilnehmenden Unternehmen nicht repräsentativ. Insbesondere der hohe Anteil großer Mischkonzerne (mit Unilever, Nestlé, Kraft Jacobs Suchard und Oetker hat nahezu die gesamte Spitzengruppe der Nahrungs- und Genußmittelindustrie am Unternehmenstest teilgenommen), aber auch die verhältnismäßig große Anzahl von Brauereien bei den Untersuchungsteilnehmern deuten auf Abweichungen hin. Zum anderen sind die Verzerrungen durch die zu vermutenden Verhaltensunterschiede zwischen informationsoffenen und informationsverschlossenen Unternehmen nicht zu beziffern.

> **Kriterienbezogene Messung des Unternehmensverhaltens**

Die Ausführungen werden ergänzt durch den sich direkt anschließenden Abschnitt. Dort werden auf Grundlage der vorgestellten Ergebnisse verschiedene hochinteressante *Hypothesen* zum sozial-ökologischen Verhalten von Unternehmen der Nahrungs- und Genußmittelindustrie formuliert und überprüft.

4.4.1 Verantwortungsübernahme in der Nahrungs- und Genußmittelindustrie

Das sozial-ökologische Verhalten der untersuchten Unternehmen der Nahrungs- und Genußmittelindustrie wurde im Projekt Unternehmenstest im jeweiligen Untersuchungsfeld bewertet; die verwendete Skala reicht von 1 (XX = Kriterien nicht erfüllt) bis 4 (✓✓ = Kriterien umfassend erfüllt). Auf alle Untersuchungsfelder und Unternehmen bezogen variiert das sozial-ökologische Verhalten zwischen den Werten 2,06 und 2,90 und weist einen *Mittelwert* von 2,56 auf. Die Abbildung 38 zeigt die jeweiligen Mittelwerte der bewerteten Untersuchungsfelder und gibt somit einen Überblick über die Verantwortungsschwerpunkte in den Unternehmen der untersuchten Branche.

Da hier fast ausschließlich Unternehmen berücksichtigt werden, die sich an der Unternehmensbefragung freiwillig beteiligt haben, kann davon ausgegangen werden, daß die Ergebnisse – wenn hieraus eine Aussage über „die Branche" abgeleitet werden sollte – im Vergleich zur Gesamtheit der Nahrungs- und Genußmittelhersteller eher *positiv verzerrt* sind (systematischer Fehler).[66]

Zwischen den Ergebnissen der einzelnen Untersuchungsfelder bestehen zum Teil *deutliche Unterschiede*. Während die Arbeitnehmerinteressen bei den in die Untersuchung einbezogenen Unternehmen in verstärktem Maße Berücksichtigung bei der Planung und Ausgestaltung von unternehmerischen Maßnahmen finden (Mittelwert: 2,9) stellt insbesondere die Förderung von Frauen bei der Mehrzahl der Unternehmen der Nahrungs- und Genußmittelindustrie ein weitgehend vernachlässigtes, bzw. gänzlich unbeachtetes Handlungsfeld dar (Mittelwert: 2,06).

> **Frauenförderung ein noch besonders vernachlässigter Bereich**

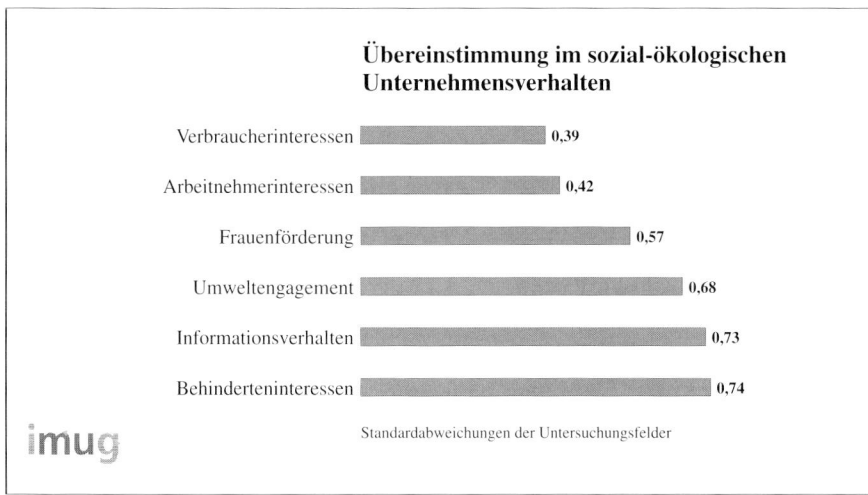

Abb. 38: Verantwortungsübernahme in der Nahrungs- und Genußmittelindustrie

Bezüglich der Homogenität bzw. Heterogenität des sozial-ökologischen Verhaltens bei den untersuchten Unternehmen können erste Aussagen anhand der Streuungsparameter der Unternehmensbewertungen in den einzelnen Untersuchungsfeldern getroffen werden (Abb. 39).

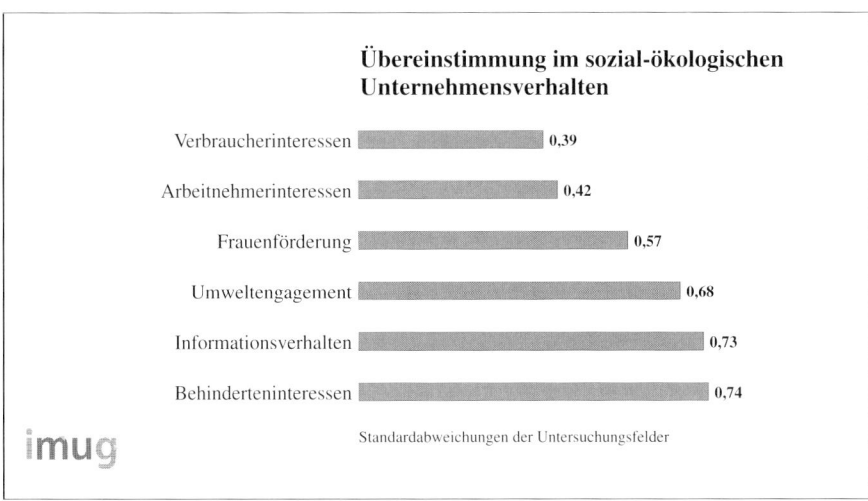

Abb. 39: Übereinstimmung im sozial-ökologischen Verhalten von Unternehmen in der Nahrungs- und Genußmittelindustrie

Hinsichtlich der beiden Untersuchungsfelder Verbraucherinteressen und Arbeitnehmerinteressen kann eine vergleichsweise große Übereinstimmung im Verhalten der untersuchten Unternehmen festgestellt werden (σ =0,39 bzw. 0,42). Bei der Frauenförderung sowie beim Engagement für die Umwelt existieren hingegen zunehmend größere

Unterschiede im Verhalten der Unternehmen der Branche. Insbesondere die Berücksichtigung von Behinderteninteressen findet in sehr unterschiedlichem Umfang statt. Dies gilt im übrigen auch für das Informationsverhalten der Unternehmen, wobei hier allerdings methodische Relativierungen zu berücksichtigen sind.[67]

4.4.2 Unternehmensverhalten in einzelnen Untersuchungsbereichen

Die verschiedenen Untersuchungsfelder zum sozial-ökologischen Unternehmensverhalten wurden jeweils, wie weiter oben geschildert, mit Hilfe von Multi-Item-Skalen operationalisiert. Im folgenden werden die Ergebnisse im Überblick dargestellt. In einigen ausgewählten Bereichen werden die erzielten Resultate einer detaillierteren Betrachtung unterworfen. Auf diese Weise wird es auch möglich, Ursachen für gegenwärtig bestehende sozial-ökologische Defizite bei Unternehmen der Nahrungs- und Genußmittelindustrie zu identifizieren und unternehmensübergreifende Anregungen für künftige Verhaltensänderungen zu formulieren.

Informationsoffenheit

Im Untersuchungsfeld Informationsoffenheit sind hinsichtlich der Bewertung der verschiedenen Kriterien *erhebliche Unterschiede* festzustellen. Während etwa ein Großteil der Unternehmen die Kennzeichnung von gentechnisch hergestellten, bzw. bestrahlten Lebensmitteln unterstützt, erfährt insbesondere die Umweltberichterstattung im Geschäftsbericht der Unternehmen bislang nur eine vergleichsweise geringe Aufmerksamkeit. Auch die Qualität der Umweltberichterstattung – wenn vorhanden – ist zu bemängeln. Bei weniger als der Hälfte der untersuchten Unternehmen (43%) ist ein Geschäftsbericht für jeden Interessenten erhältlich.

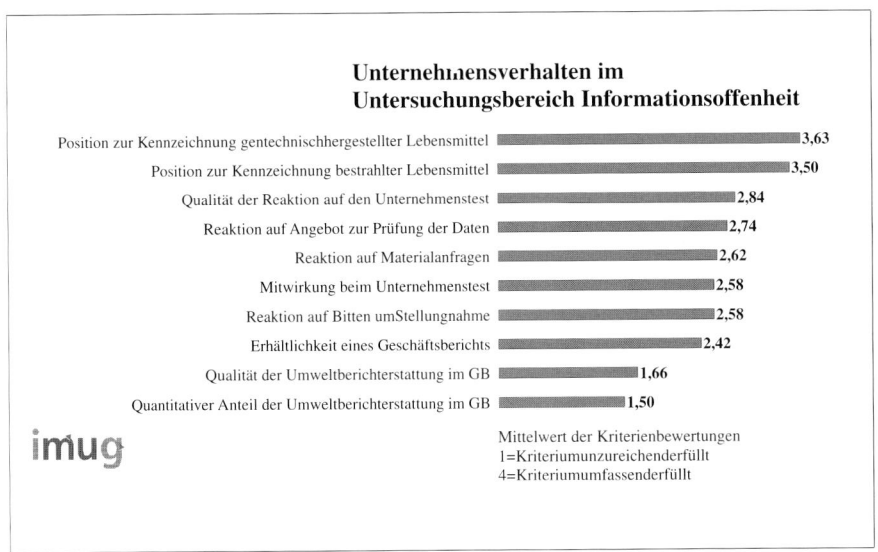

Abb.40: Unternehmensverhalten im Untersuchungsbereich „Informationsoffenheit" in der Nahrungs- und Genußmittelindustrie

Verbraucherinteressen

Auch das Untersuchungsfeld Verbraucherinteressen bündelt wiederum eine Vielzahl unterschiedlicher Kriterien. Die beste Beurteilung bei den in die Untersuchung einbezogenen Unternehmen erhielt dabei die Frage nach der Einhaltung von unternehmensübergreifenden *Qualitätsstandards*, was der gegenwärtig großen Resonanz des Themengebietes in Unternehmenspraxis und Marketingwissenschaft entspricht (vgl. z.B. Stauss 1994). Als verbesserungsbedürftig kann hingegen der Umgang der untersuchten Unternehmen mit sog. „problematischen" *Zusatzstoffen* angesehen werden: Mehr als die Hälfte der untersuchten Unternehmen verwendet bei der Herstellung ihrer Produkte mindestens einen solchen Stoff.

Abb. 41: Unternehmensverhalten im Untersuchungsbereich „Verbraucherinteressen" in der Nahrungs- und Genußmittelindustrie

Überdurchschnittlich positiv fielen auch die Bewertungen zum Kriterium *Qualität des Kundenkontaktmanagements* aus.[68] Die differenzierte Analyse der Qualität des Kundenkontakt-Managements von 79 Unternehmen der Nahrungs- und Genußmittelindustrie zeigt jedoch auch Schwachpunkte. So ist ein erhebliches Handlungs- und Verbesserungspotential auf dem Gebiet der persönlichen Kundenkommunikation festzustellen (Hennig 1995).[69] Insbesondere die Kontaktstimulierung muß als besonders defizitär beurteilt werden. So fehlten bei rund 37% der untersuchten Konsumgüter Angaben (Anschrift, Postleitzahl), die eine Kontaktaufnahme durch den Konsumenten ermöglicht hätten.

Anhand der erhobenen Daten können verschiedene Hypothesen über Struktur und Ursachen der Kundenkontakt-Qualität in den Unternehmen der Nahrungs- und Genußmittelindustrie formuliert und überprüft werden. Die Ergebnisse können wie folgt zusammengefaßt werden (Hennig 1995, S. 34ff):

☐ Die Hypothese, derzufolge Großunternehmen über ein kundennäheres Kontakt-Management verfügen, kann nicht bestätigt werden. Statt dessen besteht zwischen *Unternehmensgröße* und Kundenkontakt-Qualität ein signifikanter negativer Zu-

□ sammenhang. Allerdings muß die Aussage insofern relativiert werden, als ausschließlich Unternehmen mit einem Jahresumsatz von mindestens 23 Mio. DM in der Stichprobe vertreten sind.

□ Zwischen den verschiedenen *Kontaktarten* Nachfrage, Anfrage und Beschwerde bestehen durchweg signifikante positive Korrelationen, was als Bestätigung der Existenz einer gemeinsamen Hintergrundvariablen angesehen werden kann. Es erscheint naheliegend, daß es sich bei dieser Variablen um das *Unternehmensleitbild* handelt. Für eine nähere Validierung dieser Hypothese bedarf es allerdings weiterer Untersuchungen.

□ Die Hypothese, daß die *Produktgruppe* (Teilmarkt), der ein Produkt bzw. ein Unternehmen zugeordnet werden kann, einen signifikanten Einfluß auf die Kundenkontakt-Qualität ausübt, kann als bestätigt angesehen werden. Im Rahmen einer Multiple Classification Analysis (MCA) mit der Kontakt-Qualität als (metrischer) Kriteriumsvariable und der Produktgruppenzugehörigkeit als (nominal skalierter) Prädiktor wird ein Bestimmtheitsmaß von $R^2 = 0{,}28$ ermittelt.

□ Schließlich konnte die Hypothese, daß ein unternehmensintern *zentralisiertes* Kontakt-Management einer *dezentralen* Behandlung von Kundenkontakten überlegen ist, nur teilweise bestätigt werden. Während Mittelwertvergleiche eine Überlegenheit zentralisierter Bearbeitung nahelegen ($\bar{x}_{zentralisiert} = 3{,}1; \bar{x}_{dezentralisiert} = 2{,}7$), ergeben varianzanalytische Untersuchungen keine signifikante Intensität des Zusammenhangs.

Arbeitnehmerinteressen

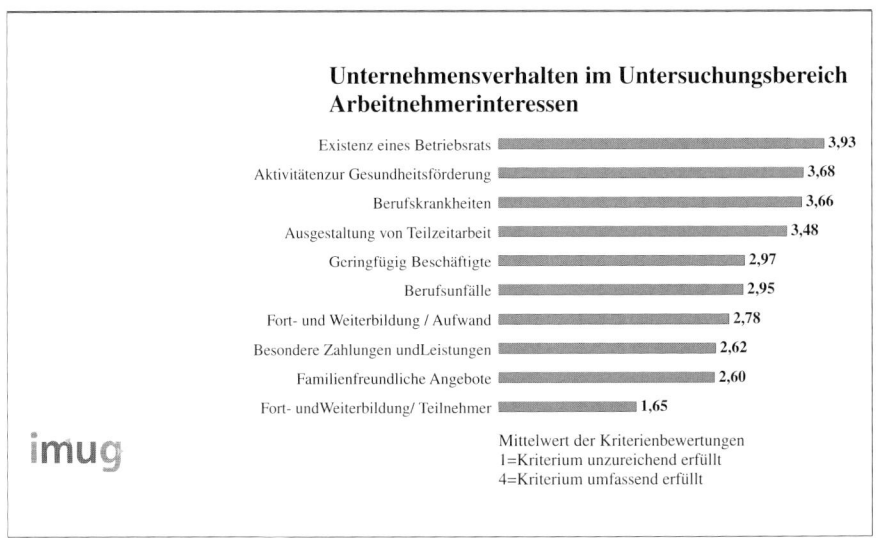

Abb. 42: Unternehmensverhalten im Untersuchungsbereich „Arbeitnehmerinteressen" in der Nahrungs- und Genußmittelindustrie

Die Berücksichtigung der Arbeitnehmerinteressen durch die Unternehmen erzielte, wie bereits geschildert, die *beste Bewertung* von allen Untersuchungsfeldern. Jedoch können bei Betrachtung der einzelnen Kriterien auch hier wichtige „Qualitätsunterschiede" festgestellt werden. Während die Existenz eines Betriebsrates (nur ein Unternehmen besaß zum Zeitpunkt der Untersuchung keinen Betriebsrat), die Aktivitäten der Unternehmen im Rahmen der Gesundheitsförderung der Beschäftigten sowie das fortschreitende Angebot an Teilzeitarbeitsplätzen als positiv beurteilt werden können, ist insbesondere die Investition der Unternehmen in die Fort- und Weiterbildung ihrer Mitarbeiter verbesserungsfähig: So sind bei etwa der Hälfte der Unternehmen im Höchstfall 20% der Mitarbeiter in derartige Förderungsaktivitäten integriert.

Frauenförderung

Die Förderung von Frauen muß als *besonderer Defizitbereich* des sozial-ökologischen Engagements in den Unternehmen der Nahrungs- und Genußmittelindustrie gekennzeichnet werden. Betrachtet man die einzelnen Kriterien des Untersuchungsfeldes Frauenförderung (Abb. 43), wird ersichtlich, daß nur der Anteil von Frauen in der betrieblichen Erstausbildung sowie in der betrieblichen Fort- und Weiterbildung als weitgehend positiv eingestuft werden kann.

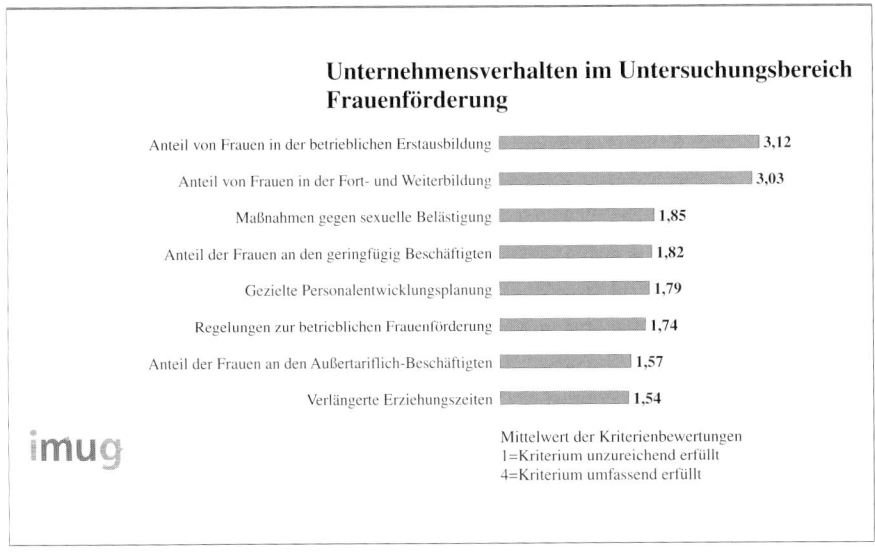

Abb. 43: Unternehmensverhalten im Untersuchungsbereich „Frauenförderung"
in der Nahrungs- und Genußmittelindustrie

So liegt die *Frauenquote* bei den Auszubildenden im Branchenmittel immerhin zwischen 35 und 50%, bei den Maßnahmen zur Fort- und Weiterbildung beträgt sie rund 75 bis 100% des Anteils der Frauen an der Gesamtbeschäftigung. Bei beiden Variablen handelt es sich insofern um vorgelagerte Größen, als beide Items keine gesonderte Behandlung und Förderung der weiblichen Belegschaft zum Gegenstand haben, sondern die Integration der Frauen in das Unternehmen (im Sinne einer „Gleichbehandlung") betreffen.

Maßnahmen hingegen, die eine *konkrete Förderung* weiblicher Arbeitnehmer betreffen, werden von den untersuchten Unternehmen kaum durchgeführt. Darunter fallen etwa das Angebot verlängerter Erziehungszeiten (knapp 70% bieten keinerlei entsprechende Leistungen), verbindliche Regelungen zur betrieblichen Frauenförderung (bei nur 10% der Unternehmen vorhanden) oder eine gezielte Personalentwicklungsplanung (bei knapp 70% der Unternehmen nicht, bzw. nur in Ansätzen vorhanden).

Behinderteninteressen

Im Unterschied zu den übrigen Untersuchungsfeldern wurde das Untersuchungsfeld Behinderteninteressen mit nur drei Kriterien gemessen. Dabei zeigt sich, daß in mehr als zwei Drittel der untersuchten Unternehmen eine Schwerbehindertenvertretung vorhanden ist. Rund 70% der Unternehmen haben darüber hinaus bereits Aufträge an Behindertenwerkstätten vergeben; mehr als 60% haben dies in den zurückliegenden drei Jahren regelmäßig getan.

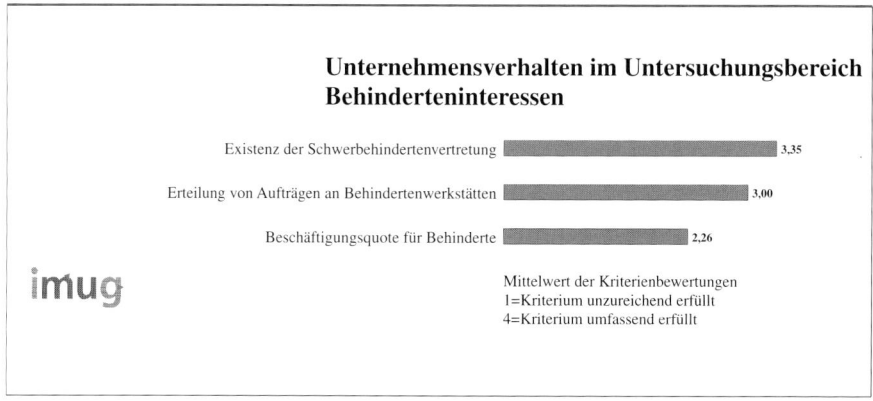

*Abb. 44: Unternehmensverhalten im Untersuchungsbereich „Behinderteninteressen"
in der Nahrungs- und Genußmittelindustrie*

Weniger positiv muß hingegen die *Beschäftigungsquote* für Behinderte in den untersuchten Unternehmen beurteilt werden. Bei mehr als der Hälfte der Unternehmen beträgt diese Quote weniger als drei Prozent, und nur knapp ein Zehntel der Unternehmen erreicht den (gesetzlich vorgeschriebenen) Anteil von 6% oder höher.

Umweltengagement

Die gewachsene gesamtgesellschaftliche Bedeutung von Umweltproblemen (Wimmer 1988, 1993; imug-Emnid 1993 und 1996) hat Eingang in den Gestaltungsbereich der Nahrungs- und Genußmittelindustrie gefunden. So stellt der sorgfältige Umgang mit ökologischen Ressourcen bei sämtlichen der untersuchten Unternehmen einen *Bestandteil der Unternehmensgrundsätze* dar, wobei über 90% dieser Unternehmensgrundsätze auch öffentlich zugänglich sind.

Unterscheidet man zwischen organisatorischen Umweltschutzmaßnahmen und solchen unternehmerischen Aktivitäten, die unmittelbar unternehmensexterne Bereiche (Kunden, Lieferanten etc.) betreffen, kann festgestellt werden, daß die Berücksichtigung von Umweltschutzaspekten im Bereich der *Unternehmensorganisation* weit stärker ausgeprägt ist, als die Gestaltung von Maßnahmen mit konkreter Außenwirkung. Während eine große Zahl von Unternehmen die Zuständigkeit für Umweltfragen auf hoher Managementebene ansiedelt (87%), den Mitarbeitern einen Ansprechpartner für Umweltschutzfragen bereitstellt (88%) und interne Umweltschutzmaßnahmen im Bereich Büro und Personal durchführt, besitzen etwa die Erstellung von Umweltbilanzen (32%) ebenso wie die Unterzeichnung unternehmensübergreifender Erklärungen zum Umweltschutz (27%) noch Ausnahmecharakter in den untersuchten Unternehmen der Branche.

Werden aber *konkrete Maßnahmen* zum Schutz der Umwelt durchgeführt, betreffen diese zumeist die Auswahl und Behandlung von Zulieferunternehmen sowie den Bereich Transport und Verkehr. So erteilen rund 77% der untersuchten Unternehmen zumindest einem Teil ihrer Zulieferer ökologisch begründete Auflagen, und 35% der Unternehmen sind bestrebt, die von Transport und Verkehr verursachten Umweltbelastungen durch den Einsatz ökologisch verträglicherer Transportmittel (wie Bahn und Schiff) und/oder durch Verwendung regionaler Vorprodukte zu reduzieren. Geringe Beachtung findet hingegen (trotz ihrer intensiven Diskussion in weiten Teilen der Öffentlichkeit) die Gestaltung der Verpackung von Nahrungs- und Genußmitteln: Mehr als die Hälfte aller betrachteten Unternehmen (52%) haben in diesem Bereich bisher keine nennenswerten, bzw. nur geringe Entlastungen getätigt.

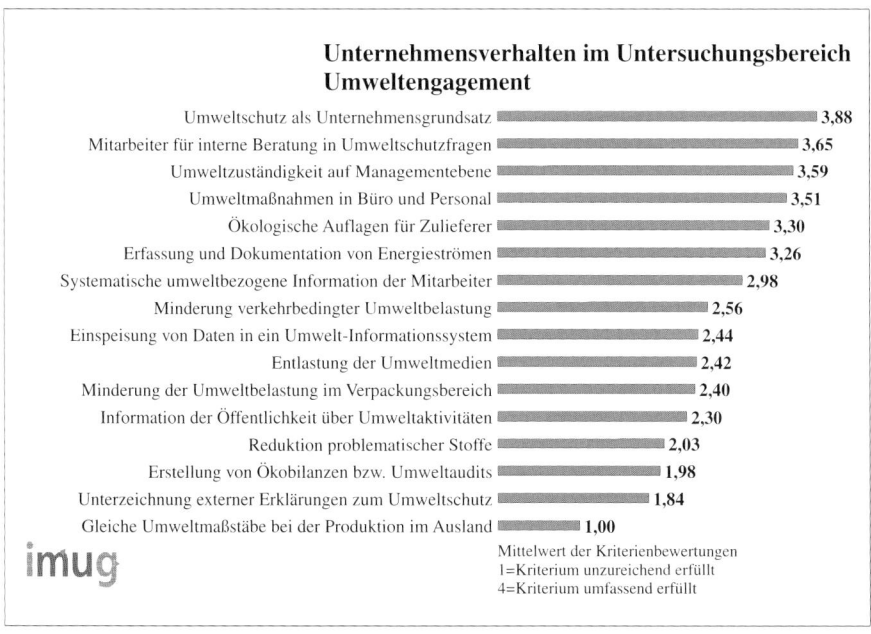

Abb. 45: Unternehmensverhalten im Untersuchungsbereich „Umweltengagement" *in der Nahrungs- und Genußmittelindustrie*

Ergebnisse der Hinweisfelder

Für jene Untersuchungsbereiche, in denen keine quantitative Bewertung der untersuchten Unternehmen angestrebt wurde, gibt die folgende Tabelle einen (qualitativen)

Überblick über das Verhalten der Unternehmen der Nahrungs- und Genußmittelindustrie.

Hinweisfeld	Anzahl der Hinweise	in Prozent (aufgerundet)[70]
Ausländerfreundliche Aktivitäten	36	77%
Spenden-Stiftungen-Sponsoring	30	64%
Engagement Neue Bundesländer	23	49%
Tierschutz	9	19%
Gentechnologie	5	11%

Tab. 12: Ergebnisübersicht der Hinweisfelder

Bemerkenswert ist dabei u.a. die Vielzahl von *ausländerfreundlichen Aktivitäten*. In drei Viertel der untersuchten Unternehmen spielte das Thema eine Rolle, und es wurden entsprechende (wenn auch qualitativ stark unterschiedliche) Maßnahmen eingeleitet.

Knapp zwei Drittel der untersuchten Unternehmen haben *Geldmittel für gesellschaftspolitische Zwecke* zur Verfügung gestellt – hier ist jedoch ein Blick auf die jeweilige Ausgestaltung dieser „milden Gaben" ratsam, da der Hinweis grundsätzlich bei jedem Betrag erfolgte.

Außergewöhnlich hoch ist darüber hinaus der Anteil derjenigen Unternehmen, die sich in irgendeiner Form in den *Neuen Bundesländern engagiert* haben – wobei auch hier keine Unterscheidung zwischen „altruistischen" und investiven (gewinnorientierten) Aktivitäten vorgenommen wurde. Die ermittelten Werte spiegeln hier noch einmal die Sonderrolle der Nahrungs- und Genußmittelindustrie wider, die sich nach der Wende 1989 schneller und intensiver als andere Branchen in den neuen Ländern engagiert hat.

Bei der Interpretation der Daten im Feld *Tierschutz* ist zu berücksichtigen, daß es sich hier um einen *Negativ-Hinweis* handelt, d.h. hier wird darauf hingewiesen, daß das Unternehmen *gegen* den Tierschutzgedanken gehandelt hat.

Auffallend selten wurde auf eine Betätigung im Bereich der *Gentechnologie* hingewiesen (bei der nachgewiesen kritischen Einstellung der Bevölkerung zur Gentechnologie hat auch dieser Hinweis den Charakter eines Negativ-Hinweises); lediglich zwei Unternehmen gaben selbst an, bereits aktiv mit der Gentechnologie befaßt zu sein. Angesichts der auch in der Bundesrepublik rasch zunehmenden Bedeutung dieser umstrittenen Technologie ist jedoch zu vermuten, daß dieses Ergebnis von den aktuellen Entwicklungen in der Branche bereits überholt wurde.

4.5 Hypothesen zum sozial-ökologischen Unternehmensverhalten in der Nahrungs- und Genußmittelindustrie

Auf der Grundlage der kriterienbezogenen Messung des sozial-ökologischen Verhaltens von insgesamt 75 Unternehmen der deutschen Nahrungs- und Genußmittelindustrie soll im folgenden versucht werden, einige besonders interessante Hypothesen zum sozial-ökologischen Verhalten von Unternehmen in dieser Branche zu diskutieren. Allerdings gelten die bereits getroffenen Einschränkungen zur Repräsentativität der Aussagen aufgrund der Zusammensetzung der in die Untersuchung einbezogenen Unternehmen auch hier.

Die hier im Zusammenhang mit der *Erklärung und Deutung* des sozial-ökologischen Unternehmensverhaltens zu diskutierenden Hypothesen lassen sich folgendermaßen charakterisieren:

I: Größenhypothese
II: Markthypothese
III: Wichtigkeitenhypothese
IV: Dimensionenhypothesen
V: Informationshypothese
VI: Typenhypothese

I: Größenhypothese

Großunternehmen verfügen über ein signifikant größeres sozial-ökologisches Engagement als kleinere Unternehmen.

Als Begründung für diese Hypothese, können verschiedene Argumente angeführt werden, die z.T. sehr *unterschiedliche Interpretationsmuster* und Schlußfolgerungen zulassen. Genannt werden können insbesondere:

- Das sozial-ökologische Verhalten von Unternehmen variiert mit deren *finanziellen Ressourcen* und Möglichkeiten. Da Großunternehmen und Konzerne zumeist über ein größeres Budget verfügen, sind sie tendenziell eher in der Lage, sozial-ökologische Maßnahmen durchzuführen. Sozial-ökologisches Verhalten wird in diesem Sinne als unternehmerische Option interpretiert, die „leistbar" sein muß.

- Sozial-ökologisches Verhalten ist für Großunternehmen in gewissem Maße unabdingbar. Aufgrund der *gesellschaftlichen Präsenz* von Großunternehmen und der damit verbundenen stärkeren Beobachtung durch Medien etc. können sich diese Unternehmen einen Verzicht auf sozial-ökologisches Verhalten nur begrenzt leisten.

❏ Der unternehmensevolutionär begründete *Meinungspluralismus* innerhalb von Großunternehmen führt dazu, daß eine Vielzahl von Mitarbeiter- und Gesellschaftsinteressen, so insbesondere das sozial-ökologische Engagement, Eingang in die Formulierung und Umsetzung der Unternehmensgrundsätze findet.

❏ Großunternehmen besitzen *methodenbedingte Vorteile* bei der Durchführung von sozial-ökologischen Unternehmenstests. Aufgrund einer größeren Palette an Sparten und Bereichen besteht für Großunternehmen (insbesondere bei Selbstauskünften) eher die Möglichkeit, die unternehmensbezogene Frage nach sozialen oder ökologischen Leistungen zu bearbeiten.

❏ Großunternehmen sind aufgrund der *Professionalisierung* ihrer Öffentlichkeitsarbeit und Public Relations eher in der Lage, den Spielraum von Fragestellungen zu sozial-ökologischen Themen zu ihren Gunsten zu nutzen.

Die Überprüfung der Hypothese erfolgte mittels verschiedener einfaktorieller *Varianzanalysen*, an die jeweils noch eine *Multiple Classification Analysis* (MCA) angeschlossen wurde. Dabei wurden die klassifizierte Unternehmensgröße[70] als nominal-skalierte unabhängige Variable und die sozial-ökologische Qualität der Unternehmen in den einzelnen Untersuchungsfeldern als metrisch-skalierte abhängige Variable verwendet. Die Tabelle 13 zeigt die Ergebnisse der verschiedenen Untersuchungen. Neben dem betrachteten Untersuchungsfeld sind die Irrtumswahrscheinlichkeit, mit der die Null-Hypothese („Es existieren *keine* Unterschiede zwischen der sozial-ökologischen Qualität der verschiedenen Größenklassen") abgelehnt werden kann, sowie die Stärke des Einflusses der Unternehmensgröße auf das sozial-ökologische Engagement wiedergegeben.

Untersuchungsfeld	Irrtumswahrscheinlichkeit (Signifikanz des F-Wertes)	Stärke des Einflusses (Bestimmtheitsmaß R^2)
Arbeitnehmerinteressen	0,02	0,17
Behinderteninteressen	0,65	0,02
Frauenförderung	0,01	0,23
Informationsoffenheit	0,00	0,24
Umweltengagement	0,00	0,45
Verbraucherinteressen	0,43	0,04

Tab. 13: Zusammenhänge von sozial-ökologischer Qualität und Unternehmensgröße

Mit Ausnahme der Bereiche Behinderteninteressen und Verbraucherinteressen kann die Ausgangshypothese für alle Untersuchungsfelder bei einem Signifikanzniveau von <0,05 *bestätigt* werden.[71] Ein besonders starker Zusammenhang zwischen der Größe und dem sozial-ökologischen Verhalten der Unternehmen kann im Bereich des Umweltengagements mit einem (hochsignifikanten) Erklärungsanteil von $R^2 = 0,45$ festgestellt werden.

Die Frage nach den *Ursachen* des ermittelten Zusammenhangs kann anhand der vorhandenen Daten nicht beantwortet werden. Insbesondere in Hinblick auf die Isolierung methodischer Störfaktoren bedarf es weiterer Analysen, die u.a. Aufschluß darüber geben können, ob in bestimmten Verhaltensbereichen die Verwendung separater Items für große und kleine Unternehmen eine Steigerung der Güte der Ergebnisse bewirken kann.

II. Markthypothese

Das sozial-ökologische Verhalten von Unternehmen wird in erheblichen Umfang von den Produkten bzw. Produktlinien beeinflußt, die die Unternehmen anbieten.

Aus verschiedenen Gründen erscheint es naheliegend, daß das *Produktangebot* eines Unternehmens Einfluß auf das sozial-ökologische Engagement des Unternehmens nimmt. So kann insbesondere angeführt werden, daß

- Produkte über ein unterschiedliches gesellschaftliches *Sensibilisierungspotential* verfügen. Dieses Potential wird u.a. determiniert von der ökologischen bzw. sozialen Gefährdung, die dem Produkt innewohnt, dem produktspezifischen Involvement sowie spezifischen Ereignissen, die die gesellschaftliche Aufmerksamkeit auf einzelne Produkte bzw. Produktgruppen lenken (Skandale wie Panschen von Olivenöl, Pestizide in Babynahrung etc.).

- produktspezifische Standards existieren, die durch ein *Bench-Marking* des Verhaltens von Mitbewerbern in bestimmten (öffentlichkeitswirksamen) sozialen und/oder ökologischen Dimensionen gefördert werden.

Die *Überprüfung* der Hypothese erfolgte hier ebenso wie im zuvor geschilderten Fall unter Zuhilfenahme eines varianzanalytischen Forschungsdesigns. Dazu wurden die in die Untersuchung einbezogenen Unternehmen in insgesamt acht Produktgruppen bzw. Teilmärkte eingeteilt, die in der anschließenden Analyse als nominale Ausprägungen der unabhängigen Variablen fungierten (Tab. 14).

Nr.	Produktgruppe/Teilmarkt	Zugeordnete Unternehmen
1	Bier/Brauereien	9
2	Alkoholfreie Getränke (AfG)	8
3	Mischkonzerne	5
4	Fleisch/Wurst/Fisch	5
5	Spirituosen	4
6	Süßwaren	4
7	Molkereien	3
8	Sonstige Nahrungs-und Genußmittel	8

Tab. 14: Teilmärkte des Nahrungs- und Genußmittel-Marktes

Ebenso wie im zuvor geschilderten Fall der Unternehmensgröße bestehen bei vier von sechs Untersuchungsfeldern *signifikante Beziehungen* zwischen dem Produktangebot der betrachteten Unternehmen und ihrem sozial-ökologischen Engagement, so daß die Null-Hypothese („*kein Zusammenhang*") für die Bereiche Umweltengagement, Arbeitnehmerinteressen, Behinderteninteressen und mit Einschränkungen auch für den Bereich der Frauenförderung mit großer Sicherheit verworfen und im Umkehrschluß ein empirischer Zusammenhang angenommen werden kann (Tab. 15).

Die Verteilung der Stärken und Schwächen des sozial-ökologischen Verhaltens erfolgt weitgehend differenziert nach einzelnen Untersuchungsfeldern. Tendenziell kann allerdings festgestellt werden, daß insbesondere die Teilmärkte „Molkereiprodukte" und „Fleisch, Wurst, Fisch" ein geringes Engagement aufweisen. Die höchsten Werte hingegen erreichen die „*Mischkonzerne*", wobei die *Unternehmensgröße* als Hintergrundvariable vermutet werden kann. Weiterführende Aussagen über die Ursachen des Zusammenwirkens von unternehmerischem Produktangebot und sozial-ökologischem Verhalten bedürfen auch hier ergänzender Untersuchungen.

Untersuchungsfeld	Irrtumswahrscheinlichkeit (Signifikanz des F-Wertes)	Stärke des Einflusses (Bestimmtheitsmaß R^2)
Arbeitnehmerinteressen	0,01	0,39
Behinderteninteressen	0,04	0,36
Frauenförderung	0,09	0,31
Informationsoffenheit	0,41	0,16
Umweltengagement	0,01	0,39
Verbraucherinteressen	0,45	0,16

Tab. 15: Zusammenhänge von sozial-ökologischer Qualität und Produktangebot

III. Wichtigkeitenhypothese

Die Wichtigkeit der sozial-ökologischen Verantwortungsbereiche im gesellschaftlichen Meinungbild beeinflußt das sozial-ökologische Verhalten von Unternehmen.

Die verschiedenen Teilbereiche des sozial-ökologischen Verhaltens weisen in der gesellschaftlichen Meinungsbildung eine stark differenzierte Bedeutung auf (Hansen, Schoenheit 1993, S. 71). Es liegt daher nahe anzunehmen, daß die *Wichtigkeit eines Verantwortungsbereichs* in der Gesellschaft einen signifikanten Einfluß auf das unternehmerische Verhalten in diesem Bereich ausübt.

Zur Überprüfung dieser Hypothese wurden gesellschaftliche Wichtigkeiten und sozial-ökologisches Unternehmenshandeln in Beziehung gesetzt und regressionsanalytisch untersucht. Für die Beurteilung der Wichtigkeiten wurde dabei auf die Ergebnisse der Untersuchung von imug und Emnid (imug-Emnid 1993) zurückgegriffen.[72]

Das Streudiagramm (Abb. 46) zeigt einen *schwachen*, statistisch nicht signifikanten *positiven Zusammenhang* zwischen beiden Variablen ($R^2 = 0,21$ bei einem --Wert von 0,44). Der Einfluß gesellschaftlicher Problemwahrnehmung auf das sozial-ökologische Unternehmensverhalten kann folglich aufgrund der vorliegenden Daten nur sehr begrenzt nachgewiesen werden. Es erscheint allerdings plausibel, daß der vorhandene Zusammenhang durch eine *Vielzahl von Störvariablen* (traditionelle Verantwortungszuschreibungen, Nähe des Untersuchungsfeldes zum Unternehmen, Kommunizierbarkeit von unternehmerischen Leistungen auf den einzelnen Gebieten) abgeschwächt wird, die es in späteren Untersuchungen einzubeziehen gilt.

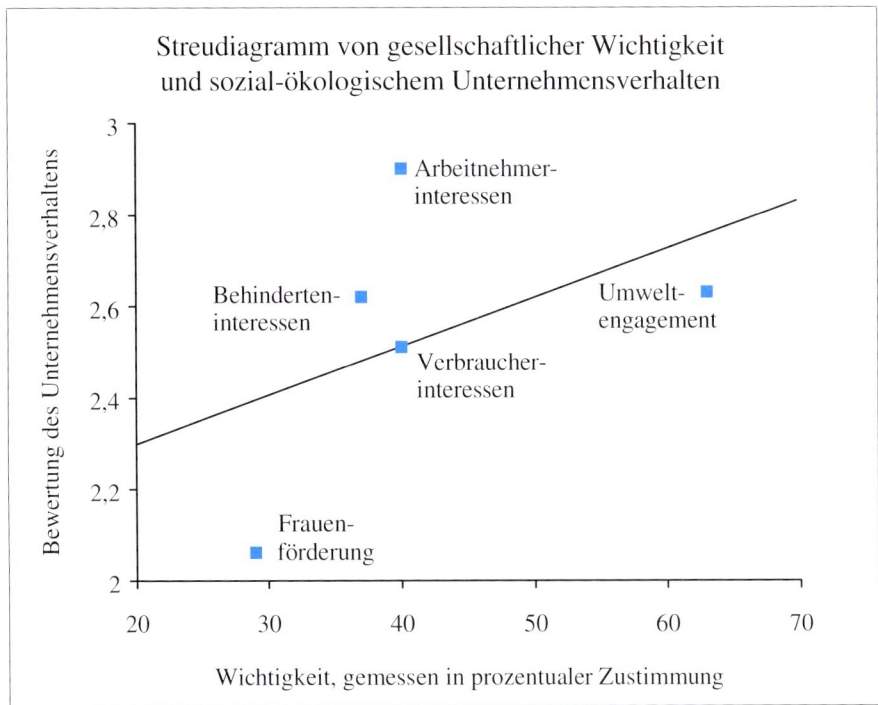

Abb. 46: Streudiagramm von gesellschaftlicher Wichtigkeit und sozial-ökologischem Unternehmensverhalten

IV. Dimensionenhypothesen

a) Bei dem sozial-ökologischen Engagement von Unternehmen handelt es sich um ein mehrdimensionales Konstrukt.
b) Neben der ökologischen Dimension des Unternehmensverhaltens existiert eine felderübergreifende soziale Dimension.

Aufgrund der Vielfältigkeit und Vielschichtigkeit des Konstruktes „sozial-ökologisches Engagement" erscheint es naheliegend anzunehmen, daß *verschiedene Dimensionen* des Konstruktes existieren, die voneinander weitgehend unabhängig sind. Aufgrund der weitreichenden Eigenständigkeit ökologischer Aspekte sowohl in der wissenschaftlichen als auch in der gesellschaftlichen Diskussion wird darüber hinaus unterstellt, daß das Umweltengagement von Unternehmen eine eigene Dimension abbildet. Zwischen den Untersuchungsfeldern Arbeitnehmerverhalten, Frauenförderung und Behinderteninteressen werden hingegen signifikante Korrelationen vermutet, die auf ein einheitliches „soziales Interesse" des Unternehmens zurückgeführt werden.

Zur *Überprüfung* der Hypothesen wurde anhand der gewonnenen Daten eine explorative Faktorenanalyse durchgeführt.[73] Da die Zielsetzung der Analyse darin besteht, hypothetische Variablen zu identifizieren, welche die Untersuchungsfelder *kausal* erklären, wurde die Hauptachsenanalyse als Extraktionsmethode gewählt.[74] Die Variable „Verbraucherinteressen" wurde aufgrund ihrer inhaltlichen Heterogenität aus der Analyse ausgeschlossen.

Durch die Extraktion von drei Faktoren wurden im Verlauf der Analyse insgesamt 79,2% der Ausgangsvarianz der Daten erklärt.[75] Die Tabelle 16 zeigt die ermittelten Faktorladungen im Anschluß an eine orthogonale Varimax-Rotation, wobei solche Werte, die zur Erklärung der Faktoren herangezogen werden, hervorgehoben sind.

Untersuchungsfelder/Faktoren	Faktor 1	Faktor 2	Faktor 3
Arbeitnehmerinteressen	**0,703**	0,106	0,072
Behinderteninteressen	0,161	0,059	**0,539**
Frauenförderung	0,159	**0,543**	0,011
Informationsoffenheit	0,033	**0,519**	0,416
Umweltengagement	**0,683**	0,218	0,395

Tab. 16: Rotierte Faktorladungen

Die Ergebnisse zeigen, daß durch die Extraktion von drei unabhängigen Faktoren die erste Hypothese *bestätigt* werden kann und es sich bei dem Konstrukt „sozial-ökologisches Unternehmensengagement" erwartungsgemäß um eine mehrdimensionale Größe handelt. Allerdings entsprechen die ermittelten Ladungen der Untersuchungsfelder auf die Faktoren nicht den Annahmen der zweiten Hypothese, so daß diese *abgelehnt* werden muß. Anstelle der Identifikation von zwei Faktoren Ökologie und Soziales werden drei Faktoren extrahiert, wobei

- der erste Faktor durch das Verhalten der Unternehmen in den Bereichen *Arbeitnehmerinteressen* und *Umweltengagement* determiniert wird,
- der zweite Faktor hauptsächlich von den Untersuchungsfeldern *Frauenförderung* und *Informationsoffenheit* gebildet wird und
- die Berücksichtigung von *Behinderteninteressen* einen weitgehend eigenständigen Faktor darstellt (Faktor 3).

Während der erste Faktor solche Größen umfaßt, die aufgrund ihrer gesellschaftlichen Bedeutung bzw. großen Unternehmensnähe als nahezu etablierte Verantwortungsbereiche bezeichnet werden können (*basis activities*), fällt die Interpretation der übrigen Faktoren schwerer. Denkbar ist, daß es sich bei Maßnahmen zur Frauenförderung und einem informationsoffenen Verhalten um weiterreichende Kategorien handelt, die nur von einem vergleichsweise geringen Teil der Unternehmen bewußt durchgeführt werden (*advanced activities*), während die Berücksichtigung der Interessen Behinderter im Unternehmen weitgehend unsystematisch bzw. zufällig erfolgt (*random activities*).

V. Informationshypothese

Unternehmen mit ausgeprägtem sozial-ökologischen Verhalten sind informationsoffener als andere Unternehmen.

Es erscheint aus mehreren Gründen naheliegend, daß solche Unternehmen, die sich in starkem Maße sozial-ökologisch engagieren, über eine *offene Informationspolitik* verfügen. Zum einen kann die Unternehmenskommunikation gegenüber der Öffentlichkeit als Ausdruck einer gesellschaftsorientierten Grundhaltung angesehen werden; zum anderen läßt sich annehmen, daß solche Unternehmen einfach weniger „zu verbergen" haben.

Zur *Überprüfung* der Hypothese wurden wiederum verschiedene (lineare) Regressionsanalysen für die einzelnen Untersuchungsfelder gerechnet. Die Gütebeurteilungen sind in Tabelle 17 aufgelistet.

Untersuchungsfeld	Irrtumswahrscheinlichkeit (Signifikanz des F-Wertes)	Erklärungsanteil am Informationsverhalten (Bestimmtheitsmaß R^2)
Arbeitnehmerinteressen	0,21	0,04
Behinderteninteressen	0,85	0,00
Frauenförderung	0,06	0,09
Umweltengagement	0,02	0,11
Verbraucherinteressen	0,67	0,00
alle Felder zusammen (mR)	0,13	0,25

Tab. 17: Auswirkungen des sozial-ökologischen Verhaltens auf die Informationsoffenheit der Unternehmen

Die Hypothese kann aufgrund der ermittelten Ergebnisse nur für die Untersuchungsfelder *Umweltengagement* und *Frauenförderung* und auch dort nur mit Einschränkungen bestätigt werden. Die Berücksichtigung der Interessen von Arbeitnehmern, Behinderten und Verbrauchern durch die Unternehmen besitzt *keine statistisch signifikanten Auswirkungen* auf die Informationsoffenheit der Unternehmen. Eine multiple Regressionsanalyse unter Einschluß sämtlicher Untersuchungsfelder ergibt ebenfalls keinen signifikanten Zusammenhang.

Das Ergebnis läßt darauf schließen, daß die Durchführung sozial-ökologischer Maßnahmen von der Mehrzahl der betrachteten Unternehmen *nicht* im Rahmen einer koordinierten Unternehmenskommunikation genutzt wird. Eine offenere Information der Öffentlichkeit über das sozial-ökologische Engagement eines Unternehmens wird offensichtlich bisher in der Nahrungs- und Genußmittelindustrie nur in einzelnen Bereichen und von wenigen Unternehmen als Marketingvariable bzw. Positionierungsargument eingesetzt.

VI. Typenhypothese

Hinsichtlich des sozial-ökologischen Verhaltens existieren verschiedene Grundtypen von Unternehmen.

Während die bisherigen Analysen stets die in die Untersuchung einbezogenen Unternehmen in ihrer Gesamtheit betrachteten und es galt, strukturelle Gemeinsamkeiten herauszuarbeiten, zielt die Bildung von *Unternehmenstypen* darauf ab, daß zwischen den einzelnen Unternehmen signifikante Unterschiede hinsichtlich ihres jeweiligen sozial-ökologischen Engagements bestehen.

Als Methode zur Identifizierung von Unternehmenstypen bietet sich die Durchführung einer hierarchischen *Clusteranalyse* an,[76] deren Validierung dann u.a. auf diskriminanzanalytischem Wege vorgenommen werden kann. Im Rahmen einer derartigen Clusteranalyse können die bewerteten Unternehmen anhand von ausgewählten Variablen des sozial-ökologischen Verhaltens zu Gruppen zusammengefaßt werden, wobei die Elemente einer Gruppe möglichst homogen, die Gruppen untereinander aber möglichst heterogen sein sollen.

Die Abbildung 47 zeigt das schrittweise Ergebnis des Fusionierungsvorgangs in Gestalt des entsprechenden Dendrogramms.[77]

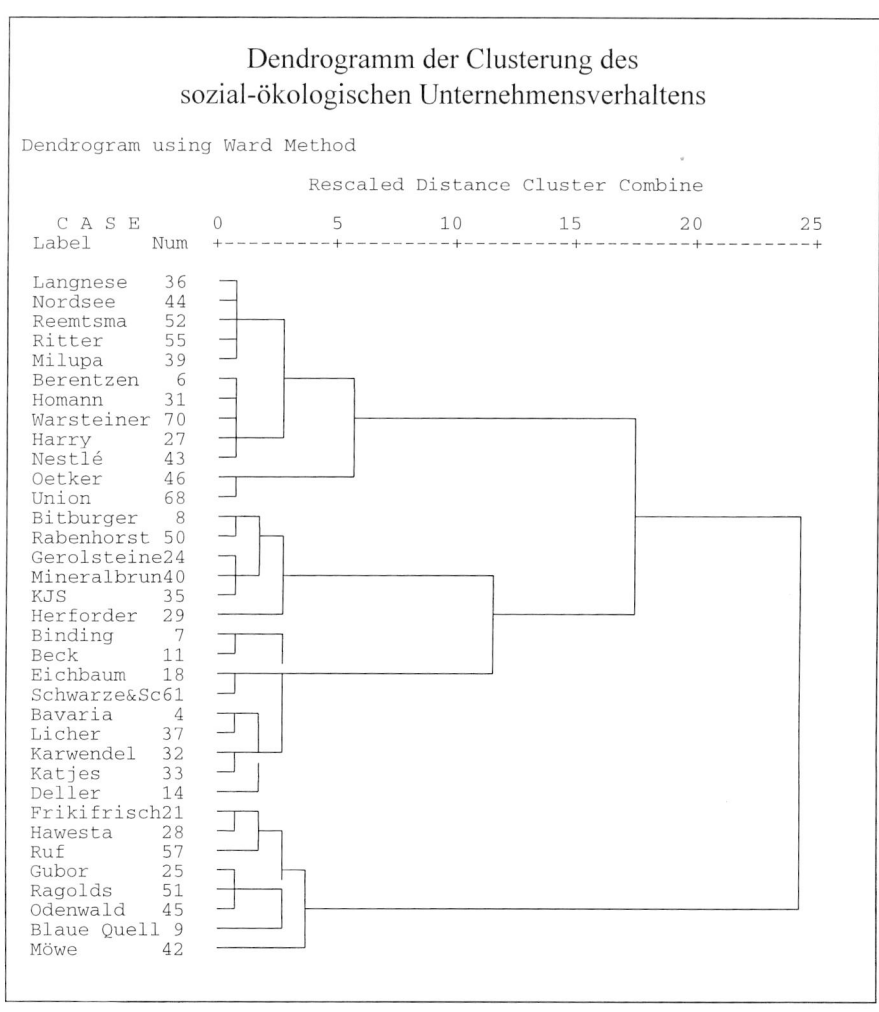

Abb. 47: Dendrogramm der Clusterung des sozial-ökologischen Unternehmensverhaltens

Auf der Grundlage dieser Ergebnisse kann eine Einteilung der Unternehmen in *vier Gruppen* vorgenommen werden. Die folgende Tabelle 18 enthält die Gruppenmittelwerte für die verschiedenen Untersuchungsfelder sowie weitere Informationen, die zur Beschreibung der Cluster herangezogen werden können:

4.5 Hypothesen zum sozial-ökologischen Unternehmensverhalten

CLUSTER 1:	„Die behindertenfreundlichen Unauffälligen"				
Variable	Mean	Std Dev	Minimum	Maximum	Valid N
Frauenförderung	1,59	0,35	1,00	2,00	9,00
Umweltengagement	2,42	0,48	1,76	3,06	9,00
Verbraucherinteressen	2,45	0,28	2,10	2,81	9,00
Arbeitnehmerinteressen	2,72	0,21	2,30	3,00	9,00
Informationsoffenheit	3,15	0,30	2,57	3,41	9,00
Behinderteninteressen	3,15	0,36	2,80	3,71	9,00
CLUSTER 2:	„Die kommunikativen Verantwortlichen"				
Variable	Mean	Std Dev	Minimum	Maximum	Valid N
Verbraucherinteressen	2,49	0,31	2,10	3,09	12,00
Frauenförderung	2,69	0,32	2,13	3,39	12,00
Behinderteninteressen	2,78	0,51	2,29	4,00	12,00
Arbeitnehmerinteressen	3,04	0,33	2,57	3,56	12,00
Umweltengagement	3,09	0,30	2,54	3,56	12,00
Informationsoffenheit	3,46	0,18	3,11	3,75	12,00
CLUSTER 3:	„Die maskulinen Ökos"				
Variable	Mean	Std Dev	Minimum	Maximum	Valid N
Frauenförderung	1,56	0,27	1,25	2,00	6,00
Behinderteninteressen	2,33	0,32	1,86	2,86	6,00
Verbraucherinteressen	2,86	0,39	2,45	3,33	6,00
Informationsoffenheit	3,05	0,41	2,33	3,39	6,00
Umweltengagement	3,21	0,47	2,56	4,00	6,00
Arbeitnehmerinteressen	3,29	0,16	3,15	3,57	6,00
CLUSTER 4:	„Die ehrlichen Ignoranten"				
Variable	Mean	Std Dev	Minimum	Maximum	Valid N
Behinderteninteressen	1,76	0,42	1,00	2,40	8,00
Umweltengagement	1,88	0,43	1,31	2,80	8,00
Frauenförderung	1,97	0,39	1,25	2,58	8,00
Verbraucherinteressen	2,41	0,47	2,05	3,43	8,00
Arbeitnehmerinteressen	2,55	0,46	1,94	3,38	8,00
Informationsoffenheit	3,13	0,33	2,69	3,63	8,00

Tab. 18: Clustermittelwerte der einzelnen Untersuchungsfelder

Das Cluster 1 – *Die behindertenfreundlichen Unauffälligen* – umfaßt solche Unternehmen, die sich durch ein überdurchschnittliches Engagement im Umgang mit behinderten Mitarbeitern auszeichnen. Das sozial-ökologische Engagement dieser Unternehmen auf allen weiteren Untersuchungsfeldern kann allenfalls als mittelmäßig bezeichnet werden. Das ökologische Verhalten der Unternehmen liegt mit einem Mittelwert von 2,42 sogar deutlich unter dem Branchenmittelwert.

Die Unternehmen in Cluster 2 – *Die kommunikativen Verantwortlichen* – weisen auf sämtlichen betrachteten Untersuchungsfeldern überdurchschnittliche Ergebnisse auf. Nach dem Prinzip „Tue Gutes und rede darüber" machen sie kein Geheimnis aus ihren Anstrengungen, sondern betreiben eine offensive Informationspolitik: der Clustermittelwert für das Kriterium „Informationsoffenheit" ist mit 3,46 ebenfalls weit überdurchschnittlich.

Das Cluster 3 – *Die maskulinen Ökos* – umfaßt solche Unternehmen, die in den „klassischen" unternehmerischen Verantwortungsbereichen Arbeitnehmer und Umwelt ein überdurchschnittlichen Engagement aufweisen. Weniger intensiv diskutierte Aspekte, so die Interessenvertretung Behinderter oder die Förderung von Frauen im Beruf, erfahren durch diese Unternehmen nur geringe Aufmerksamkeit; bei letzterem Kriterium weist das Cluster 3 den geringsten Wert aller Cluster auf.

In Cluster 4 – *Die ehrlichen Ignoranten* – schließlich finden sich solche Unternehmen, die keine oder nur sehr geringe Anstrengungen in den verschiedenen Verantwortungsbereichen tätigen, zugleich aber eine vergleichsweise offene Informationspolitik betreiben.

Im Sinne einer für die Gesamtheit der Hersteller von Nahrungs- und Genußmitteln repräsentativen „Verantwortungs-Typologie" sind diese empirisch ermittelten Cluster um die Gruppe jener Unternehmen zu ergänzen, die eine *restriktive Informationspolitik* betreiben und über deren sozial-ökologisches Engagement in den anderen Untersuchungsfeldern folglich keine ausreichenden Angaben vorlagen.

Zur Beurteilung der Güte der Ergebnisse der Clusteranalyse wurde im Anschluß daran eine *multiple Diskriminanzanalyse* durchgeführt. Es wurden drei Diskriminanzfunktionen ermittelt, die hochsignifikant zwischen den Gruppen trennen (ρ = 0,00). Die Klassifikation der Unternehmen aufgrund der Diskriminanzfunktionen (Backhaus u.a. 1994, S. 117ff) ergab eine *„Trefferquote" von 100%*, d.h. sämtliche Unternehmen wurden jenem Cluster zugeordnet, dem sie als Ergebnis der Clusteranalyse auch angehören

Zusammenfassung

Die Untersuchung des sozial-ökologischen Verhaltens von Unternehmen der Nahrungs- und Genußmittelindustrie auf aggregierter Ebene liefert eine Vielzahl von Einsichten. Neben der (wohl zu erwartenden) Erkenntnis, daß in vielen Verantwortungsbereichen nicht unerhebliche unternehmerische Handlungsdefizite bestehen, können Aussagen über verschiedene strukturelle Zusammenhänge des sozial-ökologischen Unternehmensverhaltens überprüft werden. So kann etwa festgestellt werden, daß die Handlungsdefizite im Bereich der Frauenförderung besonders eklatant sind, wohingegen die generellen Arbeitnehmeraspekte und auch der Umweltschutz - vielleicht typisch für diese Branche - als erkannte und z.T. umgesetzte Bereiche unternehmerischer Verantwortung angesehen werden können. Besonders interessant dürfte die Erkenntnis sein, daß bei den untersuchten Unternehmen dieser Branche das jeweilige Produktangebot eines Herstellers signifikanten Einfluß auf sein sozial-ökologisches Verhalten ausübt. Auch die identifizierten *sozial-ökologische Grundtypen* von Unternehmen zeigen die vorhandenen Varianten verantwortlicher Unternehmenspolitik auf, ohne daß hier eine abschließende Erklärung im Sinne eines theoriegeleiteten Determinantenmodells vorgestellt werden kann.

4.6 Resonanzen und aktuelle Projektentwicklungen

4.6.1 Resonanzen auf den ersten deutschen Unternehmenstest

Die *Medienresonanz* auf den „Unternehmenstester" war sehr umfangreich. Mehr als 125 Presseberichte aus dem gesamten Spektrum der Printmedien wurden allein vom imug dokumentiert. Zusätzlich wurde in zahlreichen Hörfunkinterviews und -beiträgen auf das Buch hingewiesen, hinzu kam eine Reihe von Fernsehberichterstattungen, bspw. im ARD/ZDF-Frühstücksfernsehen und in ARD Plusminus. Der Rowohlt-Verlag nannte die Presseresonanz zum „Unternehmenstester" „... ganz außerordentlich".

Zahlreiche *Experten*, z.B. aus dem Beiratskreis, aber auch aus anderen Institutionen, gaben durchweg positive Einschätzungen zum „Unternehmenstester" ab. Die zustimmenden Kommentierungen bezogen sich dabei in erster Linie auf die Konzeption des Unternehmenstests als neues Informationsinstrument. Insbesondere die breite Zustimmung aus dem institutionellen Umfeld war unerläßlich für eine Projektfortsetzung.

Medienresonanz überraschend groß

Zur Einschätzung der *Verbraucher,* bzw. zu Wirkungen des „Unternehmenstesters" auf das Kaufverhalten der Konsumenten liegen noch keine abgesicherten Erkenntnisse vor. Hier besteht Forschungsbedarf. Nichtsdestoweniger liegt eine Reihe von Hinweisen auf Verständlichkeit und Handhabbarkeit der Veröffentlichung seitens der Nutzer des Buches vor, die es im Hinblick auf die Gestaltung weiterer Einkaufsführer zu berücksichtigen gilt.

Resonanz der Unternehmen

Alle 75 Unternehmen, die im „Unternehmenstester" abgebildet wurden, hatten vom imug kurz vor dem offiziellen Erscheinungstermin ein Buch-Exemplar zugesandt bekommen. Insgesamt war der Rücklauf zu diesem Schreiben, wie insgesamt die Unternehmensresonanz auf das Buch, gemessen an der reinen Zahl, recht gering. Diejenigen Äußerungen, die das imug erreichten, waren jedoch auch von seiten der Industrie konstruktiv-positiv. Auch außerhalb der Branche wurde der „Unternehmenstester" von einigen Unternehmen registriert und positiv kommentiert.

Nahezu *repräsentativ* gaben Unternehmen im TV-Magazin Plusminus Auskunft. Das Wirtschaftsmagazin hatte eine Umfrage zum Thema Unternehmenstest bei 814 deutschen Unternehmen quer durch alle Branchen in Auftrag gegeben: Auf die Frage *„Würden Sie sich an einem sozial-ökologischen Unternehmenstest freiwillig beteiligen?"*, antworteten immerhin 19% der Unternehmen vorbehaltlos mit „ja". Insgesamt bis zu 41% der deutschen Unternehmen sind nach eigener Aussage bereit, sich unter bestimmten Bedingungen an einem sozial-ökologischen Unternehmenstest zu beteiligen.

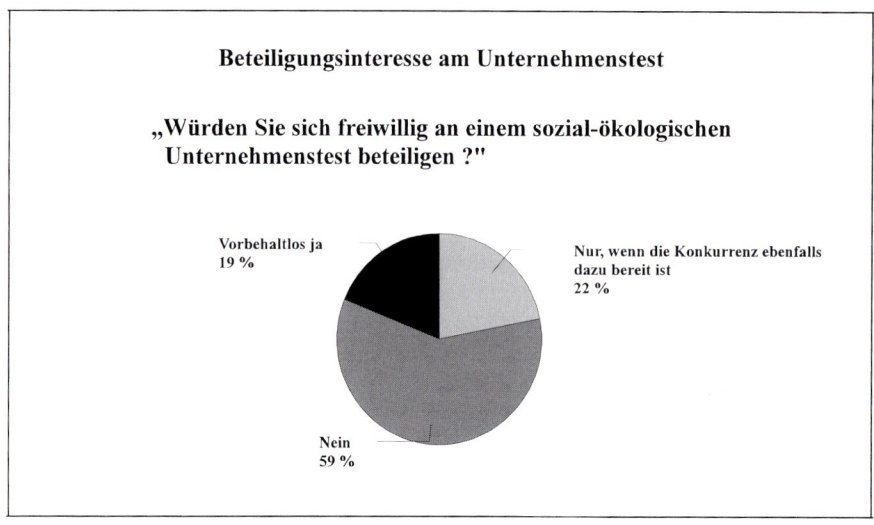

Abb. 48: Beteiligungsinteresse am Unternehmenstest; Quelle: TrendResearch 1995

Im weiteren wurden die Unternehmen zu den Chancen und Risiken sozial-ökologischer Unternehmenstests befragt. Deutlich wird, daß z.Zt. die Mehrzahl der Unternehmen die Teilnahme an solchen Tests noch nicht mit marktbezogenen Chancen verbindet. Immerhin 27% konnten sich jedoch vorstellen, dadurch das *Vertrauen ihrer Konsumenten* zu gewinnen. Die Befürchtungen der Unternehmen zeigen sehr deutlich das herrschende *Mißtrauen* gegenüber diesem Instrument. Die Sorge gilt der Verarbeitung und Darstellung der mitgeteilten Informationen: 70% der Unternehmen befürchten den Mißbrauch oder die falsche Interpretation ihrer Daten. Die weiteren Ergebnisse der Umfrage sind in Tab. 19 geführt:

Welche marktbezogenen Chancen für Ihr Unternehmen sehen sie in solchen Tests?	
Keine	71%
Vertrauensgewinn beim Konsumenten	27%
Stärkere Profilierung gegenüber der Konkurrenz	18%
	Mehrfachnennungen möglich
Welche Nachteile befürchten Sie?	
Mißbrauch bzw. falsche Interpretation der Information	70%
Oberflächliche Einblicke in das Unternehmen	68%
Keine	22%
	Mehrfachnennungen möglich
In welchen Bereichen würden Sie Informationen vorrangig zur Verfügung stellen?	
Politisch-kulturelles Sponsoring	37%
Maßnahmen zum Umweltschutz	29%
Soziales Engagement	23%
Verhältnis von Moral und Kommerz	11%
	Mehrfachnennungen möglich

Tab. 19: Umfrageergebnisse über Vor- und Nachteile des Unternehmenstests;
       Quelle: TrendResearch 1995

Noch schwieriger als die Ermittlung der Haltungen von Unternehmen zum „Unternehmenstest" gestaltet sich der Versuch abzuschätzen, inwieweit die bisherigen Aktivitäten des Projektes eine Veränderungswirkung in Hinblick auf die konkrete Politik von Unternehmen hatten und noch haben. Zwar gab es in den während der Projektphase stattfinden Dialogen mit Unternehmen immer wieder Hinweise darauf, daß der „Unternehmenstest" hervorragend dazu geeignet ist, auch intern für bestimmte Problembereiche überhaupt erst ein Bewußtsein zu entwickeln und über Abhilfen nachzudenken. Die daraus resultierenden Strategien und Maßnahmen wurden allerdings in keinem Falle mit den Unternehmenstestern diskutiert. Trotzdem können konkrete Veränderungen in Unternehmenspolitiken natürlich auch durch die öffentliche Artikulation von Interessen mittels des „Unternehmenstests" gefördert worden sein. So ist es zum Beispiel auffällig, daß die Neueinführung eines Verbrauchertelefons durch die Firma Nestlé - dessen Nummer auf allen Verpackungen abgedruckt ist - mit dem einschlägigen Kriterium des „Unternehmenstests" deckungsgleich ist, und nach einer entsprechenden kritischen Formulierung in der ersten Publikation erfolgte (vgl. o.V. 1996b). Die Tatsache, daß nach der Veröffentlichung des ersten Unternehmenstests etliche „Geistesverwandschaften" dieser Art beobachtet werden konnten, macht optimistisch. Ein ursächlicher Zusammenhang wird sich hier allerdings prinzipiell nur selten nachweisen lassen.

4.6.2 Aktuelle Projektentwicklungen

Das Projekt „Unternehmenstest als Verbraucherinformation" hatte mit der Veröffentlichung des „Unternehmenstesters" im Juni 1995 einen vorläufigen Abschluß gefunden. Angesichts des durchweg positiv beurteilten Ergebnisses wurde von den Projektträgern sehr schnell über eine Weiterarbeit nachgedacht. Eine Reihe von Argumenten sprach dafür, einen Nachfolge-Unternehmenstest in der deutschen Nahrungs- und Genußmittelindustrie durchzuführen:

- Die fortgesetzte Überprüfung von Unternehmensverhalten und damit einhergehend die Kontrolle von – und fortlaufende Information über – Verhaltensänderungen ist eine der Grundaufgabenstellungen des Unternehmenstests.

- Die erfolgreiche Durchsetzung des sozial-ökologischen Unternehmenstests innerhalb einer Branche ist die Basis für die gesellschaftliche Akzeptanz dieses noch immer neuen Arbeitsansatzes.

- Eine Nachfolge-Untersuchung der gleichen Branche bietet sehr gute Möglichkeiten zur Erhöhung der Anzahl der mitwirkenden Unternehmen. Dadurch besteht im zweiten Anlauf die Möglichkeit, den Verbrauchern einen umfassenderen Einkaufsführer als bisher anzubieten. Durch die Aktualisierung und Ausweitung des bereits bestehenden Informationsangebots wächst die Nützlichkeit des Einkaufsführers und somit auch die Wahrscheinlichkeit des tatsächlichen Gebrauchs.

Ebenso sprach eine Reihe guter Gründe dafür, das Instrument des sozial-ökologischen Unternehmenstests auf eine andere Branche anzuwenden:

- Langfristiges Ziel des Projekts Unternehmenstest sollte eine Ausweitung des Informationsangebots zu verantwortlichem Unternehmensverhalten für die Verbraucher sein.

- Der sozial-ökologische Unternehmenstest sollte in der öffentlichen Wahrnehmung auf Dauer nicht allein mit der Lebensmittel-Branche assoziiert werden.

- Eine schrittweise Ausdehnung auf andere Branchen demonstriert gegenüber der Industrie die Ernsthaftigkeit des Ansatzes; die Durchsetzung des sozial-ökologischen Unternehmenstests in Deutschland verlangt nach einer gewissen Dynamik.

- Die Untersuchung einer weiteren Branche ermöglicht auch die methodische Erprobung und inhaltliche Verfeinerung des Unternehmenstest-Instrumentariums.

Eine Neu-Konstituierung des Trägerkreises fand Ende 1995 statt. Bei der Zusammensetzung gab es einige Veränderungen. So hatten drei weitere Verbraucher-Zentralen in Hamburg, Hessen und Sachsen, ihr Interesse erklärt, Mitträger des Projektes zu werden. Mit dieser Erweiterung des Trägerkreises war u.a. die erfreuliche Signalwirkung verbunden, auch in den Neuen Bundesländern mit dem Unternehmenstest verankert zu sein und damit eine gesamtdeutsche Unterstützung des Projekts zu demonstrieren. Ferner wechselte das Ökotest-Magazin vom Trägerkreis in den Projektbeirat. Über diesen Rollenwechsel hinaus hat der Projektbeirat durch die Mitwirkung des Umweltbundesamtes zum einen und die Neuaufnahme der Stiftung Warentest zum anderen eine bemerkenswerte Erweiterung erfahren. Die aktuelle Beiratszusammensetzung demonstriert noch deutlicher als vorher den wachsenden gesellschaftlichen Rückhalt des sozial-ökologischen Unternehmenstests.

Trägerkreis und Projektbeirat wurden noch einmal erweitert

Nach intensiven Diskussionen im neuen Trägerkreis wurde beschlossen, im Projekt „Unternehmenstest als Verbraucherinformation II" zum einen einen Nachfolge-Unternehmenstest in der Nahrungs- und Genußmittelindustrie durchzuführen und zum anderen – zeitlich vorgelagert – eine Untersuchung der deutschen Körperpflege-, Wasch- und Reinigungsmittelindustrie durchzuführen. Als Projektziel wurde wiederum die Veröffentlichung der jeweiligen Untersuchungsergebnisse als Verbraucherinformation definiert. Für die Durchführung der Untersuchungen wurde ein Zeitbedarf von insgesamt zweieinhalb Jahren mit Beginn Januar 1996 veranschlagt. Die im Vergleich zur ersten Untersuchung wesentlich knappere Zeitkalkulation kann mit den zu erwartenden Synergieeffekten begründet werden: So profitieren die Untersuchungen in hohem Maße voneinander. Die vorhandenen Ressourcen, das gesammelte Know-how und die gestiegene Bekanntheit des Arbeitsansatzes lassen hier auf ein erhebliches Rationalisierungspotential schließen. Darüber hinaus ist die generelle Untersuchungsmethodik des sozial-ökologischen Unternehmenstests ohne große Änderungen in verschiedenen Branchen einsetzbar.

Ausdehnung auf andere Branchen

Eine erste Veröffentlichung der Untersuchungsergebnisse des Unternehmenstests in der Körperpflege-, Wasch- und Reinigungsmittelindustrie ist für den Sommer 1997 avisiert, ein Jahr später sollen dann die Ergebnisse des Nachfolge-Unternehmenstests in der Nahrungs- und Genußmittelindustrie vorliegen.

5. Die Vernetzung

Unternehmenstest im Ausland und andere konzeptnahe Praxisbefehle

5.1 Entstehungsgeschichte der sozial-ökologischen Unternehmensbewertung

Die Idee, Unternehmen nach ihrer Verantwortungsübernahme im ökologischen und sozialen Bereich zu beurteilen, ist im wissenschaftlichen und politischen Raum bereits in den unterschiedlichsten Zusammenhängen diskutiert worden. Seltener kam es allerdings zu Umsetzungen dieser Idee, die über die Konzeptebene hinausgingen und eine gewisse Reife aufweisen, so daß man sie als Vorläufer des systematischen Unternehmenstests ansehen kann. Inzwischen existiert allerdings auch in diesem Feld eine Fülle von Ansätzen, Arbeitsweisen und Organisationsformen, die bereits droht, unübersichtlich zu werden, und deshalb sinnvollerweise in eine geeignete Systematik gebracht werden soll.

Organisationen, die es sich zum Ziel gesetzt haben, soziale und/oder ökologische Bewertungen über Unternehmen zu erarbeiten, lassen sich – neben zahlreichen anderen möglichen Ordnungskriterien – vor allem nach zwei Gesichtspunkten differenzieren. Zum einen ist es interessant, ob sie die von ihnen erhobenen Informationen und Bewertungen generell veröffentlichen oder nicht und zum anderen ist es wichtig, auf welche Zielgruppen sie ihre Arbeit ausrichten. Beide Dimensionen stehen in einem engen Zusammenhang.

Eine Organisation, die ihre Arbeit vornehmlich als Auftragsarbeit für interessierte Unternehmen versteht, wird die erhobenen Daten prinzipiell nicht ohne Genehmigung der betreffenden Firma weitergeben oder weiterverwenden. Dies gilt umso mehr, je stärker eine Organisation eine Art „beratende Beziehung" mit den untersuchten Unternehmen eingeht, um auch eine Organisationsentwicklung im Sinne einer stärkeren sozialökologischen Veantwortungsübernahme zu bewirken. Einen „mittleren Grad" an Öffentlichkeit streben die Organisationen an, die erhobene Daten und ausgesprochene Bewertungen (meist auf Basis von Honoraren oder Abonnements) interessierten Investoren zur Verfügung stellen. Eine dritte Gruppe von Organisationen setzt es sich (auch) als Ziel, die erarbeiteten Bewertungen von Unternehmen der allgemeinen Öffentlichkeit zu unterbreiten. Bei einer allgemein zugänglichen Veröffentlichung (z.B. in Form eines „Einkaufsführers" für Verbraucherinnen und Verbraucher) sind schärfere Prinzipien des Äußerungsrechtes relevant, als dies üblicherweise bei einer bilateralen Kommunikation zwischen Beratungsagentur und Klient der Fall ist.

Die wichtigsten Institutionen und Organisationen, die in diesem Sinne bereits Forschungsarbeiten geleistet und Projekte verwirklicht haben, sind hier in der zeitlichen Reihenfolge, in der ihre entsprechenden Arbeiten begannen, aufgeführt. Bei den spezialisierten Institutionen fällt dieses Datum meist mit dem Gründungsjahr zusammen. (vgl. Tab. 20). All diese Institutionen und ihre Arbeitsweisen werden später noch unter systematischen Aspekten dargestellt. Das imug ist der Vollständigkeit halber in die Übersicht aufgenommen worden, sein Arbeitsansatz wird an anderer Stelle in diesem Buch ausführlich dargestellt (vgl. S. 157 in diesem Buch).

5. Die Vernetzung: Unternehmenstest im Ausland und andere konzeptnahe Beispiele

	Land	Beginn	Zielgruppe Verbraucher	Zielgruppe Investoren
The Council on Economic Priorities (CEP)	USA	1969	H	H
Interfaith Center on Corporate Responsibility (ICCR)	USA	1972	N	H
Investor Responsibility Research Center (IRRC)	USA	1972		H
Ethical Investment Research Service (EIRIS)	Großbritannien	1983		H
Ethical Consumer Research Association (ECRA)	Großbritannien	1987	H	
EthicScan Canada	Kanada	1987	H	H
Kinder, Lydenberg, Domini (KLD)	USA	1988		H
New Consumer	Großbritannien	1989	H	N
Hamburger Umwelt-Institut (HUI)	Deutschland	1990	N	H
Forschungsinst. für eth.-ökol. Geldanlagen (FIFEGA)	Österreich	1991		H
Centre-Info	Schweiz	1991		H
Asahi Shimbun Cultural Foundation	Japan	1991	H	H
Institut für Markt-Umwelt-Gesellschaft (imug)	Deutschland	1992	H	H
Eco-Rating International Corporation	Schweiz	1992		H
Ethibel	Belgien	1992		H
Kritisch Consumeren	Niederlande	1993	H	N
Gesellschaft für ökologische Kommunikation (ökom)	Deutschland	1994		H
Centro Nuovo di Sviluppo	Italien	1994	H	H

■ Hauptzielgruppe, Nebenzielgruppe,

Tab. 20: Ausgewählte Institutionen, die mit der sozial-ökologischen Verantwortung von Unternehmen befaßt sind.

Von den aufgeführten Organisationen arbeiten die folgenden vordringlich für private und institutionelle Investoren: ICCR, IRRC, EIRIS, KLD, FIFEGA, Centre-Info, Eco-

Rating International, Ethibel und ökom. Dem weiter vorne definierten Verständnis des „sozial-ökologischen Unternehmenstests" kommen diejenigen Organisationen am nächsten, die die Untersuchung unaufgefordert vornehmen, ihre Untersuchungsergebnisse allgemein öffentlich zur Verfügung stellen und die sowohl ökologische als auch soziale Kriterien zugrunde legen. Nach diesen Prinzipien arbeiten (bzw. arbeiteten):

- CEP / New York
- ECRA / Manchester
- EthicScan Canada / Toronto
- New Consumer / Newcastle
- Asahi Shimbun Cultural Foundation / Tokio
- Kritisch Consumeren / Amsterdam
- Centro Nuovo di Sviluppo / Vecciano

Die Entstehungsgeschichte dieser Organisationen sei deshalb über die später aufgeführte systematische Darstellung hinaus kurz skizziert.

Einen entscheidenden Impuls erhielt die Bewegung der ethischen Unternehmensbewertung im Jahre 1968, als eine Bostoner Investment-Gesellschaft von einer lokalen Synagoge gebeten wurde, diejenigen Unternehmen zu benennen, die nicht in Waffengeschäfte für die Kriege in Vietnam und Laos verwickelt gewesen waren. Die mit diesem Auftrag betraute Mitarbeiterin Alice Tepper Marlin überzeugte ihr Management davon, **Eine bahnbrechende Idee aus dem Jahr 1968** mit den Forschungsergebnissen weiterzuarbeiten, und es wurde ein kleine Anzeige in der „New York Times" aufgegeben, in der ein „Peace Portfolio" offeriert wurde. Die überraschende Flut von über 600 Anfragen nach diesem Produkt signalisierte, daß eine große Nachfrage für ethisches Investment zu erwarten war, und Alice Tepper Marlin gründete im Jahr 1969 den CEP (Council on Economic Priorities) – damals noch mit der Vorstellung, alle Felder zu untersuchen, die Investoren interessieren müßten, da sie die Lebensqualität der amerikanischen Gesellschaft unmittelbar beeinflußten. Als wichtigste Themen der Zeit wurden demgemäß abgedeckt: Rüstungsgeschäfte, Beschäftigung und Förderung von Minderheiten und Frauen, Umweltverschmutzung und Investment in Südafrika.

Aus ähnlichen Motiven wurden auch die beiden anderen „Pioniere" der Bewegung in den USA gegründet:

Das ICCR (Interfaith Center on Corporate Responsibility) geht letztlich auf einen epochemachenden Erfolg im Jahr 1971 zurück, als die „Episcopal Church" General Motors durch eine Aktionärsresolution dazu bewegte, sich aus Südafrika zurückzuziehen. Im Jahr 1972 wurden die bis dahin getrennt bestehenden Institutionen „Corporate Information Center" und das „Interfaith Committee for Social Responsibility" zum ICCR zusammengelegt. Ein Jahr später trat die „National Catholic Coalition for Responsible Investment" bei und im Jahre 1992 wurde auch der „Rabbinical Pension Board" Mitglied.

Das IRRC (Investor Responsibility Research Center) geht auf die gesellschaftspolitischen Auseinandersetzungen in den USA zurück, die Ende der 60er Jahre Schlagzeilen machten: Studenten bedrängten im Rahmen der Anti-Vietnamkriegsbewegung die Hochschulverwaltungen, das Geld ihrer Pensionskassen nicht bei Unternehmen anzulegen, die Waffen nach Vietnam lieferten. Atomkraftgegner und Kritiker der Apartheid in Südafrika bedrängten Fondsmanager, ihren Einfluß bei großen Gesellschaften geltend zu machen, um deren Geschäftspraktiken zu ändern. Aus universitären Kreisen kam der Impuls, eine unabhängige Forschungsstelle zu schaffen, die den einzelnen den Arbeitsaufwand der Recherche abnehmen sollte. Mit Startkapital der Ford-, Carnegie- und Rockefeller-Stiftungen wurde das IRRC Ende 1972 gegründet und nahm 1973 die Arbeit auf.

Gesellschaftspolitische Konflikte als erste Auslöser

Während ICCR und IRRC bis heute ausschließlich die Zielgruppe der Investoren im Auge haben, nahm die Entwicklung beim CEP einen anderen Verlauf: Seine ersten Arbeitsjahre waren durch die Anfertigung umfassender Studien zu einzelnen ökologischen und sozialen Aspekten in ausgewählten Branchen bestimmt. Die Veröffentlichung „Paper Profits" (1970) untersuchte z.B. die Umweltverschmutzung, die von den 24 größten Papierherstellern in den USA ausging. „The Business of War" (1971) stellte die größten Rüstungsunternehmen der USA dar und „Shortchanged" (1972) kritisierte die Anstellungspraxis großer Banken in den USA in Hinblick auf die Chancengleichheit für Frauen und Minderheiten. Nach zahlreichen weiteren Studien (z.B. über die Stahlindustrie, Raffinerien, Rüstungsexporte, Atomkraftwerke u.a.m.) entstand die Idee, Unternehmen nach gleichen Kriterien in unterschiedlichen Untersuchungsfeldern zu bewerten und die Ergebnisse einer breiteren Öffentlichkeit zur Verfügung zu stellen. Das Ergebnis war das Werk „Rating America's Corporate Conscience" (Lydenberg u.a. 1986), das im Jahr 1986 erschien und 131 große amerikanische Firmen nach den folgenden 6 Kriterien bewertete und beschrieb:

- Spenden für karitative Zwecke,
- Frauen und Angehörige von Minderheiten in der Geschäftsleitung,
- Investment in Südafrika,
- Informationsoffenheit,
- Rüstungsgeschäfte (darunter besonders Atomwaffen),
- Spenden für politische Parteien.

Zwar lautete bereits hier der Untertitel der Veröffentlichung „a provocative guide to the companies behind the products you buy every day", aber das großformatige, 500 Seiten starke Werk entsprach von seiner Anlage her noch nicht einem Einkaufsführer für den täglichen Einkauf. Dieser Anspruch wurde erst mit der Erstellung des ersten Taschenbuchs „Shopping for a Better World" im Jahre 1988 eingelöst (Corson u.a. 1989). Hier wurden die Unternehmensinformationen in einfachen Symbolen stark komprimiert und die Markennamen wurden – nach Warengruppen sortiert – als Hauptsuchkriterium für die interessierten Verbraucherinnen und Verbraucher eingeführt, womit sich die Nutzerfreundlichkeit des Buches stark erhöhte. In den folgenden Jahren wurde diese Arbeit konsequent fortgesetzt und erfuhr im Jahr 1992 mit einem Einkaufsführer für Jugendliche („Students Shopping for a Better World") noch eine neue Variante (Dellabough u.a. 1992).

Investoren und Verbraucher als wichtigste Zielgruppen

Parallel wurde vom CEP allerdings auch der Service für Investoren weiter ausgebaut. Auf der Basis des „The Better World Investment Guide" (Alperson u.a. 1991) wurde ein SCREEN-Angebot für Investoren entwickelt, das im Kern die 500 „Standard & Poors"

Aktiengesellschaften und zahlreiche weitere Unternehmen regelmäßig beobachtet. Große Anstrengungen wurden auch unternommen, um die ökologischen Aspekte der Unternehmensbewertung immer besser zu berücksichtigen. Mit der Gründung einer eigenen Abteilung (Environmental Data Clearinghouse) und der „Campaign for Cleaner Corporations" (C3) wurden diese Aktivitäten in den 90er Jahren stark ausgeweitet.

Mit dem Aufbau eines „Global-Screen-Service" und Impulsen zu einer engeren internationalen Kooperation deutet sich an, daß der CEP bestrebt ist, seine weltweite Vorreiterrolle auch in der Zukunft zu behaupten.

In Europa wurde im Jahre 1983 auf Initiative einiger Kirchen und Hilfsorganisationen EIRIS (Ethical Investment Research and Information Service) in London gegründet, dessen Entstehung und Entwicklung starke Ähnlichkeiten zu den entsprechenden amerikanischen Organisationen (ICCR und IRRC) aufweist.

Eine direkt auf Konsumenten gerichtete Organisation wurde im Jahr 1987 mit ECRA (Ethical Consumer Research Association) in Manchester geschaffen. Die Gründungsidee entstand vor dem Hintergrund des erfolgreichen Barclay-Boykotts im Jahre 1986. Eine Ausgangsfrage der Initiative war, ob eingeführte Methoden und Ergebnisse des ethischen Investment-Bereichs auch zur Erstellung einer kontinuierlichen Verbraucherinformation und zur Entwicklung eines „ethischen" Konsums Verwendung finden könnten.

ECRA wurde im Jahr 1987 von neun Mitgliedern als Genossenschaft gegründet. In der Gründungszeit beschäftigte ECRA acht der Mitglieder für ein minimales formales Wochengehalt, das sie als Sozialhilfeempfänger gelten ließ, um daraus die Finanzierung der Arbeit bestreiten zu können. Es entstand die Idee, die Forschungsergebnisse in einer eigenen Zeitschrift zu publizieren, die sowohl den Gedanken des „ethischen" Konsums weitertragen sollte, aber auch zur Refinanzierung des Projektes dienen konnte. Dazu wurde die Tochtergesellschaft „ECRA Publishing Ltd." gegründet. Die erste Ausgabe der Zeitschrift „The Ethical Consumer" erschien mit einem minimalen Startkapital von £ 5.500 im März 1989. Das Gründungskapital wurde aus Eigenmitteln und £ 2.000 der Stadt Manchester (Starthilfe für kleine Firmen) aufgebracht. Zuschüsse von anderen gemeinnützigen Einrichtungen wurden wegen der gleichzeitigen Gründung der Konkurrenzorganisation „New Consumer" nicht gewährt.

Inzwischen trägt sich die Zeitung mit über 5.000 Abonnenten selbst. Weitere Informationsinstrumente sind die Buchveröffentlichung „The ethical consumer guide to everyday shopping", in der die Tests der vergangenen Zeitschriftenausgaben zusammengefaßt wurden (ECRA 1993), und die Datenbank „Corporate Critic", die Online erreichbar ist.

Die wichtigsten Besonderheiten des Ansatzes von ECRA sind:

- Es wird prinzipiell keine direkte Kommunikation mit den Unternehmen gepflegt (auch nicht zur Überprüfung der erhobenen Daten, fehlerhafte Darstellungen werden ggf. im nächsten Heft korrigiert).

- Die Quellen von ECRA sind dementsprechend fast ausschließlich Sekundärquellen, denen vor allem unternehmenskritische Informationen entnommen werden (hier hängt ECRA allerdings von englischsprachigen Quellen ab, da Fremdsprachen nur ausnahmsweise – z.B. durch Praktikanten – beherrscht werden).

☐ ECRA ist bemüht, auch die kleineren Anbieter bei einer Branchenübersicht zu berücksichtigen, woraus sich ein prinzipielles Engagement für kleine Unternehmen ergeben hat, mit denen ab und an auch direkt kommuniziert wird. Auch Anzeigen derartiger Unternehmen, die bestimmten Kriterien genügen müssen, werden seit Mitte 1992 aufgenommen.

Im Jahre 1987 wurde in Kanada die Organisation „EthicScan Canada" gegründet. Sie geht auf die Initiative des Gründers David Nitkin zurück, der zunächst noch glaubte, daß er im wesentlichen die Interessen von gesellschaftspolitisch engagierten privaten Investoren und die der kritischen Massenmedien treffen würde. Bald zeigte sich aber, daß auch große Organisationen und Unternehmen an Daten und vor allem an Beratung und Unterstützung bei der Formulierung von „codes of ethics", bei der Durchführung interner Trainings und bei der Umsetzung einer entsprechenden Unternehmenspolitik interessiert waren. Heute werden beide Leistungsbereiche gleichermaßen abgedeckt und gelegentlich entstehende Konflikte möglichst sauber und offen (zur Wahrung der eigenen Unabhängigkeit und Glaubwürdigkeit) gelöst. In einem besonders gravierenden Fall beschloß „EthicScan", keine Beratungsleistungen für eine Firma zu erbringen, die gegen eigene grundlegende ethische Wertmaßstäbe verstieß und erklärte dies auch öffentlich. Mit den 1992 und 1996 herausgegebenen Einkaufsführern (EthicScan Canada 1992; Achar u.a. 1996) und der geplanten laufenden Aktualisierung wurde ein weiterer deutlicher Schritt hin zur Strategie der „öffentlichen Bewertung" getan.

In Großbritannien entstand 1989 mit „New Consumer"- kurz nach der Etablierung von ECRA – eine weitere Organisation, die sich in ihrer Konzeption allerdings stark an den amerikanischen CEP anlehnte und dementsprechend auch vom eher kampagnenorientierten Ansatz von ECRA distanzierte. Die erste Veröffentlichung von „New Consumer" war im Juni 1989 eine 60-seitige Broschüre, in der eine Auswahl aus dem amerikanischen Guide „Shopping for a Better World" vorgestellt wurde: alle Unternehmen, die ihre Produkte auch am englischen Markt anboten, waren darin zusammengestellt (New Consumer 1989). Außerdem brachte die Organisation eine eigene Zeitschrift „New Consumer" heraus, deren Pilot-Nummer ebenfalls im Juni 1989 erschien.

Mit großzügigen Zuwendungen von Stiftungen (vor allem dem Rowntree-Trust) konnte New Consumer bereits in der Startphase sieben feste Stellen schaffen und sich zahlreiche Veröffentlichungsprojekte vornehmen. So erschien zunächst im Jahr 1991 das über 600 Seiten starke Werk „Changing Corporate Values", das – wissenschaftlich orientiert – das Management in Großunternehmen für den eigenen konzeptionellen Ansatz einnehmen sollte (Adams u.a. 1991a). Noch im gleichen Jahr wurde der englische Einkaufsführer „Shopping for a Better World" herausgegeben (Adams u.a. 1991b). Gleichzeitig stellte ein Autorenteam den „Global Consumer" fertig, in dem es um die Verantwortung der Konsumenten auch für die „Dritte Welt" ging (Wells, Jetter 1991) und eine spezielle Untersuchung der Arbeitnehmer-Freundlichkeit englischer Unternehmen erschien mit dem Buch „Britain's Best Employers?" im Jahre 1993 (Hamil 1993). Diese Veröffentlichung zielte speziell auf Arbeitnehmer als Abnehmer der Information. Eine weitere Buchpublikation von „New Consumer" betraf die Praxis der kritischen Aktionäre und trug den Titel: „The Shareholder Action Handbook" (Mackenzie 1993).

Unterschiedliche Arbeitskonzepte in Großbritannien

Sinkende Mitgliederzahlen, enttäuschende Abonnentenzahlen der Zeitschrift (höchstens 3.000 statt der erhofften 20.000) und ein Buchabsatz, der die Erwartungen nicht erfüllte, führten zu einem längeren Diskussionsprozeß und zu einer grundsätzlichen Umorientierung bei „New Consumer". Das 1994 in Kooperation mit dem CEP begonnene Projekt, Beispiele für „Best Practices" von multinationalen Konzernen in Hinblick auf die Interessen der „Dritten Welt" zu untersuchen, wurde bereits nicht mehr zum geplanten Ende geführt. Statt dessen beschloß „New Consumer", sich nicht weiter in der Informationsarbeit und Bewußtseinsbildung zu engagieren, sondern vielmehr daran mitzuwirken, daß die Konsumenten tatsächliche Alternativen am Markt vorfinden. Dazu gehörte z.B. das Engagement für die Einführung des „Fairtrade"-Labels in Großbritannien, das Verbraucherinnen und Verbrauchern signalisiert, daß die ausgezeichneten Waren den Kriterien eines „fairen" Handels genügen, vor allem aber die Gründung und der Aufbau der Supermarktkette „Out of this world", die den Konsumenten unter sozialen und ökologischen Aspekten empfehlenswerte Waren bieten soll.

Eine ganz andere Entwicklung nahm die Entstehung der sozial-ökologischen Unternehmensbewertung in Japan. Hier ging der entscheidende Impuls davon aus, daß Mitsuko Shimomura, die Chefredakteurin des Wochenmagazins „Asahi Journal", mit der Leiterin des CEP, Alice Tepper Marlin, bekannt wurde. Die entstehende persönliche Freundschaft wurde seitdem auch durch eine berufliche Kooperation ergänzt: Im Februar 1991 setzte Frau Shimomura den Ansatz des CEP erstmals für japanische Unternehmen um. Seitdem erscheint jährlich eine Neuausgabe des japanischen Einkaufsführers mit gegenwärtig 145 bewerteten japanischen Großunternehmen. Die Weiterführung der Arbeit hängt allerdings entscheidend davon ab, ob die Stiftung „Asahi Shimbun Cultural Foundation" die Projektfinanzierung von zehn Mio. Yen (ca. US $ 100.000) pro Jahr aufrechterhält, die von Jahr zu Jahr neu bewilligt werden muß.

Trotz einer prinzipiellen Ähnlichkeit der Untersuchungsfelder und ihrer Grobstruktur sind die japanischen Bewertungskriterien hervorragend dazu geeignet zu verdeutlichen, wie sehr die konkrete Operationalisierung von Kriterien von den kulturellen und politischen Werten der jeweiligen Gesellschaft abhängt. So wird z.B. die Arbeitnehmerfreundlichkeit japanischer Großunternehmen u.a. daran gemessen, wieviel Prozent der Belegschaft ihren Jahresurlaub tatsächlich in Anspruch nehmen.

Die Operationalisierung von Bewertungskriterien hängt von kulturellen Werten ab

In den Niederlanden begann die Entwicklung der sozial-ökologischen Unternehmensbewertung Ende 1989 relativ vielversprechend, als sich auf Initiative der Verbraucherorganisation „Konsumenten Kontakt" neun Organisationen zu „Shopping Overleg" zusammenschlossen. Gründungsmitglieder waren: Konsumenten Kontakt, Consumenten Bond, Alternatieve Konsumenten Bond, Stichting Onderzoek Multinationale Ondernemingen, Vereniging Milieudefensie, Honger Hoeft Niet, Interkerkelijk Overleg Wereldvoedselvraagstuk, Landelijke Vereniging van Wereldwinkels und Stichting Lekker Dier. Nach der ursprünglichen Planung sollte Ende 1992 der erste holländische Einkaufsführer fertiggestellt sein. Im Prinzip war ebenfalls eine Orientierung an der Methode des CEP geplant. Im Laufe des Jahres 1992 wurde gemeinsam die „Stichting Verantwoord Consumeren" gegründet und ein Unternehmensfragebogen entwickelt und erprobt. Dann stoppte allerdings der wichtigste Unterstützer-Fond Ende des Jahres 1992 die Finanzierung und das Projekt wurde unterbrochen.

Im Jahr 1993 baute der „Alternatieve Konsumenten Bond" als eines der Gründungsmitglieder auf den fertigen Vorarbeiten auf und beschloß, das Projekt in eigener Regie – allerdings in reduzierter Form – weiterzuführen. Seitdem erscheinen in jeder Ausgabe der Zeitschrift „Kritisch Consumeren" sog. „Dossiers" zu Anbietern innerhalb einer Warengruppe, die nach den Kriterien Informationsoffenheit, Umwelt, Tierversuche, Gentechnologie und Fairer Handel bewertet werden.

Den jüngsten Ansatz verwirklichte das Centro Nuovo di Sviluppo in Vecciano mit der Veröffentlichung seines „Guida al consumo critico" im Jahre 1996. Das Zentrum ist in seinem Ansatz – trotz seiner Bereitschaft zur Kommunikation mit den betroffenen Unternehmen – eher in der Nachbarschaft zum britischen ECRA anzusiedeln, mit dem es auch eine freundschaftliche Kooperation verbindet. Die prinzipiell kritische Haltung gegenüber Großunternehmen und die ausgefeilte negative Dimension des Bewertungssystems lassen den Schluß zu, daß eine Entwicklung dieses Ansatzes zu einem dialogischen Instrument zwischen Unternehmen und relevanten Anspruchsgruppen eher unwahrscheinlich ist.

Betrachtet man die historischen Wurzeln und bisherigen Entwicklungslinien der sozialökologischen Unternehmensbewertung in ihrer Gesamtheit, so fallen vor allem die folgenden Faktoren auf:

- Die ersten Initiativen wurden in den USA bereits zu Beginn der 70er Jahre unternommen. Die ersten europäischen Organisationen gründeten sich zu Beginn der 80er Jahre in Großbritannien. In anderen europäischen Ländern wurde der Gedanke erst zu Beginn der 90er Jahre umgesetzt. Man kann deshalb von einem Erfahrungsvorsprung der im anglo-amerikanischen Sprachraum angesiedelten Initiativen von 15 bis 20 Jahren ausgehen.

- Fast immer bildeten kirchliche Kreise mit ihrer Motivation, ihr Geld nicht für Dinge auszugeben, die nicht ihrer religiösen Überzeugung entsprachen, einen wichtigen Faktor als „erste Beweger", Informations-Nachfrager und Geldgeber. Auch heute noch spielt ein religiöser Hintergrund beim ethischen Investment eine wichtige Rolle.

- Entsprechend dem Problembewußtsein und den gesellschaftspolitischen Konflikten der Gründungszeit standen zunächst die sozialen Kriterien im Vordergrund, die ökologische Dimension folgte später. Bei den europäischen Konzepten der 90er Jahre kehrte sich dieses Verhältnis um: Während das Element des „Öko-Ratings" inzwischen auf weitgehende Akzeptanz stößt, muß für weitergehende ethische Kriterien häufig noch argumentiert werden.

- Zu Beginn stand fast überall der Gedanke des ethischen Investments im Vordergrund; die Zielgruppen der Verbraucher, der öffentlichen Beschaffer oder der Arbeitnehmer wurden erst später berücksichtigt.

- Bei den Gruppen, die sich vordringlich auf die Verbraucherinformation orientiert haben, sind dialogische Ansätze, die sowohl negative als auch positive Bewertungen aussprechen, von am Modell der „Gegenöffentlichkeit" orientierten Ansätze zu unterscheiden, die ihr Schwergewicht auf unternehmenskritische Informationsarbeit legen. Beide Ansätze scheinen nur schwer vereinbar zu sein.

5.1 Entstehungsgeschichte der sozial-ökologischen Unternehmensbewertung

Für die Zukunft zeichnen sich auch entscheidende Entwicklungen in der Frage der internationalen Kooperation zwischen einzelnen Organisationen ab. Im März 1996 wurde in New York die „Global Partners Working Group" gegründet, der die folgenden Organisationen angehören: Asahi Shimbun Cultural Foundation (Japan), EIRIS (Großbritannien), Centre Info (Schweiz), Ethibel (Belgien), CEP (USA) und imug (Deutschland). Weitere Organisationen aus anderen europäischen und asiatischen Ländern nahmen als Beobachter teil und haben inzwischen Interesse an einer Mitgliedschaft bekundet.

Global Partners Mission Statement

The Global Partners Working Group is a network of organizations from around the world that conduct research on corporate social and environmental responsibility.

The mission of the Global Partners Working Group is to explore methods of sharing research on international corporate policies and practices in a rapidly expanding worldwide business environment, and to consider ways to make information about corporate social and environmental performance more readily accessible.

Research from Global Partners Working Group participants both enhances incentives for corporate social responsibility and enables the public, investment community, and business community to harness their economic power to effect positive change.

The goals are to share information on international corporate social responsibility research priorities, examine research methods, and facilitate the exchange and dissemination of information.

Council on Economic Priorities (CEP)

Institut für Markt-Umwelt-Gesellschaft (IMUG)

Ethical Investment Research Service (EIRIS)

Asahi Shimbun Foundation

ETHIBEL

Swiss Info Center/Centre Info Suisse

Abb. 49: Global Partners Mission Statement;
Quelle: Council on Economic Priorities (CEP) 1996, S.3

In einem grundlegenden „Mission Statement" (vgl. Abb. 49) wurde von den Partnern vereinbart, in einen regelmäßigen Erfahrungsaustausch über Forschungsmethoden und Veröffentlichungskonzepte zu treten und den internationalen Informationsaustausch zu intensivieren. In ersten Pilotprojekten sollen ferner die Möglichkeit der Bewertung von international agierenden Unternehmen näher untersucht und Lösungen für die Probleme gesucht werden, die aufgrund der Unterschiede zwischen den bisher verwendeten Erhebungsmethoden, Bewertungssystemen und Veröffentlichungskonzepten bestehen. Eine Auswertung und Fortschreibung der gemeinsamen Projektarbeit auf jährlichen gemeinsamen Konferenzen ist geplant.

5.2 Kurzdarstellung ausgewählter Institutionen

In diesem Abschnitt werden die in der Tabelle 20 auf S. 222 aufgeführten Institutionen nach systematischen Gesichtspunkten gegliedert nebeneinandergestellt. Es geht dabei neben den formalen Daten insbesondere um die Ziele und Zielgruppen, die gewählten Untersuchungsobjekte und Untersuchungsfelder, die Ergebnisverwertung und etwaige Evaluationsaspekte.

Council on Economic Priorities (CEP)

Anschrift:	30 Irving Place, New York, N.Y. 10003, USA
Tel.:	+1/ 212/ 4201133
Fax:	+1/ 212/ 4200988
Gründungsjahr:	1969
Organisationsform:	Unabhängige, nichtkommerzielle Forschungsinstitution
Finanzierung/Etat:	Mitgliedsbeiträge (ca. 4.000 Mitglieder), Projektfinanzierung, individuelle und institutionelle Spenden
Personal:	17 Vollzeit-, 4 Teilzeitkräfte, 2 ehrenamtliche und 15 studentische Hilfskräfte *(Stand: Frühjahr 1996)*

Der CEP arbeitet seit 1969 kontinuierlich am Thema „Corporate Social Responsibility". Er nahm die Arbeit an der systematisch-vergleichenden Unternehmensbewertung mit der Publikation „Rating America´s Corporate Conscience" im Jahr 1986 auf. Der erste Shopping-Guide erschien im Jahr 1988.

❏ *Ziele / Zielgruppen*

Ziele: Untersuchung der Verantwortungsübernahme von Unternehmen und Veröffentlichung der Ergebnisse für relevante „Stakeholder" (seit 1994 auch im internationalen Maßstab); *Zielgruppen:* Verbraucher und Investoren, alle relevanten „Stakeholder" von Unternehmen.

❏ *Gesellschaftliche Verankerung / Kooperationspartner*

Umfangreiche Liste von Stiftungen und Persönlichkeiten, die den CEP unterstützen. Beratungsgremien mit Vertretern gesellschaftspolitisch relevanter Verbände.

❏ *Untersuchungsobjekte / Marktauswahl*

In „Shopping for a Better World" (1994): 191 amerikanische Hersteller (Muttergesellschaften) und amerikanische Niederlassungen ausländischer Hersteller von Verbrauchsgütern in 17 Branchen. Im „Investment Research Service": regelmäßig mehr als 800 Unternehmen, außerdem vertiefte ökologische Analysen und Bewertungen von ca. 150 der größten amerikanischen Unternehmen, seit 1994 auch Forschung über ausländische Unternehmen.

❏ *Untersuchungsfelder*
Environment, Charitable Giving, Community Outreach, Women´s Advancement, Advancement of Minorities, Family Benefits, Workplace Issues, Disclosure of Information (Zusätzlich diverse „Extras", wie z.B. Military Contracts, Animal Testing u.a.m.).

❏ *Methodik*
Bestimmung von Untersuchungsfeldern und Kriterien: Aufgrund der Artikulation von Mitgliedern und Nutzern der Veröffentlichungen sowie internen Abstimmungen und Diskussionen mit dem „advisory board"; *Datenerhebung/Informationsquellen:* Unternehmensfragebogen, Jahresberichte, Auswertung von Wirtschaftsjournalen und Tageszeitungen, Datenbankabfragen, Expertenbefragungen; *Kommunikationsformen mit Unternehmen:* Unternehmensfragebogen und direkte Dialoge bei offenen Fragen bzw. zur Informationsbestätigung; *Bewertungsmodell:* In „Shopping for a Better World": fünfstufiges Bewertungsmodell – entsprechend den amerikanischen Schulnoten – von A (sehr gut) über B (gut), C (befriedigend), D (unterdurchschnittlich) bis F (mangelhaft).

❏ *Ergebnisverwertung*
Ergebnisdarstellung: In „Shopping for a Better World" (1994): sowohl Unternehmensprofile als auch tabellarische Gegenüberstellungen von Marken innerhalb von 78 Warengruppen; *Veröffentlichungs- und Distributionsform:* div. Buchveröffentlichungen, darunter „Shopping for a Better World" (seit 1988), „Students for a Better World" (1992), regelmäßige Research-Reports, Report-Service für Investoren (SCREEN und GLOBAL SCREEN) sowie regelmäßige Reports des „Corporate Environmental Data Clearinghouse" (CEDC). Daten auch auf Disketten erhältlich, Online-Zugang über „America Online" und Internet. Hoher Aufmerksamkeitswert durch die Verleihung von „Awards" und Kampagnen wie die „Campaign for Cleaner Corporations" (C3).

❏ *Evaluation / Effekte*
Der CEP berichtet über die häufige Veränderung des Verhaltens einzelner Unternehmen nach Veröffentlichung der entsprechenden Daten und Dialogen mit Unternehmensleitungen. Außerdem sieht er das wachsende Investitionsvolumen seiner institutionellen Kunden als Erfolgsindiz. Laut einer Untersuchung aus dem Jahr 1990 haben 80% der Nutzer des Shopping-Guides in mindestens einem Fall aufgrund der erhaltenen Informationen die Marken bestimmter Unternehmen gewechselt.

RATINGS BY PRODUCT

ALCOHOLIC BEVERAGES

PRODUCT	PARENT COMPANY	🏠	$	🤝	♀	✊	❤	🏢	👁	EXTRAS
Absolut Vodka *	GMR	C	A	A	B	A	A	B	A	factory farming, foreign-based company
Almaden Wines *	GMR	C	A	A	B	A	A	B	A	factory farming, foreign-based company
Amaretto di Saronno liqueur *	GMR	C	A	A	B	A	A	B	A	factory farming, foreign-based company
Artic Ice *	ACCOB	C	A	A	A	B	A	B	A	CEDC report, Fair Share
Bailey's Original Irish Cream Liqueur *	GMR	C	A	A	B	A	A	B	A	factory farming, foreign-based company
Beefeater	ALP	B	C	B	D	?	B	?	B	foreign-based company
Beringer	NEST	B	?	B	B	B	A	B	B	Animal testing, non-medical products, significant alternative efforts, foreign-based company, infant formula
Black Velvet Canadian Whisky *	GMR	C	A	A	B	A	A	B	A	factory farming, foreign-based company
Blossom Hill Wines *	GMR	C	A	A	B	A	A	B	A	factory farming, foreign-based company
Bud *	BUD	C	A	A	B	A	B	A	A	CEDC report
Budweiser *	BUD	C	A	A	B	A	B	A	A	CEDC report
Busch *	BUD	C	A	A	B	A	B	A	A	CEDC report
Carlsberg *	BUD	C	A	A	B	A	B	A	A	CEDC report

PRODUCT	PARENT COMPANY	🏠	$	🤝	♀	✊	❤	🏢	👁	EXTRAS
Castlemaine *	ACCOB	C	A	A	B	A	B	A	A	CEDC report, Fair Share
Christian Brothers Brandy *	GMR	C	A	A	B	A	A	B	A	factory farming, foreign-based company
Cinzano *	GMR	C	A	A	B	A	A	B	A	factory farming, foreign-based company
Coors *	ACCOB	C	A	A	A	B	A	B	A	CEDC report, Fair Share
Croft Sherries and Ports *	GMR	C	A	A	B	A	A	B	A	factory farming, foreign-based company
Dreher Brandy *	GMR	C	A	A	B	A	A	B	A	factory farming, foreign-based company
Elephant Malt Liquor *	BUD	C	A	A	B	A	B	A	A	CEDC report
George Killian's Irish Red *	ACCOB	C	A	A	A	B	A	B	A	CEDC report, Fair Share
Gilbey's *	GMR	C	A	A	B	A	A	B	A	factory farming, foreign-based company
Grand Marnier *	GMR	C	A	A	B	A	A	B	A	factory farming, foreign-based company
Inglenook Wines *	GMR	C	A	A	B	A	A	B	A	factory farming, foreign-based company
J&B *	GMR	C	A	A	B	A	A	B	A	factory farming, foreign-based company
José Cuervo Tequila *	GMR	C	A	A	B	A	A	B	A	factory farming, foreign-based company
Keystone *	ACCOB	C	A	A	A	B	A	B	A	CEDC report, Fair Share

🏠 The Environment $ Charitable Giving 🤝 Community Outreach ♀ Women's Advancement ✊ Minority Advancement ❤ Family 🏢 Workplace Issues 👁 Disclosure of Information * Honor Roll

For a more detailed explanation, see pages 7–28

ALCOHOLIC BEVERAGES 111

Abb. 50: Beispielseiten aus „Shopping for a Better World" (CEP);
Quelle: Council on Economic Priorities (CEP) 1994, S.110f

Interfaith Center on Corporate Responsibility (ICCR)

Anschrift:	Room 566, 475 Riverside Drive,
	New York, N.Y. 10115, USA
Tel.:	+1/ 212/ 8702936
Fax:	+1/ 212/ 8702023
Gründungsjahr:	1972
Organisationsform:	Internationale Koalition von 275 protestantischen, katholischen und jüdischen institutionellen Investoren
Finanzierung/Etat:	US $ 830.000 aus Mitgliedsbeiträgen, Spenden und dem Verkauf von Veröffentlichungen *(Etat 1994)*
Personal:	11 Mitarbeiter *(Stand: Juni 1995)*

Das ICCR arbeitet kontinuierlich seit 1971 (bis zu seiner Gründung noch unter verändertem Namen). Es erfolgt keine systematisch-vergleichende Unternehmensbewertung.

❑ *Ziele / Zielgruppen*
Ziel ist die Nutzung der Investitionen von Kirchen und anderen Institutionen zur Änderung ungerechten oder sozialschädlichen Unternehmensverhaltens sowie das Engagement für Frieden, soziale Gerechtigkeit und Umweltschutz. Alternatives Investment zur Förderung ökonomischer Gerechtigkeit und einkommensschwacher Minderheiten wird unterstützt. *Zielgruppen* sind Investoren und z.T. auch Verbraucher.

❑ *Gesellschaftliche Verankerung / Kooperationspartner*
Kirchliche Mitgliedsverbände, über 100 Gruppen kritischer Aktionäre in amerikanischen und kanadischen Unternehmen, Investoren, Pensionsfonds, Stiftungen, Gewerkschaften.

❑ *Untersuchungsobjekte / Marktauswahl*
1995: 190 Aktionärs-Resolutionen in 133 US- und kanadischen Unternehmen.

❑ *Untersuchungsfelder*
Corporate governance, environment (CERES-Principles, environmental hazards and liabilities, nuclear power, pollution, toxic materials, waste and emissions), equality, global corporate accountability, global finance, international health (tobacco, infant formula marketing, alcohol), militarism.

❑ *Methodik*
Die Bestimmung von Untersuchungsfeldern und Kriterien wird durch die Mitglieder und die Kooperationspartner vorgenommen. Datenerhebung erfolgt über Anfragen in Aktionärsversammlungen und Sekundärquellen-Recherchen. Es gibt kein systematisches Bewertungsmodell. Die Kommunikation mit den Unternehmen erfolgt mittels Aktionärs-Resolutionen, Gespräche mit dem Management, aber auch durch Boykotte, Briefkampagnen u.a.m..

❑ *Ergebnisverwertung*
Veröffentlichung des Newsletters „The Corporate Examiner" und spezieller Reports.

❑ *Evaluation / Effekte*
Das ICCR berichtet über die freiwillige Publizität einer zunehmenden Anzahl von Unternehmen über Themen, die das ICCR bearbeitet, und Veränderungen des Unternehmensverhaltens in zahlreichen Fällen. Interne Berichte von Unternehmensangehörigen über die nützliche Wirkung von externem Druck liegen vor.

Investor Responsibility Research Center (IRRC)

Anschrift:	Suite 700, 1350 Connecticut Ave. NW, N.W. Washington, DC 20036, USA
Tel.:	+1/ 202/ 8330700
Fax:	+1/ 202/ 8333555
Gründungsjahr:	1972
Organisationsform:	Nichtkommerzielle Forschungseinrichtung
Finanzierung/Etat:	Etat 1994: US $ 4,8 Mio., wesentlich durch Mitgliedschaften und Abonnenten der Veröffentlichungsreihen
Personal:	44 feste Mitarbeiter *(Stand 1994)*

Das IRRC arbeitet seit 1973 kontinuierlich.

❐ *Ziele / Zielgruppen*

Ziele: Erforschung und Dokumentation des Unternehmensverhaltens in ökologisch und sozial relevanten Untersuchungsfeldern, Veröffentlichung der Ergebnisse als Entscheidungsgrundlage für Investoren. *Zielgruppe:* Investoren.

❐ *Gesellschaftliche Verankerung / Kooperationspartner*

Nutzung der Informationen durch Banken, Trusts, Investment Manager, Versicherungsgesellschaften, Pension Funds, Stiftungen, kirchliche Gruppen, Unternehmen u.a..

❐ *Untersuchungsobjekte / Marktauswahl*

500 Standard & Poors Aktiengesellschaften und weitere entsprechend der Kundeninteressen, Grundinformationen über 1.500 Unternehmen im PortfolioScreener.

❐ *Untersuchungsfelder*

Environmental performance, defense contracting, weapons production, fair employment, labor relations, human rights, contraceptives, tobacco, alcohol, gambling, firearms, northern ireland, south africa, nuclear power, maquiladoras, animal testing.

❐ *Methodik*

Bestimmung von Untersuchungsfeldern und Kriterien: Bedarfsmeldungen der Kunden und Mitglieder; *Datenerhebung/Informationsquellen:* Unternehmensfragebogen, Jahresberichte, Auswertung von Wirtschaftsjournalen und Tageszeitungen, Datenbanken; *Bewertungsmodell:* Standardraster zur Erfassung der ökologischen Dimensionen, z.T. Vergleich mit Indexwerten der Branche in den „Corporate Environmental Profiles".

❐ *Ergebnisverwertung*

Ergebnisdarstellung: Diverse Veröffentlichungsreihen und Einzelpublikationen, jährliche Neuauflage des dreibändigen Werks „Corporate Environmental Profiles", vierteljährlicher Rundbrief „Environmental Information Report" und weitere Spezial-Reports, z.T. Software-Programme mit Online-Update-Möglichkeiten (Proxy Issues Research Service und Proxy Management Systems).

❐ *Evaluation / Effekte*

Vom IRRC wird die steigende Zahl von Kunden und Mitgliedern als wichtiges Erfolgsindiz angesehen. Das IRRC ist aufgrund seiner Unabhängigkeit und Reputation von der amtlichen Börsenüberwachungskommission SEC („Securities and Exchange Commission") zugelassen.

Ethical Investment Research Service (EIRIS)

Anschrift:	504 Bondway Business Center, 71 Bondway, GB-London SW8 ISQ
Tel.:	+44/ 171/ 7351351
Fax:	+44/ 171/ 7355323
Gründungsjahr:	1983
Organisationsform:	Gemeinnützige Stiftung (mit einer Tochter, die als Services Ltd. organisiert ist)
Finanzierung/Etat:	Verkauf von Informationen
Personal:	13 Vollzeit-, 1 Teilzeitkraft *(Stand Frühjahr 1996)*

EIRIS arbeitet kontinuierlich seit 1983. Vergleichend-systematische Unternehmensbewertungen werden nicht durchgeführt.

❑ *Ziele / Zielgruppen*
Ziele: Entscheidungshilfe für Investoren bei der Anwendung positiver oder negativer ethischer Kriterien für die Geldanlage; *Zielgruppe:* Investoren.

❑ *Gesellschaftliche Verankerung / Kooperationspartner*
Kirchen, gemeinnützige Stiftungen, Britisches Social-Investment-Forum.

❑ *Untersuchungsobjekte / Marktauswahl*
Generell: 1.150 Unternehmen der Financial Times. Außerdem entsprechend der Nachfrage der Klienten in Großbritannien, zunehmend aber auch aus Europa und USA.

❑ *Untersuchungsfelder*
Ca. 300 Einzelkriterien.

❑ *Methodik*
Bestimmung von Untersuchungsfeldern und Kriterien: Befragung der Leser des Newsletters, Anforderungen der Kunden; *Datenerhebung/Informationsquellen:* diverse Sekundärquellen, Listen anderer unabhängiger Institutionen, Unternehmens-Geschäftsberichte und seit 1993 auch Unternehmensfragebogen; *Kommunikationsformen mit Unternehmen:* schriftlich (anläßlich Befragungen); *Bewertungsmodell:* Am Konzept einer „gewichteten Liste" für Kunden wird gearbeitet (Stand: Frühjahr 1996).

❑ *Ergebnisverwertung*
Ergebnisdarstellung: 1) „Acceptable List" (Liste der Unternehmen, die bestimmten Anforderungen des Kunden genügen), 2) „Portfolio Screen" (Ausweis der Überprüfung eines bereits bestehenden Portfolios). Außerdem werden „fact-sheets" zu bestimmten Unternehmen und Themen erstellt; *Veröffentlichungs- und Distributionsform:* Newsletters und guides.

❑ *Evaluation / Effekte*
Als Erfolgsindikatoren werden das Wachsen der Organisation, die Zunahme der Investitionssumme ethischer Fonds (1996: 1 Mrd. britische Pfund) und Einzeleffekte in gesellschaftlichen Teilbereichen angesehen.

Ethical Consumer Research Association (ECRA)

Anschrift:	Unit 21, 41 Old Birley Street, GB-Manchester M15 5RF
Tel.:	+44/ 161/ 2262929
Fax:	+44/ 161/ 2266277
Gründungsjahr:	1987
Organisationsform:	Als Kooperative organisierte ehrenamtliche „campaigning group"
Finanzierung/Etat:	Wesentlich aus dem Verkauf der Veröffentlichungen
Personal:	8 Mitarbeiter *(Stand Ende 1996)*

ECRA arbeitet seit 1987 kontinuierlich an vergleichenden Unternehmensbewertungen.

❑ *Ziele / Zielgruppen*
Ziele: Veröffentlichung von Informationen über die Unternehmen, die hinter den Produkten am Markt stehen, um Verbraucher in die Lage zu versetzen, ethisches Verbraucherverhalten zu praktizieren. Untersuchung und generelle Förderung ethischen Verbraucherverhaltens; *Zielgruppe:* Verbraucher.

❑ *Gesellschaftliche Verankerung / Kooperationspartner*
Diverse britische NGO's.

❑ *Untersuchungsobjekte / Marktauswahl*
Innerhalb einer Waren- oder Dienstleistungsgruppe möglichst alle Hersteller/Anbieter der am britischen Markt erhältlichen Produkte oder Dienstleistungen.

❑ *Untersuchungsfelder*
Umwelt (Umweltverschmutzung, Umweltpolitik, Atomkraft, Sonstiges), Menschen (Menschenrechtsverletzungen, Arbeitnehmerrechte, unlautere Marketingpraktiken), Tiere (Tierversuche, Massentierhaltung, andere Tier-Rechte), Besonderheiten (Parteispenden, Boykottaufrufe).

❑ *Methodik*
Bestimmung von Untersuchungsfeldern und Kriterien: interne Setzungen, z.T. aufgrund der in der Zeitschrift geführten Diskussionen; *Datenerhebung/Informationsquellen:* Auswertung von (englischsprachigen) Sekundärquellen (Fachpresse, Wirtschaftsjournale, Tagespresse) im wesentlichen in Hinblick auf unternehmenskritische Informationen; *Kommunikationsformen mit Unternehmen:* keine direkte Kommunikation mit Unternehmen; *Bewertungsmodell:* 3-stufige Bewertungsskala (schlecht/mittel/gut), wobei „gut" bedeutet: „es ist uns nichts Negatives bekannt geworden".

❑ *Ergebnisverwertung*
Ergebnisdarstellung: Tabellarische Darstellung von Marken und Bewertungen sowie Dossiers und Empfehlungen („Best Buys"), „Ethical Product Award" seit 1993; *Veröffentlichungs- und Distributionsform:* Zeitschrift „Ethical Consumer Magazine", Buch „The ethical consumer Guide to everyday shopping" (1993), Online-Datenbank.

❑ *Evaluation / Effekte*
Über seit Mitte 1996 steigende Abonnenten-Zahlen und positive Effekte bei den kooperierenden NGO's und den betroffenen Unternehmen wird berichtet.

Brand Name	South Africa	Oppressive Regimes	Trade Union Relations	Wages & Conditions	Land Rights	Environment	Irresponsible Marketing	Nuclear Power	Armaments	Animal Testing	Factory Farming	Other Animal Rights	Political Donations	Boycott Call	Company Group
ASDA	■	■						■	■	■					ASDA Group
Avon		■			◢									USA	Avon Products
Bourjois							■								Litor Ltd
BWC															Beauty Without Cruelty
Christian Dior	■	■		◢			■		■						Guinness/LVMH
Clarins			◢												Clarins
Co-op	■	■		◢			◢	■	■				LAB		Co-op Movement
Cosmetics to Go!															Constantine & Weir
Coty	■	■			■	■		■		◢				USA	Pfizer
Colourings															Body Shop
Estée Lauder	■									■					Estée Lauder
Gateway	■	■		◢				■	■	■					Isosceles
Guerlain	■	◢					■								Guerlain
Innoxa	■														Glopec (UK) Ltd
Kanebo			◢												Kanebo/Basler
Lancaster	■	◢													Benckiser
Lancome	■	■	◢	◢		■		■	■	■					Nestlé
L'Oreal	■	■	◢	◢		■		■	■	■					Nestlé
Marks & Spencer	■	■		◢				■	■	■			CON		Marks & Spencer plc
Mavala															Mavala
Max Factor	◢	■				■		◢		■					Procter & Gamble
Morrisons	■	■						■	■	■					Wm Morrison
No 7	■	■			◢	■		■	■				CON		Boots
Revlon	■	◢				■									MacAndrews & Forbes
Rimmel	■	■	◢		■	◢		■	■	■					Unilever
Safeway	■	■						■	■	■			CON		Argyll Group
Sainsbury's	■	■		◢			◢	■	■	■					J Sainsbury
Sally Hansen								■							Del Labs
Shiseido		◢						■							Shiseido
Tesco	■	■						■	■	■				■	Tesco
Tuesday's Girl															Tuesday's Girl
Tura															Lornamead Ltd
Ultra Glow															Ultra Glow Cosmetics
Yardley		◢						■	■	■					Wasserstein Perella
Waitrose	■	■						■	■	■					John Lewis

Abb. 51: Beispielseite aus „The ethical consumer Guide to everyday Shopping";
Quelle: Ethical Consumer Research Association (ECRA) 1993, S.117

EthicScan Canada

Anschrift:	Canadian Clearing-house for Consumer & Corporate Ethics, Lawrence Plaza Postal Outlet, P.O. Box 54034, Toronto, Ontario, Canada
Tel.:	+1/ 461/ 7836776
Fax:	+1/ 461/ 7837386
Gründungsjahr:	1987
Organisationsform:	Unabhängiges Forschungsinstitut
Finanzierung/Etat:	Finanzierung durch Verkauf von Informationen und Dienstleistungen
Personal:	4 feste, 3 freie Mitarbeiter *(Stand Sommer 1996)*

EthicScan arbeitet seit 1987 kontinuierlich, 1992 erschien der erste Einkaufsführer.

❏ *Ziele / Zielgruppen*

Ziele: Wirkung als „think tank" für Verbraucher- und Unternehmensethik, Angebote von Informationen, Beratung, Schulung; *Zielgruppen:* Verbraucher und Investoren.

❏ *Gesellschaftliche Verankerung / Kooperationspartner*

Dialoge mit Anspruchsgruppen und Verbänden über ethische Standards.

❏ *Untersuchungsobjekte / Marktauswahl*

Datenbank mit 200 Indikatoren über die 1.500 größten kanadischen Unternehmen, im Einkaufsführer des Jahres 1996: 114 große kanadische Hersteller und Anbieter von Verbrauchsgütern und Dienstleistungen.

❏ *Untersuchungsfelder*

Gender and Family Issues, Community Responsibility, Progressive Staff Policy, Labour Relations, Environmental Performance, Environmental Management, Management Practices and Consumer Relations, Sourcing and Trading Practices, Candour, Canadian Content in Ownership and Decision Making.

❏ *Methodik*

Bestimmung von Untersuchungsfeldern und Kriterien: Diskussionsprozesse mit Vertretern der Anspruchsgruppen, Verbänden und individuellen Experten; *Datenerhebung/Informationsquellen:* Unternehmensbefragung und Sekundärquellen-Auswertung; *Kommunikationsformen mit Unternehmen:* Unternehmensfragebogen und direkte Kommunikation, Überprüfungs- und Korrekturmöglichkeiten für die Unternehmen vor der Veröffentlichung; *Bewertungsmodell:* Bewertung nach dem prozentualen Anteil an Punkten, die in den 10 untersuchten Feldern vergeben werden (maximaler Wert: 100%), spezielle „honour roll" im Buch für die Unternehmen, die über 66% der möglichen Punkte in einem der 10 Felder erreicht haben.

❏ *Ergebnisverwertung*

Veröffentlichungen: Einkaufsführer: „The Ethical Shoppers Guide" (1992) und „Shopping with a Conscience" (1996), außerdem 2-Monatszeitschrift „Corporate Ethics Monitor", Corporate and Partnership Screening Reports, Video-Serie „Ethics at Work".

❏ *Evaluation / Effekte*

Nicht bekannt.

Company, Product or Banner Name	Company ID Abbreviation	Gender and Family Issues	Community Responsibilities	Progressive Staff Policies	Labour Relations	Environmental Performance	Environmental Management	Management Practices and Consumer Relations	Sourcing and Trading Practices	Candour	Canadian Content
A&P	A&P	F	F+	F	F	F	F	F	F	E	3
A&W Food Services	A&W	F+	F+	E	F+	E+	E-	D-	A-	B	4
Acura	HONDA	F	F	F	F	F	F	F	F	E	3
Air Alliance	AC	D-	C-	A-	E-	D+	B-	D	E-	C	4
Air Atlantic	CAC	E	E-	E+	C-	E+	E-	D	F	D+	4
Air BC	AC	D-	C-	A-	E-	D+	B-	D	E-	C	4
Air Canada	AC	D-	C-	A-	E-	D+	B-	D	E-	C	4
Air Nova	AC	D-	C-	A-	E-	D+	B-	D	E-	C	4
Air Ontario	AC	D-	C-	A-	E-	D+	B-	D	E-	C	4
American Airlines	AMR	E	F	B	F+	F	F	E+	F	E+	2
Ami	M-R	F	E-	E-	F	F+	F	E+	F	D	4
ANZ Bank of Canada	HSBC	F	E-	F+	E+	F+	F	B-	F	E	3
Antels	DALMYS	F+	F+	F+	F	E	F	F	D	B-	4
Atlantic Grocers	WESTON	F+	E	E-	F	E+	D-	F	F	D+	4
Atout' Prix	PROVIG	E-	E-	C-	F+	E+	C	D	F	A+	4
Avis Rent-A-Car	AVIS	F	F	F+	F+	F	F	F	F	F+	1
Axep	PROVIG	E-	E-	C-	F+	E+	C	D	F	A+	4
Bank of British Columbia	HSBC	F	E-	F+	E+	F+	F	B-	F	E	3
Bank of Montreal	BOM	B+	D+	B	C-	E	E-	D+	F	C	4
Bank of Montreal Investor Services	BOM	B+	D+	B	C-	E	E-	D+	F	C	4
Bank of Nova Scotia	BNS	C	C-	B+	A-	C	D	B+	F	A	4
Bay, The	HBC	B-	D	A+	C+	B	C+	C-	A	A	4
Beaver	SHELL	C-	C+	A-	C-	B	B	C	C+	A	3
Big V Pharmacy	BIG V	C-	D+	D	E-	C	F	C	E-	E+	4
Bi-Way Stores	DYLEX	D	F+	D+	D-	F+	F+	F	F	C+	4

Abb. 52: Beispielseiten aus „Shopping with a Conscience";
Quelle: EthicScan Canada 1996, S.20f

Kinder, Lydenberg, Domini (KLD)

Anschrift:	129 Mt. Auburn Street, Cambridge, Massachusetts 02138-5766
Tel.:	+1/ 617/ 5477479
Fax:	+1/ 617/ 3545353
Gründungsjahr:	1988
Organisationsform:	Unabhängige Forschungsinstitution
Finanzierung/Etat:	Verkauf von Information und Beratung
Personal:	?

KLD arbeitet kontinuierlich seit 1988 und spricht auch systematische Unternehmensbewertungen aus.

❏ *Ziele / Zielgruppen*
Ziele: Erforschung und Bewertung der sozial relevanten Verhaltensweisen von Unternehmen für institutionelle Anleger; *Zielgruppe:* Investoren.

❏ *Gesellschaftliche Verankerung / Kooperationspartner*
Kooperation mit den Managements ethischer Fonds.

❏ *Untersuchungsobjekte / Marktauswahl*
Über 800 an der Börse gehandelte Unternehmen, zusätzlich über 4.000 amerikanische und ausländische Unternehmen, die für Investoren interessant sind.

❏ *Untersuchungsfelder*
Community, Diversity, Employee Relations, Environment, Non-US-Operations, Product, Other (z.B. Limited Compensation, Ownership), Alcohol, Gambling, Tobacco, Military, Nuclear Power.

❏ *Methodik*
Über die Bestimmung von Untersuchungsfeldern und Kriterien sowie Datenerhebung und Informationsquellen liegen keine Informationen vor; *Bewertungsmodell:* Benchmarking im sog. „Domini 400 Social Index" (seit 1990), in der Datenbank SOCRATES: vom Nutzer zu definierende Gewichtungen.

❏ *Ergebnisverwertung*
Veröffentlichungs- und Distributionsform: SOCRATES (The Corporate Social Ratings Monitor), eine monatlich aktualisierte Datenbank zu 63 Kriterien über mehr als 800 Unternehmen, „Domini 400 Social Index Statistical Supplement", International Screening Service, Social Investment Almanac.

❏ *Evaluation / Effekte*
KLD ist als Investment-Beratungsgesellschaft bei der Securities and Exchange Commission (SEC) registriert.

New Consumer

Anschrift:	52 Elswick Road, GB-Newcastle upon Tyne NE4 6JH
Tel.:	+44/ 191/ 2721601
Fax:	+44/ 191/ 2721615
Gründungsjahr:	1989
Organisationsform:	Gemeinnützige Forschungsinstitution
Finanzierung/Etat:	Stiftungsgelder, Projektmittel entwicklungspol. Organisationen, EU-Mittel, Mitgliedsbeiträge, Infoverkauf
Personal:	7 feste Mitarbeiter *(Stand 1993)*

New Consumer arbeitete von 1989 bis 1993 kontinuierlich im Bereich der „Corporate Social Responsibility". Ab 1994 wurde der Arbeitsschwerpunkt auf die Forschungstätigkeit für die geplante landesweite „ethische" Ladenkette „Out of this World" verlagert.

❏ *Ziele / Zielgruppen*
Ziele: Mobilisierung der Macht der Konsumenten für einen positiven sozialen und ökologischen Wandel. Nach der Änderung der Arbeitsweise im Jahre 1994 wesentlich „research-institute"; *Zielgruppen:* Verbraucher, z.T. auch Arbeitnehmer.

❏ *Gesellschaftliche Verankerung / Kooperationspartner*
Britische NGOs, wesentlich aus dem umwelt- und entwicklungspolitischen Bereich.

❏ *Untersuchungsobjekte / Marktauswahl*
In „Shopping for a Better World": 125 Unternehmen, die am britischen Markt Verbrauchsgüter anbieten und große Marktbedeutung haben.

❏ *Untersuchungsfelder*
Informationsoffenheit, Umwelt, Gleichstellung von Frauen, Tierversuche, Gleichberechtigung ethnischer Minderheiten, Dritte-Welt, karitatives Engagement, Südafrika-Geschäfte. Hinweise: Tabak, Alkohol, Glücksspiele, Militärgeschäfte.

❏ *Methodik*
Bestimmung von Untersuchungsfeldern und Kriterien: Starke Anlehnung an die Kriterien-Auswahl des CEP; *Datenerhebung/Informationsquellen:* Unternehmensfragebogen, Jahresberichte, Auswertung von Wirtschaftsjournalen und Tageszeitungen, Datenbankabfragen; *Kommunikationsformen mit Unternehmen:* Unternehmensfragebogen und Dialoge, Gegenprüfung der erhobenen Informationen vor der Veröffentlichung durch die betroffenen Unternehmen; *Bewertungsmodell:* Vierstufige Skala.

❏ *Ergebnisverwertung*
Ergebnisdarstellung: Kurzprofile der Unternehmen und tabellarische Gegenüberstellung von Marken innerhalb von Warengruppen, bzw. Branchen; *Veröffentlichungen:* Buchveröffentlichungen „Changing Corporate Values" (1991), „Shopping for a Better World" (1991), „Global Consumer" (1991), „Britains Best Employers" (1993). Die Zeitschrift „New Consumer" wurde im Jahre 1993 nach 13 Ausgaben eingestellt.

❏ *Evaluation / Effekte*
Die Erstellung von Verbraucherinformation und der Vertrieb der Zeitschrift wurden nach eigener Aussage aufgrund mangelnder Nachfrage (Absatzzahlen der Bücher) und zu geringer Mitgliederzahlen eingestellt.

5.2 Kurzdarstellung ausgewählter Institutionen

		👥	♀	✊	🏭	🌳	🐄	🛢	🔫	🐰	Alert!
Sony	SON	✓	✗	✗✗	✓	✓	✓✓	✓	n	n	
Technics	MAT	✓✓	✗	✗	✗	✓	✓✓	✓	y	n	
Toshiba	TOS	✓	✗	✗	✓	✓	✓✓	✓	y	n	M
BABY PRODUCTS											
Ashton & Parsons	SKB	✗	?	?	✓	?	✓	?	Y	C	
Avon	AVN	✓	✗	✗✗	✓	✓	✓✓	?	n	n	
Baby Club	CAA	✗	?	?	?	✗	✓✓	✓	n	n	
Baby Fresh	SCT	✓	✗✗	✗✗	✗✗	✓	✓✓	?	n	n	
Baby Ribena	SKB	✗	?	?	✓	?	✓	?	Y	C	
Breakfast Timers	BOO	✗	?	?	✗	✗✗	✓	✗	Y	n	
Dinnefords	SKB	✗	?	?	✓	?	✓	?	Y	C	
Farex	BOO	✗	?	?	✗	✗✗	✓	✗	Y	n	
Farley's	BOO	✗	?	?	✗	✗✗	✓	✗	Y	n	
Heinz Baby Food	HEN	✓✓	✗	✗✗	✓	✓	✓✓	✓✓	n	n	
Huggies	KMB	✗✗	?	?	✗✗	✗	?	?	Y	n	
Infacare	PAG	✓✓	✓	✓✓	✗	✓	✗	✓	y	n	
Mamatoto	BOD	✓✓	✗	✗✗	✓✓	✓	✓✓	✓✓	n	n	
Milton	PAG	✓✓	✓	✓✓	✗	✓	✗	✓	y	n	
Napisan	PAG	✓✓	✓	✓✓	✗	✓	✗	✓	y	n	
Osterfeed	BOO	✗	?	?	✗	✗✗	✓	✗	Y	n	
Ostermilk	BOO	✗	?	?	✗	✗✗	✓	✗	Y	n	
Osterusks	BOO	✗	?	?	✗	✗✗	✓	✗	Y	n	
Robinsons	REC	✗	?	✗	✗✗	?	✗	?	Y	C	
Tea Timers	BOO	✗	?	?	✗	✗✗	✓	✗	Y	n	
Ultra Pampers	PAG	✓✓	✓	✓✓	✗	✓	✗	✓	y	n	
BAKING AIDS, CAKE MIXES AND FLOUR											
Atora	RHM	✗	?	?	✗	?	?	✗	n	C	
Be-Ro	RHM	✗	?	?	✗	?	?	✗	n	C	

Abb. 53: Beispielseite aus „Shopping for a Better World" (New Consumer); Quelle: New Consumer 1991, S.36

Hamburger Umwelt-Institut (HUI)

Anschrift:	Feldstr. 36
	20357 Hamburg
Tel.:	040/ 4392091
Fax:	040/ 4392085
Gründungsjahr:	1989
Organisationsform:	Unabhängiger, gemeinnütziger Verein
Finanzierung/Etat:	Unterstützung der 2. Top 50-Untersuchung (1994-1996) durch die W. Alton Jones Foundation (USA)
Personal:	ca. 30 wissenschaftliche und studentische Mitarbeiter verschiedener Fachrichtungen, z.T. auf ehrenamtlicher Basis

Beginn der systematischen Unternehmensbewertung im Jahr 1990.

❐ *Ziele / Zielgruppen*
Ziele: Lösungen für weltweit relevante Umweltprobleme mit umwelt- und sozialverträglichen Konzepten entwickeln und diese in Zusammenarbeit mit Einzelpersonen und diversen Institutionen umsetzen. Projektbeispiel: Top50-Untersuchung und Bewertung der Umweltperformance der 50 weltweit größten Chemie- und Pharmaunternehmen mit dem Ziel, ökologische Veränderungsprozesse in diesen Unternehmen anzuregen. *Zielgruppen:* Öffentlichkeit, Kunden, Investoren und auch (potentielle) Mitarbeiter der untersuchten Chemieunternehmen.

❐ *Gesellschaftliche Verankerung / Kooperationspartner*
Div. Institutionen (NGO´s, Universitäten, Einrichtungen der EU, des Bundes und der Länder sowie Unternehmen im In- und Ausland); Hauptkooperationspartner für das 2. Top50-Projekt: CEP/New York; Ecological Lifestyle Encouragement Center/Tokyo.

❐ *Untersuchungsobjekte / Marktauswahl*
Die 50 weltweit größten Chemie- und Pharmaunternehmen nach Umsatz.

❐ *Untersuchungsfelder*
Umweltbezogene Unternehmenspolitik und ihre Umsetzung in den strategischen Langzeitzielen; weltweite Einheitlichkeit von Produktions- und Umweltstandards; Umweltmanagement-Systeme; Entwicklung von umweltverträglichen Produkten; nachhaltige Prozeßoptimierung; Informationspolitik; Umgang mit Abfällen und Rücknahme von Produkten; Verhinderung von Störfällen; Sanierungsprogramme; externe Umweltaktivitäten.

❐ *Methodik*
Bestimmung von Untersuchungsfeldern und Kriterien: Fragebogen basiert auf dem Konzept „Das Intelligente Produkte System" und den dazugehörigen „25 Kriterien für umweltgerechte Produkte und deren Produktion" (vgl. z.B. Braungart 1995, S. 3-8). Darauf aufbauend wurden die Top50-Projekt-Bewertungskriterien als Resultat einer Diskussion mit Umweltgruppen, Wissenschaftlern und Industrieexperten festgelegt. *Datenerhebung/Informationsquellen:* Unternehmensfragebogen und direkte Kontakte; Auswertung von weiteren Primär- und Sekundärquellen. *Kommunikationsformen mit Unternehmen:* Fragebogen, Angebot der Diskussion der Ergebnisse mit den jeweiligen Unternehmen. *Bewertungsmodell:* Punktesystem mit maximal erreichbaren 500 Punkten.

□ *Ergebnisverwertung*
Ergebnisdarstellung: Tabellarische Liste der Unternehmen in der Rangordnung 1 bis 50 und Angabe von Bereichsurteilen in einer fünfstufigen Skala (sehr gut bis mangelhaft). Zusätzlich Angabe der Unternehmen, die Informationen verweigert haben. *Veröffentlichungs- und Distributionsform:* 1. Top50-Untersuchung: Veröffentlichung der zentralen Ergebnisse im „manager-magazin" 1/1994; 2. Top50-Untersuchung: dto., „manager magazin" 5/1996. Umfassender Projektbericht beim HUI erhältlich.

□ *Evaluation / Effekte*
Rangfolgeänderungen bei der 2. Untersuchung 1996 im Vergleich zur 1. Studie 1994 werden z.T. mit auf die eingeleiteten Diskussions- und Verhaltensänderungsprozesse zurückgeführt. Der Vergleich beider Studien ist nur beschränkt möglich, da der Fragebogen stark überarbeitet wurde.

Forschungsinstitut für ethisch-ökologische Geldanlagen (FIFEGA)

Anschrift:	Rockgasse 4/2
	A-1010 Wien
Tel.:	+43/ 1/ 5351815
Fax:	+43/ 1/ 5354669
Gründungsjahr:	1990
Organisationsform:	Unabhängiges Forschungsinstitut (e.V.)
Finanzierung/Etat:	Wesentlich aus Forschungsaufträgen, z.T. auch aus Mitgliedsbeiträgen
Personal:	1 Angestellter sowie freie Mitarbeiter je nach Projekt

Das FIFEGA arbeitet kontinuierlich seit 1990. Im Jahre 1991 wurde mit einer Kurzform der systematischen Unternehmensbewertung begonnen, 1992 - 94 Grundlagenforschung zur Vorbereitung der Öko-Rating-Serie des Öko-Invest-Börsendienstes betrieben. Geplant ist die Publikation von 48 Ratings in der Zeit von Mitte 1994 bis Mitte 1998.

- *Ziele / Zielgruppen*

Ziele: Forschungs-, Dokumentations- und Informationsarbeit für ethische und ökologische Geldanlagen; *Zielgruppen:* Investoren, Banken, Versicherungen.

- *Gesellschaftliche Verankerung / Kooperationspartner*

Vernetzung mit anderen Forschungseinrichtungen.

- *Untersuchungsobjekte / Marktauswahl*

Potentielle Anlageobjekte für ethisch-ökologisches Investment.

- *Untersuchungsfelder*

Umweltschutz, Menschenrechte, Soziales/Arbeitsbedingungen, Dritte Welt, Rüstungsproduktion, Atomkraft, Suchtmittel (Tabak, Alkohol), Glücksspiele, Tierversuche, „Sensible Gebiete" (z.B. Regenwälder, Bergbau in heiligen Stätten von Ureinwohnern u.a.m.).

- *Methodik*

Bestimmung von Untersuchungsfeldern und Kriterien: Standard-Set von Kriterien, die häufig von Investmentfonds ethisch-ökologischer Ausrichtung gebraucht werden, bzw. Zusatzkriterien je nach Auftraggeber oder Branche; *Datenerhebung/Informationsquellen:* Firmenfragebogen, spezifische Branchenfragebögen, Sekundärliteratur-Studien, Expertenaussagen, Nutzung von Online-Datenbanken, wie z.B. BLOOMBERG; *Bewertungsmodell:* Es erfolgt keine Bewertung, sondern nur eine Dokumentation.

- *Ergebnisverwertung*

Ergebnisdarstellung: Firmenportraits; *Veröffentlichungs- und Distributionsform:* fallweise Zusammenfassungen in der 14-tägig erscheinenden Zeitschrift „Öko-Invest", ansonsten stehen die Ergebnisse nur dem Auftraggeber, bzw. späteren Bestellern bestimmter Studien zur Verfügung.

- *Evaluation / Effekte*

Laufende Weiterentwicklung der „Standard"-Kriterien, Anregung wissenschaftlicher Arbeiten (bis dato Unterstützung von ca. 30 Diplomarbeiten und Dissertationen).

Centre Info

Anschrift: Rue de Romont 2
CH-1700-Fribourg
Tel.: 0041/ 26/ 3220614
Fax: 0041/ 26/ 3223962
Gründungsjahr: 1990
Organisationsform: Private Stiftung, Non-profit-Organisation
Finanzierung/Etat: Stiftungsgelder, Einnahmen aus Consulting und Publikationen
Personal: 1 Vollzeitkraft, 5 Teilzeitkräfte *(Stand Frühjahr 1996)*

Das Centre Info arbeitet seit 1991 kontinuierlich.

☐ *Ziele / Zielgruppen*
Ziele: Erstellung von ethisch-ökologisch-ökonomischen Analysen von Schweizer börsennotierten Unternehmen; *Zielgruppe:* Investoren (Fonds und institutionelle Anleger).

☐ *Gesellschaftliche Verankerung / Kooperationspartner*
Es liegen keine spezifischen Informationen vor.

☐ *Untersuchungsobjekte / Marktauswahl*
Schweizer börsennotierte Unternehmen.

☐ *Untersuchungsfelder*
Soziales (MitarbeiterInnen, Frauen, Minderheiten, Öffentlichkeit, Dritte Welt), Ökologie und Umweltschutz (Umweltpolitik, Betriebsökologie, Produktökologie, u.a.m.), ethisch kontroverse Themen (militärische Güter, Tierversuche und Tierhaltung, Parteienunterstützung, Bio- und Gentechnologie).

☐ *Methodik*
Bestimmung von Untersuchungsfeldern und Kriterien: Rückführung auf Charters und Documents (z.B. Agenda 21 und ICC-Konventionen); *Datenerhebung/Informationsquellen:* Auswertung von Primär- und Sekundärquellen, Interviews mit Unternehmens-Vertretern; *Bewertungsmodell:* keine Bewertung.

☐ *Ergebnisverwertung*
Ergebnisdarstellung: Focus (6-seitige Unternehmens-Studien); *Veröffentlichungs- und Distributionsform:* Vierteljährliche CI-News, Einzelstudien über Großunternehmen können bezogen werden.

☐ *Evaluation / Effekte*
Es liegen keine spezifischen Informationen vor.

Asahi Shimbun Cultural Foundation

Anschrift:	Mitsuko Shimomura, c/o Tokyo Kenbikyo-In 4-8-32
	Kudan-Minami Chiyoda-Ku, Tokyo 102, Japan
Tel.:	+81/ 3/ 52106670
Fax:	+81/ 3/ 521066799
Gründungsjahr:	1990
Organisationsform:	Gemeinnützige Organisation
Finanzierung/Etat:	Projektfinanzierung von 10 Mio. Yen/Jahr
Personal:	1 Vollzeitkraft, 4 Teilzeitkräfte, 3 ehrenamtliche
	Mitarbeiter *(Stand Frühjahr 1996)*

Die Asahi Shimbun Cultural Foundation veröffentlichte die erste systematisch-vergleichende Unternehmensbewertung im Februar 1991. Bisher konnte eine jährliche Aktualisierung des Einkaufsführers mit einer zunehmenden Anzahl bewerteter Unternehmen herausgegeben werden.

❏ *Ziele / Zielgruppen*
Ziel: Schaffung von öffentlichem Bewußtsein über die Wichtigkeit eines verantwortlichen Unternehmensverhaltens; *Zielgruppen:* Verbraucher, Unternehmen, Unternehmensleitungen und Arbeitnehmer.

❏ *Gesellschaftliche Verankerung / Kooperationspartner*
Wissenschaft, Verbände und Unternehmen in Commitee und Advisory Board.

❏ *Untersuchungsobjekte / Marktauswahl*
145 japanische Großunternehmen aller Branchen.

❏ *Untersuchungsfelder*
Well-beeing of employees, working conditions and fringe benefits, flexibility of corporate system, family benefits, opportunities for women, treatment of elderly, disabled and parttime workers, internalization (employment opportunities for those, who do not have a japanese citizenship), response to consumers` needs, community, disclosure, contributions to academic research and culture, environment.

❏ *Methodik*
Bestimmung von Untersuchungsfeldern und Kriterien: Subjektive Auswahl von in der gesellschaftlichen Diskussion befindlichen Themen; *Datenerhebung/Informationsquellen:* Unternehmensfragebogen; Unternehmens-Dialoge; *Bewertungsmodell:* Punktesystem.

❏ *Ergebnisverwertung*
Ergebnisdarstellung: Fünfstufiges System von Symbolen (entsprechend dem Schlüpfen und Flüggewerden von Vögeln): ein Ei, das auf das Brüten wartet – ein Ei, aus dem ein Vogel ausschlüpft – ein Küken – ein sitzender Vogel – ein fliegender Vogel (für die beste Bewertung); *Veröffentlichungs- und Distributionsform:* jährlich aktualisierter Einkaufsführer (aufgeteilt in A- und B-Kriterien, so daß eine komplette Aktualisierung alle zwei Jahre erfolgt).

❏ *Evaluation / Effekte*
Keine spezielle Evaluation, höhere Antwortraten der befragten Unternehmen und die Einrichtung von entsprechenden Abteilungen in Großunternehmen sind Erfolgsindizien.

5.2 Kurzdarstellung ausgewählter Institutionen 249

Abb. 54: Beispielseite aus dem Einkaufsführer der Asahi Shimbun Cultural Foundation;
Quelle: Asahi Shimbun Cultural Foundation 1995, S. 72

Institut für Markt-Umwelt-Gesellschaft e.V. (imug)

Anschrift:	Escherstr. 23
	30159 Hannover
Tel.:	0511/ 911 15-0
Fax:	0511/ 911 15-95
Gründungsjahr:	1992
Organisationsform:	Gemeinnütziger Verein
Finanzierung/Etat:	Grundfinanzierung durch die Theodor Lessing-Stiftung, Hannover; Projektfinanzierungen durch Projektträger
Personal:	5 feste Mitarbeiter, weitere projektbezogene Stellen

Das imug arbeitet seit 1992 kontinuierlich an der Konzeption und Durchführung systematischer Unternehmenstests.

❏ *Ziele / Zielgruppen*
Ziele: Wissenschaftliche Begründung des vergleichenden Unternehmenstests, Untersuchung des sozial-ökologischen Verhaltens von Unternehmen, die Konsumgüter am deutschen Markt anbieten und Publikation der Daten als Verbraucherinformation; *Zielgruppe:* Verbraucher.

❏ *Gesellschaftliche Verankerung / Kooperationspartner*
Träger des Unternehmenstests sind neben dem imug acht deutsche Verbraucherorganisationen. Im Projektbeirat sind 25 Institutionen und Personen als Vertreter gesellschaftlicher Gruppen, wie Wissenschaft, Unternehmen, Behörden, Verbände und NGOs.

❏ *Untersuchungsobjekte / Marktauswahl*
Im ersten Unternehmenstest (1993/94): 250 Unternehmen der Nahrungs- und Genußmittelbranche; im zweiten Test: ca. 100 Unternehmen der Körperpflege-, Wasch- und Reinigungsmittelindustrie, die Produkte am deutschen Markt anbieten.

❏ *Untersuchungsfelder*
Informationsoffenheit, Verbraucherinteressen, Arbeitnehmerinteressen, Frauenförderung, Behinderteninteressen, Umweltengagement, Spenden-Stiftungen-Sponsoring, Engagement in den Neuen Bundesländern (nur im Test 1995), ausländerfreundliche Aktivitäten, Gentechnologie, Tierschutz, Dritte-Welt-Interessen.

❏ *Methodik*
Bestimmung von Untersuchungsfeldern und Kriterien: Empirische Forschung zum Informationsbedarf der Verbraucher, Diskussionen im Kreise der im Beirat vertretenen gesellschaftlichen Gruppen und der Projektträger, Dialoge mit den betreffenden Unternehmen und Unternehmensverbänden; *Datenerhebung / Informationsquellen:* Unternehmensfragebogen, direkte Dialoge mit Unternehmen und umfassende Sekundärforschung. *Bewertungsmodell:* Vierstufiges Bewertungsmodell, das auf gewichteten Bewertungen entsprechend der „Nutzwertanalyse" beruht.

❏ *Ergebnisverwertung*
Ergebnisdarstellung: Im „Unternehmenstester" sowohl Unternehmensprofile als auch tabellarische Gegenüberstellung der gesamten Bewertungsergebnisse. Im Faltblatt für Verbraucher auch tabellarische Gegenüberstellung von Marken innerhalb von 16 Warengruppen; *Veröffentlichungs- und Distributionsform:* Buch „Der Unternehmenstester" (1995) und von Verbraucherorganisationen herausgegebene Faltblätter. Die Untersuchungsergebnisse sind seit Beginn 1997 auch über das Internet abrufbar.

5.2 Kurzdarstellung ausgewählter Institutionen

❏ *Evaluation / Effekte*

Das positive Echo in den Massenmedien, ein hoher Buchabsatz und die wachsende Bereitschaft von Unternehmen, am Unternehmenstest mitzuwirken, werden als Erfolgsindizien gewertet (siehe dazu auch S. 215ff). Vereinzelte Berichte aus Unternehmen über eingeleitete Veränderungsprozesse sind ebenfalls als positive Signale zu sehen.

Harry-Brot GmbH

Anschrift:	Kiebitzweg 15–19
	22869 Schenefeld
Telefon:	040/83 03 50
Umsatz 1993:	333 Millionen DM
Mitarbeiter 1993:	2463
Muttergesellschaft:	–
Tochtergesellschaften:	–
Produktgruppe & Marke:	Brot: Harry

Die Bewertung des Unternehmensverhaltens:

Die Familie Harry backt seit 1688 Brot, mittlerweile in fünf Großbäckereien an Standorten in der gesamten Bundesrepublik. «Frisch wie Harry» heißt die einfache, aber erfolgreiche Devise der Hamburger, in deren Brote nur Mehl, Wasser, Salz, Hefe oder Natursauerteig kommen. Immerhin konnten die Harry-Bäcker mit diesem Rezept ihren Umsatz in den letzten fünf Jahren verdoppeln, heute gehört das Unternehmen zu den wenigen wirklich großen industriellen Bäckereien des Landes. Den Unternehmenstester hat Harry-Brot durch Informationsoffenheit und prophetische Fähigkeiten verblüfft: Die Einschätzung des Unternehmens, daß sich kein anderer der bekannten Markenbrothersteller an den Unternehmensbefragungen beteiligen würde, traf zu.

Was uns aufgefallen ist:

📞 INFORMATIONSOFFENHEIT

Das Unternehmen hat sich an den imug-Unternehmensbefragungen 1993 und 1994 vorbehaltlos beteiligt. Auf Bitten um Stellungnahmen zu kontroversen Themen wie zur Lebensmittelbestrahlung oder zum Einsatz der Gentechnologie reagiert Harry mit der Formulierung seiner eigenen Position. Diese beinhaltet in beiden Fällen ein

Abb. 55: Beispielseite aus „Der Unternehmenstester"; Quelle: imug u.a. 1995, S.161

Eco-Rating International Corporation (ERI)

Anschrift:	Ackersteinstr. 45,
	CH-8049 Zürich
Tel.:	+41/ 1/ 3421039
Fax:	+41/ 1/ 3421639
Gründungsjahr:	1992
Organisationsform:	Aktiengesellschaft
Finanzierung/Etat:	Finanzierung durch Unternehmen als Auftraggeber, z.T. auch externe Auftraggeber (z.B. Investoren)
Personal:	1-3 Fachkräfte in den wichtigsten Niederlassungen (Zürich, London, Los Angeles und Vancouver); Einbeziehung von Unterauftragnehmern nach Bedarf (z.B. Fachspezialisten)

Beginn der systematischen Unternehmensbewertung seit 1992 kontinuierlich.

❑ *Ziele / Zielgruppen*

Ziele: Durchführung von Öko-Ratings in Hinblick auf Unternehmen, Produkte oder Produktionsverfahren, Idee: Aufbau eines „grünen" „Standard & Poors" oder „Moody's"; *Zielgruppen:* In erster Linie umweltbewußte Investoren und kapitalsuchende Firmen.

❑ *Gesellschaftliche Verankerung / Kooperationspartner*

Projektspezifische Zusammenarbeit mit zielverwandten Organisationen/Firmen; Mitglied relevanter Fachgremien.

❑ *Untersuchungsobjekte / Marktauswahl*

Unternehmen, Produkte.

❑ *Untersuchungsfelder*

Umwelteinflüsse im engeren Sinne (Emissionen, Ressourcenverbrauch, Risiken), Logistik (Transportmethoden für Personal und Material), Infrastruktur (Gebäude, Maschinen), Umweltprofil der Produkte und Dienstleistungen, „legal compliance" (Einhaltung von Gesetzen und internen Richtlinien), ökologische Ausrichtung von Forschung und Entwicklung, Management-Qualität (Qualifikation, Führungsinstrumente, Leitbild), „soft issues" (Verhältnis zu Standortgemeinden, Umweltverantwortung).

❑ *Methodik*

Bestimmung von Untersuchungsfeldern und Kriterien: Lebenszyklus-Ansatz (LCA), semiquantitative-qualitative Bewertung (Benchmarks: BTA & Sustainability); *Datenerhebung/Informationsquellen:* Primär- und Sekundärrecherche; *Kommunikationsformen mit Unternehmen:* s.o.; *Bewertungsmodell:* Bewertungsskala von +5 bis -5.

❑ *Ergebnisverwertung*

Ergebnisdarstellung: Rating-Note und Rating-Bericht (inkl. Summary); *Veröffentlichungs- und Distributionsform:* in Absprache mit dem Auftraggeber (Bei Kapitalbeschaffung im Rahmen einer Publikumsplazierung ist Veröffentlichung unumgänglich.)

❑ *Evaluation / Effekte*

Qualitätssicherung von Rating-Wertungen mittels Review durch Dritte, Re-Rating in regelmäßigen Abständen; Rating-Bericht gibt Hinweise für Verbesserungen.

Ethibel

Anschrift:	Vooruitgangstraat 333 bus 7
	B-1210 Brussels
Tel.:	+32/ 2/ 2010444
Fax:	+32/ 2/ 2010400
Gründungsjahr:	1991
Organisationsform:	Gemeinnützige Organisation
Finanzierung/Etat:	Auftragsforschung
Personal:	2 Vollzeitkräfte und 1/2 ehrenamtliche Stelle
	(Stand Frühjahr 1996)

Ethibel arbeitet seit Gründung kontinuierlich. Eine systematisch-vergleichende Unternehmensbewertung wird nicht durchgeführt.

❐ *Ziele / Zielgruppen*

Ziele: Untersuchung von Unternehmen auf die Wahrnehmung ihrer sozialen Verantwortung, mit besonderer Berücksichtigung der Unterstützung belgischer Ethik-Fonds; *Zielgruppe:* Investoren.

❐ *Gesellschaftliche Verankerung / Kooperationspartner*

Die Anregung zur Gründung ging sowohl von interessierten Banken und Stock-Brokers aus, als auch von NGOs, die an der Schaffung von ethischen Finanzprodukten Interesse hatten. Kooperation mit dem holländischen ABF („Het Andere Beleggingsfonds"), Kooperation mit kirchlichen Gruppen.

❐ *Untersuchungsobjekte / Marktauswahl*

Entsprechend den Kundenwünschen.

❐ *Untersuchungsfelder*

Umweltkriterien, soziale Kriterien, positive und negative Kriterien, Konkretisierung entsprechend den Kundeninteressen.

❐ *Methodik*

Über die *Methode der Bestimmung von Untersuchungsfeldern und Kriterien* liegen keine spezifischen Informationen vor. *Datenerhebung/Informationsquellen:* Unternehmensfragebogen und diverse Sekundärquellen; *Kommunikationsformen mit Unternehmen:* Dialogische Kommunikation mit den belgischen Niederlassungen der Unternehmen; *Bewertungsmodell:* keine Bewertung.

❐ *Ergebnisverwertung*

Ergebnisdarstellung: Label für Finanzprodukte; *Veröffentlichungs- und Distributionsform:* „Bulletin d´Information", Technische Reports werden nur mit Einverständnis der Unternehmung publiziert, „surveys" sind öffentlich.

❐ *Evaluation / Effekte*

Zusagen und Kooperation von vielen Unternehmen werden als Erfolgsindikatoren gedeutet.

Kritisch Consumeren

Anschrift:	Alternatieve Konsumenten Bond (AKB), Postbus 61236
	NL-1005 HE Amsterdam
Tel.:	+31/ 20/ 6863338
Fax:	+31/ 20/ 6867361
Gründungsjahr:	?
Organisationsform:	Gemeinnütziger Verein
Finanzierung/Etat:	Mitgliedsbeiträge, Zeitschrift-Abonnenten
Personal:	?

Seit Ende 1993 führt der Alternatieve Konsumenten Bond auch kontinuierlich systematische Unternehmensbewertungen durch.

❑ *Ziele / Zielgruppen*
Ziele: Erstellung alternativer Verbraucherinformation für Konsumenten, die auch daran interessiert sind zu erfahren, wie Produkte produziert werden und inwiefern Menschen und Umwelt dadurch beeinflußt werden; *Zielgruppe:* Verbraucher.

❑ *Gesellschaftliche Verankerung / Kooperationspartner*
Holländische NGO`s.

❑ *Untersuchungsobjekte / Marktauswahl*
Anbieter von Verbrauchsgütern am niederländischen Markt.

❑ *Untersuchungsfelder*
Informationsoffenheit, Umwelt, Tierversuche, Gentechnologie, Fairer Handel.

❑ *Methodik*
Über die *Methode der Bestimmung von Untersuchungsfeldern und Kriterien:* liegen keine spezifischen Informationen vor. *Datenerhebung/Informationsquellen:* Unternehmensfragebogen, Jahresberichte, Nachschlagewerke; *Bewertungsmodell:* 5-stufige Skala, ++ sehr gut, + gut, +- mittel, - mäßig, -- schlecht.

❑ *Ergebnisverwertung*
Ergebnisdarstellung: Dossiers mit Betriebsprofilen und tabellarischen Vergleichen; *Veröffentlichungs- und Distributionsform:* je ein Dossier zu einer speziellen Warengruppe in der Zeitschrift „Kritisch Consumeren".

❑ *Evaluation / Effekte*
Es liegen keine spezifischen Informationen vor.

Gesellschaft für ökologische Kommunikation (ökom)

Anschrift:	Waltherstr. 29, 80337 München
Tel.:	089/ 5441840
Fax:	089/ 54418499
Gründungsjahr:	1990
Organisationsform:	GmbH
Finanzierung/Etat:	Beratung ökologisch orientierter Investoren, Verkauf von Verlagsprodukten, Beratung von Kommunen und Unternehmen, Erstellung von Medien
Personal:	15 Mitarbeiter

Die Gesellschaft für ökologische Kommunikation führt seit Juni 1994 kontinuierlich Öko-Ratings durch.

❐ *Ziele / Zielgruppen*

Ziele: Transfer von ökologischen Informationen, ökologische Bewertung von Unternehmen insbesondere von börsennotierten Aktiengesellschaften weltweit; *Zielgruppe:* Investoren, insbesondere institutionelle Anleger.

❐ *Gesellschaftliche Verankerung / Kooperationspartner*

Keine Bindung an dauerhafte Kooperationspartner.

❐ *Untersuchungsobjekte / Marktauswahl*

Potentielle Anlageobjekte für ökologisch orientierte Investoren.

❐ *Untersuchungsfelder*

Organisation, Produktentwicklung, Beschaffung - Herstellung - Absatz.

❐ *Methodik*

Bestimmung von Untersuchungsfeldern und Kriterien: Interne Setzungen, permanente Überprüfung der Kriterien und Anpassung der Fragen an branchenspezifische Probleme; *Datenerhebung/Informationsquellen:* Unternehmensfragebogen, Geschäftsberichte, Sekundärliteratur, Befragung von Unternehmens-Mitarbeitern, Befragung von externen Experten; *Bewertungsmodell:* Punktesystem mit maximal 100 Punkten pro Untersuchungsbereich (insgesamt 300 Punkte), Gesamtbewertung auf einer Skala von +5 bis -5.

❐ *Ergebnisverwertung*

Ergebnisdarstellung: Gesamtnote; *Veröffentlichungs- und Distributionsform:* monatliche Veröffentlichung eines Öko-Ratings in der Zeitschrift Öko-Invest, außerdem in „Börse Online", Wirtschaftswoche (Österreich), East-West Exchange (Österreich).

❐ *Evaluation / Effekte*

Die Öko-Ratings dienen als Entscheidungshilfe für Investitionsentscheidungen. Fallweise wurden Aktien aufgrund eines schlechten Ratings aus Fondsportfolios herausgenommen. Darüber hinaus dient das Rating den bewerteten Unternehmen teilweise zur Überprüfung der eigenen Umweltschutzanstrengungen.

Centro Nuovo di Sviluppo

Anschrift:	Via della Barra, 32,
	I-56019 Vecciano (PI)
Tel.:	+39/ 50/ 826354
Fax:	+39/ 50/ 827165
Gründungsjahr:	1985
Organisationsform:	Unabhängiges Forschungsinstitut
Finanzierung/Etat:	Spenden und Projektgelder
Personal:	?

Beginn der Recherche für den ersten Einkaufsführer 1994, Veröffentlichung 1996.

❏ *Ziele / Zielgruppen*
Ziele: Ursprünglich als entwicklungspolitisches Informationszentrum gegründet, wurde das inhaltliche Spektrum seit 1990 auf allgemeine nationale und internationale gesellschaftspolitische Fragestellungen ausgedehnt; *Zielgruppe:* Verbraucher.

❏ *Gesellschaftliche Verankerung / Kooperationspartner*
Italienische NGOs, insbesondere aus dem entwicklungspolitischen Bereich, internationale Vernetzung wird angestrebt.

❏ *Untersuchungsobjekte / Marktauswahl*
Ca. 200 Unternehmen, davon ca. 100 nationale und internationale Gruppen, ca. 100 unabhängige italienische Firmen.

❏ *Untersuchungsfelder*
Machtkonzentration, Transparenz, Dritte Welt, Umwelt, Waffen und Militär, Verkaufspraktiken, Gewerkschaftsrechte und Beschäftigungssicherheit, Geschäfte mit Regimen, die Menschenrechte verletzen, Wirtschaftsbetrug und Bestechung, Tiere, Werbung und Produktkennzeichnung, Steuerflucht und laufende Boykotte.

❏ *Methodik*
Über die *Methode der Bestimmung von Untersuchungsfeldern und Kriterien* liegen keine spezifischen Informationen vor. *Datenerhebung/Informationsquellen:* wesentlich Auswertung von (unternehmenskritischen) Sekundärquellen; *Kommunikationsformen mit Unternehmen:* Unternehmensbefragungen; *Bewertungsmodell:* Die Bewertungen werden durch sechs Symbole repräsentiert: starke Kritik, geringfügige Kritik, indirekte Kritik (wegen der Aktivitäten einer verbundenen Unternehmung), neutrale Bewertung, positive Bewertung und ein Hinweis darauf, falls das Unternehmen zu den 1.000 größten multinationalen Unternehmen der Welt gehört.

❏ *Ergebnisverwertung*
Ergebnisdarstellung: Zusammenstellung der Bewertungsergebnisse tabellarisch nach Produktgruppen und alphabetisch nach Unternehmensnamen (Unternehmensprofile) sortiert; *Veröffentlichungs- und Distributionsform:* Einkaufsführer „Guida al consumo critico" (1996).

❏ *Evaluation / Effekte*
Bisher liegen keine spezifischen Informationen vor.

5.2 Kurzdarstellung ausgewählter Institutionen

MARCHIO / ARANCIATE, COLE E SIMILI	Trasparenza	Abuso di potere	Terzo Mondo	Ambiente	Armi et cetera	Vendite irresponsabili	Sicurezza e diritti lavoratori	Regimi oppressivi	Animali	Tangenti e corruzione	Etichette e pubblicità	Paradisi fiscali	Boicotaggio	IMPRESA
Acqua Brillante Recoaro	▶	●	●		▶	●	▶	●	?	●	●		●	NESTLÉ
Belté	▶	●	●		▶	●	▶	●	?	●	●		●	NESTLÉ
Ben's	▶	?	?	?			?	▶	?					SAN BENEDETTO
Beverly	▶	▶	●	▶		▶	●	●	▶	▶		▶	●	COCA COLA
Bitter BS	▶		?							●				CONSERVE ITALIA
Chinò	▶	●	●		▶	●	▶	●	?	●	●		●	NESTLÉ
Coca Cola	▶	▶	●	▶	▶	▶	●	●	▶	▶		▶	●	COCA COLA
Coke light	▶	▶	●	▶	▶	▶	●	●	▶	▶		▶	●	COCA COLA
Crodino	?	?	?	?		▶	▶	▶	?		▶			CAMPARI
Diet Coke	▶	▶	●	▶	▶	▶	●	●	▶	▶		▶	●	COCA COLA
Disseté	▶	?	?	?			?	▶	?					SAN BENEDETTO
Doré	▶	●	●		▶	●	▶	●	?	●	●		●	NESTLÉ
Estathè	▶	?	●	?		▶	●	●	?		●	●		FERRERO
Fanta	▶	▶	●	▶	▶	▶	●	●	▶	▶		▶	●	COCA COLA
Gingerino Recoaro	▶	●	●		▶	●	▶	●	?	●	●		●	NESTLÉ
Ice Tea Lipton	●	●	●	●		▶	●	●		●	●	●		UNILEVER
Lemonsoda	?	?	?	?		▶	▶	▶	?		▶			CAMPARI
Mirage	▶	●	●		▶	●	▶	●	?	●	●		●	NESTLÉ
Misura	▶	▶								▶	▶	▶		HEINZ
Nestea	▶	●	●		▶	●	▶	●	?	●	●		●	NESTLÉ
Oasis	▶	?	?	?			?	▶	?					SAN BENEDETTO
One-O-One	▶	●	●		▶	●	▶	●	?	●	●		●	NESTLÉ
Oransoda	?	?	?	?		▶	▶	▶	?		▶			CAMPARI
Parmalat	▶	●	●		▶			●				●		PARMALAT
Pepsi Cola	▶	●	●	▶		?	●	●	?	●			●	PEPSI COLA
San Pellegrino	▶	●	●		▶	●	▶	●	?	●	●		●	NESTLÉ
Sanbitter	▶	●	●		▶	●	▶	●	?	●	●		●	NESTLÉ
Schweppes	?		▶	▶		▶	●		▶		●			CADBURY
Seven Up	?		▶	▶		▶	●		▶		●			CADBURY
Sprite	▶	▶	●	▶	▶	▶	●	●	▶	▶		▶	●	COCA COLA
Star Tea	+	▶	?			▶	●		?	▶	●	▶		DANONE
Tea Food	▶	●	●		▶						●			PARMALAT
The Ati	▶	?	●	●	?		●	?						DEL MONTE (ROYAL)
Thè San Benedetto	▶	?	?	?			?	▶	?					SAN BENEDETTO
Toka	?	?	?	?		▶	▶	▶	?		▶			CAMPARI

Abb. 56: Beispielseite aus „Guida al consumo critico";
Quelle: Centro Nuovo Modello di Sviluppo 1996, S.46

6. Die Rechtslage

Der Unternehmenstest im Lichte der Rechtsordnung

6.1 Determinanten einer kritischen Unternehmensberichterstattung

Das Verhältnis von Unternehmen und Öffentlichkeit ist – bei genauerer Betrachtung – recht zwiespältiger Natur. Einerseits erbringen Unternehmen ihr Angebot von Gütern und Dienstleistungen gegenüber dem meist anonymen Auditorium des Marktes. Dieser ist nachgerade die spezifische Erscheinungsform einer zum Zwecke des Leistungsaustauschs verfaßten Öffentlichkeit. Andererseits hüten zahlreiche Akteure sorgfältig ihr „forum internum" der Entscheidungsfindung, indem sie es dem Einblick Dritter verschließen.

Was den ersten Aspekt betrifft, so hat mit dem historisch bedingten Wandel von der „Knappheit des Angebots" zum „Überfluß" und damit von den „Verkäufer-" zu den „Käufermärkten" die am Absatzinteresse orientierte Kommunikationspolitik der Anbieter im Rahmen des „Marketing-Mix" zunehmend an Bedeutung gewonnen. Insbesondere bei Gütern mit hohem Geltungsnutzen übersteigen die Aufwendungen für Entwicklung und Durchführung begleitender Werbemaßnahmen mitunter die Kosten der Produktentwicklung. Dabei kommt bezüglich der Glaubwürdigkeit und Akzeptanz der vermittelten Werbebotschaften der wirtschaftlichen, sozialen und gesellschaftlichen Reputation des Werbetreibenden eine entscheidende Funktion zu. So nimmt es nicht wunder, daß Unternehmen aufwendig an der *Verbesserung ihres Bildes in der Öffentlichkeit* arbeiten. Die überkommenen Instrumentarien der „Public Relations" haben dabei – vor allem hinsichtlich der umweltbezogenen Dimensionen unternehmerischer Entfaltung – durch die Veröffentlichung von „Öko-Bilanzen", „Öko-Auditing" sowie „Umwelt- und Sozialsponsoring" innovative Modifikationen erfahren.

Dem hier zutage tretenden Drang zur öffentlichen Selbstdarstellung widerspricht auf den ersten Blick das vor allem bei deutschen Unternehmen mitunter kurios anmutende Bemühen, produkt- und unternehmensbezogene Informationen mit dem Mantel der „Vertraulichkeit" zu umgeben und damit dem öffentlichen Diskurs zu entziehen. Allerdings erweist sich die – insbesondere bei der Diskussion über die EG-Bilanzrichtlinie – ins Felde geführte Befürchtung, durch die Offenlegung allgemeiner Unternehmensdaten würden vor allem kleinere und mittlere Unternehmen in ihrer Wettbewerbsstellung geschwächt, als kaum ernstzunehmende Chimäre. Ein Blick über die deutschen Grenzen hinweg, vorwiegend in Richtung unserer anglo-amerikanischen Nachbarn, zeigt dies in luzider Deutlichkeit. Es ist denn auch eher die *mangelnde Erfahrung im Umgang mit der kritischen Öffentlichkeit*, welches das fast pathologische Festklammern am unternehmerischen Geheimnisschutz bewirkt. Hinzu kommt ein gesellschaftliches Phänomen, das die Bundesrepublik noch immer, wenn auch mit abnehmender Tendenz, zumindest teilweise von anderen Marktgesellschaften trennt: So wird in der öffentlichen Diskussion allgemein berührender Vorgänge durchgängig zwischen den Sphären des „Politischen" und des „Wirtschaftlichen" unterschieden (Friauf, Höfling 1990, S. 251). Während die kritische Hinterfragung politischer Strukturen und Vorgänge inzwischen zum methodischen Kanon veröffentlichter Meinung gehört, gilt dies für den Bereich der

Selbstdarstellung versus Geheimnisschutz

Wirtschaft nur unter Einschränkungen. Die Ursachen jenes „Schismas" sind gleich doppelter Natur: Einerseits scheint – zumindest bei vordergründiger Betrachtung – das Interesse des Publikums an kritischer Wirtschafts- und Unternehmensberichterstattung eher eingeschränkt zu sein. So sind denn die Wirtschaftsseiten der Tages- und Wochenpresse eher auf die „Bedürfnisse der Insider" als auf den Durchschnitt der „Marktbürger" ausgerichtet. Dies betrifft sowohl die Themenwahl als die Art und Weise der inhaltlichen Aufbereitung. Andererseits spiegelt sich diese Sichtweise in gewissem Umfang in der soziologischen sowie rechtlichen Bewertung wider. Während einer kritischen Durchleuchtung des politischen Geschehens kaum gesellschaftliche und normative Vorbehalte entgegenstehen, scheint es, als erwachse der kommunikativen Aufbereitung des Unternehmensverhaltens durch außenstehende Meinungsmittler im Lichte des institutionellen Bestandsschutzes der Anbieter und ihres durch die Öffentlichkeitsarbeit selbst erzeugten Bildes (Image) eine quasi „natürliche" Grenze.

Den hier sichtbar werdenden Restriktionen trägt das dogmatische Konzept des deutschen „Äußerungsdeliktsrechts", wie es sich in der Interpretation der deliktsrechtlichen Generalklauseln des Bürgerlichen Gesetzbuchs (§§ 823 ff BGB) spiegelt, auf den ersten Blick in erstaunlichem Umfange Rechnung. Das „Recht am eingerichteten und ausgeübten Gewerbebetrieb" – oder kürzer das „Recht am Unternehmen" (RaU) – sowie das „allgemeine Persönlichkeitsrecht" des Unternehmensträgers erweisen sich – allen dogmatischen Besonderheiten eines „Rahmenrechtes" zum Trotz – immer wieder als nur schwer überwindliche Hürde einer kritischen Unternehmensberichterstattung. Dabei ist nicht leicht auszumachen, ob und inwiefern tatsächliche oder lediglich vermutete rechtliche Schranken einen freien Meinungsaustausch beeinträchtigen. Im Ergebnis gerinnt letztlich die *Unbestimmtheit des normativen Kontrollmaßstabs* selbst sowie die daraus folgende *Unsicherheit der Beteiligten* zur entscheidenden Hemmschwelle des Kommunikationsprozesses.

Objektive oder subjektive Hürden der Unternehmensberichterstattung?

Eine der zentralen Ursachen dieser zunächst allenfalls schemenhaft verzeichneten „Störungen" kritischer Unternehmensberichterstattung gründet dabei in der Genese des deutschen „Äußerungsdeliktsrechts". Dies betrifft weniger die Sichtweise des Gesetzgebers als die Ausdifferenzierung und Ausgestaltung dieses Rechtsgebiets seitens der Rechtssprechung – zunächst des Reichsgerichts (RG), später des Bundesgerichtshofs (BGH). Zwar gehört das Wissen um die verfassungsrechtliche Verankerung äußerungsrechtlicher Regelungen im Wirkungskreis der Kommunikationsgrundrechte des Art. 5 Grundgesetz (GG) inzwischen zum juristischen Allgemeingut, doch liegt hier auch der Kern für die dogmatische Trennung von politischer und wirtschaftlicher, d.h. insbesondere unternehmens- und produktbezogener Berichterstattung. Im Lichte ihrer bürgerlich-emanzipatorischen Entstehungsgeschichte erweisen sich die Grundrechte – und das gilt für die Äußerungsfreiheit in besonderem Maße – vor allem als Abwehrrechte des Individuums gegen die Omnipotenz und Omnipräsenz des Staates (Hesse 1995, S.134). Es bedurfte erst des Wechsels von einem formalen zu einem materialen Verständnis der Freiheitsnormen, um dem Postulat der Grundrechte (Hesse 1995, S. 139) auch im Bereich privater Entfaltung in sachadäquater Weise Geltung zu verschaffen. Ob dieser Prozeß bereits abgeschlossen, ob er gar gelungen ist, soll am Ende der – notwendig unvollständigen und kursorischen – Analyse einer wertenden Betrachtung unterzogen werden. Gleichzeitig gilt es, einen ersten sich andeutenden Pfad bei der Entwicklung eines in sich konsistenten „Rechts der Marktkommunikation" vorsichtig zu begehen.

Wer ein Ziel anstrebt, tut gut daran, sich bereits anfänglich des einzuschlagenden Wegs zu vergewissern. Dabei wäre es leichtfertig, angesichts der Bedeutung des Äußerungsdeliktsrechts den Blick ausschließlich auf die normativen Gesichtspunkte des Untersuchungsfelds zu lenken und den rechtstatsächlichen Aspekt des Problembereichs völlig außer acht zu lassen. So ist es kaum möglich, bei der Analyse äußerungsrechtlicher Vorschriften informations- und kommunikationstheoretische Erkenntnisse völlig auszublenden (Keßler 1994, S. 241). Mit anderen Worten: Ist es darum zu tun, die Reichweite des deliktsrechtlichen Unternehmensschutzes gegenüber öffentlicher Kritik de lege lata und de lege ferenda zu bestimmen, so erweist es sich als vorrangig zu prüfen, ob und in welchem Umfange der Wirkungsbereich des geschützten Unternehmensträgers sich seinerseits durch gezielte Kommunikationsmaßnahmen des Marketing definiert. Soweit dies der Fall ist und sich der Unternehmensträger selbst in den Kommunikationsprozeß einbringt, lassen sich feste Grenzen des Schutzbereichs kaum mehr definieren. Das „Bild" und damit das Ansehen des Unternehmens in der Öffentlichkeit ist nachgerade das Ergebnis eines im ständigen Wandel befindlichen Meinungsaustauschs und darf seitens der Rechtsordnung nicht präjudiziert werden.

Notwendigkeit einer umfassenden Betrachtung

In einem ersten Teil der Untersuchung sollen folglich die *tatsächlichen Grundlagen* für die sich anschließenden rechtlichen Erörterungen gelegt werden. Der zweite Blick gilt – wenn auch recht knapp – der *Genese des Äußerungsdeliktsrechts*, während im Anschluß das gegenwärtige *dogmatische Konzept der Rechtsprechung* einer genaueren Betrachtung unterzogen wird. Einen Schwerpunkt bildet dabei – angesichts der Sachnähe kaum verwunderlich – die Rechtsprechung zu den Zulässigkeitsgrenzen des „vergleichenden Warentests". Dabei gilt es vor allem, den Blick für die dogmatischen Schwankungen und Friktionen zu schärfen, welche den Entwicklungs- und Ausdifferenzierungsprozeß des Normbestandes im historischen Ablauf geprägt haben. Dies betrifft auch die kaum schlüssige Konzeption in der Abgrenzung von Unternehmens- und Persönlichkeitsschutz bei juristischen Personen. Den Abschluß bildet der Blick auf ein *mögliches dogmatisches Konzept* im Bereich der Wirtschaftskommunikation.

6.2 Informations- und wettbewerbstheoretische Aspekte

6.2.1 Wettbewerbsrecht und Äußerungsdeliktsrecht

Betrachtet man den rechtlichen Status von Unternehmen im Rahmen des komplexen Erscheinungsgeflechts der Marktkommunikation, so richtet sich der Blick notwendig auf die Gesamtheit des Marktgeschehens. Die noch allzu häufig anzutreffende – wenn auch nur selten explizit postulierte – Trennung des Äußerungsdeliktsrechts von den normativen Vorgaben der deutschen und europäischen Wettbewerbsordnung führt weniger zu einer – mitunter hilfreichen – Reduktion von Komplexität als zu einem problematischen Verlust an Wirklichkeitsbindung.

So beruhen kompetitive Prozesse in ihrem Kern durchweg auf dem Austausch von Informationen – also auf Kommunikation (Keßler 1987, S. 75). Dem trägt die Rechtsordnung in vielfältiger Weise durch die Ausbildung wettbewerblicher Rahmen- und Verhaltensregelungen Rechnung. Dies betrifft zunächst die konstituierenden Bestimmungen des *deutschen und europäischen Wettbewerbsrechts*. Folgerichtig untersagen diese im Geltungsbereich des Kartellverbots (§§ 1, 25 Abs. 1 GWB; Art. 85 EGV) die kommunikative Verhaltensabstimmung unternehmerischer Anbieter und Nachfrager im Wege einer action concerté (concerted action) und damit die Bildung von Informationsmonopolen zu Lasten der Marktgegenseite, insbesondere der Verbraucher (hierzu ausdrücklich: EuGH WRP 1995, S. 677 „Mars"). Allerdings betrifft dies mehr die Rahmenbedingungen eines gleichgewichtigen Informationsaustauschs.

Die eigentliche Normierung marktbezogener Informationsprozesse obliegt demgegenüber den *Bestimmungen des Lauterkeitsrechts*, das sich – von Ausnahmen abgesehen – noch immer als Domäne der nationalen Rechtsordnungen erweist. So verbietet § 3 des Gesetzes gegen unlauteren Wettbewerbs (UWG) irreführende Angaben (misleading informations) hinsichtlich des Güter- und Dienstleistungsangebots. Darüber hinaus werden sonstige Formen unlauterer Marktkommunikation – beispielsweise Telefon- und Telefaxwerbung sowie, nach der fragwürdigen Rechtsprechung des BGH, die vergleichende Werbung – dem Verdikt der „großen" Generalklausel des § 1 UWG unterworfen. Die Verbreitung unwahrer Tatsachenbehauptungen über Wettbewerber hat in der **Lauterkeitsgebot für Wettbewerber** Bestimmung des § 14 UWG ihren speziellen Niederschlag gefunden. Im Gegensatz zu den Bestimmungen des Kartellrechts zielen die Regelungen des Lauterkeitsrechts somit unmittelbar auf die inhaltliche Ausgestaltung marktbezogener Kommunikationsprozesse. Dies betrifft im Falle der „vergleichenden Werbung" sowie des § 14 UWG ausdrücklich auch die *Verbreitung produkt- oder unternehmensbezogener Informationen durch Dritte*. Allerdings finden die Bestimmungen des hier angesprochenen „Sonderprivatrechts" des Wettbewerbs nur dort Anwendung, wo das Handeln der Akteure „im geschäftlichen Verkehr zu Zwecken des Wettbewerbs" erfolgt. Dies setzt nach dem überkommenen dogmatischen Konzept der Rechtsprechung notwendig zweierlei voraus: Zunächst muß die beanstandete Äußerung geeignet sein, die Marktstellung des beworbenen Unternehmens zugunsten des durch die Äußerung betroffenen Unternehmens zu fördern (BGH GRUR 1951, S. 283 – „Möbelbezugsstoffe"; 1986, S. 898 – „Frank der Tat"; 1989, S. 430 – „Krankentransportbestellung"). Darüber hinaus muß dem Handeln des Informanten eine entsprechende Absicht zugrunde liegen (BGH GRUR 1986, S. 812 – „Gastrokritiker"). Das Wissen um die Marktwirkung der verbreiteten Information genügt hierfür alleine nicht (BGH GRUR 1981, S. 658 – „Preisvergleich"). Diese muß vielmehr die entscheidende, wenn auch nicht alleinige Motivationskraft für die Verbreitung der Nachricht sein (BGH GRUR 1960, S. 384 – „Mampe Halb und Halb").

Kein Wettbewerbsmotiv bei Verbraucherorganisationen

Da die subjektive Komponente einem Beweis nur schwer zugänglich ist, behilft sich die Rechtsprechung in der prozessualen Praxis mit Vermutungen. Stammt die Information – wie im Falle des Werbevergleichs – von einem Wettbewerber, so ist das Vorliegen einer „Wettbewerbsförderungsabsicht" zu vermuten. Dies gilt auch hinsichtlich der Äußerungen von unternehmerischen Interessenverbänden (BGH GRUR 1962, S. 47 „Betonzusatzmittel"). Eine Widerlegung dieser Vermutung kommt allenfalls in seltenen Ausnahmefällen in Betracht. Im Gegensatz hierzu ist bei Äußerungen von Presseorganen, Verbraucherverbänden und -organisationen sowie (unabhängigen) Wissenschaftlern regelmäßig vom *Fehlen einer wettbewerblichen Motivation* auszugehen (BGH GRUR 1981, S. 658 – „Preisvergleich"). Während erstere mit der Verbreitung der Nachricht regelmäßig ihrer – verfassungsrechtlich verbürgten- Informationsfunktion entsprechen, ist das Handeln von Verbraucherorganisationen entscheidend von dem Bemühen getragen, die Markttransparenz zugunsten der Konsumenten zu erhöhen und somit das im Markt vorhandene Informationsungleichgewicht zumindest teilweise zu kompensieren (BGH GRUR 1976, S. 268 – „Warentest II"). Demgegenüber finden wissenschaftliche Untersuchungen in der Gewährleistung der Wissenschaftsfreiheit ihre grundrechtliche Legitimation.

So ist denn die normative Bewertung „neutraler", d.h. nicht wettbewerblich motivierter Marktinformationen durchweg dem Regelungsbereich des Lauterkeitsrechts entzogen und den Bestimmungen des „allgemeinen" bürgerlichen Äußerungsdeliktsrechts überantwortet. Sedes materiae sind folglich die Regelungen der §§ 823 ff BGB sowie in Randbereichen die „Ehrenschutztatbestände" des Strafgesetzbuchs (StGB). Darüber hinaus kommt den landesrechtlichen Bestimmungen der Pressegesetze für periodisch erscheinende Druckwerke sowie Rundfunk- und Fernsehsendungen außerhalb des Schadensersatzrechts eine maßgebliche Bedeutung zu.

6.2.2 Kompetitive Aspekte des Äußerungsdeliktsrechts

Die hier zutage tretende dogmatische Abschichtung des (allgemeinen) Äußerungsdeliktsrechts von den Normen des Wettbewerbsrechts bedeutet entgegen einer überkommenen Sichtweise nicht, daß der Regelungsbereich der §§ 823 ff BGB einer kompetitiven Betrachtungsweise zwangsläufig verschlossen bleibt. Wie erwähnt lassen sich wettbewerbliche Vorgänge – jedenfalls partiell – als Austausch von Information zwischen den Marktakteuren und damit als Kommunikationsprozesse beschreiben. Dabei kommt einem ausreichenden Informationsstand der Marktgegenseite, insbesondere der (privaten) Konsumenten, eine herausragende Bedeutung zu. Diese gelten – unbeschadet des Streits zwischen divergierenden wettbewerbstheoretischen Sichtweisen – durchweg als

„Souverän" des wettbewerblichen Geschehens. Ihre Verbrauchsentscheidung lenkt das Angebot in Richtung der im Markt artikulierten Bedürfnisse (Keßler 1990, S. 73). Die Annäherung dieses – zugegebenermaßen idealistischen – Bildes an die Wirklichkeit der realen Konsumgütermärkte bedingt folgerichtig ein möglichst hohes Maß an Markttransparenz. Mit anderen Worten: Die Verbraucher bedürfen am point of sale jener Informationen, die es ihnen gestatten, aus der Vielfalt des Angebots jene Güter und Dienstleistungen auszuwählen, die der individuellen Nutzenhierarchie so weit als möglich entsprechen.

Allerdings sind die hierfür erforderlichen Produkt- und Unternehmensdaten den Konsumenten aus eigenem Bemühen nur schwer oder gar nicht zugänglich. Bestimmte Eigenschaften des Angebots erschließen sich erst bei längerer Nutzungsdauer. Andere – wie die ökologischen Dimensionen eines Produkts – verweigern sich vollständig einer unmittelbaren Wahrnehmung seitens der Verbraucher. Sie realisieren sich als externe Effekte erst in weiterer Zukunft und sind individuell kaum zurechenbar. Die hier sichtbar werdenden Zugangsschranken verstärken sich notwendig dort, wo die Informationen weniger das Produkt sondern dessen Anbieter, das Unternehmen betreffen. Selbst da, wo sich die benötigten Informationen aus öffentlich zugängigen Quellen, wie dem Handelsregister oder amtlichen Veröffentlichungsblättern, ergeben, entstehen für den einzelnen *hohe, dysfunktionale Informationskosten*, sei es in Form von Fahrtkosten und Telefongebühren, sei es in Form von Opportunitätskosten angesichts des entstandenen Verlusts an Freizeit.

Unternehmensdaten für Konsumenten nur schwer oder gar nicht zugänglich

Eine Kompensation dieses Informationsdefizits der Konsumenten allein aufgrund der Kommunikationspolitik der Anbieter zu erhoffen, scheint unrealistisch – zu deutlich divergieren die jeweiligen Interessen. Die Konsumgüterwerbung ist durchgängig am Absatzinteresse der Hersteller orientiert. Nicht die Schaffung (verbraucherorientierter) Markttransparenz prägt ihre Ausgestaltung, entscheidend ist vielmehr die Profilierung des Produkts im in Aussicht genommenen Marktsegment. Die hierbei entfalteten Mechanismen zielen regelmäßig auf eine subjektive Produktdifferenzierung, gilt es doch, die Einmaligkeit und damit „Unvergleichbarkeit" des Angebots im Verhältnis zu den rivalisierenden Erzeugnissen zu betonen. Dies führt zwangsläufig zu einer *Trübung der Marktübersicht seitens der Konsumenten*. Im übrigen wissen auch die Verbraucher um die jeweilige Interessenlage. Sie erwarten seitens der Herstellerwerbung zwar zutreffende, jedoch keinesfalls vollständige, auch die negativen Seiten des Angebots betonende Informationen. Dem entspricht weitgehend die Wertung der wettbewerbsrechtlichen Judikatur. So verbietet § 3 UWG irreführende Werbeangaben, postuliert jedoch gegenüber den Werbetreibenden kein Vollständigkeitsgebot. Eine Ausnahme greift nur dort Platz, wo der Werbeaussage ohne die verschwiegene Information ein irreführender Charakter zukommt.

Notwendigkeit unabhängiger Informationsmittler

Legt man hinsichtlich der Beurteilung des Transparenzaspekts die vorstehend beschriebene Ausgangssituation zugrunde, so bedarf es zugunsten der Verbraucher notwendig ergänzender Informationskanäle. Als Informationsmittler (information broker) kommen hierbei neben staatlichen und semi-öffentlichen Institutionen der Wirtschaftsverwaltung im Rahmen ihres Kompetenzbereichs insbesondere Verbraucherorganisationen, Forschungseinrichtungen sowie die privaten und öffentlich-rechtlich organisierten (Presse-) Verlage und Rundfunkveranstalter in Betracht. Soll der seitens dieser „Multiplikatoren" getragene marktbezogene Diskurs dem Informationsbedürfnis der Konsumenten Rechnung tragen, so bedarf es der freien Kommunikation über Unternehmens- und Produktdaten, welche „Roß und Reiter" in eindeutiger Weise identifiziert. Dies weist auf den entscheidenden Punkt: Ein „transparenzerhellender" Prozeß der Marktkommunikation wird sich nur dort einstellen, wo die dogmatische Ausgestaltung des Äußerungsdeliktsrechts dem Informationsbedürfnis des Marktes entspricht; wo folglich *dem dogmatischen Konzept der Norm ein realistisches Modell der Außenwelt zugrunde liegt.* Aus dieser Sicht haben sich somit auch die aus dem Regelungsbereich der §§ 823 ff BGB ausdifferenzierten äußerungsspezifischen Fallnormen im Feld der Marktkommunikation durchgängig an den Funktionsbedingungen des Wettbewerbs zu orientieren.

Die hier zugrunde gelegte wettbewerbliche Sichtweise des Äußerungsdeliktsrechts gründet noch in einem weiteren Aspekt. Die wirtschaftliche „Wertigkeit" eines Unternehmens im Spiegel der Marktakteure findet ihren prägenden Grund weniger im materiellen Besitzstand des Anlage- und Umlaufvermögens als in der immateriellen Verkörperung des jeweiligen „good will of trade", des Firmenwerts. Die hier manifest werdende Reputation des Unternehmens oder partiell ablösbarer Rechtsgüter, wie der Firma oder der Marke, bildet sich ihrerseits im Wettbewerb, sind somit das Ergebnis marktbezogener Kommunikationsprozesse. Das Resultat wettbewerblicher Prozesse ist aber notwendig offen und nicht prognostizierbar oder gar vorgegeben. Angesichts der Dynamik des wettbewerblichen Geschehens unterliegt das einmal Erreichte der ständigen Bedrohung durch die Erosionskräfte gegenläufiger Bestrebungen seitens der übrigen Marktteilnehmer. Es hieße die „Vorläufigkeit" und zeitliche Bedingtheit jedweder Marktergebnisse zu verkennen, wollte man vermittels deliktsrechtlich abgesicherter Schutzpositionen den Versuch unternehmen, den jeweiligen Bestand zu konservieren. Erkennt man das Recht am Unternehmen (RaU) im Rahmen des § 823 Abs. 1 BGB als „sonstiges Recht" an, so gilt es dessen „Entwicklungsoffenheit" angemessen zu berücksichtigen. Dogmatisch findet dies seine Widerspiegelung in einem *Modell „beweglicher Schranken",* welches dem Informationsbedürfnis der übrigen Marktakteure, insbesondere der Verbraucher Rechnung trägt. Ob und in welchem Umfange dies gegenwärtig bereits geschieht, wird nachstehend zu beleuchten sein.

> **Die Dynamik der Marktkommunikation berücksichtigen**

6.3 Das geltende Äußerungsdeliktsrecht

6.3.1 Zum Ausgangsbestand

Richtet man den Blick auf den geschriebenen Bestand des Äußerungsdeliktsrechts, so geraten alsbald die Normen der § 823 ff BGB ins Blickfeld. Um vor Mißverständnissen zu schützen: Von einer umfassenden oder auch nur zielgerichteten Kodifikation dieses Regelungsbereichs kann nicht die Rede sein. Dies lag auch nicht in der Intention des Gesetzgebers. Von dem fraglichen Normenbestand des allgemeinen Deliktsrechts liegt lediglich der Bestimmung des § 824 BGB eine äußerungsrechtliche Konzeption zugrunde. Die übrigen Bestimmungen des durch Generalklauseln geprägten Regelungsfelds gewannen ihre konkrete äußerungsrechtliche Qualität erst in der Ausdifferenzierung seitens der Rechtsprechung – zunächst des RG später des BGH. Die Konzeption der Gesetzesredaktoren orientierte sich vielmehr an einer eher restriktiven Sichtweise, welche den deliktischen Unternehmensschutz lediglich unter drei Prämissen thematisierte:

Notwendigkeit der Ausdifferenzierung durch Rechtsprechung

Dies betrifft zunächst § 823 Abs. 2 BGB, der seinerseits die strafrechtlichen Bestimmungen der Beleidigung, üblen Nachrede und Verleumdung (§§ 185-187 StGB) in die Deliktsordnung einbezieht, der jedoch durch den Rechtfertigungsgrund der „Wahrnehmung berechtigter Interessen" (§ 193 StGB) auch mit Wirkung für das Zivilrecht eine entscheidende Begrenzung erfährt. Darüber hinaus erfaßt § 824 BGB solche unwahren Tatsachenbehauptungen, die – ohne notwendig die Ehre zu verletzen – geeignet sind, den Kredit eines Unternehmens zu gefährden. Zwar genügt im Rahmen des haftungsbegründenden Tatbestands grundsätzlich fahrlässige Unkenntnis von der Unrichtigkeit der Mitteilung, doch gilt dies nicht, wenn der Mitteilende oder der Empfänger der Nachricht an deren Inhalt ein *„berechtigtes Interesse"* hat. Handelt der Initiator oder Verbreiter der Nachricht mit zumindest bedingtem Schädigungsvorsatz, nimmt er die Beeinträchtigung des Rechtskreises des Betroffenen folglich billigend in Kauf, so ist darüber hinaus der Regelungsbereich des § 826 BGB berührt.

Die hier zutage tretende Konzeption des Gesetzgebers offenbart deutlich ihren beschränkten Regelungsansatz: Ein umfassender Schutz der Zivilrechtsordnung vor gewerbeschädigender Kritik wurde Unternehmensträgern nur gegenüber unwahren Tatsachenbehauptungen mit kreditschädigender Tendenz zuteil (§ 824 BGB). Kritische Meinungsäußerungen in Form von Werturteilen wurden nur unter den engen Voraussetzungen der „Ehrenschutztatbestände" des StGB sanktioniert. Ein weitergehender Schutz des Unternehmens gegenüber „Schmähkritik" kam lediglich bei *vorsätzlichem Handeln* der Verantwortlichen in Betracht. Demgegenüber sollte § 823 Abs. 1 BGB – hierüber bestand Einigkeit – auf Fälle der Beeinträchtigung des (geschäftlichen) Rufs und der Ehre keine Anwendung finden.

Dies war nun keinesfalls das Ergebnis nachlässiger Gesetzgebungsarbeit und damit Resultat eines „legislativen Unterlassens", als vielmehr die Widerspiegelung einer bewußten Wertentscheidung des Gesetzgebers bei Schaffung des BGB. Das normative Schutzsystem zur Absicherung des gewerblichen status quo wies keine Lücken auf, sondern war *planvoll offen* gehalten worden (Brüggemeier 1986, RdNr. 330). Zu deutlich waren noch die Erinnerungen an die normativen Restriktionen der Gewerbefreiheit unter den Zwängen des feudalistischen Zunft- und Regaliensystems. Zu deutlich aber war auch das heute teilweise verschüttete Bewußtsein, daß die Erweiterung des deliktischen Unternehmensschutzes notwendig eine Verkürzung der Entfaltungsfreiheit Dritter bedeutet. Hierfür war in einer am Modell des freien Wettbewerbs orientierten Wirtschaftsordnung kein Platz.

6.3.2 Die Genese des Rechts am Unternehmen

Die rechtspolitischen Grundlagen

Ungeachtet der gesetzgeberischen Zurückhaltung setzte bereits kurze Zeit nach dem Inkrafttreten des BGB in der Rechtsprechung des Reichsgerichts (RG) der Versuch ein, den deliktischen Unternehmensschutz auszuweiten. Letztlich war es der Gesetzgeber selbst, der hierfür ein probates Einfallstor eröffnet hatte. So umfaßt der Schutzbereich des § 823 Abs. 1 BGB nicht nur die ausdrücklich benannten Rechte und Rechtsgüter, sondern ist über den – wenn auch aufgrund seiner systematischen Stellung inhaltlich begrenzten – Blankettbegriff des „sonstigen Rechts" in gewissem Umfange erweiterungsfähig. Von der hier geschaffenen Möglichkeit richterlicher Rechtsfortbildung machte das RG alsbald Gebrauch. In mehreren Entscheidungen der Jahre 1902-1904 wurde das „Recht am eingerichteten und ausgeübten Gewerbebetrieb" als „sonstiges Recht" im Sinne des § 823 Abs. 1 BGB aus der Taufe gehoben (RGZ 51, S. 66 – „Kieler Ärzteboykott"; 51, S. 369 – „Schwarze Listen"; 56, S. 271 – Börsenverein II"; 58, S. 24 – „Krimmerläufer"). Die „gegenständliche Verkörperung" des Unternehmens in einem bestehenden Gewerbebetrieb wurde zum dogmatischen Anknüpfungspunkt der richterlichen Bemühungen zur Konkretisierung und Ausdifferenzierung des Blankettatbestandes (RGZ 58, S. 24 – „Krimmerläufer"). Dieser erfaßte alle Eingriffe, die sich „unmittelbar" gegen den Gewerbebetrieb richteten.

Rechtsfortbildung durch das Reichsgericht

Allerdings stand diese Entwicklung – was ihre Resultate betrifft – zunächst kaum im Gegensatz zu den Absichten des Gesetzgebers. Der Grund lag in dem vorläufig begrenzten Wirkungsbereich des „neuen" Schutzgutes. So war es denn auch nicht der Bereich des „Äußerungsdeliktsrechts", der den nunmehr verstärkten Unternehmensschutz zur Entfaltung brachte, sondern der dem gewerblichen Rechtsschutz benachbarte Aspekt der „ungerechtfertigten Schutzrechtsverwarnung". Die dem „Äußerungsrecht" zugehörigen „Boykott-Tatbestände" unterwarf das RG noch durchweg dem ausschließlichen Kontrollmaßstab des § 826 BGB. Dies sollte sich erst in der Rechtsprechung des BGH grundlegend ändern.

Auch nach der ersten deliktsrechtlichen Absicherung gewerblicher Tätigkeit durch das RG waren die damit verbundenen dogmatischen Probleme allerdings keineswegs bewältigt. Umstritten blieb nach wie vor die Rechtsnatur, der Charakter des neu geschaffenen Rechtsgutes. Die *divergierenden Positionen* (Fikentscher 1983, S. 104) betonten einerseits die „persönlichkeitsrechtliche" Verankerung des „Rechts am eingerichteten und ausgeübten Gewerbebetrieb" oder – in der gegenteiligen Sichtweise – dessen Natur als „Immaterialgüterrecht", vergleichbar den übrigen gewerblichen Ausschließlichkeitsrechten; während eine dritte Auffassung dem Unternehmen lediglich eine wettbewerbliche Schutzposition zugestehen wollte.

Es ist hier nicht der Ort, die zum Teil zeitbedingten, zum Teil – wenn auch in modifizierter Gestalt – noch heute vertretenen Erklärungskonzepte umfassend zu würdigen. Was im Lichte unseres begrenzten Anliegens von Interesse erscheint, sind denn auch eher die Schlußfolgerungen, die Implikationen der widersprüchlichen dogmatischen Ansätze. Insbesondere die Einstufung als „Immaterialgüterrecht" hob den Unternehmensschutz auf die Wertungsebene der in § 823 Abs. 1 BGB ausdrücklich benannten *„absoluten" Rechte und Rechtsgüter* mit der Folge, daß jeder Eingriff seinen Unrechtsgehalt in sich trug oder – mit anderen Worten – die vom Tatbestand geforderte Rechtswidrigkeit indizierte. Darüber hinaus lag es in der inneren Logik dieser Sichtweise, auch bei der Definition des Eingriffstatbestandes eine – am Vorrang des unternehmerischen Bestandsschutzes orientierte – strenge Auffassung zugrunde zu legen. Jede Beeinträchtigung der Marktstellung durch Mitbewerber oder Dritte konnte als Anhaltspunkt eines „Eingriffs" in die durch § 823 Abs. 1 BGB gewährleistete Schutzposition dienen. Die durchweg relative, durch den Konkurrenzmechanismus bestimmte und somit notwendig gefährdete Stellung jedes Gewerbebetriebs, die noch für den Gesetzgeber das entscheidende Moment zugunsten einer lediglich rudimentären Ausgestaltung des Unternehmensschutzes war, geriet in der begriffsjuristischen „Überdehnung" des Unternehmensschutzes weitgehend aus dem Blick.

Sichtweise als Immaterialgüterrecht

Demgegenüber wurde die dogmatische Konstruktion des Unternehmensschutzes in ihrer am Persönlichkeitsrecht orientierten Sichtweise – trotz aller Mängel – den Intentionen des Gesetzgebers weit eher gerecht. Handelte es sich bei dem Recht am Gewerbebetrieb um eine spezifische Ausprägung der individuellen Freiheitssphäre des Unternehmensträgers, so konnten Inhalt und Ausprägung dieses Autonomiebereichs nur in der *Relation zur Entfaltungsfreiheit Dritter* – seien es Verbraucher oder Konkurrenten – näher bestimmt werden. Dies galt um so mehr, betrachtete man den eingerichteten und ausgeübten Gewerbebetrieb als lediglich wettbewerbliche Schutzposition. Hier lag es auf der Hand, die einander widerstreitenden Entfaltungsräume der Marktakteure bei der Konkretisierung des Eingriffstatbestands in Ausgleich zu bringen. In diesem Lichte erwies sich das Schutzobjekt des Gewerbebetriebs als deutlich verschieden von den „benannten" Schutzgütern des § 823 Abs. 1 BGB. Die am Konzept des Erfolgsunrechts orientierten dogmatischen Prinzipien, die im Falle einer Körper- oder Gesundheitsverletzung oder bei einer Beeinträchtigung des Eigentums die Tatbestandsprüfung regierten, konnten bei der Frage, ob das Recht am Gewerbebetrieb in einer zum Schadensersatz verpflichteten Weise verletzt sei, keine Geltung beanspruchen. Weder konnte die Rede davon sein, daß jede Beeinträchtigung des Unternehmens die Rechtswidrigkeit der ihr zugrunde liegenden Handlung indiziert, noch ließ sich das Tatbestandsmerkmal der Rechtsgutverletzung auf ebenso einfache Weise ermitteln wie im Falle der in § 823 Abs. 1 BGB benannten Rechte und Rechtsgüter. Bedurfte es somit im Einzelfall einer Abwägung der jeweiligen Freiheitssphären von „Schädiger" und „Geschädigtem", so konnte nicht mehr der tatbestandliche „Erfolg", d.h. die Beeinträchtigung der wettbewerblichen Stellung, alleiniger Anknüpfungspunkt für das gesetzliche Unwerturteil sein. Entscheidend war vielmehr die Verletzung einer spezifischen – und damit am maßgebli-

Sichtweise als Persönlichkeitsrecht

chen Lebensbereich orientierten – Verhaltensnorm (Brüggemeier 1986, RdNr. 338), deren Ausdifferenzierung und Fortbildung – in Übereinstimmung mit den Intentionen des Gesetzgebers – der höchstrichterlichen Rechtsprechung überantwortet blieb. Nicht ein dem wettbewerblichen System entgegengerichteter Bestandsschutz entsprach folglich der „Sinnrichtung" des Rechts am Unternehmen, sondern ein Bündel bereichsspezifischer Verhaltens- und Sorgfaltspflichten der Marktteilnehmer im Umgang mit dem jeweils betroffenen Unternehmen.

Lag das Wissen um den Sinnzusammenhang zwischen marktbezogener Handlungsfreiheit und den Funktionsbedingungen eines deliktsrechtlichen Unternehmensschutzes der Rechtsprechung des Reichsgerichts noch durchweg zugrunde, so ging dieses Bewußtsein in der Judikatur des BGH zunächst verloren. Dies fand seinen signifikanten Ausdruck in einer – nicht nur äußerlich veränderten – dogmatischen Sichtweise. Hatte das RG die dem Äußerungsrecht zugeordneten Boykott-Tatbestände noch dem „offenen" Raster des § 826 BGB unterworfen und somit weitgehend „liberal" gehandhabt (RGZ 28, S. 238 – „Börsenverein I"; 64, S. 52 – „Kieler Bäckergesellen"; 140, S. 423), so schien dem BGH nunmehr § 823 Abs. 1 BGB – und damit das Recht am „eingerichteten und ausgeübten Gewerbebetrieb" (RaU) – die adäquate Kontrollnorm (BGHZ 3, S. 270 – „Constanze I"). Dies hatte im Ergebnis eine *deutlich strengere Bewertung der Unternehmenskritik* zur Folge, zumal der BGH seiner Rechtsanwendung ein eher statisches Modell des Unternehmensschutzes zugrunde legte und damit den Gewerbebetrieb – entgegen den Intentionen des Gesetzgebers – endgültig in die Nähe eines „absoluten" Rechts rückte. Die entscheidende Grundlage hierfür legte die „Constanze"-Entscheidung des I Zivilsenats vom 26. Oktober 1951 (BGHZ 3, S. 270 – „Constanze I").

Zum Ausgangspunkt: Die „Constanze"-Doktrin

In einer Beilage zu der katholischen Bistumszeitung „Kirche und Leben" in Münster war ein Beitrag erschienen, der sich in polemischer Form mit der in Hamburg verlegten Frauenzeitschrift „Constanze" auseinandersetzte. Diese hatte aufgrund einer – sich allerdings auf die Vermittlung biologischer „Fakten" beschränkenden – „Aufklärungsserie" den Unwillen eines Teils der Kirche hervorgerufen. In dem Artikel des Bistumsblattes hieß es u. a.: Die Verleger machten mit dem scheinbaren Zusammenbruch der Begriffe von Anstand und Würde „ihr Geschäftchen"; sie vertauschten die saubere kaufmännische Werbung und Absatzkalkulation mit der gewissenlosen Spekulation auf die primitiven Instinkte eines „müde gewordenen Volkes"; die Frauenzeitschrift sei „eine Blüte aus dem Sumpf der fragwürdigen Kulturerzeugnisse nach Art der Magazine"; der christliche Leser der Zeitschrift vergesse mit deren Bezug, „was er der Ehre seiner Frau und Tochter und der Erziehung seiner Kinder schuldig sei."

Hatte das Berufungsgericht die auf Unterlassung, Widerruf und Schadensersatz gerichtete Klage mangels einer „Beleidigungsabsicht" der Beklagten noch abgewiesen – also letztlich in Übereinstimmung mit den Intentionen des (historischen) Gesetzgebers auf die „Sperrwirkung" der über § 823 Abs. 2 BGB in das Zivilrecht inkorporierten strafrechtlichen Ehrenschutztatbestände verwiesen – so bejahte der BGH nunmehr die Möglichkeit eines Eingriffs in den Gewerbebetrieb der Klägerin:

Dogmatische Wende durch den BGH

Entgegen der Rechtsprechung des RG komme es nicht entscheidend darauf an, daß sich der Eingriff unmittelbar gegen den Bestand des Unternehmens richte. Wie das Eigentum gem. § 823 Abs. 1 BGB nicht nur in seinem Bestand, sondern „auch in seinen Ausstrahlungen – beispielsweise der unbeschränkten Verfügungsmacht" – geschützt sei, so müsse auch der eingerichtete und ausgeübte Gewerbebetrieb „in seinen einzelnen Erscheinungsformen", wozu der „gesamte gewerbliche Tätigkeitskreis" zu rechnen sei, vor unmittelbaren Störungen bewahrt werden. Auf den Nachweis einer Beleidigungsabsicht komme es nicht an, da „nicht der Ehrenschutz, sondern das Recht der Klägerin auf ungehinderte gewerbliche Betätigung in Frage" stehe.

Damit hatte der BGH den Eingriffstatbestand des normativen Unternehmensschutzes den absoluten Rechten und Rechtsgütern des § 823 Abs. 1 BGB weitgehend angenähert. Im weiteren Begründungszusammenhang setzte er diese Analogie fort:

Wer in einen fremden Rechtskreis zugunsten eigener Belange eingreife, habe besonders sorgfältig zu prüfen, ob „die Rechtsverletzung", die er begehen wolle, „zur sachgemäßen Interessenwahrung nach Schwere und Ausmaß" erforderlich sei. Gewerbeschädigende Werturteile, die den Boden sachlicher Kritik verließen, seien nur dann „der Widerrechtlichkeit entkleidet", wenn sie nach Inhalt, Form und Begleitumständen zur Wahrnehmung rechtlich gebilligter Interessen objektiv erforderlich seien.

Was hier mit der Autorität höchstrichterlicher Erkenntnis festgeschrieben wurde, war die Ausdehnung der überkommenen deliktsrechtlichen Dogmatik bezüglich des Schutzes absoluter Rechte und Rechtsgüter in den Bereich des Unternehmensschutzes. In der Tat entsprach und entspricht es einer gesicherten Auffassung, daß im Rahmen der in § 823 Abs. 1 BGB ausdrücklich benannten Schutzgüter die Rechtsverletzung die Vermutung der Rechtswidrigkeit der hierzu führenden Handlung in sich trägt. Diese steht nur dort in Übereinstimmung mit der Rechtsordnung, wo dem Handelnden ein Rechtfertigungsgrund zur Seite steht. Die in dieser Konzeption zutage tretende Prärogative eines „absoluten" Rechtsgüterschutzes ist denn auch bei einem Eingriff in die körperliche Unversehrtheit einer Person oder in deren Eigentum ohne weiteres einsichtig. Was der BGH verkannte, war die Tatsache, daß dem „Recht am Unternehmen" keine den absoluten Rechten vergleichbare Funktion zukommt.

Nähe zu den absoluten Rechten

Ein vorsichtiger Verständniswandel: Die „Waffenhändler"- Entscheidung

Eine vorsichtige *Relativierung* des mit der „Constanze"- Doktrin begründeten „absolutistischen" Standpunkts bei der richterlichen Ausdifferenzierung des normativen Unternehmensschutzes zeichnete sich erstmals in der „Waffenhändler"- Entscheidung des VI Zivilsenats vom 24. Oktober 1961 ab (BGHZ 36, S. 77). Zwar bildete insofern das – gleichfalls dem „sonstigen" Regelungsbereich des § 823 Abs. 1 BGB zugeordnete – „allgemeine Persönlichkeitsrecht" des betroffenen Gewerbetreibenden das dogmatische Fundament der Entscheidung, doch sind die in beiden Fällen auftretenden Abgrenzungsprobleme durchweg vergleichbar. Es handelt sich jeweils um seitens der Rechtsprechung geschaffene Rahmenrechte, die notwendig der Abgrenzung zur Äußerungsfreiheit Dritter bedürfen. Der Sachverhalt stellt sich vereinfacht wie folgt dar:

Aus Anlaß mehrerer Bombenanschläge auf einen Waffenhändler hatte eine Zeitung über Kriegswaffengeschäfte des Betroffenen berichtet. In einem der Artikel wurde ein

Schreiben an ein Bankhaus, dessen alleiniger Inhaber der Kläger war, wiedergegeben, in welchem der Waffenhändler diesem Maschinengewehre zum Kauf angeboten hatte. Der Kläger sah hierdurch seinen Ruf als Bankier beeinträchtigt. Während das Berufungsgericht ein Schmerzensgeld von 5.000 DM zubilligte, wies der BGH die Klage ab.

Bereits eingangs weicht der BGH erkennbar von der restriktiven Sichtweise der „Constanze"- Doktrin ab, indem er betont, der Persönlichkeitsschutz im Rahmen der gewerblichen Betätigung reiche keinesfalls soweit, „wie der Schutz des privaten Bereichs im engere Sinne." Wer sich aktiv handelnd im Wirtschaftsleben betätige, setze sich in einem demokratischen Gemeinwesen notwendig der Kritik seiner Betätigung aus, der er nicht unter Berufung auf einen persönlichen Geheimbereich ausweichen könne: „Die Entfaltung der Persönlichkeit im Wirtschaftsleben bringt es naturgemäß mit sich, daß sie sich der Kritik stellen muß."

Differenzierung des Persönlichkeitsrechts

Dabei gelte es entscheidend, der öffentlichen Funktion der Presse und damit den *Funktionsbedingungen des gesellschaftlichen Diskurses* Rechnung zu tragen. Niemand könne verlangen, daß die Presse in einer ernsthaften, die Allgemeinheit berührenden Diskussion auf eine vollständige Berichterstattung verzichte: „Indem die Presse die Dinge beim Namen nennt, und zwar beim richtigen Namen, berührt sie noch nicht jene Persönlichkeitswerte, die durch das „allgemeine Persönlichkeitsrecht" geschützt werden."

Fragt man nach der „raison" jenes erstaunlichen Wechsels im normativen Referenzmodell des BGH, so erweist sich die geänderte Betrachtungsweise als dogmatische „Inkorporation" der zwischenzeitlich ergangenen Rechtsprechung des Bundesverfassungsgerichts (BVerfG). Dieses hatte in seiner „Lüth"-Entscheidung (BVerfGE 7, S. 199), die einen Boykott-Aufruf gegen den aufgrund seiner nationalsozialistischen Vergangenheit erheblich vorbelasteten Filmregisseur Veit Harlan betraf, die prägende Bedeutung des Grundrechts auf freie Meinungsäußerung für die Auslegung äußerungsrechtlicher Bestimmungen des Zivilrechts nachdrücklich betont:

Bedeutung des Rechts auf freie Meinungsäußerung

„Die gegenseitige Beziehung zwischen Grundrecht und allgemeinem Gesetz ist ... nicht als einseitige Beschränkung der Geltungskraft des Grundrechts durch die allgemeinen Gesetze aufzufassen; es findet vielmehr eine Wechselwirkung in dem Sinne statt, daß die allgemeinen Gesetze zwar dem Wortlaut nach dem Grundrecht Schranken setzen, ihrerseits aber aus der Erkenntnis der wertsetzenden Bedeutung dieses Grundrechts im freiheitlichen Staat ausgelegt und so in ihrer das Grundrecht begrenzenden Wirkung selbst wieder eingeschränkt werden müssen."

> Wörtlich zitiert der BGH aus der „Lüth"-Entscheidung:
> „Der Schutz eines privaten Rechtsguts kann und muß um so mehr zurücktreten, je mehr es sich nicht um eine unmittelbar gegen dieses Rechtsgut gerichtete Äußerung im privaten, namentlich im wirtschaftlichen Verkehr und in Verfolgung eigennütziger Ziele, sondern um einen Beitrag zum geistigen Meinungskampf in einer die Öffentlichkeit wesentlich berührenden Frage durch einen dazu Legitimierten handelt; hier spricht die Vermutung für die Zulässigkeit der freien Rede."

Das BVerfG hatte somit im Wege einer verfassungskonformen Auslegung und Einschränkung des durch die deliktsrechtlichen Rahmenrechte gewährleisteten Schutzbereichs jenes Mindestmaß an Kompatibilität der (unbenannten) Schutzgüter mit den Erfordernissen einer funktionsfähigen Kommunikationsordnung (wieder) hergestellt, welches zuvor durch die ausufernde Rechtsprechung des BGH ernsthaft gefährdet worden war. Im übrigen drängte sich für die zivilrechtliche Judikatur eine Schlußfolgerung zwangsläufig auf: Wenn bereits der Persönlichkeitsschutz im Lichte der Meinungsfreiheit einer funktionalen Einschränkung bedurfte, so galt dies um so zwingender für den ohnedies markt- und daher öffentlichkeitsgerichteten Bereich des RaU.

Die nach der „Waffenhändler"-Entscheidung erwartete *grundsätzliche Neuorientierung* des äußerungsrechtlichen Unternehmensschutzes erlebte mit der „Höllenfeuer"-Entscheidung des VI Zivilsenats vom 21. Juni 1966 (BGHZ 45, S. 296) ihren entscheidenden Durchbruch.

Eine Neuorientierung: Die „Höllenfeuer"-Entscheidung

Die in Hamburg erscheinende Wochenzeitschrift „Der Stern" brachte am 14. Februar 1962 einen Artikel mit der Überschrift: „Brennt in der Hölle wirklich ein Feuer? Was von der Illusion der Einheit der Christen übrig bleibt." Daraufhin erschien in der katholischen Wochenzeitschrift „Echo der Zeit" ein Beitrag mit der Überschrift: „Warten auf Bucerius", in dem es u. a. hieß: der „Stern" richte sich nach dem „Maßstab der Straße", ihr unterwerfe sich die auflagenstärkste Illustrierte seit Jahren; die von ihm verbreiteten Thesen seien „theologisch unglaublich dreist und kirchenrechtlich falsch"; für den „Stern" heiße Meinungsfreiheit: „leichtfertige Verfälschung der Wahrheit oder Unkenntnis der Fakten und Konfessionshetze." Die hiergegen gerichtete Klage des Verlegers des „Stern" wurde vom BGH abgewiesen.

Der Senat rekurriert zunächst auf seine Argumentation in der „Waffenhändler"-Entscheidung und führt hierzu aus:

„Der erkennende Senat hat bereits in dem Urteil - Waffenhändler - Bedenken geltend gemacht, ob bei gewerbschädigenden Werturteilen an dem Erfordernis des mildesten Mittels als Voraussetzung der Rechtfertigung festgehalten werden kann. (Er) ... ist ferner zunehmend dazu übergegangen, bei dem in der Rechtsprechung gebildeten „Auffangtatbestand" der rechtswidrigen Beeinträchtigung der gewerblichen Tätigkeit und bei der Verletzung des allgemeinen Persönlichkeitsrechts die Rechtswidrigkeit erst aus der zu mißbilligenden Art der Schädigung abzuleiten, so daß es der Berufung des Täters auf einen besonderen Rechtfertigungsgrund jedenfalls nicht immer bedarf."

Erneute Wende in der BGH-Rechtsprechung

Erneut nimmt der BGH auf den *Aspekt der Meinungsfreiheit* Bezug: „Gerade in Auseinandersetzungen, die über einzelpersönliche Bezüge hinausgehen und eine Thematik von großer Tragweite für das Gemeinwesen ansprechen, erfordert die Bedeutung des Art. 5 GG, daß auch in der Art der Meinungsäußerung von Rechts wegen große Freiheit gewährt ... und in der Bejahung einer ... rechtswidrigen Störung gewerblicher Belange Zurückhaltung geübt wird."

6.3.3 Die dogmatische „Binnenstruktur" des Unternehmensschutzes

Damit hatte das RaU in gradueller Abkehr von der „Constanze"-Doktrin eine veränderte dogmatische Struktur erfahren, die sich – wenn auch mit wesentlichen Modifikationen – der restriktiven Sichtweise des RG annähert. Zwar bleibt der Unternehmensschutz – entgegen der historischen Konzeption des Normbereichs – nach wie vor in § 823 Abs. 1 BGB verortet, doch unterscheidet sich der Tatbestand der Schutznorm deutlich von demjenigen der benannten Rechte und Rechtsgüter der deliktsrechtlichen Generalklausel. Weder handelt es sich hinsichtlich des RaU um einen umfassenden Ausschlußtatbestand noch kommt ihm als Rahmenrecht ein vergleichbarer „absoluter" Charakter zu. Folgerichtig begründet der Eingriff in die umschriebene Rechtsposition für sich alleine genommen keinesfalls die Rechtswidrigkeit der zugrunde liegenden Handlung. Vielmehr bedarf es notwendig einer am Einzelfall orientierten, wertgeleiteten Abwägung der konfligierenden Interessen. Die „raison" dieser Sichtweise ist teilweise wirtschaftlicher Provenienz, gründete jedoch vorwiegend in originär (verfassungs-) rechtlichen Erwägungen: In einer Wettbewerbsordnung kann es hinsichtlich der Marktakteure *keinen unantastbaren Schutzbereich* geben. Dem entspricht in der dogmatischen Widerspieglung – insbesondere im Lichte der maßgeblichen Grundrechtsposition – die „Gemeinschaftsgebundenheit" gerade des unternehmerisch genutzten Eigentums (BVerfGE 50, S. 290). Darüber hinaus gilt es, die äußerungsrechtliche Entfaltungsfreiheit des Kritikers angemessen zur Geltung zu bringen. Hier findet die Rezeption der verfassungsrechtlichen „Wechselwirkungsdoktrin" seitens des BGH ihren unmittelbaren Ausdruck. Dabei gewinnt die normative Gewährleistung unternehmensbezogener „Schutzzonen" – je nach dem Marktbezug des zugrunde liegenden Sachverhalts – eine unterschiedliche „Dichte": Bleibt – bei natürlichen Personen – der Bereich privater Lebensgestaltung des Unternehmensträgers dem öffentlichen Diskurs weitgehend entzogen, so erfolgt die gewerbliche Entfaltung der Unternehmen sowie der sie repräsentierenden Persönlichkeiten notwendig unter entgegengesetzten Vorzeichen. Wer sich mit seinem Angebot dem Markt zuwendet, muß sich dem kritischen Räsonnement des Publikums stellen (Assmann, Kübler 1981, S. 55).

Interessenabwägung im Einzelfall

Betrachtet man das dieser Rechtsprechung immanente Verständnismodell des RaU, so tritt ein weiterer methodischer Unterschied zu den benannten Schutzgütern des § 823 Abs. 1 BGB zutage. Angesichts der tatbestandlichen Offenheit der Schutznorm, bleiben allgemeine Aussagen über die Konturen und Ausgestaltung des betroffenen Schutzgutes zwangsläufig indifferent. Die gerade im Regelungsfeld der Wirtschaft geforderte Rechtssicherheit und Vorhersehbarkeit gewährleistet das Äußerungsrecht angesichts der Vielfalt möglicher Gestaltungsformen denn auch auf die einzig mögliche Weise: im Wege der kasuistischen Ausdifferenzierung bereichsspezifischer Verhaltenspflichten (Assmann, Kübler 1981, S. 54). Die überkommene methodische Ausrichtung des deutschen Deliktsrechts am jeweiligen Schutzgut erweist sich – wie auch in anderen Fällen – als durchweg untauglich, die komplexen Erscheinungsformen eines unternehmensbezogenen Interessenschutzes in ein dogmatisch konsistentes Modell zu integrieren. Der Blick richtet sich damit notwendig auf die schädigende Handlung selbst. Hier obliegt es der Judikative, durch die *fallgruppenspezifische Konkretisierung* des RaU am jeweiligen Regelungsbereich orientierte Verhaltenspflichten herauszubil-

Kasuistische Differenzierung von Verhaltenspflichten

den und somit für die am Marktprozeß Beteiligten praktikable Orientierungsmuster bereitzustellen.

Diese dogmatischen Besonderheiten regieren ihrerseits zwangsläufig das Verfahren der Normanwendung. Üblicherweise unterscheidet man bei der Subsumtion deliktsrechtlicher Tatbestände die Ebenen der Tatbestandsmäßigkeit, der Rechtswidrigkeit sowie des Verschuldens. In einem *System bereichsspezifischer Verhaltenspflichten* verlieren zumindest die beiden ersten Kriterien notwendig an heuristischem Wert. Da die Feststellung, der Handelnde habe eine ihn treffende Sorgfaltspflicht verletzt, ihrerseits das Ergebnis einer Güterabwägung darstellt, fließen Tatbestandsmäßigkeit und Rechtswidrigkeitsurteil untrennbar ineinander.

Im folgenden gilt das Augenmerk nunmehr einer deliktsrechtlichen Partialordnung, die mit der hier zu untersuchenden Fragestellung aufs engste zusammenhängt: dem Recht des vergleichenden Warentests. Die dort gefundenen Pflichtenstandards gilt es, im Lichte unseres Erkenntnisinteresses fruchtbar zu machen.

6.3.4 Der wettbewerbsbezogene Äußerungsschutz – die „Warentest"-Rechtsprechung des BGH

Beurteilungsspielraum und Wertungsfreiheit: „Warentest II"

Zwar hatte sich der BGH bereits in seiner Entscheidung vom 18. Oktober 1966 (BB 1966, S. 1320 – „Warentest I") mit der Zulässigkeit des vergleichenden Warentests seitens eines privaten Testveranstalters beschäftigt, doch erweist sich die Begründung – sieht man einmal von dem bekannten Hinweis ab, der Gewerbetreibende müsse sich „einer öffentlichen Kritik seiner Leistung stellen" – als dogmatisch wenig ergiebig. Erst neun Jahre später wurden mit der Entscheidung „Warentest II" vom 09. Dezember 1975 die bis heute geltenden Grundlagen hinsichtlich der juristischen Bewältigung des vergleichenden Warentests gelegt (BGHZ 65, S. 325).

Die „Stiftung Warentest" hatte in einem Produktvergleich Ski-Sicherheitsbindungen getestet und die Ergebnisse in ihrer Zeitschrift „test" veröffentlicht. Dabei waren die Erzeugnisse der Klägerin einmal mit „noch zufriedenstellend" sowie zweimal mit „nicht zufriedenstellend" bewertet worden. Demgegenüber hatte das Produkt eines konkurrierenden Anbieters die Note „gut bis zufriedenstellend" erzielt. Die Klägerin warf dem Testveranstalter erhebliche Fehler bei der Durchführung des Testprogramms vor. So fehle es für den durchgeführten Test an gesicherten wissenschaftlichen Erkenntnissen. **Ein Präzedenzfall des Jahres 1975**
Zudem sei die Auswahl der Testobjekte nicht repräsentativ. Die Klägerin verlangte daher, die weitere Verbreitung des Testberichts einzustellen, sowie die positive Bewertung des Konkurrenzproduktes nicht aufrecht zu erhalten. Im übrigen begehrte sie die Feststellung, daß die Beklagte zum Ersatz des entstandenen Schadens verpflichtet sei.

Angesichts der komplexen und komplizierten dogmatischen Erwägungen, die der I Zivilsenat seiner bewußt als „leading decision" konzipierten Entscheidung zugrunde legt, erweist es sich als vorzugswürdig, das hier zutage tretende Argumentationsmodell zunächst im Zusammenhang zu erörtern, bevor einzelne Kernaussagen einer umfassenden Würdigung unterzogen werden.

Richtet man den Blick somit auf die logische Struktur der Entscheidung sowie die sie tragenden Gesichtspunkte, so steht am Anfang die Wahl der einschlägigen Kontrollnorm. Dies betrifft weniger die Frage nach der Maßgeblichkeit des Lauterkeitsrechts, fehlt es doch evident an der hierzu notwendigen „Wettbewerbsabsicht" des Testveranstalters. So betont denn der BGH zutreffend, die „nicht zu Wettbewerbszwecken" durchgeführte Veröffentlichung des Warentests sei „nicht schon als solche unzulässig."

Werturteil versus Tatsachenbehauptung Von zentraler Bedeutung ist vielmehr die Wahl des materialen Kontrollmaßstabs innerhalb der deliktsrechtlichen Verhaltensordnung selbst. Dies betrifft – abgesehen von § 826 BGB, der aufgrund seines engen subjektiven Tatbestandes („vorsätzliche sittenwidrige Schädigung") lediglich im Ausnahmefall zur Anwendung gelangt – im wesentlichen § 823 Abs. 1 BGB und damit das RaU, sowie die „Kreditschädigung" im Sinne des § 824 BGB. Dabei erfaßt die letztere Vorschrift entsprechend ihrem Wortlaut ausschließlich unrichtige Tatsachenbehauptungen, während das RaU im Lichte seiner „Auffangfunktion" gerade die normative Kontrolle gewerbeschädigender Werturteile bezweckt. Die hiermit angesprochene – wissenschaftstheoretisch ohnedies problematische – Unterscheidung zwischen *Tatsachenbehauptungen* und *Werturteilen* ist bei der rechtlichen Würdigung vergleichender Warentests insofern mit besonderen Schwierigkeiten verbunden, als die Verbreitung der Testergebnisse üblicherweise *beide Aspekte berührt*. So gründet das seitens des Veranstalters publizierte Testurteil notwendig auf den im Rahmen des Testprogramms ermittelten Daten über die objektive Beschaffenheit des Produkts und folglich auf dem Beweis zugänglichen Tatsachen. Diese wiederum münden ihrerseits in der wertenden Aussage des Testergebnisses. Der BGH postuliert mit überzeugenden Gründen den grundsätzlichen Vorrang des § 823 Abs. 1 BGB und damit für die Entwicklung einer eigenständigen Verhaltensnorm im Rahmen des RaU:

„Ebenso begegnet es keinen rechtlichen Bedenken, wenn das Berufungsgericht die Beanstandungen, die nach seiner Beurteilung berechtigt sein sollen, unter dem Gesichtspunkt des Eingriffs in den eingerichteten und ausgeübten Gewerbebetrieb der Klägerin (§ 823 Abs. 1 BGB) geprüft hat ... Der Tatbestand des § 824 BGB ist ... für den hier zu beurteilenden Sachverhalt ... nicht einschlägig. Er betrifft die Fälle, in denen durch die (schuldhafte) Verbreitung einer unwahren Tatsache wirtschaftliche Interessen beeinträchtigt werden. Darum geht es hier nicht. Vielmehr fühlt sich die Klägerin nicht durch (unwahre) Tatsachenbehauptungen, sondern durch im Testbericht geäußerte Wertungen betroffen ... Damit ist nicht gesagt, daß sich jeder Testbericht und jede in ihm enthaltene Äußerung mit selbständigem Wert notwendig und immer als Wertung und niemals als tatsächliche Behauptung darstellt. Es kann durchaus sein, daß ein Testbericht je nach seinem schwerpunktmäßigen Inhalt und der Verselbständigung seiner zugrundegelegten Umstände – jedenfalls überwiegend – rechtlich als tatsächliche Behauptung zu behandeln ist. Immerhin bewegen sich die Veröffentlichungen von Testergebnissen vielfach, wenn nicht sogar in der Regel, im Bereich der Meinungsäußerung (Wertung) ... Das gilt besonders, wenn man sie ... in ihrer Gesamtheit sieht. Der entscheidende Gesichtspunkt liegt ... darin, daß es sich in der Regel um Urteile und damit dem Wesen nach um Wertungen handelt, auf die § 824 BGB nicht zugeschnitten ist."

Hatte der BGH mit der Zuordnung des vergleichenden Warentests zum Regelungsbereich des RaU die dogmatischen Voraussetzungen für die Entwicklung einer flexiblen und sachgerechten Fallnorm geschaffen, so wendet er sich in einem zweiten Schritt de-

6.3 Das geltende Äußerungsdeliktsrecht

ren innerer Ausgestaltung zu. Dabei wiederholt er zunächst seinen für das allgemeine Äußerungrecht in der „Höllenfeuer"-Entscheidung entwickelten Ansatz:

„Die Grenzen zulässiger Kritik können im Einzelfall sehr weit gezogen sein. Die Bedeutung des in Art. 5 Abs. 1, 2 GG gewährleisteten Grundrechts darf ... nicht zu gering eingeschätzt werden. Dieser Grundsatz trifft im Kern, wenn auch unter gebotener Beachtung aller Eigenheiten und Unterschiedlichkeiten, ebenfalls für die Äußerung über die Bewertung von Waren und Leistungen zu ... Verbraucheraufklärung, wie sie von der Beklagten betrieben wird, ist zur Gewinnung von Markttransparenz unerläßlich, und zwar nicht nur im Interesse der Verbraucher, sondern schlechthin aus volkswirtschaftlichen Gesichtspunkten. Sie dient zudem den wohlverstandenen Interessen der Hersteller und Anbieter, um deren Erzeugnisse und Leistungen es geht ... Hier steht dem geschützten Rechtsgut (Gewerbebetrieb) die ebenso geschützte Freiheit der Meinungsäußerung gegenüber, die sich gerade mit dessen Produkten (Waren) befaßt und die Befriedigung des Informationsinteresses der Öffentlichkeit (der Verbraucher) an diesen Waren für sich in Anspruch nimmt."

Art. 5 GG auch bei Verbraucherinformation

Das entscheidende Bemühen des Senats gilt der tatbestandlichen Normierung der konkreten Verhaltensregel und damit der *Abgrenzung des „angemessenen Spielraums"* für die Durchführung und Veröffentlichung vergleichender Warentests. Hierzu führt er aus:

„Im Bereich der hier allein in Frage stehenden Werturteile im Testbericht ist die Frage grundsätzlich dahin zu stellen, unter welchen Voraussetzungen deren Äußerung ausnahmsweise unzulässig ist ... Die Anforderungen, die somit ... zu stellen sind, entsprechen im wesentlichen den Gesichtspunkten, die bereits in der bisherigen Erörterung im Vordergrund gestanden haben: Die Untersuchung muß neutral vorgenommen werden ...; fehlt es hieran, so wird die Unzulässigkeit vielfach schon aus den Regeln des Wettbewerbsrecht folgen. Die Untersuchung muß objektiv sein, wobei allerdings anders, als überwiegend angenommen wird, nicht die objektive Richtigkeit des gefundenen Ergebnisses im Vordergrund steht ... sondern das Bemühen um diese Richtigkeit ... Weitere Voraussetzung ist, daß die der Veröffentlichung zugrunde liegende Untersuchung sachkundig durchgeführt wird. Sind diese Anforderungen erfüllt, so steht nichts entgegen, soweit es um die Angemessenheit der Prüfmethoden, die Auswahl der Testobjekte und schließlich die Darstellung der Testergebnisse geht, einen erheblichen Spielraum zuzulassen, wie dies dem Einfluß des Rechts auf freie Meinungsäußerung entspricht."

Was hierbei das Erfordernis der organisatorischen und wirtschaftlichen Neutralität betrifft, so ist die Funktion dieses Tatbestandsmerkmals recht leicht zu erfassen. Es dient der randscharfen Abgrenzung zwischen den Sphären des Lauterkeitsrechts und des allgemeinen Zivilrechts. Bestehen zwischen der Anbieterseite und dem Testveranstalter organisatorische, personelle oder finanzielle Verflechtungen, so ist dies ein wesentliches Indiz für das Vorliegen einer „Wettbewerbsförderungsabsicht". Dies ist insbesondere dort der Fall, wo der Leistungsvergleich im Auftrag oder für Rechnung des Herstellers erfolgt (OLG Köln WRP 1976, S.786). Wird die dahingehende Vermutung nicht umfassend widerlegt, so richtet sich die Beurteilung des Produktvergleichs nach den (strengeren) materiellen Wertungen des UWG und nicht nach § 823 Abs. 1 BGB.

Das Neutralitätsgebot

Das seitens des BGH postulierte Bemühen um Objektivität steht seinerseits in engem Zusammenhang mit dem Erfordernis der organisatorischen und finanziellen Unabhängigkeit (Neutralität) des Testveranstalters. Ihm kommt eine ergänzende Funktion zu. Steht hinsichtlich der Neutralität der äußere, institutionelle Aspekt und damit die mögliche Verflechtung des Testveranstalters mit den Anbietern der untersuchten Produkte im Vordergrund, so geht es nunmehr um die „innere" Komponente: „Der Tester soll frei von Willkür vernünftige Testmethoden anwenden, um eine möglichst sachgerechte Beurteilung zu erreichen" (Karpf 1983, S. 133). Dabei geht es weniger um die „objektive Richtigkeit des gewonnenen Ergebnisses." Angesichts der Vielfalt der möglichen Untersuchungsmethoden sowie des allgegenwärtigen wissenschaftlichen Schulenstreits genügt bereits das *ernsthafte Streben* nach dieser Richtigkeit dem gesetzlichen Sorgfaltmaßstab. „Nicht die Richtigkeit der wertenden Testurteile ist das Problem, sondern deren Legitimation durch das vorausgegangene Verfahren" (Karpf 1990, S. 133).

Das Bemühen um Objektivität

Folgerichtig spricht der BGH dem Testveranstalter das Recht zu, unter mehreren „vertretbaren" Untersuchungsmethoden eine Auswahl zu treffen. Entscheidend ist die *Offenlegung und damit die Transparenz des Prüfprogramms*. Wird der Produktvergleich veröffentlicht, so muß für die Adressaten „in groben Zügen" erkennbar sein, welche Erzeugnisse unter welchen Bedingungen getestet wurden (OLG München DB 1986, S. 325 – „Mundduschen"). Aus Sicht der Destinatäre kommt es nämlich entscheidend darauf an, „unter welchem Aspekt eine Empfehlung oder die negative Bewertung einer Ware ausgesprochen wird" (OLG Düsseldorf BB 1982, S. 62 – „Kleber-Autoreifen"). Dabei besteht eine konsequente Selbstbindung des Testveranstalters bezüglich der im veröffentlichten Prüfprogramm niedergelegten Bewertungskriterien. Diese sind unter allen Umständen streng einzuhalten, um die mit Abweichungen verbundene Gefahr einer Irreführung der Rezipienten zu vermeiden.

Transparenz von Prüfprogramm und Kriterien

Angesichts der erheblichen Absatzeinbußen, die ein negatives Testurteil im Regelfall nach sich zieht, kommt dem Erfordernis der Sachkunde bezüglich der Planung und Durchführung des Tests erhebliche Bedeutung zu. Hier ist regelmäßig ein hoher Sorgfaltsmaßstab anzulegen (DIN 66054 Abs. 2.2.1). Dabei ist erneut auf die „publizistische Selbstbindung" des Testveranstalters zu verweisen.

Wer durch öffentliche Verlautbarungen betont, die durchgeführten Untersuchungen erfolgten „nach wissenschaftlichen Methoden und in einem eine sachgerechte Beurteilung ermöglichenden Ausmaß" (Satzung der Stiftung Warentest § 2 Abs. 2), der muß sich an dem von ihm selbst geschaffenen Pflichtenkanon festhalten lassen. Prüfprogramm und Durchführung der Untersuchung haben sich am jeweiligen *Stand von Wissenschaft und Technik* zu orientieren. Dabei ist der Sorgfaltsmaßstab im Lichte der zu erwartenden Marktwirkung um so höher anzusetzen, je größer sich die Streubreite des gewählten Publikationsmediums darstellt. Dies gilt insbesondere dort, wo damit zu rechnen ist, daß eine Vielzahl von Multiplikatoren die Nachricht übernehmen und weiter verbreiten wird.

Sachkunde und Sorgfaltspflicht

Im übrigen schützt der Tatbestand des RaU nur gegen solche Veröffentlichungen, die sich „unmittelbar" gegen den Gewerbebetrieb eines Marktteilnehmers richten, die folglich „betriebsbezogen" sind (BGHZ 3, S. 270 – „Constanze I"; 8, S. 394 –

„Fernsprechnummer"; 24, S. 200 – „Spätheimkehrer"). Dies ist nach überwiegender Auffassung nur dort der Fall, wo eine Beeinträchtigung des Gewerbebetriebs bezweckt oder zumindest objektiv als generelle Folge des Eingriffs vorhersehbar ist. Dies gewinnt im Rahmen des vergleichenden Warentests vor allem dort an Bedeutung, wo sich der Kläger – wie im vorliegende Falle – gegen die (bessere) Bewertung eines Konkurrenzerzeugnisses wendet. Folgerichtig verneint der BGH insoweit bereits eine Rechtsgutverletzung:

Wenn auch der Schutz des § 823 Abs. 1 BGB den Gewerbebetrieb nebst seinen Ausstrahlungen ... ergreift ..., so ist doch immer zu fragen, ob im Einzelfall der Schutzweck auch Beeinträchtigungen der in Frage stehenden Art erfaßt. Die Hervorhebung eines Konkurrenzproduktes berührt zwar ... auch den Gewerbebetrieb der Klägerin, indem die Absatzchancen ihrer Produkte herabgesetzt werden. Eine solche Reflexwirkung reicht aber nicht aus, auf der Grundlage des gewährten Schutzes des eigenen Betriebs Dritten...eine wertende Beurteilung von Produkten ihrer Konkurrenten zu verbieten. Die positive Herausstellung von Konkurrenzerzeugnissen ist nämlich nicht in dem Sinne „betriebsbezogen", wie das in notwendiger Eingrenzung des Rechts am Gewerbebetrieb zu fordern ist."

Zur Sorgfaltspflicht bei der Sachverhaltsermittlung: Warentest III

Die Stiftung Warentest veröffentlichte in der Juli Ausgabe 1982 ihrer Zeitschrift „test" einen Beitrag, „Wo der Einkauf am billigsten ist". Dem dort wiedergegebenen Preisvergleich lagen Testkäufe in Lebensmittelgeschäften und Lebensmittelabteilungen von Supermärkten und Kaufhäusern zugrunde. Unter der Bezeichnung „Globus" waren Testkäufe in 16 „Globus-Märkten" ausgewertet worden, von denen jedoch nur drei zur Gruppe der Klägerin gehörten, währen die übrigen 13 unter demselben Namen von anderen Unternehmen oder Unternehmensgruppen betrieben wurden, die mit der Klägerin nichts zu tun hatten. Durch die Zusammenfassung mit den übrigen „Globus-Märkten" schnitten die drei Läden der Klägerin unstreitig schlechter ab, als wenn sie getrennt aufgeführt worden wären. Die Klägerin verlangte Ersatz des entstandenen Schadens.

Für den Prüfungsmaßstab des § 823 Abs. 1 BGB und damit das RaU blieb angesichts der Ausgestaltung des Sachverhalts kein Raum. Anders als im Falle der „Warentest II-Entscheidung" ging es nicht um die rechtliche Erfassung eines „vergleichenden Warentests". Mit dem fehlerhaft durchgeführten Preisvergleich und der hieraus folgenden unzutreffenden Einstufung der Klägerin galt es vielmehr, die *Verbreitung falscher Tatsachen* durch den Testveranstalter im Rahmen des § 824 BGB juristisch zu bewältigen.

Ausdrücklich betont der BGH (GRUR 1986, S. 330) die strengen Sorgfaltspflichten bei der Ermittlung und Aufbereitung des Sachverhalts und damit hinsichtlich der sachkundigen Durchführung der Untersuchung:

„An die Sorgfaltspflicht der Beklagten sind hohe Anforderungen zu stellen ... Die Beklagte nimmt in der Öffentlichkeit das Vertrauen als staatliche Einrichtung in Anspruch, die nach ... ihrer Satzung verpflichtet ist, ihre Untersuchung nach wissenschaftlichen Methoden durchzuführen und unparteiisch darzustellen. Ihre Veröffentlichungen finden eine weite Verbreitung. Dies legt den Mitarbeitern der Beklagten eine hohe Verantwortung auf ..."

Und, bezogen auf den konkreten Sachverhalt: „Bei Anwendung der hohen von ihnen zu fordernden Sorgfalt hätten die Sachbearbeiter der Beklagten sich Gewißheit verschaffen müssen, daß die unter dem Namen „Globus" betriebenen Selbstbedienungsläden auch wirklich eine einheitliche Preisgestaltung aufweisen, ehe sie die Ergebnisse ... unter der Bezeichnung „Globus" zusammenfaßten."

Was in dieser Argumentation – wenn auch nicht immer in der gebotenen Deutlichkeit – zutage tritt, ist der *partiell „gespaltene"* Ansatz des BGH im Äußerungsdeliktsrecht: Während bei der Wahl der Untersuchungsmethode sowie der Interpretation der gefundenen Ergebnisse eine weite „Einschätzungsprärogative" des Testveranstalters besteht, ist bei der vorbereitenden Recherche ein strenger Maßstab anzulegen. Mit anderen Worten: Der funktional nicht zuletzt an den Interessen der Adressaten orientierten Äußerungsfreiheit des Testinstituts kommt lediglich im Bereich des „Wertens" ein eindeutiger Vorrang zu; dort, wo es um die Ermittlung und Verbreitung nachprüfbarer Tatsachen zu tun ist, greift eine deutlich verschärfte Haftungsordnung Platz (Reifner 1987, S. 421). Dies gilt um so mehr, als unzutreffende Informationen die marktbezogene Rationalität der Verbraucherentscheidung deutlich herabsetzen. So betont denn auch der BGH: „Dem schutzwürdigen Interesse der Klägerin, vor derartigen Angriffen bewahrt zu werden, kann die Beklagte das von ihr verfolgte Interesse der Verbraucheraufklärung um so weniger entgegensetzen, als die Absicherung des Preisvergleichs durch sorgfältige Recherchen auch im Interesse der Verbraucher lag, die nur an zuverlässigen, auf ihre Richtigkeit ausreichend geprüften Informationen interessiert sein konnten. Derartige Recherchen bedeuten auch keine unverhältnismäßige Belastung für die Verwirklichung des Tests."

Besonders hohe Sorgfaltspflichten

Zum Kriterium der Verbraucheraufklärung: Warentest IV

Die Stiftung Warentest veröffentlichte in ihrer Zeitschrift „test" einen Bericht über elektrische Komposthäcksler. Die Geräte der Klägerin erhielten – wie 15 konkurrierende Erzeugnisse – das Qualitätsurteil „mangelhaft". Tragender Grund dieser negativen Bewertung war im wesentlichen das Fehlen eines „Anlaufschutzes" bei geöffnetem Gerät. Trotz z. T. guter Noten hinsichtlich der Handhabung und Funktionsprüfung führte der festgestellte Sicherheitsmangel zu einer deutlichen Abwertung. Allerdings entsprachen die Erzeugnisse der Klägerin aufgrund ihrer Beschaffenheit der geltenden DIN-Norm 11004 und durften mit dem Zeichen „GS-geprüfte Sicherheit" versehen werden. An dieser Bestimmung hatte die Stiftung Warentest bereits im Normaufstellungsverfahren Kritik geübt, war jedoch mit ihrer Ansicht nicht durchgedrungen. Im Testbericht wurde im einzelnen dargelegt, daß man die maßgebliche DIN-Norm für unzureichend halte und hinsichtlich der Bewertung strengere Maßstäbe zugrunde lege.

Erneut knüpft der BGH (GRUR 1987, S. 468) an seinen grundrechtlich geprägten Lösungsansatz an: „Die am Recht der freien Meinungsäußerung (Art. 5 GG) zu messende wertende Kritik an der Qualität gewerblicher Leistungen ist ... solange zulässig, wie die Art des Vorgehens bei der Prüfung und die aus den durchgeführten Untersuchungen gezogenen Schlüsse noch diskutabel erscheinen ... Daraus folgt dann auch, daß der Beklagten zustehende Freiraum nicht durch die ... geforderte Rücksicht auf DIN-Normen eingeschränkt ist." Entscheidend bleibt das Informationsbedürfnis der Adressaten: „Es gehört

Großer Freiraum bei Bewertungsmaßstäben

zum *Beurteilungsfreiraum* der Beklagten, die Bedeutung der Sicherheit für die Beurteilung eines Produkts besonders hoch anzusetzen. Im Hinblick auf ihre Aufgabe, Verbraucherinformation zu betreiben, ist sie zu einer derartigen die Sicherheitsanforderungen nach DIN umfassenden kritischen Überprüfung geradezu verpflichtet ... Es ist die Aufgabe der Beklagten, im Interesse des Verbraucherschutzes auf die nach ihrer Ansicht vorhandenen Mängel auch derartiger DIN-Normen ... in der Öffentlichkeit hinzuweisen, um dadurch zu deren Beseitigung beizutragen."

Als mitentscheidend erweist sich darüber hinaus ein anderer Aspekt, der in der Argumentation des BGH nur undeutlich hervortritt. Die Rede ist von dem bereits erörterten Postulat der *Transparenz des Prüfprogramms*. Die Klägerin hatte u. a. die Gesamtabwertung ihrer Erzeugnisse wegen der Sicherheitsbedenken und die Nichteinbeziehung einzelner Erzeugnisse gerügt. An eher „versteckter" Stelle der Entscheidung geht der BGH auf diese Bedenken ein: „Die Beklagte durfte darauf bauen, der Verbraucher werde erkennen, daß ohnehin nur eine begrenzte Zahl von Produkten in den Test einbezogen worden ist ... Andererseits sind aus der Neutralitätspflicht heraus Verkürzungen bei der Anführung der Einzelergebnisse sowie der maßgeblichen Umstände in bezug auf den Untersuchungsgegenstand und -umfang Grenzen gesetzt. Diese Grenzen sind dann überschritten, wenn die Veröffentlichung zu Mißverständnissen beim interessierten Verbraucher führt, weil dann die den vergleichenden Warentest tragenden Grundlagen – die sachgerechte Verbraucheraufklärung – verlassen wird."

Sucht man nach der Quintesssenz des hier zutage tretenden Pflichtenkanons, so stellt sich diese wie folgt dar: Soweit es im Interesse eines wirksamen Verbraucherschutzes vertretbar scheint, obliegt dem Testveranstalter die autonome Definition des jeweiligen Prüfprogramms. Eine Bindung an heteronome Regelungen besteht jedenfalls insofern nicht, als diese lediglich „Mindestanforderungen" an die Produktbeschaffenheit postulieren. Der Veranstalter bleibt somit frei, seiner Bewertung strengere Maßstäbe zugrunde zu legen. Allerdings gilt es zu bedenken, daß (gesetzlich) normierte Qualitätsstandards regelmäßig den Erwartungshorizont der Rezipienten bestimmen. Um die Gefahr einer Täuschung abzuwenden, sind folglich die die Beurteilung tragenden Gesichtspunkte im Testbericht offenzulegen.

Tatsachenbehauptung und Meinungsäußerung im Testbericht: Warentest V

Eine HiFi-Zeitschrift veröffentlichte einen Testbericht über Lautsprecherboxen. In die Testserie war u. a. ein Gerät der Klägerin einbezogen. Zu einer Abbildung des Produkts hieß es erläuternd: „Ins Detail gegangen: Die Lautsprecherstrippen in der B-Box fielen sehr dünn aus." An anderer Stelle fand sich bezüglich des Geräts der Hinweis: „Kleine Lautsprecherklemmen, dünne Kabel im Gehäuseinnern." Die Zeitschrift hatte für den Test ein von ihr im Handel erworbenes Boxenpaar verwendet. Boxen dieses Typs wurden von der Klägerin seit April 1986 nicht mehr an den Handel ausgeliefert. Das Nachfolgemodell weist dickere Kabel und größere Klemmen auf. Zwar hatte der Testveranstalter vor der Veröffentlichung des Berichts hinsichtlich eventueller technischer Änderungen bei dem Hersteller angefragt, hierauf jedoch zunächst keine eindeutige Antwort erhalten. In dem Fernschreiben der Klägerin vom 10. Juni 1986 hieß es lediglich: „Die Boxen wurden letztes Jahr akustisch überarbeitet. Leider kann ich Ihnen nicht mitteilen, was geändert wurde. Denn unser Entwicklungsingenieur ... ist im Urlaub ... Bitte haben sie Verständnis, daß ich Ihnen dazu erst nach dem 17. Juni 1986 Auskunft geben kann."

Eine spätere Mitteilung der Klägerin erfolgte nicht. Der BGH (GRUR 1989, S. 539) hat ihrem Unterlassungsbegehren stattgegeben. Dabei rekurriert er einleitend auf seine bekannte Ausgangsposition:

„Die Veröffentlichung solcher Tests, wenn sie – wie hier – ohne Wettbewerbsabsicht erfolgt, ist zulässig, wenn die Untersuchung neutral, sachkundig und in dem Bemühen um objektive Richtigkeit vorgenommen wird ... Unter diesen Voraussetzungen ist dem Tester ... ein erheblicher Beurteilungsspielraum einzuräumen, weil nur das der Gewährleistung des Art. 5 GG auch in Ansehung ihrer volkswirtschaftlichen Funktion für Markttransparenz und Verbraucheraufklärung entspricht und nur so der Gefahr entgegengewirkt werden kann, daß vergleichende Warentests wegen der Angriffspunkte, die solche Entscheidungen der Tester in bezug auf Verfahren und Art der Darstellung den Herstellern von schlechter beurteilten Produkten immer bieten werden, von vornherein unterbleiben."

Die weiteren Ausführungen beziehen sich auf das bereits in „Warentest II" angesprochene Verhältnis von Werturteil und Tatsachenbehauptung – unter auffälliger Betonung der in „Warentest III" geforderten hohen Sorgfalt hinsichtlich der Sachverhaltsaufklärung:

Zunehmende Relevanz der Tatsachenbehauptung

„Grenzen sind diesem Gestaltungs- und Beurteilungsermessen dort gesetzt, wo es um die richtige Information der angesprochenen Verbraucher durch solche Aussagen über Produktmerkmale geht, die wegen ihres für den Adressaten im Vordergrund stehenden objektivierbaren Gehalts als Tatsachenbehauptungen zu qualifizieren sind. Derartige Tatsachenbehauptungen dürfen auch im Rahmen von Warentests nicht unwahr sein; sonst können sie nach näherer Maßgabe des § 824 BGB negatorische oder Schadensersatzfolgen auslösen. Zwar bewegen sich ... die Veröffentlichungen von Ergebnissen vergleichender Warentests, die der Verbraucheraufklärung dienen, in der Regel im Bereich wertender Meinungsäußerung ... Das kann es rechtfertigen, auch für die Testaussagen, die zu den Testergebnissen hinführen, diesen Wertungsbezug besonders zu beachten und nach Maßgabe ihrer Aufgabe und Stellung im Kontext gemeinsam mit dem Testergebnis, das sie stützen sollen, als Wertung zu erfassen, auf die § 824 BGB nicht zugeschnitten ist. Anderes gilt jedoch dann, wenn den tatsächlichen Feststellungen im Rahmen des Tests eigenständige Bedeutung zukommt, ... sie dem Werturteil also nicht lediglich als unselbständige Wertungselemente untergeordnet sind, und deshalb von dem Durchschnittsleser, dessen Verständnis hierfür maßgebend ist ... als Aussage über nachweisbare Fakten und Grundlage für sein eigenes Qualitätsurteil über das getestete Produkt aufgefaßt werden."

Hier wird – wenn auch seitens des BGH nicht offen ausgewiesen und mit dem Mantel einer vermeintlichen Kontinuität bedeckt – eine *gewisse Akzentverschiebung* sichtbar. Zwar hatte der Senat die Möglichkeit einer „isolierten" äußerungsrechtlichen Bewertung von Tatsachenbehauptungen im Rahmen eines Testberichts bereits in seiner Entscheidung „Warentest II" angedeutet, doch scheint nunmehr das „Regel-Ausnahme-Verhältnis" in Richtung einer stärkeren Betonung von § 824 BGB verändert. Immerhin hatte der BGH in seiner ersten Entscheidung noch betont, daß die Veröffentlichung von Testberichten „in der Regel" im Bereich der Wertung liege.

In dem hier zutage tretenden partiellen „Wechsel" des normativen Referenzmodells offenbart sich zugleich ein zweiter methodischer Aspekt, der – soweit es die Ausbildung spezifischer Verhaltensnormen für den Bereich des vergleichenden Warentests betrifft – erhebliche Folgen zeitigt. In der Begründung des BGH tritt erneut die „gespaltene" Haftungsordnung des Äußerungsdeliktsrechts zutage: Steht die Wahl des Untersuchungsgegenstandes sowie der -methode in weitem Rahmen zur Disposition des Kritikers, so sind an die Ermittlung der tatsächlichen Grundlagen und damit an die Durchführung der Untersuchung strenge Anforderungen zu stellen. So sah der Senat im Ausgangsfall den Testveranstalter als verpflichtet an, angesichts der infolge der unbefriedigenden Antwort des Herstellers nach wie vor bestehenden Unsicherheit über Art und Ausmaß der an den Boxen vorgenommenen Veränderungen vor der Veröffentlichung des Testberichts erneut nachzufragen:

„Die Beklagte durfte ... nicht darauf vertrauen, weitere Änderungen bei den neuen Boxen ... gäbe es nicht, weil sich die Klägerin nach dem im Fernschreiben ... genannten Termin ... nicht mehr meldete ... Es wäre Sache der Beklagten gewesen, ... bekannte Wissenslücken durch erneute Auskunft zu schließen. Wenn sie sich entschloß, trotz ihrer Kenntnis von Veränderungen bei den neuen Geräten ohne Rückfrage bei der Klägerin in dem Testbericht von einem Hinweis darauf, daß auch die beanstandeten Bauteile geändert sein könnten, abzusehen, so war das ihr Risiko."

Das Augenmerk wendet sich folglich dem Bereich der Tatsachenbehauptung und damit der dogmatischen Struktur des § 824 BGB zu.

6.3.5 Kreditgefährdung durch Tatsachenbehauptungen: zur dogmatischen Struktur des § 824 BGB

Zur praktischen Bedeutung der Vorschrift

Im System des bürgerlichen Deliktsrechts stellt § 824 BGB den einzigen äußerungsspezifischen Tatbestand dar. Dennoch war die praktische Bedeutung der Vorschrift in der Vergangenheit eher gering (Wenzel 1986, S. 173). Die Ursache dieses „Anwendungsdefizits" liegt angesichts der erörterten Genese des Äußerungsdeliktsrechts weitgehend auf der Hand. Mit der durch die „Constanze"-Entscheidung eingeleiteten Ausdifferenzierung und Extension des RaU verlor § 824 BGB seine singuläre Bedeutung. Die juristische Bewertung der Kritik an gewerblichen Erzeugnissen wurde durchgängig dem Regelungsfeld des „eingerichteten und ausgeübten Gewerbebetriebs", d.h. dem RaU zugeordnet. Erst mit der infolge der verfassungsrechtlichen „Wechselwirkungslehre" einhergehenden Restriktion des RaU gewann § 824 BGB erneut an Bedeutung. Dies galt für den Bereich des vergleichenden Warentests jedoch nur mit Einschränkungen. Hier führte die regelmäßige Konsumption der Tatsachenfeststellung durch die abschließende Wertung in Form des Testurteils weiterhin zu einem gewissen Vorrang des in § 823 Abs. 1 BGB begründeten RaU. Mit der zunehmenden Betonung der Sachverhaltermittlungspflicht und der Verschärfung des hierbei geltenden Sorgfaltsmaßstabs seitens des BGH sowie der hieraus abzuleitenden Tendenz, einzelne Tatsachenbehauptungen einer isolierten Bewertung zugänglich zu machen, erwuchs § 824 BGB eine entscheidende Funktion – und dies gleich in doppelter Hinsicht. Einer-

Zunehmende Bedeutung von § 824 BGB

seits wurden die zu beurteilenden Sachverhalte immer häufiger dem Tatbestand der Norm zugeordnet; andererseits wirkten die zu § 824 Abs. 2 BGB entwickelten Sorgfaltspflichten ihrerseits auf den subjektiven Tatbestand des § 823 Abs. 1 BGB zurück.

Die Tatsachenbehauptung

§ 824 BGB erfaßt ausschließlich das Behaupten oder Verbreiten von Tatsachen. Entscheidend ist somit, ob die Äußerung aus Sicht des Empfängers einem Beweis zugänglich ist (BGH NJW 1961, S. 1913). Um Mißverständnisse zu vermeiden: Entscheidend ist die potentielle Beweisbarkeit einer Behauptung; ob der Beweis im Einzelfall geführt werden kann, ist für die Annahme des Tatsachencharakters einer Äußerung ohne Bedeutung. Enthält diese sowohl wertende Aussagen als auch Angaben tatsächlicher Natur, so entscheidet – wie im Falle des vergleichenden Warentests – ihr inhaltlicher Schwerpunkt (Wenzel 1986, S. 80). Maßgebend ist die Sicht eines *unbefangenen Durchschnittsadressaten*. Im übrigen gilt es zu bedenken, daß diese am Aussagegehalt orientierte Einordnung einer Äußerung als Tatsachenbehauptung oder Meinungskundgabe ihrerseits wertender Natur ist. Angesichts des verfassungsrechtlich gewährleisteten Vorrangs freier Kommunikation (Art. 5 GG) ist somit in Zweifelsfällen der weitere Kontrollmaßstab des § 823 Abs. 1 BGB für Meinungsäußerungen zugrunde zu legen (BVerfGE NJW 1983, S. 1415 – „Wahlkampfäußerung"; 1995, S. 3303 – „Soldaten sind Mörder"). Eine parallele Anwendung beider Kontrollnormen – § 823 Abs. 1 und § 824 BGB – kommt nur dort – ausnahmsweise – in Betracht, wo innerhalb eines Äußerungskomplexes einer Tatsachenmitteilung neben der auf ihr gründenden Gesamtaussage eine eigenständige Bedeutung zukommt und sich folglich beide Aspekte trennen lassen (Brinkmann 1988, S. 516).

Entscheidend: die potentielle Beweisbarkeit einer Behauptung

Die Kreditgefährdung

Daß die Behauptung ehrverletzender Natur ist, ist nicht erforderlich. Es genügt, wenn sie nach allgemeiner Lebenserfahrung geeignet ist, den Kredit des Betroffenen zu gefährden „oder sonstige Nachteile für dessen Erwerb oder Fortkommen herbeizuführen." Dabei besteht eine wesentliche Einschränkung: § 824 BGB erfaßt nur solche Behauptungen, die möglicherweise die kommerziellen Beziehungen zu gegenwärtigen oder künftigen Geschäftspartnern des Betroffenen beeinflussen. Beeinträchtigungen im gesellschaftlichen oder politischen Bereich ohne spürbare geschäftliche Auswirkungen unterfallen nicht dem Schutzzweck der Norm (BGHZ 90, S. 113 – „Bürgerinitiative"; hierzu: Steimeyer 1989, S. 781).

Im übrigen bedingt § 824 BGB, daß falsche Tatsachen behauptet oder verbreitet werden. Dabei ist unter *Behauptung* die Kundgabe einer eigenen, unter *Verbreitung* die Äußerung einer fremden Ansicht zu verstehen, die sich der Äußernde nicht selbst zu eigen macht (Wenzel 1986, S. 179). Der Begriff des Behauptens erfaßt auch die Kundgabe eines Verdachts (BGH NJW 1970, S. 187 – „Hormoncreme"), die Verbreitung auch die Weitergabe eines Gerüchts (BGH NJW 1951, S. 352). Eine Behauptung liegt selbst dann vor, wenn der sich Äußernde durch einschränkende Zusätze – „nach meiner Auffassung, meines Erachtens" – den Aussagegehalt seiner Äußerung relativiert

Behauptung oder Verbreitung falscher Tatsachen

(OLG Frankfurt NJW 1981, S. 2707). Demgemäß ist der Tatbestand des Verbreitens auch dort erfüllt, wo der Mitteilende Zweifel am Wahrheitsgehalt des Gerüchts erkennen läßt. Etwas anderes gilt allerdings, wenn sich der Verbreiter von der Äußerung distanziert oder im Rahmen einer neutralen Dokumentation des Meinungsstandes die widerstreitenden Ansichten der Protagonisten *referiert*. Hier stellt sich die Äußerung lediglich als zutreffender Hinweis auf eine fremde Behauptung dar.

Dies bedeutet nun keinesfalls, daß der Art und Weise der Äußerung, z.B. als feststehende Tatsache oder begründeter Verdacht, im Rahmen des § 824 keine Bedeutung zukommt, doch erfolgt die notwendige Differenzierung und Interessenabwägung ausschließlich innerhalb des Rechtfertigungsgrundes des § 824 Abs. 2 BGB.

Maßgeblich für die Unwahrheit der Tatsachenbehauptung ist die Frage, ob das durch sie erzeugte Vorstellungsbild der Rezipienten von den tatsächlichen Gegebenheiten abweicht. Dabei kommt es entscheidend darauf an, ob sich die Äußerung in ihrem „Kern" als unzutreffend erweist. Geringfügige Abweichungen ohne Entscheidungsrelevanz bleiben außer Betracht. So hat der BGH (GRUR 1987, S. 316 – „Türkei-Flug II") die Behauptung in einem Hörfunkbericht, von der Stornierung eines Charterfluges seien 40 Personen betroffen, obwohl es bei genauerer Prüfung nur 30 waren, zutreffend als unerhebliche Abweichung angesehen, die den Gesamtgehalt der Äußerung nicht entscheidend verändere.

Ist die Äußerung „im Kern" wahr?

Dabei ist es grundsätzlich Sache des Geschädigten, die Unwahrheit der Behauptung darzulegen und zu beweisen (BGH GRUR 1972, S. 435 – „Grundstücksgesellschaft"). Etwas anderes gilt nur dort, wo die behauptete Tatsache gleichzeitig den Tatbestand des § 186 StGB, § 823 Abs. 2 BGB erfüllt und somit – über die Kreditschädigung hinaus – „ehrenrühriger" Natur ist. Liegen die Voraussetzungen der Norm vor, so liegt die Beweislast für die Wahrheit der Behauptung beim Verletzer.

Zur Rechtswidrigkeit der Äußerung

Gemäß § 824 Abs. 2 BGB wird der Mitteilende durch eine Äußerung, deren Unwahrheit ihm unbekannt ist, dann nicht zum Schadensersatz verpflichtet, „wenn er oder der Empfänger der Mitteilung an ihr ein *berechtigtes Interesse* hat." Dabei reicht die Funktion der Bestimmung weit über die Bedeutung eines herkömmlichen Rechtfertigungsgrundes hinaus (Wenzel 1986, S. 184). Schon vor der richterrechtlichen Ausdifferenzierung des in § 823 Abs. 1 BGB verankerten RaU wurde § 824 Abs. 2 BGB zum dogmatischen Kristallisationspunkt einer umfassenden Interessenabwägung im Regelungsfeld des Äußerungsdeliktsrechts. Den berechtigten Interessen des durch die Äußerung Betroffenen an einer wahrheitsgemäßen Erörterung seiner Belange gilt es, das Mitteilungs- und Informationsbedürfnis des Mitteilenden sowie der Informationsdestinatäre gegenüberzustellen (Ricker 1989, S. 57).

Determinanten der Ausbildung von Sorgfaltspflichten

Folgerichtig ist bereits nach dem Wortlaut der Bestimmung für eine Interessenabwägung dort kein Raum, wo der Äußernde um die Unwahrheit der Behauptung weiß (BGH DB 1958, S. 276). Hier scheidet eine Rechtfertigung gem. § 824 Abs. 2 BGB notwendig aus. Befindet er sich in unverschuldeter Unkenntnis, so kommt es auf eine Rechtfertigung ohnedies nicht an: § 824 BGB setzt notwendig schuldhaftes, d.h. fahrlässiges Verhalten voraus

(Wenzel 1986, S. 185). Der Wirkungsbereich des § 824 Abs. 2 BGB liegt folglich im Spannungsfeld zwischen beiden Antipoden. Hier dient die Bestimmung als richterliche Ermächtigung hinsichtlich der Ausbildung von Sorgfaltspflichten bei der Aufbereitung und Ermittlung des verlautbarten Sachverhalts. Sucht man nach den konkreten Determinaten dieses Normbildungsprozesses, so kristallisieren sich – jenseits des Einzelfalls – einige leitende Gesichtspunkte heraus. So wird die geschuldete Sorgfalt zunächst entscheidend durch die *Art und Weise* bestimmt, in welcher die Äußerung erfolgt – und dies gleich in dreifacher Weise:

❒ Das betrifft zunächst die Wirkungsmechanismen des Mitteilenden sowie des gewählten Kommunikationsmediums. Je größer dessen *Reichweite* und damit die Zahl der erreichten Rezipienten, um so höher sind die Anforderungen hinsichtlich der Sorgfalt der vorausgehenden Recherche (BGHZ 65, S. 325 – „Warentest II").

❒ Der zweite Aspekt betrifft die *Reputation* des Mitteilenden selbst. Mit zunehmendem Ansehen im Vorstellungsbild der Informationsdestinatäre steigt auch hier der zu beachtende Sorgfaltsmaßstab (BGH a.a.O.).

❒ Der letzte Gesichtspunkt gilt eher der inhaltlichen und formalen Ausgestaltung der Äußerung. Im Lichte der gebotenen Interessenabwägung gewinnt die oben angesprochene Differenzierung zwischen der Kundgabe feststehender Tatsachen und der Mitteilung eines begründeten Verdachts eine entscheidungserhebliche Bedeutung. Je apodiktischer die gewählte *Äußerungsform*, um so strenger ist der gewählte Beurteilungsmaßstab (Wenzel 1986, S. 278).

Darüber hinaus geraten zwei weitere Aspekte in den Blickpunkt: Die Schädigungsneigung (Ricker 1989, S. 59) sowie die Dringlichkeit (Wenzel 1986, S. 279) der inkriminierten Äußerung. Es handelt sich hierbei – wie überhaupt bei der Auswahl der für die Interessenabwägung maßgeblichen Gesichtspunkte – letztlich um allgemeine Erwägungen der *Verhältnismäßigkeit*, wie sie auch dem öffentlichen Recht der Gefahrenabwehr immanent sind. Folglich ist die Sorgfaltspflicht des Mitteilenden dort besonders hoch anzusetzen, wo – wie bei Angaben über die Vermögensverhältnisse oder die Kreditwürdigkeit des Betroffenen – die Gefahr exorbitanter Schäden besteht (BGH GRUR 1969, S. 151). Dient die Mitteilung der Abwehr drohender Gefahren und ist somit Eile geboten, so sind angesichts der zeitlichen Enge weniger strenge Anforderungen zu stellen als beispielsweise im Rahmen einer langfristig vorbereiteten Buchveröffentlichung. Dies stellt allerdings keinen „Freibrief" für unsorgfältige Recherchen dar. Stets ist ein unabdingbarer Mindeststandard äußerungsrechtlicher Sorgfalt zu wahren. Kann dieser nicht eingehalten werden, so muß die Verbreitung der Nachricht zwingend unterbleiben. Zu Recht betont Mertens (MünchKomm § 824 Anm. 42): „Vielfach wird kein berechtigtes Interesse gegeben sein, eine Information ohne jede Wahrheitsprüfung weiterzugeben, sondern nur ein berechtigtes Interesse, sie mitzuteilen, ehe alle Möglichkeiten ihrer Prüfung ausgeschöpft sind."

Mindeststandards an Sorgfaltspflichten

Grundsätzlich trifft auch den *Verbreiter einer fremden Nachricht* eine eigenständige Kontrollpflicht. Wurde die Information nicht selbst recherchiert, sondern von Dritten übernommen, so ist deren Inhalt auf seine Richtigkeit zu überprüfen (BGH NJW 1963, S. 904; 1966, S. 2011). Etwas anderes gilt nur bei amtlichen Mitteilungen und Presseinformationen von Behörden. Hier kann regelmäßig davon ausgegangen werden, daß die

Mitteilung der Wahrheit entspricht (OLG Hamburg AfP 1977, S. 35; LG Oldenburg AfP 1988, S.80). Scheidet eine Überprüfungsmöglichkeit im Einzelfall aus, so darf die – ausnahmsweise – Weitergabe der Information nur unter ausdrücklichem Hinweis auf die Informationsquelle erfolgen. Im übrigen ist im Regelfall zur Vermeidung von Falschinformationen dem Betroffenen vor der Veröffentlichung eine *Gelegenheit zur Stellungnahme* zu geben (BGH GRUR 1966, S. 157; GRUR 1989, S.539 – „Warentest V"), sofern nicht das dringende Informationsbedürfnis der Öffentlichkeit die hierdurch bedingte Zeitverzögerung nicht zuläßt.

6.3.6. Äußerungsrechtlicher Schutz gegenüber wahren Tatsachenbehauptungen?

Das „allgemeine Persönlichkeitsrecht"

Die Frage, ob über den Schutz gegen unwahre Tatsachenbehauptungen hinaus, die Rechtsordnung den Betroffenen Abwehrrechte gegenüber wahren Äußerungen gewährleistet, scheint auf den ersten Blick befremdlich. Allerdings besteht bei genauerer Sicht hinsichtlich natürlicher Personen ein unabweisbares Schutzbedürfnis, soweit dies Informationen aus der Privat- oder gar Intimsphäre betrifft. So gebietet denn die grundrechtliche Gewährleistung der „Würde des Menschen" (Art. 1 Abs. 1 GG) sowie der „freien Entfaltung der Persönlichkeit" (Art. 2 Abs. 1 GG) einen der öffentlichen Erörterung entzogenen Raum „informationeller Selbstbestimmung" (BVerfG 65, S.1 –„Volkszählung"; hierzu Benda 1995, S. 161) des einzelnen, der im Sinne eines effizienten Rechtsgüterschutzes notwendig einer deliktsrechtlichen Absicherung bedarf. Diese erfolgt im Rahmen des § 823 Abs. 1 BGB vermittels des dogmatischen Konzepts eines „allgemeinen Persönlichkeitsrechts" im Wege einer verfassungsrechtlichen Konkretisierung der unbenannten „sonstigen" Rechte und Rechtsgüter. Erörterungswürdig scheint lediglich die unmittelbare Übertragung dieses Instituts auf juristische Personen des privaten Rechts. Dabei steht deren *„Grundrechtsfähigkeit"* prinzipiell außer Diskussion: Gemäß Art. 19 Abs. 3 GG erfassen die konstitutionellen Gewährleistungen auch „inländische juristische Personen, soweit sie ihrem Wesen nach auf diese anwendbar sind."

Allgemeine Persönlichkeitsrechte bei juristischen Personen?

Dabei erweist sich die Abgrenzung eines schutzwürdigen, dem öffentlichen Diskurs entzogenen „forum internum" und damit letztlich die Anerkennung einer von den handelnden Personen ablösbaren „privaten" Unternehmenssphäre als weitaus problematischer denn im Bereich natürlicher Personen. Immerhin mag man mit der in Rechtsprechung (BGHZ 98, S. 94) und Schrifttum überwiegenden Auffassung (Strobel 1994, S. 1293; kritisch: Siekmann 1994, S. 651) für Teilbereiche der unternehmerischen Entfaltung einen der freien Information entzogenen Schutzbereich auch dort anerkennen, wo dieser über die einfachgesetzliche Absicherung einer unternehmensbezogenen Geheimsphäre – wie beispielsweise in § 17 ff UWG – hinausweist. Dafür kann das – freilich spezifisch konturierte – allgemeine Persönlichkeitsrecht der juristischen Person als mögliches dogmatisches „Einfalltor" dienen.

Allerdings lenken diese Erwägungen das Augenmerk erneut auf die einleitenden Betrachtungen zum Verhältnis von Unternehmensschutz und Privatsphäre. Die Gewährleistung des Persönlichkeitsrechts darf ebensowenig wie das ebenfalls in § 823 Abs. 1 BGB verankerte RaU den marktbezogenen Kommunikationsprozeß in dysfunktionaler Weise beeinträchtigen. So entspricht es gerade dem „Wesen" juristischer Personen als Unternehmensträger, daß diese in weit größerem Ausmaß als private Individuen im *Blickpunkt der öffentlichen Erörterung* stehen. Hier spiegelt sich die spezifische Gemeinschaftsgebundenheit des unternehmerischen Eigentums im Lichte seiner sozialstaatlichen Verankerung (Art. 20 Abs. 1 GG) wider. Dies betrifft jedenfalls solche unternehmensbezogenen Daten, die der Gesetzgeber seinerseits in Form der Publizitätspflicht und des Registerzwangs dem öffentlichen Zugriff unterworfen hat. Daß hier selbst die Rechtsprechung mitunter die Einsicht in die tatsächlichen Funktionsbedingungen einer Marktordnung vermissen läßt, zeigen die „Heberger"-Entscheidung des BGH vom 08. Februar 1994 (ZIP 1994, S. 648) und der hierzu ergangene Beschluß des BVerfG vom 03. Mai 1994 (AG 1994, S. 369).

Die „Heberger"-Entscheidung

Der beklagte Professor für Wirtschaftswissenschaften führte vom November 1989 bis zum Juni 1991 für die Bundessteuerberaterkammer Seminare mit dem Titel „Jahresabschlußanalyse aus Sicht der Banken" durch. Dabei verwandte er als „Fallstudie" den Jahresabschluß 1987 der Klägerin, der „Heberger Bau GmbH", eines mittelständischen, national und international tätigen Bauunternehmens, dessen Geschäftsanteile sich ausschließlich im Familienbesitz befinden. Dieser Jahresabschluß war vollständig im Bundesanzeiger abgedruckt. Der Beklagte fügte,

Kein Präzedenzfall aus dem Jahr 1994

ohne den Namen und die Adresse der Klägerin unkenntlich zu machen, Ablichtungen des Jahresabschlusses den Seminarunterlagen bei. Außerdem fügte er den Seminarunterlagen Ablichtungen von Analysen dieses Jahresabschlusses bei, die mehrere Banken auf seine Bitte hin erstellt hatten. In eigenen umfangreichen Ausführungen gelangte er aufgrund der Bankenanalyse zu dem Ergebnis, daß die finanzielle Lage der Beklagten kritisch zu beurteilen sei. Auch diese Ausführungen waren Teil der Seminarunterlagen. Der BGH hat dem Unterlassungsbegehren der Klägerin stattgegeben. Hierzu führt er aus:

„Nach Auffassung des Senats kann die Klägerin, gestützt auf ihr allgemeines Persönlichkeitsrecht, nach §§ 823 Abs. 1, 1004 BGB von dem Beklagten verlangen, daß er es unterläßt, ihr Unternehmen betreffende Jahresabschlüsse ohne ihre Zustimmung unter Nennung ihres Namens und ihrer Adresse ... zum Gegenstand von Seminarveranstaltungen zu machen ... Der Jahresabschluß 1987 der Klägerin erweist sich mit seinem Anhang als umfassende Darstellung und Durchleuchtung ihrer finanziellen Situation. Damit wird die Klägerin durch die Weitergabe dieser Daten an die Empfänger, denen der Beklagte den Jahresabschluß ausgehändigt hat, in ihrem sozialen Geltungsanspruch als Wirtschaftsunternehmen betroffen.
... Entgegen der Revisionserwiderung scheidet die Annahme eines Eingriffs in das allgemeine Persönlichkeitsrecht nicht deshalb aus, weil die Veröffentlichung des Jahresabschlusses gesetzlich vorgeschrieben ist. Mit dieser Regelung verfolgt der Gesetzgeber den Schutz Dritter, die mit dem betroffenen Unternehmen in Beziehungen stehen oder treten wollen. Die Vorschrift berechtigt aber nicht, das Unternehmen der Klägerin ohne deren Zustimmung mit diesen Daten unter Namensnennung in die eigenerwerbswirtschaftlichen Zwecke einzuspannen. Nicht einmal gibt sie Außenstehenden das Recht,

die in der Veröffentlichung des Jahresabschlusses liegende Offenlegung der finanziellen Lage des betroffenen Unternehmens noch dadurch zu verstärken, daß er das Interesse fachkundiger Kreise gezielt auf diese Veröffentlichung lenkt ... Der Wissenschaftsfreiheit, die der Beklagte für sein Vorgehen in Anspruch nimmt, steht ... das verfassungsrechtlich gewährleistete allgemeine Persönlichkeitsrecht der Klägerin entgegen ..."

Die hiergegen gerichtete Verfassungsbeschwerde hat das BVerfG als offensichtlich unbegründet nicht zur Entscheidung angenommen. Die seitens des BGH vorgenommene „Abwägung der gegenläufigen Grundrechtspositionen" lasse „keinen Verfassungsverstoß erkennen." Der Beschwerdeführer habe es nicht aufzuzeigen vermocht, „weshalb es für das mit der jeweiligen Seminarveranstaltung verfolgte Ziel ... darauf ankam, Namen und Adressen der Klägerin zu nennen."

Für die Abwägung der gegenläufigen Grundrechtspositionen sei es ohne Belang, „ob Wissenschaftler oder Wirtschaftsjournalisten künftig gehindert sind, im Bundesanzeiger veröffentlichte Jahresabschlüsse ... auch dann kritisch zu bewerten, wenn sie damit andere Ziele als die Fortbildung von Seminarteilnehmern verfolgen." Dies stünde nicht zur Entscheidung des BVerfG, „weil es auch nicht Gegenstand des Urteils des Bundesgerichtshofs war."

Trotz der seitens des BVerfG erfolgten „Relativierung" der Entscheidung, die eine Übertragung dieser Sichtweise auf Fälle der publizistischen Auswertung allgemein zugänglicher Unternehmensdaten im Lichte der grundrechtlichen Gewährleistung (Art. 5 Abs. 1 GG) ausschließt, erweist sich das beiden Judikaten zugrunde liegende dogmatische Modell als *problematisch und durchgängig verfehlt* (Großfeld, Johannemann 1994, S. 415; Mertens 1994, S. 370; Junker 1994, S. 1499). Dies betrifft bereits die Annahme, die Auswertung des Jahresabschlusses berühre den Schutzbereich des „allgemeinen Persönlichkeitsrechts" der Klägerin. Die Veröffentlichung von Unternehmenskennzahlen dient gerade auch dem Informationsinteresse der allgemeinen Öffentlichkeit. Dieses erfaßt nicht nur das Recht auf Kenntnisnahme, sondern notwendig auch die wissenschaftliche, publizistische und privatnützige Verwertung der so zugänglichen Daten (Siekmann 1994, S. 651). Gerade dem professionellen „information broker" kommt für das Funktionieren marktbezogener Informationsprozesse eine zentrale Bedeutung zu. Ihm obliegt die Aufbereitung, Sammlung und gezielte Streuung des Datenbestandes im Interesse der Informationsdestinatäre. Daß dies in „eigenerwerbswirtschaftlicher" Weise erfolgt, entspricht den „Bedingungen der Möglichkeit" des marktwirtschaftlichen Sytems und trägt dem Umstand Rechnung, daß die Nachfrage nach Information dieser selbst Warencharakter verleiht (Großfeld, Johannemann 1994, S. 415).

Im Lichte der verfassungsrechtlichen Fragestellung liegt die Ausgestaltung des Publizitätsrechts in der Gestaltungsbefugnis des einfachen Gesetzgebers. Dieser trägt mit der Publizitätspflicht der *Sozialgebundenheit des unternehmerischen Eigentums* Rechnung. Gleichzeitig schafft er eine notwendige – wenn auch kaum hinreichende – Voraussetzung zu einer effizienten Öffentlichkeitskontrolle wirtschaftlicher Macht (Art. 74 Nr. 16 GG). Unternehmen, die ihre Leistungen am Markt der Öffentlichkeit anbieten, kommt im Rahmen dieses Marktbezugs gerade kein verfassungsrechtlich geschützter Autonomiebereich zu, der ihre wirtschaftliche Leistungsfähigkeit dem öffentlichen Raisonnement entzieht (Dies verkennt BverwG NJW 1996, S. 3161f).

Publizität eine Voraussetzung zur Kontrolle wirtschaftlicher Macht

6.4 Zusammenfassung

Würdigt man den vorstehenden – notwendig kursorischen – Überblick hinsichtlich des gegenwärtigen dogmatischen Erkenntnisstands des deutschen Äußerungsdeliktsrechts, so ergibt sich ein nicht immer in sich konsistentes Bild unterschiedlicher Schattierungen. Die verfassungsrechtlichen Vorgaben, insbesondere der „Lüth"-Entscheidung, und ihre Inkorporation seitens des BGH haben das zunächst statische Modell des RaU im Lichte einer freien Kommunikationsordnung „aufgebrochen" und gegenüber den benannten Schutzgütern des § 823 Abs. 1 BGB deutlich relativiert. Daß die deliktrechtliche Generalklausel im Bereich der Marktkommunikation dabei einer funktionalen, wettbewerbstheoretischen Betrachtungsweise zugänglich ist, zeigt – zumindest partiell – die Warentestrechtsprechung des BGH. Dabei steht dem weiten Beurteilungsspielraum des Testveranstalter bei der Auswahl des Prüfprogramms und der Interpretation der gefundenen Ergebnisse eine strenge Sorgfaltspflicht bei der Ermittlung der erforderlichen Daten gegenüber. Dies erscheint aus Sicht der Informationsdestinatäre weitgehend funktional. Die mitunter bei Journalisten noch immer anzutreffende Zurückhaltung gegenüber kritischer Unternehmensberichterstattung erscheint aus rechtlicher Sicht jedenfalls nicht gerechtfertigt. Die „Schere im Kopf" gründet insofern eher auf publizistischen Mutmaßungen als in einer wirklichkeitsnahen Risikoanalyse. Demgegenüber läßt die Judikatur bei der kommerziellen Auswertung öffentlich zugänglicher Unternehmensdaten noch immer ein realistisches Modell des Marktgeschehens vermissen. Das ohnedies fragwürdige Modell eines „allgemeinen Persönlichkeitsrechts" juristischer Personen bedarf insofern zwingend einer teleologischen Restriktion im Lichte der Funktionsbedingungen einer freien Wirtschafts- und Kommunikationsordnung. Der Entmachtungsprozeß des Wettbewerbs erfaßt notwendig auch das Bild des Unternehmen in der Öffentlichkeit. In dubio pro libertate.

In dubio pro libertate

Anmerkungen

1 Die Begriffe Moral und Ethik bezeichneten als Ableitungen aus dem Lateinischen und Griechischen ursprünglich beide die Lehre vom richtigen, bzw. guten Handeln. In jüngerer Zeit unterscheidet man jedoch zwischen Moral als Sammelbegriff der Konventionen, bzw. dessen was „man" tut und Ethik als einer Reflexionstheorie der Moral mit der Fragestellung, „ob das was üblich ist, auch 'wirklich' gut und richtig ist" (Honecker 1993, Sp. 249). Entgegen dieser theoretischen Differenzierung wird in der Praxis bei der Forderung nach Moral oder moralischem Verhalten i.d.R. ethische Richtigkeit vorausgesetzt.
2 Zu dieser Kollektivgutproblematik vgl. S. 14ff in diesem Buch
3 Zitiert nach Wieland (1990, S. 154). Diese Vorstellung der unfehlbaren „Wohlstands-Maschine" wird auch von der Bundesregierung mit einer Informationsbroschüre gleichnamigen Titels über die Soziale Marktwirtschaft verbreitet (BMWi 1991).
4 Dies kann u.a. Folge einer Wirtschaftsstruktur sein, die z.T. mit Entwicklungshilfegeldern einseitig auf den Export bestimmter Ressourcen ausgerichtet wurde.
5 Katalysiert wurde diese Entwicklung durch Publikationen wie R. Carsons „Silent Spring" (1962) und „Limits to Growth" von Meadows u.a. (1972).
6 So entfallen bspw. über die Hälfte der von Bundesbürgern mit Pkws zurückgelegten Kilometer auf Freizeit- und Urlaubsverkehr (Seifried 1991, S. 30f). Andere Problembereiche sind hier Flugreisen, Alpin-Ski oder ein „Ausrüstungsfetischismus" in bezug auf verschiedene Freizeitaktivitäten.
7 Vgl. z.B. die Aufarbeitung des „Falls Nestlé" bei Steinmann, Löhr (1988).
8 Rechtlicher Ausschluß bedeutet, daß die Handlung, die i.d.R. physisch nicht verhindert werden kann (z.B. das Einleiten von Altöl ins Grundwasser), in einer Form sanktioniert wird, die die Kosten der Handlung prohibitiv hoch werden läßt. Voraussetzung der Sanktion ist ein funktionierender Kontrollmechanismus.
9 Selbst bei dem klassischen Beispiel für öffentliche Güter, dem Leuchtturm, ist die fehlende Konsumrivalität begrenzt: Ist ein kleines Fischerboot umgeben von Ozeanriesen, so kann es die Signale des Leuchtturms nicht empfangen. Ein zugegeben konstruiertes Beispiel, das aber dennoch zeigt, daß es sich bei der fehlenden Konsumrivalität meist nur um eine Tendenzaussage handelt.
10 Für den Bereich des ökologisch bedingten Nutzens: Schrader 1995, S. 9ff.
11 Phänomene wie bodennahes Ozon, UV-Strahlung oder Radioaktivität sind unsichtbar. Auch das verbreitete Wissen über das Artensterben ist angesichts zunehmender Artenunkenntnis v.a. ein Medienprodukt.
12 An dieser Stelle ist die Unterscheidung zwischen marktwirksamen Bedarfen und den dahinterliegenden Bedürfnissen, die sich auch auf nicht marktlich alloziierbare Güter richten können, besonders relevant.
13 In der Theorie von Rawls stellen diese beiden Aussagen des sog. „Differenzprinzips" Grundsätze dar, denen jedes Individuum in einer gedachten Ursituation zustimmen könnte. In dieser Ursituation befinden sich die Individuen hinter einem „Schleier der Unwissenheit", d.h. sie sind nicht informiert über ihre gesellschaftliche Situation und ihre zukünftigen Chancen.
14 Daß ein Mindestmaß an sozialer Gerechtigkeit auch für die Stabilität der Weltwirtschaft Voraussetzung ist, haben z.B. die von der Armutsrevolte im mexikanischen Bundesstaat Chiapas ausgehenden Währungsturbulenzen im Frühjahr 1995 deutlich gezeigt.
15 Ähnliche Formulierungen finden sich in BUND, Misereor (1996) und der dort angegebenen Literatur. Eine dort und z.T. auch anderswo ebenfalls angegebene vierte Regel, nach der das „Zeitmaß der menschlichen Eingriffe ... in einem ausgewogenen Verhältnis zum Zeitmaß der natürlichen Prozesse stehen" soll, stellt u.E. keinen zusätzlichen Grundsatz dar, sondern eine Zusammenfassung der ersten drei Regeln.

16 So zeigen z.B. die im fast-food-Bereich partiell verwendeten eßbaren Waffelschalen, daß „Einweg" kein prinzipielles Problem ist, sondern nur in der bisher praktizierten Form.

17 Die Bezeichnung „Zukunftsfähigkeit" wird in der deutschsprachigen Sustainability-Diskussion v.a. seit der Publikation der Studie „Zukunftsfähiges Deutschland" des Wuppertal-Instituts verwendet. Dort finden sich auch u.E. nachvollziehbare Begründungen für die Wahl dieser Übersetzung (BUND, Misereor 1996, S. 24).

18 Seine bekannteste Ausformulierung erfuhr dieses Universalisierbarkeitsprinzip im kategorischen Imperativ Kants: „Handle nur nach derjenigen Maxime, durch die du zugleich wollen kannst, daß sie ein allgemeines Gesetz werde" (Kant 1785/1984, S. 68). Verallgemeinerbar soll hier die Maxime sein, nicht die Handlung selber. Diese Unterscheidung ist hier besonders relevant, da es nur wenige Handlungen gibt, die auch dann noch tragfähig wären, würden sie von sechs Mrd. Erdenbewohnern gleichzeitig ausgeübt.

19 „Not ist hierarchisch, Smog ist demokratisch" (Beck 1986, S. 48).

20 Dieses Problem liegt natürlich auch in der oben angeführten systematischen Unsicherheit ökologischer Zukunftsprognosen begründet. Wer sich vom Treibhauseffekt ein blühendes Sibirien erhofft, kann den Untergang einiger kleiner Inseln guten Gewissens in Kauf nehmen.

21 So werden wohl nur wenige Politiker in der Einflugschneise eines Flughafens wohnen – sie alle profitieren jedoch als Vielflieger vom steuerfreien Flugbenzin.

22 Im Umweltbereich führt dies zu Problemverlagerungen (z.B. Belastung von Sondermülldeponien durch Filter statt Emissionen in die Luft) oder Gütersubstitution (z.B. Ersetzen von Asbest durch nicht minder problematische Nachfolgeprodukte) (Held 1994, S. 306).

23 Becks Kernthese von der „Entgrenzung der Politik" (Beck 1986, S. 300ff) besagt, daß die wichtigsten „politischen" Entscheidungen („Wie wollen wir leben?") im Bereich der Subpolitik (Wirtschaft, Gesellschaft) fallen und erst ex post von der traditionellen Politik legitimiert werden.

24 Etzioni (1994, S. 433) führt hier das Beispiel eines freiwilligen Vorlesedienstes in einem Heim an, dessen Funktionieren gefährdet wäre, wenn zusätzliche, egoistisch motivierte Hilfskräfte durch eine entsprechende finanzielle Entlohnung gewonnen würden.

25 Zitiert nach Suchanek (1994, S. 103, FN 1).

26 Etzioni (1994, S. 446) faßt diese Überlegungen in dem vermeintlichen Paradoxon zusammen: „Je mehr die Menschen das neoklassische Paradigma (der egozentrischen Nutzenmaximierung; d. Verf.) zum Leitsatz für ihr Verhalten machen, desto mehr wird die Fähigkeit unterminiert, eine Marktwirtschaft aufrecht zu erhalten."

27 Man kann sich leicht ausmalen, wie das bereits jetzt beklagte Vollzugsdefizit im Umweltbereich wachsen würde, wenn der Verbrauch *aller* Umweltgüter durch frei handelbare Umweltnutzungslizenzen geregelt würde.

28 An dieser Stelle könnten auch umfassender die privaten Haushalte analysiert werden, die zusätzlich die Arbeitnehmer und privaten Investoren umfassen. Da es hier jedoch nicht um Detailbetrachtungen geht, läßt sich der Konsumentenbegriff auch so weit definieren, daß er alle marktlichen Aktivitäten der privaten Haushalte umfaßt, inklusive der Nachfrage nach Arbeitsplätzen und Kapitalanlagemöglichkeiten.

29 „Ökonomisch rational ist, nach allgemeiner Überzeugung, diejenige Entscheidung für eine Handlung, die den erwarteten Nutzen maximiert" (Vossenkuhl 1992, S. 191), wobei Nutzen aus der Befriedigung von Bedürfnissen resultiert. Diese Definition läßt Raum für jede Art von Bedürfnissen: egoistische und altruistische, „moralische" und „unmoralische". Sie ist insofern banal, als niemand gegen seine vorherrschenden Bedürfnisse verstoßen *will*. Wenn er es dennoch tut, so liegt dies in einer falschen Erwartung begründet: entweder hat er seine „wahren" Bedürfnisse oder die Eignung von Befriedigungsmitteln falsch eingeschätzt.

30 Das Beispiel bei Scherhorn (1994a, S. 234): Je mehr Wert ein Tennisspieler auf sein Equipment legt, um so wahrscheinlicher ist es, daß ihn dies in seiner Freude am Spiel beeinträchtigt.

31 Nach Hirschman (1988, S. 99) verhält sich der Trittbrettfahrer, der die Herstellung des erwünschten Kollektivgutes anderen überläßt, „... wie jemand, der ein köstliches Mahl zurückweist, um statt dessen eine Sättigungspille zu schlucken".

32 Interessanterweise führt Olson seinen Beweis der Unmöglichkeit freiwilliger Kollektivgutproduktion genau in dem Jahr, das als Symbol des breiten Engagements für eine „bessere" Welt in die Geschichte eingegangen ist: 1968 (Hirschman 1988, S. 86).
33 Z.B. als „in-process benefits" bei A. Buchanan (1979) oder als „Handlungsnutzen" bei Scherhorn (1992).
34 Z.B. Vischer (1993), S. 34ff.
35 Meffert,Kirchgeorg formulieren diese Forderung in bezug auf die Unternehmenspolitik.
36 Ekins (1991, S. 3) verweist hier auf das Beispiel Großbritanniens, wo das Spendenaufkommen für soziale Zwecke einem halben Prozent der Konsumausgaben entspricht; auch sei kein Berufstätiger in der Lage, für soziale Aktivitäten im engeren Sinne auch nur ein Bruchteil seiner auf Arbeits- und Konsumgütermärkten verbrachten Wachzeit aufzuwenden.
37 Diese von Bennigsen-Foerder als zugespitzte Zeitdiagnose getroffene Aussage bestätigte sich z.B. durch die breite Resonanz, die der Shell-Boykott aufgrund der geplanten Brent-Spar-Versenkung in der Bundesrepublik Deutschland im Spätsommer 1995 erfahren hat. Neben diesem deskriptiven Element läßt sich die Gleichsetzung von Bürger und Kunden aber auch als normatives Element eines an Zukunftsfähigkeit ausgerichteten Konsumleitbildes verstehen.
38 Das Beispiel des (imagefördernden) ordnungspolitischen Engagements, das seinerseits als Spielzug innerhalb der bestehenden Ordnung interpretiert werden kann, macht die Schwierigkeiten einer präzisen Trennung zwischen wettbewerbs- und ordnungsgerichteten Strategien deutlich.
39 So stellt Beck (1993, S. 198) die These auf, „daß für Studierende und Berufstätige in Tätigkeitsfeldern und Betrieben, die als 'gefahrenerzeugend' stigmatisiert werden, die Chancen am Heiratsmarkt sinken". Näher liegen die Ergebnisse jener empirischen Studien, die aufzeigen, daß insbesondere der Elite-Nachwuchs seine Arbeitsplatzentscheidung auch unter dem Aspekt der sozial-ökologischen Verantwortlichkeit des künftigen Arbeitgebers trifft.
40 Die um die externen Effekte berichtigten sozialen Gesamtkosten einer derartigen Leistungserstellung sind dagegen vergleichsweise niedrig.
41 Die Abgrenzung dieser drei Ansätze ist nicht völlig trennscharf (Kaas 1992, S. 485, FN 35). So setzt die indirekte Informationsübertragung häufig direkte; und sowohl direkte als auch indirekte Informationsübertragung können Mittel des Reputationsaufbaus sein.
42 Kaas' Analyse bezieht sich ursprünglich nur auf umweltfreundliche Produkte, kann aber auf sozial verantwortliche Leistungen übertragen werden.
43 Die Unterteilung von Eigenschaften (bzw. Gütern) in Sucheigenschaften und Erfahrungseigenschaften (deren Beurteilung erst während des Gebrauchs möglich ist) stammt von Nelson (1970, S. 312). Darbi, Karni (1973, S. 68) erweiterten die Einteilung um die Vertrauenseigenschaften, die ein Konsument selbst i.d.R. nicht beurteilen kann.
44 Hier sind seit Inkrafttreten der EG-Verordnung 2092/91 über den ökologischen Landbau im Januar 1993 Bezeichnungen wie Bio-, Öko- oder ähnliches nur noch zulässig, wenn sich die Erzeuger einer Überprüfung nach Maßgabe des EU-Kontrollsystems unterziehen.
45 In diesen Bereich gehören z.B. die oben genannten Warenkennzeichnungen, wie Inhaltsstoffe und Mindesthaltbarkeitsdatum.
46 Geschieht dies, spricht Kaas (1992, S. 481) von einer „öffentlichen Selbstbindung". Beispiele dafür sind die Verwendung des Blauen Engels (produktbezogen) oder der Blume des EG-Öko-Audit-System (unternehmensstandortbezogen).
47 Übersichten über bisher durchgeführte Unternehmenstests finden sich bei Hansen, Lübke, Schoenheit 1993 und Tschandl 1994.
48 Dabei kann die ungleiche Verteilung dieser „Abstimmungszettel" insbesondere in bezug auf soziale Aspekte zum Problem werden. Allerdings weisen verschiedene Anzeichen darauf hin, daß moderne Gesellschaften zunehmend horizontal statt vertikal strukturiert sind (Divergenz der Lebensstile überwiegt die alten Klassen-/Schichtendivergenzen). So werden auch die Möglichkeiten zur Übernahme sozial-ökologischer Verantwortung von der finanziellen Situation zwar beeinflußt, jedoch nicht vollständig determiniert.
49 So lautet der Untertitel des Buches von Vischer (1993).
50 Zu einer möglichen Sozialbilanzpflicht von Unternehmen vgl. Moll 1986, S. 193f.

51 Eine umfassendere Liste der Bewertungskriterien der Institutionalisierungsvarianten des Unternehmenstests findet sich bei Hansen, Lübke, Schoenheit 1992, S. 53.

52 Dabei bedeutet dies nicht zwangsläufig ein ebensolches gegenwärtiges Handeln (Tschandl 1994, S. 198f).

53 Ansätze einer – zumindest ökologischen – Überprüfung privater Haushalte sind z.b. die Selbsttests „Umweltcheck für den Haushalt" (B.A.U.M. e.V.; A.U.G.E. e.V. 1996) oder „Brauchen Sie die Energie-Diät?" (Global Challenges Network e.V. 1995).

54 Branchenanalyse und Marktabgrenzung bereiten größere *methodische Probleme*, als dies auf den ersten Blick angenommen werden könnte. Allein um die Definition des Konstruktes Branche bspw. herrscht in der Praxis „ein verbreiteter Streit" (Porter 1992, S. 27), die Spannbreite unterschiedlicher Abgrenzungsmöglichkeiten ist immens. Einigung besteht darüber, daß es sich um eine Zusammenfassung von Unternehmen zum Zwecke einer Marktabgrenzung handelt (Bauer 1989, S. 69). Das können alle Unternehmen sein, die zu einem Industriezweig gehören, im Sinne einer Klassifikation der Gesamtwirtschaft wie sie bspw. vom Statistischen Bundesamt vorgenommen wird. Als Branche wird aber auch wesentlich enger definiert „... eine Gruppe von Unternehmen, die Produkte herstellen, die sich gegenseitig nahezu ersetzen können" (Porter 1992, S. 27). Die *Volkswirtschaftslehre* hat sich ausführlich mit dem Thema Marktabgrenzung auseinandergesetzt. So gibt es Beispiele markttheoretischer Branchenstudien, die das Ziel verfolgen, wirtschaftliches Wachstum und wirtschaftliche Entwicklung einer Volkswirtschaft über die Analyse einzelner Märkte zu beobachten und zu erklären (Oberender 1984 und 1989). Die Wettbewerbspolitik beschäftigt sich im Rahmen der Ermittlung marktbeherrschender Stellungen von Unternehmen mit Beschreibungen und Analysen von Branchen, sog. Abgrenzungen des relevanten Marktes. Auch in der *Marketingliteratur* finden sich eine Reihe von Definitionsansätzen, welche zentrale Marktelemente herauszuarbeiten und diese zu einem gemeinsamen Begriff zu verbinden suchen. Eine umfassende Definition des Marktbegriffs definiert den Markt als ein System von Elementen, d.h. von miteinander bezüglich vergleichbarer Gebrauchssituationen in Konkurrenz stehenden Anbietern, die durch ihre Produkte bzw. Marken repräsentiert werden, und deren Einschätzung durch die Nachfrager (Schobert 1979, S. 17). Im Zentrum dieses Marktbegriffs stehen die Anbieter, die Nachfrager und, als Kristallisationspunkt zwischen beiden, die angebotenen Güter bzw. Dienstleistungen. Marktbezogene Auswahl heißt in dieser Abgrenzung folglich auch angebotsbezogene Auswahl.

55 Ein Beispiel für die Anwendung dieses Auswahlkriteriums ist die Arbeit von EIRIS (S. 236 in diesem Buch). Im deutschsprachigen Raum veröffentlicht das Anleger-Informationsblatt Öko-Invest seit Anfang der 90er Jahre regelmäßig Informationen über das sozial-ökologische Verhalten von Kapitalgesellschaften.

56 Im Vorfeld der eigentlichen technischen Prüfungen wurde ein umfassendes *Plan- und Auswahlsystem* aufgebaut (Hüttenrauch 1986, S. 14; Stiftung Warentest 1987, S. 32f). Die Entscheidung, welche Konsumgüter getestet werden, basiert auf mehreren Arbeitsschritten: Anregungen für Untersuchungsvorhaben ergeben sich aus Leserbriefen der test-Leser, Vorschlägen der Verbraucher-Beratungsstellen, der Arbeit von Stiftungsmitarbeitern, die regelmäßig die wichtigsten Konsumgütermessen besuchen und Trends und Neuerscheinungen festhalten, aber auch aus der Statistik der stiftungseigenen Test-Auskunftstelle oder der Nachfragehäufigkeit nach älteren Heften. Zusätzlich werden – von einer eigenen Abteilung „Planung und Analyse" – Marktberichte von Forschungsinstituten und Wirtschaftsverbänden und Kommunikationsstudien großer Verlage ausgewertet sowie demoskopische Erhebungen über Konsum-Entwicklungen, Freizeitgewohnheiten, Einstellungen und Erwartungen analysiert. Zur Absicherung werden jährlich in einer repräsentativen Erhebung 2.000 Verbraucher nach Test- und Themenwünschen befragt, und bei den test-Lesern werden nach jeder test-Ausgabe neue Themen-Ideen abgefragt. Themen, die ein breites Publikumsinteresse erwarten lassen – im Laufe eines Jahres kommen bis zu 10.000 Anregungen – werden dem Kuratorium der Stiftung zur Beratung vorgelegt. Darüber hinaus spielen aber auch so praktische Gründe wie die Auslastung der Prüfinstitute, erwartete Produktneuheiten, Kosten der Tests oder die Themenmischung der „test"-Hefte eine Rolle. Jährlich werden 80-90 Warentests und um die 20 Dienstleistungsuntersuchungen durchgeführt.

57 Es sei angemerkt, daß dennoch die Übereinstimmung des verwendeten Begriffsverständnisses mit anderen Definitonen stets eine anzustrebende Zielgröße sein sollte. Nur bei der Vergleichbarkeit (im Idealfall: Identität) von Begriffsauffassungen in verschiedenen Untersuchungen ist auch die Vergleichbarkeit und dialektische Integration dieser Untersuchungen möglich.

58 Während der sachlogische Ansatz in starkem Maß von der Kompetenz der Experten beeinflußt wird, besteht das Hauptproblem des methodischen Vorgehens in der nahezu vollständigen Ermittlung der Indikatoren. Um dieses Problem zu umgehen, wird ja gerade die Kriterienbildung vorgenommen!
59 So können etwa Additionen, Multiplikationen und Mittelwertbildungen nur bei metrischen Daten durchgeführt werden, nicht jedoch bei nicht-metrischen Daten.
60 In der (Service) Qualitätsforschung wird in jüngerer Zeit für dieses Modell der Begriff „weighted SERVPERF" (gewichtete Service Performance) verwendet (Cronin, Taylor 1992).
61 Speziell diesem Problem widmen sich neue Weiterentwicklungen der Conjoint Analyse. Insbesondere die sog. *Adaptive Conjoint Analyse* (ACA) ist in der Lage, eine Vielzahl von Eigenschaften in die Untersuchung einzubeziehen, ohne zugleich eine Überforderung der Auskunftspersonen zu bewirken (vgl. zur ACA die Beiträge von Green, Krieger, Agarwal 1991 und Johnson 1991).
62 Bereits vorher gab es zwei (wenig erfolgreiche) Versuche, das Konzept des „Shopping for a Better World" für Deutschland zu adaptieren. Zum einen wurde im Jahr 1989 von zwei Buch-Autoren ein an das CEP-Frageninventar angelehnter Fragebogen an ca. 1.000 deutsche Firmen gesandt. In der folgenden Veröffentlichung „Checkliste Einkauf" (Orth, Spindler 1990) wurden noch 112 Unternehmen aufgeführt, 37 davon gänzlich ohne Daten. Zahlreiche andere Unternehmen wurden nur lückenhaft bewertet, so daß der Informationsgehalt niedrig war. Das andere Projekt wurde von der Bonner Verbraucherinitiative initiiert und trug den Titel „Verantwortungsvolles Einkaufen" (Verbraucherinitiative 1991, S. 15). Es kam allerdings über die exemplarische Übersetzung englischer Forschungsergebnisse nicht hinaus. Beide Initiativen scheiterten letztlich an einer mangelnden gesellschaftlichen Verankerung und der fehlenden Finanzierungsbasis.
63 Schreiben des BVE und BLL an das imug vom 24.08.1994; die Inhalte des Schreibens wurden wenig später auch in der Lebensmittelzeitung (02.09.1994) besprochen (Wiechmann, Diethard 1994).
64 Eine Begründung der Untersuchungsfelder sowie der nicht untersuchten Bereiche findet sich im „Unternehmenstester" (imug u.a. 1995, S. 32-62).
65 Eine Übersicht aller Bewertungskriterien zu den Untersuchungsfeldern Informationsoffenheit, Verbraucherinteressen, Arbeitnehmerinteressen, Frauenförderung, Behinderteninteressen und Umweltengagement mit ihren Ausprägungen, deren Bewertungen sowie den einzelnen Gewichtungen ist im Anhang des „Unternehmenstesters" (imug u.a. 1995) auf den Seiten 394-403 abgebildet.
66 Ein wesentliches Kriterium für die Bewertung des Informationsverhaltens stellt die Teilnahme der Unternehmen am sozial-ökologischen Unternehmenstest und die damit verbundene Auskunftsbereitschaft gegenüber der interessierten Öffentlichkeit dar. Eine ausschließlich auf Grundlage der Teilnehmer des Unternehmenstests basierende Berechnung von Branchenergebnissen würde daher in einem (angesichts des z.T. sehr restriktiven Informationsverhaltens) stark verzerrten und folglich wenig aussagekräftigen Wert von 3,23 resultieren. Um realistischere Ergebnisse zu erzielen, wurden bei diesem Untersuchungsfeld die 50 größten Unternehmen der Nahrungs- und Genußmittelindustrie (unabhängig von einer Teilnahme oder Nicht-Teilnahme am Unternehmenstest) zur Berechnung des Branchenwertes als Datenbasis ergänzend herangezogen.
67 Vgl. auch die Ausführungen in Anmerkung 66. Hier muß insbesondere der erweiterte Stichprobenumfang berücksichtigt werden, der tendenziell eine größere Standabweichung der Variable bewirkt.
68 Eine ausführliche Darstellung des Studienaufbaus sowie der erzielten Ergebnisse findet sich bei Hennig 1995.
69 Grundlage der Auszählung sind jene 47 Unternehmen, die sich aktiv an der Untersuchung beteiligt hatten.
70 Die Unternehmensgröße wurde als Kombination der Variablen Umsatz und Mitarbeiterzahl interpretiert. Anhand dieser Variablen wurde eine Einteilung der Unternehmen in drei Größenklassen (kleine Unternehmen, große und mittelgroße Unternehmen, Konzerne) vorgenommen.
71 Zwei kurze Anmerkungen zum Sprachgebrauch in diesem Abschnitt: (1) Sozialwissenschaftliche Hypothesen können bei strenger wissenschaftstheoretischer Betrachtung nur falsifiziert, aber niemals verifiziert werden (Popper 1976). Wenn im Text dennoch von der „Bestätigung" von Hypothesen gesprochen wird, ist damit stets die Ablehnung ihrer Falsifikation, also ihre „Aufrechterhaltung", und niemals eine Verifikation der Hypothese gemeint. (2) Die Festlegung von Signifikanzniveaus basiert weniger auf methodologischen Notwendigkeiten als auf einem (sozial-)wissenschaftlichen Konsens (Sahner 1982, S. 172). Allgemein gilt die (auch hier zugrundegelegte) Regel, daß ein α-Fehler von

kleiner gleich 0,05 vorliegen muß, um eine Ausgangshypothese verwerfen zu können (und folglich den dahinterstehenden Zusammenhang zu „bestätigen"!).

72 Die Fragestellung im Rahmen der Studie lautete konkret: „Von welchen Unternehmen würden Sie Produkte *immer bevorzugen*?" Bei der Durchführung der Regressionsanalyse wurde auf die prozentualen Zustimmungswerte der einzelnen Untersuchungsfelder zurückgegriffen.

73 Vgl. zur Methode der Faktorenanalyse grundlegend Weiber 1984 sowie den Überblick bei Hennig 1995a, S. 85ff.

74 Backhaus u.a. 1994, S. 220ff. Das MSA-Kriterium der Ausgangsdatenmatrix betrug 0,64, was als „mittelmäßig" bis „passabel" eingestuft werden kann (Kaiser, Rice 1974, S. 111ff). Als Ausgangskommunalitäten wurden die multiplen Bestimmtheitsmaße der einzelnen Variablen herangezogen.

75 Die Varianzerklärungsanteile der einzelnen Faktoren lauten wie folgt: Faktor 1 = 40,4%, Faktor 2 = 20,2%, Faktor 3 = 18,6%.

76 Neben hierarchischen Clusteranalysen existieren noch verschiedene weitere Verfahrensalternativen, so etwa die partitionierenden Methoden, die allerdings mit zahlreichen Problemen verbunden sind (Backhaus u.a. 1994, S. 282ff) und daher hier keine Verwendung finden.

77 Als Distanzmaß wurde dabei die quadrierte Euklidistanz gewählt (Backhaus u.a. 1994, S. 272ff). Als Fusionierungsalgorithmus wurde die Fehlerquadratsummen-Minimierung nach Ward verwendet, nachdem zunächst ein Test auf „Ausreißer" mit Hilfe des Single-Linkage-Algorithmus durchgeführt wurde (keine „Ausreißer").

Literaturverzeichnis

Achar, R.; Nitkin, D.; Otto, K.; Pellizzari, P. (1996): Shopping with a Conscience. The Informed Shopper's Guide to Retailers, Suppliers, and Service Providers in Canada, Toronto u.a.

Adams, R.; Carruthers, J.; Hamil, S. (1991a): Changing Corporate Values, London.

Adams, R.; Carruthers, J.; Fisher, C. (1991b): Shopping for a Better World, London.

Adlwarth, W.; Wimmer, F. (1986): Umweltbewußtsein und Kaufverhalten: Ergebnisse einer Verbraucherpanel-Studie, in: Jahrbuch der Absatz- und Verbrauchsforschung, 32. Jg., H. 2, S. 166-192.

Albrecht, F.-J. (1979): Konsumerismus und Konsumenteninformation: Eine kritische Analyse der Konsumenteninformation als verbraucherpolitisches Instrument, Zürich.

Albrecht, G. u.a. (1986): Sozialverträgliche Energieversorgung, in: Aus Politik und Zeitgeschichte vom 9.8.1986, Bonn.

Alperson, M.; Tepper Marlin, A.; Schorsch, J.; Will, R. (1991): The Better World Investment Guide, New York u.a.

Altvater, E. (1996): Feuer & Wasser: Passen Globalisierung und Nachhaltige Entwicklung zusammen?, in: Politische Ökologie, o.Jg., Nr. 46, S. 32-35.

Ansoff, H. (1965): Corporate Strategy, New York.

Arbeitsgemeinschaft der Verbraucherverbände (AgV) (Hrsg.) (1995): Ethischer Konsum, H. 10, Bonn.

Arbeitsgemeinschaft selbständiger Unternehmer (ASU) (1993): Der selbständige Unternehmer. Seine Bedeutung und sein Ethos, Bonn.

Asahi Shimbun Cultural Foundation (Hrsg.) (1995): Einkaufsführer der Asahi Shimbun Cultural Foundation, Tokio.

Assmann, H. D.; Kübler, F. (1981): Staatliche Verbraucherinformation im Ordnungsgefüge des Privatrechts, Königstein.

B.A.U.M. e.V.; A.U.G.E. e.V. (Hrsg.) (1996): Umweltcheck im Haushalt, CD-Rom, Hamburg.

Backhaus, K.; Erichson, B.; Plinke, W.; Weiber, R. (1994): Multivariate Analysemethoden, 7., vollständig überarb. und erw. Aufl., Berlin.

Bahr, H.E. (1970): Öffentlichkeit und Partizipation, in: Wirtschafts- und gesellschaftspolitisches Bildungswerk (Hrsg.), Partizipation – Aspekte politischer Kultur, Opladen, S. 92ff.

Balderjahn, I. (1986): Das umweltbewußte Konsumentenverhalten: Eine empirische Studie, Berlin.

Batzer, E.; Greipl, E. (1992): Hersteller- und Handelsmarken im Handel, in: Dichtl, E.; Eggers, W. (Hrsg.), Marke und Markenartikel als Instrumente des Wettbewerbs, München, S. 186-204.

Bauer, H. H. (1989): Marktabgrenzung, Berlin.

Bechmann, A. (Hrsg.) (1982): Die Umweltverträglichkeitsprüfung – ein Planungsinstrument ohne politische Relevanz?, Schriftenreihe des FB Landschaftsentwicklung der TU, Nr. 9, Berlin.

Beck, U. (1986): Risikogesellschaft. Auf dem Weg in eine andere Moderne, Frankfurt/Main.

Beck, U. (1993): Die Erfindung des Politischen, Frankfurt/Main.

Beck, U.; Vossenkuhl, W.; Ziegler, U.E. (1995): Eigenes Leben: Ausflüge in die unbekannte Gesellschaft, in der wir leben, München.

Benda, E. (1995): Menschenwürde und Persönlichkeitsrecht, in: Benda, E.; Maihofer, W.; Vogel, H.J. (Hrsg.), Handbuch des Verfassungsrechts, 2. Aufl., S. 161ff.

Bender, D. u.a. (1988): Vahlens Kompendium der Wirtschaftstheorie und Wirtschaftspolitik, Band 2, 3. Aufl., München.

Bennigsen-Foerder, R. v. (1988): Politisierung des Konsums. Der Bürger als Kunde, der Kunde als Bürger, in: Markenartikel, 50. Jg., H. 7, S. 334-339.

Berekoven, L.; Eckert, W.; Ellenrieder, P. (1991): Marktforschung, 5. Aufl., Wiesbaden.

Berg, H. (1988): Wettbewerbspolitik, in: Bender, D. u.a. (Hrsg.), Vahlens Kompendium der Wirtschaftstheorie und Wirtschaftspolitik, Band 2, 3. Aufl., München, S. 231-291.

Berndt, H. (1984): Informationsmenge und Informationsverarbeitungsleistung bei Konsumentscheidungen: Eine empirische Untersuchung zum Problem des "information overload", in: Marketing ZFP, 6. Jg., H. 3, S. 181-188.

Bettman, J.R. (1979): An information processing theory of consumer choice, Reading (Mass.).

BMWi (Bundesministerium für Wirtschaft)(Hrsg.)(1991): Die Wohlstands-Maschine: Soziale Marktwirtschaft – wie sie funktioniert und was sie leistet, Verfasser: D. Lösch, Bonn.

Bodenstein, G.; Spiller, A. (1993): Die EG-Verordnung zu Umweltmanagement und Öko-Auditing, in: Marktforschung und Management, 37. Jg., H. 4, S. 164-171.

Böhler, H. (1992): Marktforschung, 2. Aufl., Stuttgart.

Braun, W. (1978): Arbeit und Konsum: Terminologische Überlegungen zum normativen Fundament einer Theorie der Verbraucherpolitik, in: Biervert, B. u.a. (Hrsg.), Plädoyer für eine neue Verbraucherpolitik, Wiesbaden, S. 163-180.

Brinkmann, W (1988): Der äußerungsrechtliche Unternehmensschutz in der Rechtsprechung des Bundesgerichtshofs, in: Gewerblicher Rechtsschutz und Urheberrecht (GRUR) 1988, S. 516ff.

Brüggemeier, T. (1986): Deliktsrecht, Baden-Baden.

Bruhn, M. (1978): Das soziale Bewußtsein von Konsumenten: Erklärungsansätze und Ergebnisse einer empirischen Untersuchung in der Bundesrepublik, Wiesbaden.

Bruhn, M. (1990): Sozio- und Umweltsponsoring: Engagements von Unternehmen für soziale und ökologische Aufgaben, München.

Bruhn, M.; Stauss, B. (Hrsg.) (1991): Dienstleistungsqualität. Konzepte, Methoden, Erfahrungen, Wiesbaden.

Buchanan, A. (1979): Revolutionary Motivation and Rationality, in: Philosophy and Public Affairs, Vol. 9, pp. 71-73.

BUND; Misereor (Hrsg.) (1996): Zukunftsfähiges Deutschland. Ein Beitrag zu einer global nachhaltigen Entwicklung, Studie des Wuppertal Instituts für Klima-Umwelt-Energie GmbH, Basel, Boston, Berlin.

Bundesamt für Umweltschutz, Schweiz (Hrsg.) (1984): Ökobilanz von Packstoffen, Schriftenreihe Umweltschutz, Nr. 24, Bern.

BVL - Bundesverband des Deutschen Lebensmittel - Einzelhandels e.V.: Lebensmittelhandel im Spiegel der Statistik 1992, Bonn.

Carson, R. (1962): Silent Spring, Boston. (dt.: Der stumme Frühling, München 1990).

Centro Nuovo Modello di Sviluppo (Hrsg.) (1996): Guida al consumo critico: informazioni sul comportamento delle imprese per un consumo consapevole, Bologna.

Churchill, G.A. jr. (1979): A Paradigm for Developing Better Measures of Marketing Constructs, in: Journal of Marketing Research, Vol. 26 (February), pp. 64-73.

Churchill, G.A. jr. (1991): Marketing Research – Methodological Foundations, Fifth Edition, Fort Worth.

Commission on Sustainable Development (1996): Changing consumption and production patterns, Report of the Secretary-General of the Commission on Sustainable Development, United Nations, New York.

CED - Committee for Economic Development (Hrsg.) (1977): Social Responsibility of Business Corporations, New York.

Corson, B.; Tepper Marlin, A.; Schorsch, J.; Swaminathan, A.; Will, R. (1988): Shopping for a Better World. A Quick and Easy Guide to Socially Responsible Supermarket Shopping, New York.

Council on Economic Priorities (CEP) (Hrsg.) (1994): Shopping for a Better World: the quick and easy guide to all your socially responsible shopping, San Francisco.

Council on Economic Priorities (CEP) (1996): Research Report September 1996, New York.

Cronin, J.J. Jr.; Taylor, S.A. (1992): Measuring Service Quality: A Reexamination and Extension, in: Journal of Marketing, Vol. 56 (July), pp. 55-68.

Czerwonka, C. (1978): Die verbraucherpolitische Relevanz von Rolleninterdependenzen in Produktion und Konsum, in: Biervert, B. u.a. (Hrsg.), Plädoyer für eine neue Verbraucherpolitik, Wiesbaden, S. 219-236.

Dahle, S.; Häßler, R. (1996): Issue-Monitoring, Voraussetzung für erfolgreiche PR-Arbeit, in: Public Relations Forum für Wissenschaft und Praxis, 2. Jg., Nr. 3, S. 27-29.

Darby, M.R.; Karni, E. (1973): Free Competition and the Optimal Amount of Fraud, in: Journal of Law and Economics, Vol. 16, pp. 67-88.

Davenport, K. (1996): Social Auditing. The quest for corporate social responsibility, Paper für das Seminar „Social and Ethical Accounting and Auditing" am 2./3.12.1996 in Tunbridge Wells, Kent.

Dedler, K.; Gottschalk, I.; Grunert, K.G.; Heiderich, M.; Hoffmann, A.-M.L.; Scherhorn, G. (1984): Das Informationsdefizit der Verbraucher, Frankfurt/Main, New York.

Dellabough, R.; Hollister, B.; Tepper Marlin, A.; Swaab, E.; Rose, J.; Will, R. (1992): Students Shopping for a Better World, New York.

Deml, M. (1996): In die Zukunft investieren – Öko-Investment: Bausteine einer zukunftsfähigen Gesellschaft?, in: Zukünfte, 6. Jg., Nr. 15, H. 2, S. 31-32.

Deml, M.; Baumgarten, J.; Bobikiewicz, L. (1994): Grünes Geld: Jahrbuch für ethisch-ökologische Geldanlagen 1995/96, 2. Aufl., Wien.

Devries, J. (1992): Der Bedarf von Konsumenten an unternehmensbezogenen Informationen (unveröffentlichte Diplomarbeit an der Universität Hannover, Lehrstuhl für Markt und Konsum), Hannover.

Devries, J. (1994): Umweltzeichen ja – aber glaubwürdig muß es sein: Ökologische Produktpolitik aus Verbraucherperspektive, in: Zukünfte, 4. Jg., H. 12, S. 38-41.

Dierkes, M. (1978): Was sind Sozialbilanzen? Vorschläge zur Lösung der terminologischen Sprachverwirrung, in: Pieroth, E. (Hrsg.), Sozialbilanzen in der Bundesrepublik Deutschland, Wien, Düsseldorf.

DIN 66054 (1982): Warentest – Grundsätze für die technische Durchführung, Berlin, Köln.

Dyllick, T. (1989): Politische Legitimität, moralische Autorität und wirtschaftliche Effizienz als externe Lenkungssysteme der Unternehmung: Grundvorstellungen einer gesellschaftsbezogenen Managementlehre, in: Sandner, K. (Hrsg.), Politische Prozesse in Unternehmen, Berlin, Heidelberg, S. 205-230.

Dyllick, T. (Hrsg.) (1991): Ökologische Lernprozesse in Unternehmungen, Bern, Stuttgart.

Dyllick, T. (1992): Ökologisch bewußte Unternehmensführung. Bausteine einer Konzeption, in: Die Unternehmung, 46. Jg., H. 5, S. 342-391.

Edelmann, H. (1996): Konsumenten wollen Moral-plus-Angebote, in: Horizont, o. Jg. (26.4.1996), Nr. 17, S. 28.

Ekins, P. (1991): Consuming in a Progressive Market, unveröffentlichtes Manuskript eines Vortrags auf der Tagung „Shopping for a Better World?" der Stiftung Verbraucherinstitut Bonn.

Ekins, P. (1992): Sustainability first, in: Ekins, P.; Max-Neef, M. (eds.), Real-Life economics. Understanding wealth creation, London, New York, pp. 412-422.

Enderle, G. (1987): Ethik als unternehmerische Herausforderung, in: Die Unternehmung, 41. Jg., Nr. 6, S. 433-450.

Enquete-Kommission „Einschätzung und Bewertung von Technikfolgen; Gestaltung von Rahmenbedingungen der technischen Entwicklung" (1986): Zur Institutionalisierung einer Beratungskapazität für Technikfolgen-Abschätzung und -Bewertung beim Deutschen Bundestag, Bundestagsdrucksache 10/5844 vom 14.7.1986, Bonn.

Enquete-Kommission „Schutz des Menschen und der Umwelt" (1993): Bundestagsdrucksache 12/5812.

Ethical Consumer Research Association (ECRA) (Hrsg.) (1993): The Ethical Consumer Guide to Everyday Shopping, Manchester.

EthicScan Canada (1992): The Ethical Shopper's Guide to Canadian Supermarket Products, Broadview Press.

EthicScan Canada (1996): Shopping with a Conscience: the informed shopper's guide to retailers, suppliers and service providers in Canada, Ontario.

Etzioni, A. (1994): Jenseits des Egoismus-Prinzips. Ein neues Bild von Wirtschaft, Politik und Gesellschaft, Stuttgart.

European Communities Economic and Social Committee (Hrsg.) (1985): „Qualitative" growth, „qualitative" consumption and consumer perspectives, Brüssel.

Evans, R.; Pruzan, P.; Zadek, S. (Hrsg.) (1997): Enhancing Corporate Social and Ethical Responsibility: Experiences of Social and Ethical Accounting and Auditing, London, in Druck.

Evans, R.; Zadek, S. (1993): Auditing the Market. A practical approach to Social Auditing, Gateshead.

Fietkau, H.-J. (1984): Bedingungen ökologischen Handelns: Gesellschaftliche Aufgaben der Umweltpsychologie, Weinheim, Basel.

Fikentscher, W. (1983): Wirtschaftsrecht, Band II, Deutsches Wirtschaftsrecht, München.

Fischer, A.; Lübke, V. (1990): Verantwortung durch politischen Konsum: Eine mögliche Antwort auf die "Business-is-Busisness"-Ideologie?, in: Hildebrandt, E. (Hrsg.), Ökologischer Konsum, Schriftenreihe des IÖW 25/89, Berlin, S. 33-40.

Fischer-Winkelmann, W.F. (1973): Marginalien zur Konsumentensouveränität als einem Axiom der Marketing-Theorie, in: Schmalenbachs Zeitschrift für betriebswirtschaftliche Forschung, 25. Jg., S. 161-175.

Ford, R.C.; Richardson, W.D. (1994): Ethical Decision Making: A Review of the Empirical Literature, in: Journal of Business Ethics, Vol. 13, No. 7, pp. 205-221.

Freeman, R.E. (1984): Strategic Management. A Stakeholder Approach, Boston (Mass.).

Freimann, J. (1993): Umweltinformationssysteme und Umwelt-Audit, Hannover.

Freimann, J. (1996): Betriebliche Umweltpolitik, Bern, Stuttgart, Wien.

Freter, H. (1979): Interpretation und Aussagewert mehrdimensionaler Einstellungsmodelle im Marketing, in: Meffert, H.; Steffenhagen, H.; Freter, H. (Hrsg.), Konsumentenverhalten und Information, Wiesbaden, S. 163-184.

Friauf, K.H.; Höfling, W. (1985): Meinungsgrundrechte und Verfolgung von wirtschaftlichen Belangen, in: Archiv für Presserecht (AfP) 1985, S. 249ff.

Friedman, M. (1970): The Social Responsibility of Business is To Increase Its Profits, in: New York Times Magazine, 13. Sept. 1970, pp. 122-126.

Friedrichs, J. (1985): Methoden der empirischen Sozialforschung, 13. Aufl., Opladen.

Fritz, W.; Thiess, M. (1986): Informationsverhalten des Konsumenten und unternehmerisches Marketing, Mannheim.

Gehrmann, F. (1987): Überlegungen zur Entwicklung des Berichtssystems „Technologie und Arbeitsleben" im Rahmen einer gesellschaftsbezogenen Technologieberichterstattung, in: Gehrmann, F. (Hrsg.), Neue Informations- und Kommunikationstechnologien. Soziale Indikatoren XIV, Frankfurt/Main, New York, S. 11-26.

Gillwald, K. (1995): Ökologisierung von Lebensstilen: Argumente, Beispiele, Einflußgrößen, Berlin.

Global Challenges Network e.V. (1995): Brauchen Sie die Energie-Diät?, in: Greenpeace Magazin 1/95.

Globus (1994): Jeder vierte raucht, Globus Zahlenbild Nr. 2138 vom 29.08.1994.

Göbel, E. (1992): Das Management der sozialen Verantwortung, Berlin.

Green, P.E.; Krieger, A.M.; Agarwal, M.K. (1991): Adaptive Conjoint Analysis: Some Caveats and Suggestions, in: Journal of Marketing Research, Vol. 28 (May), pp. 215-222.

Greisberger, H. (1994): Fundamente einer umweltintegrativen Wirtschaftsberichterstattung, Frankfurt/Main u.a.

Gronmo, S. (1987): The strategic position of consumers in the information society, in: Journal of Consumer Policy, Vol. 10, pp. 43-67.

Großfeld, B.; Johannemann, U. (1994): Die Verwendung nicht anonymisierter Jahresabschlüsse im Rahmen von Seminarveranstaltungen, in: Wirtschaftsprüfung 1994, S. 415f.

Gruhl, T. (Hrsg.) (1992): Ökologische Analyse- und Planungsinstrumente im Betrieb, Plakatserie der Kooperationsstelle Hochschule/Gewerkschaften an der TU Berlin, Berlin.

Grunert, K.G. (1978): Das Konzept des empfundenen Kaufrisikos und seine Anwendung auf Probleme der Verbraucherinformation, Universität Hohenheim, Lehrstuhl für Konsumtheorie und Verbraucherpolitik, Projekt: Strategien der Verbraucherinformation: Vergleichende Analyse der Effizienz informationspolitischer Maßnahmen, Arbeitspapier Nr. 2, Stuttgart.

Grunert, K.G. (1981): Modelle und Techniken des Informationsverhaltens: Überblick über den Stand der Forschung und Folgerungen für die Verbraucherpolitik, Stuttgart.

Grunert, K.G.; Grunert, S.C.; Glatzer, W.; Imkamp, H. (1995): The changing consumer in Germany, in: International Journal of Research in Marketing, Vol. 12, pp. 417-433.

Habermas, J. (1971): Theorie der Gesellschaft oder Sozialtechnologie? Eine Auseinandersetzung mit Niklas Luhmann, in: Habermas, J.; Luhmann, N. (Hrsg.), Theorie der Gesellschaft oder Sozialtechnologie – Was leistet die Systemforschung?, Frankfurt/Main, S. 142-290.

Habermas, J. (1981): Theorie kommunikativen Handelns, Bd. 1: Handlungsrationalität und gesellschaftliche Rationalisierung, Frankfurt/Main.

Habermas, J. (1983): Moralbewußtsein und kommunikatives Handeln, Frankfurt/Main.

Hallay, H. (Hrsg.) (1990): Die Ökobilanz. Ein betriebliches Informationssystem, Schriftenreihe des IÖW, Nr. 27/89, Berlin.

Hamil, S. (1993): Britain's Best Employers?, London.

Hammann, P.; Erichson, B. (1994): Marktforschung, 3. Aufl., Stuttgart.

Hansen, U. (1988a): Marketing und soziale Verantwortung, in: Die Betriebswirtschaft, 48. Jg., H. 6, S. 711-721.

Hansen, U. (1988b): Haushalte im Markt: Partner oder Konsumäffchen? Rollenanalyse am Beispiel der Produktentwicklung, in: Tornieporth. G. (Hrsg.), Arbeitsplatz Haushalt: Zur Theorie und Ökologie der Hausarbeit, Berlin, S.160-181.

Hansen, U. (1990): Absatz- und Beschaffungsmarketing des Einzelhandels: eine Aktionsanalyse, 2. Aufl., Göttingen.

Hansen, U. (1992): Die ökologische Herausforderung als Prüfstein ethisch verantwortlichen Unternehmerhandelns, in: Wagner, G.R. (Hrsg.), Ökonomische Risiken und Umweltschutz, München, S. 109-128.

Hansen, U. (1995a): Marketing und soziale Verantwortung, in: Hansen, U. (Hrsg.), Verbraucher- und umweltorientiertes Marketing: Spurensuche einer dialogischen Marketingethik, Stuttgart, S. 29-45.

Hansen, U. (1995b): Ethik und Marketing, in: Tietz, B.; Köhler, R.; Zentes, J. (Hrsg.), Handwörterbuch des Marketing (HWM), 2. Aufl., Stuttgart, Sp. 615-628.

Hansen, U. (1996): Das Informationsrecht des Verbrauchers. Rechtspolitische und unternehmerische Überlegungen, in: Sadowski, D.; Czap, H.; Wächter, H. (Hrsg.), Regulierung und Unternehmenspolitik. Methoden und Ergebnisse der betriebswirtschaftlichen Rechtsanalyse, Wiesbaden, S. 103-123.

Hansen, U.; Hennig, T. (1995): Der Co-Produzenten-Ansatz im Konsumgütermarketing. Darstellung und Implikationen einer Neuformulierung der Konsumentenrolle, in: Hansen, U. (Hrsg.), Verbraucher- und umweltorientiertes Marketing: Spurensuche einer dialogischen Marketingethik, Stuttgart, S. 309-332.

Hansen, U.; Hennig, T.; Wochnowski, H. (1996): TeachQ – Ein valides und handhabbares Instrument zur Messung der Qualität der Lehre, unveröffentlichtes Manuskript, Hannover.

Hansen, U.; Kull, S. (1994): Öko-Labels als umweltbezogenes Informationsinstrument: Begründungszusammenhänge und Interessen, in: Marketing ZFP, 16. Jg., H. 4, S. 265-274.

Hansen, U.; Lübke, V.; Schoenheit, I. (1992): Verantwortliches Wirtschaften und sozialökologische Unternehmenstests, imug-Arbeitspapier 1/1992, Hannover.

Hansen, U.; Lübke, V.; Schoenheit, I. (1993): Der Unternehmenstest als Informationsinstrument für ein sozial-ökologisch verantwortliches Wirtschaften, in: Zeitschrift für Betriebswirtschaft, 63. Jg., H. 6, S. 587-611.

Hansen, U.; Niedergesäß, U.; Rettberg, B. (1996): Dialogische Kommunikationsverfahren zur Vorbeugung und Bewältigung von Umweltskandalen, Das Beispiel des Unternehmensdialogs, in: Bentele, G.; Steinmann, H.; Zerfaß, A. (Hrsg.), Dialogorientierte Unternehmenskommunikation, Grundlagen – Praxiserfahrungen – Perspektiven, Berlin, S. 307-332.

Hansen, U.; Niedergesäß, U.; Rettberg, B.; Schoenheit, I. (1995): Unternehmensdialoge als besondere Verfahren des Interessenausgleichs zwischen Unternehmen und Gesellschaft, in: Hansen, U. (Hrsg.), Verbraucher- und umweltorientiertes Marketing: Spurensuche einer dialogischen Marketingethik, Stuttgart, S. 109-125.

Hansen, U.; Schoenheit, I. (1993): Unternehmen und gesellschaftliche Verantwortung. Was belohnen Konsumenten?, in: absatzwirtschaft, 37. Jg., H. 12, S. 70-74.

Hansen, U.; Schoenheit, I. (1994): Models of consumption in change and company testing as a new information-oriented approach to consumer policy, unveröffentl. Manuskript, Hannover.

Hansen, U.; Schoenheit, I.; Devries, J. (1994): Sustainable Consumption und der Bedarf an unternehmensbezogenen Informationen, in: Forschungsgruppe Konsum und Verhalten (Hrsg.), Konsumentenforschung, München, S. 227-243.

Harborth, H.-J. (1991): Dauerhafte Entwicklung statt globaler Selbstzerstörung: Eine Einführung in das Konzept des "Sustainable Development", Berlin.

Hardin, G. (1968): The Tagedy of the Commons. The population proplem has no technical solution; it requires a fundamental extension in morality, in: Science 162, pp. 1243-1248.

Held, M. (1994): Auf dem Weg zu einer ökologischen Produktpolitik, in: Hellenbrandt, S.; Rubik, F. (Hrsg.), Produkt und Umwelt. Anforderungen, Instrumente und Ziele einer ökologischen Produktpolitik, Marburg, S. 295-308.

Hennig, T. (1995): Kundenkontakt-Management. Theoretische Einordnung und Qualitätsmessung am Beispiel der Nahrungs- und Genußmittelindustrie, imug-Arbeitspapier 5/1995, Hannover.

Hennig, T. (1995a): Die Abgrenzung und Strukturierung von Produktmärkten, Marburg.

Hesse, K. (1995): Bedeutung der Grundrechte, in: Benda, E.; Maihofer, W.; Vogel, H. J. (Hrsg.), Handbuch des Verfassungsrechts, 2. Aufl., Berlin, New York, S. 127ff.

Hirschman, A.O. (1974): Abwanderung und Widerspruch, Tübingen.

Hirschman, A.O. (1988): Engagement und Enttäuschung. Über das Schwanken der Bürger zwischen Privatwohl und Gemeinwohl, Frankfurt/Main.

Homann, K. (1996): Verfall der Moral? Die Moralisten geben der Moral den Rest, in: Wirtschaftswoche, o.Jg., S. 38-39.

Homann, K.; Blome-Drees, F. (1992): Wirtschafts- und Unternehmensethik, Göttingen.

Homburg, C. (1992): Die Kausalanalyse. Eine Einführung, in: Wirtschaftswissenschaftliches Studium, 21. Jg., H. 10, S. 499-508.

Honecker, M. (1993): Ethik, Stichwort in: Enderle, G.; Homann, K.; Honecker, M.; Kerber, W.; Steinmann, H. (Hrsg.), Lexikon der Wirtschaftsethik, Freiburg i.B. u.a., Sp. 249-258.

Hüser, A. (1993): Institutionelle Regelungen und Marketinginstrumente zur Überwindung von Kaufbarrieren auf ökologischen Märkten, in: Zeitschrift für Betriebswirtschaft, 63. Jg., H. 3, S. 267-287.

Hüttenrauch, R. (1986): Zur Methodik des vergleichenden Warentests, in: Horn, N.; Piepenbrock, H. (Hrsg.), Vergleichender Warentest, Landsberg am Lech, S. 13-25.

Imkamp, H. (1986): Zur Operationalisierung des individuellen Informationsdefizits, in: Hauswirtschaft und Wissenschaft, 34. Jg., H. 5, S. 232-235.

imug (1992): Unternehmenstest als Verbraucherinformation (unveröffentl. Projektskizze), Hannover.

imug (1993): Umweltlogo im Einzelhandel, Hannover.

imug u.a. (Hrsg.) (1995): Der Unternehmenstester – Ein Ratgeber für den verantwortlichen Einkauf. Die Lebensmittelbranche, Reinbek bei Hamburg.

imug-Emnid (1993): Unternehmen und Verantwortung. Kommentar zur repräsentativen Bevölkerungsumfrage in den alten und neuen Bundesländern, Hannover, Bielefeld.

imug-Emnid (1996): Verbraucher und Verantwortung, Hannover, Bielefeld.

ISG – Institut für Sozialforschung und Gesellschaftspolitik e.V. (1985): Gutachten: Qualitativer Konsum und Verbraucherpolitik, erstellt für die Arbeitsgemeinschaft der Verbraucherverbände e.V., Bonn, Köln.

IOCU (Hrsg.) (1993): Beyond the year 2000: The transition to sustainable consumption, The Hague, Netherlands.

Joerges, B. (1981): Ökologische Aspekte des Konsumverhaltens: Konsequenzen für die Verbraucherinformationspolitik, in: Journal of Consumer Policy, Vol. 5, pp. 310-325.

Johnson, R.M. (1991): Comment on „Adaptive Conjoint Analysis: Some Caveats and Suggestions", in: Journal of Marketing Research, Vol. 28 (May), pp. 223ff.

Jonas, H. (1979): Das Prinzip Verantwortung, Frankfurt/Main.

Junker, A. (1994): ZIP-Kolumne: Bundeskanzler Dr. A., in: Zeitschrift für Wirtschaftsrecht (ZIP) 1994, S. 1499.

Kaas, K.-P. (1990): Marketing als Bewältigung von Informations- und Unsicherheitsproblemen im Markt, in: Die Betriebswirtschaft, 50. Jg., S. 539-548.

Kaas, K.-P. (1991): Marktinformationen: Screening und Signaling unter Partnern und Rivalen, in: Zeitschrift für Betriebswirtschaft, 51. Jg., H. 3, S. 357-370.

Kaas, K.-P. (1992): Marketing für umweltfreundliche Produkte, in: Die Betriebswirtschaft, 52. Jg., H. 4, S. 473-487.

Kaas, K.-P. (1993): Informationsprobleme auf Märkten für umweltfreundliche Produkte, in: Wagner, G.R. (Hrsg.), Betriebswirtschaft und Umweltschutz, Stuttgart, S. 29-43.

Kaiser, H.F.; Rice, J. (1974): Little Jiffy, Mark IV, in: Educational and Psychological Measurement, Vol. 34 (Spring), pp. 111-117.

Kant, I. (1785/1986): Grundlegung zur Metaphysik der Sitten, Stuttgart.

Karpf, R. (1981): Werbung mit Testergebnissen, München.

Katz, R. (1983): Informationsquellen der Konsumenten: Eine Analyse der Divergenzen zwischen der Beurteilung und Nutzung, Wiesbaden.

Keiffenheim, M. (1997): Der Absturz des „persönlichen Klima-Budgets", in: Greenpeace Magazin, Nr. 1, S. 22-23.

Keßler, J. (1987): Marktordnung, Wettbewerb und Meinungsfreiheit – wettbewerbstheoretische und verfassungsrechtliche Aspekte des § 6e UWG, in: Wettbewerb in Recht und Praxis (WRP) 1987, S. 75ff.

Keßler, J. (1990): Wettbewerbstheoretische Aspekte des Irreführungsverbots – eine ökonomische und dogmengeschichtliche Analyse, in: Wettbewerb in Recht und Praxis (WRP) 1990, S. 73ff.

Keßler, J. (1994): Informationsökonomische und wettbewerbsrechtliche Aspekte der Verwendung von Umweltkennzeichen im Einzelhandel, in: Trommsdorff, V. (Hrsg.), Handelsforschung 1994/95, Kooperation im Handel und mit dem Handel, Jahrbuch der Forschungsstelle für den Handel, Berlin, S. 241ff.

Kohlhaas, M. (1996): Bedingt markttauglich: Wie realistisch sind die Wuppertaler "Leitbilder"?, in: Blätter für deutsche und internationale Politik, H. 2, S. 214-222.

Kroeber-Riel, W. (1977): Kritik und Neuformulierung der Verbraucherpolitik auf verhaltenswissenschaftlicher Grundlage, in: Die Betriebswirtschaft, 37. Jg., S. 89-103.

Kroeber-Riel, W. (1990): Konsumentenverhalten, 4. Aufl., München.

Kroeber-Riel, W. (1992): Konsumentenverhalten, 5., überarb. u. erg. Aufl., München.

Krogh, H.; Palaß, B. (1996): Öko-Ranking : Die Umweltqualität der weltweit 50 größten Chemieunternehmen im Test, in: Manager Magazin, 26. Jg. (1996), Nr. 5, S. 196-213.

Kronauer, M. (1996): "Soziale Ausgrenzung" und "Underclass": Über neue Formen der gesellschaftlichen Spaltung, in: SOFI-Mitteilungen, Nr. 24, S. 53-69.

Kuby, O. (1983): Qualitatives Wachstum, qualitativer Konsum und die Perspektiven der Verbraucherpolitik, in: Arbeitsgemeinschaft der Verbraucherverbände e.V. (Hrsg.), Schriften der Verbraucherverbände F 16, Bonn, S. 3-24.

Kühlhorn, G. (1996): Unternehmer-Image: Ausbeuter oder Partner, in: impulse, H. 9, S. 18-21.

Kuhlmann, E. (1990): Verbraucherpolitik: Grundzüge ihrer Theorie und Praxis, München.

Kurz, R. (Hrsg.) (1993): Umwelt-Audits zwischen internem Risiko-Controlling und externer Kommunikationsfunktion. Dokumentation der 9. Veranstaltungsreihe des Arbeitskreises Ökologische Unternehmensführung, Pforzheim.

Kuß, A. (1986): Die Definition und Bedeutung von Produktqualität, in: Mielenhausen, E. (Hrsg.), Verbraucherpolitik – Politik für Verbraucher?, Osnabrück, S.143-160.

Leeflang, P.S.H.; van Raaij, W.F. (1995): The changing consumer in the European Union: A "meta-analysis", in: International Journal of Research in Marketing, Vol. 12, pp. 373-387.

Lehmann, S.; Clausen, J. (1991): Öko-Controlling. Informationsinstrument für ökologische Unternehmensführung, in: Wechselwirkung, Nr. 51, S. 11-15.

Leipert, C. (1989): Die heimlichen Kosten des Fortschritts. Wie Umweltzerstörung das Wirtschaftswachstum fördert, Frankfurt/Main.

Lübke, V. (1986): „Sozialverträglichkeit" als Kriterium der Produktbewertung, in: Garbe, D.; Grothe-Senf, A. (Hrsg.), Bürgerbeteiligung in der Verbraucherinformationspolitik, Frankfurt/Main, New York, S. 93ff.

Lübke, V.; Schoenheit, I. (1992): Umweltberichterstattung aus verbraucherinformationspolitischer Sicht, in: Lehmann, S.; Clausen, S. (Hrsg.), Umweltberichterstattung von Unternehmen, Schriftenreihe des IÖW 57/92, Berlin 1992, S. 64-72.

Lucas, R. (1994): Nachhaltigkeit – eine neue Kompromißformel?, in: IÖW/ VÖW – Informationsdienst, 9. Jg., H. 6, S. 3-4.

Luhmann, N. (1977): Legitimation durch Verfahren, 2. Aufl., Darmstadt, Neuwied.

Luhmann, N. (1988): Neuere Entwicklungen in der Systemtheorie, in: Merkur, 42. Jg., S. 292-300.

Luhmann, N. (1991): Soziologie des Risikos, Berlin, New York.

Lydenberg, S.; Tepper Marlin, A.; O'Brien, S. (1986): Rating America's Corporate Conscience. A provocative guide to the companies behind the products you buy every day, Reading (Mass.).

Machiavelli, N. (1977): Discorsi. Gedanken über Politik und Staatsführung, 2. Aufl., Stuttgart.

Mackenzie, C. (1993): The Shareholder Action Handbook, Using Shares to make Companies more Accountable, Newcastle upon Tyne.

MacNeill, J. (1990): Meeting the Growth Imperative for the 21st Century, in: Angell, D.J.R. (ed.), Sustaining Earth: Response to the Environmental Threats, London, S. 191-205.

Malhotra, N.K. (1993): Marketing Research: An Applied Orientation, Englewood Cliffs.

Mangold, C. (1996): Verbindlicher Öko-Standard wird gesucht, in: Horizont, o. Jg. (26.4.1996), Nr. 17, S. 40.

Marks, L.J.; Mayo, M.A. (1991): An Empirical Test of a Model of Consumer Ethical Dilemmas, in: Advances in Consumer Research, Vol. 18, pp. 720-728.

Meadows, D.H.; Meadows, D.; Randers, J.; Behrens, W. (1972): The limits to growth. A report for the Club of Rome's project on the predicament of mankind, New York. (dt.: Die Grenzen des Wachstums, Bericht des Club of Rome zur Lage der Menschheit, Stuttgart 1972).

Meffert, H. (1979): Die Beurteilung und Nutzung von Informationsquellen beim Kauf von Konsumgütern: Empirische Ergebnisse und Prüfung ausgewählter Hypothesen, in: Meffert, H.; Steffenhagen, H.; Freter, H. (Hrsg.), Konsumentenverhalten und Information, Wiesbaden, S. 39-65.

Meffert, H. (1992): Sustainable Development: Thesen zur betriebswirtschaftlichen Perspektive, in: Meffert, H. u.a. (Hrsg.), Sustainable Development als Leitbild der umweltbewußten Unternehmensführung, Dokumentation einer Vortragsveranstaltung am 22. Juni 1992 an der Westfälischen Wilhelms-Universität Münster, Münster, S. 23-49.

Meffert, H.; Bruhn, M. (1996): Das Umweltbewußtsein von Konsumenten, in: Die Betriebswirtschaft, 56. Jg., H. 5, S. 631-648.

Meffert, H.; Kirchgeorg, M. (1993): Das neue Leitbild Sustainable Development – der Weg ist das Ziel, in: Harvard Business Manager, 15. Jg., H. 2, S. 34-45.

Meffert, H.; Steffenhagen, H.; Freter, H. (Hrsg.) (1979): Konsumentenverhalten und Information, Wiesbaden.

Melz, T. (1987): Wirtschaftstheorie und Ethik, Pfaffenweiler.

Mennicken, C.; Ziesemer, H. (1993): Der sozial-ökologische Unternehmenstest für Hochschulabsolventen – eine empirische Fallstudie, unveröff. Diplomarbeit, Hannover.

Merk, G. (1988): Konfliktstau durch Ungüter, in: Klose, A. u.a. (Hrsg.), Frieden und Gesellschaft. Festschrift für Rudolf Weiler zum Geburtstag, Berlin.

Merten, K. (1992): Begriff und Funktion der Public Relations, in: pr-magazin, 23. Jg., Nr. 11, S. 35-46.

Mertens, H.J. (1994): Anmerkung zu BVerfG Ag 1994, S. 369, in: Die Aktiengesellschaft (AG) 1994, S. 370f.

Meyer-Abich, K.M. (1979): Energiekrise und alternatives Denken, in: Evangelische Theologie, 35. Jg., Nr. 1.

Mittelstrass, J. (1990): Wirtschaftsethik oder der erklärte Abschied vom Ökonomismus auf philosophischen Wegen, in: Ulrich, P. (Hrsg.), Auf der Suche nach einer modernen Wirtschaftsethik, St. Gallen, S. 17-38.

Moll, P. (1986): Information statt Regulation. Zur Publizität sozialer Auswirkungen der Unternehmenstätigkeit, Frankfurt/Main, Bern, New York.

Moritz, C.H. (1992): Umweltverträglichkeitsprüfungen bei der Stiftung Warentest – Elemente einer Zwischenbilanz, in: Markenartikel, 54. Jg., H. 5, S. 226.

Müller-Reißmann, K. F. u.a. (1988): Kriterien der Sozialverträglichkeit. Teil B: Kriteriensystem zur Bewertung der neuen Informations- Kommunikationstechnik. Projekt des Programms „Mensch und Technik. Sozialverträgliche Technikgestaltung", Hannover.

Müller-Wenk, R. (1978): Die ökologische Buchhaltung. Ein Informations- und Steuerungsinstrument für umweltkonforme Unternehmenspolitik, Frankfurt/Main, New York.

Murray, J.B.; Ozanne, J.L. (1991): The Critical Imagination: Emancipatory Interests in Consumer Research, in: Journal of Consumer Research, Vol. 18, No. 2, pp. 129-144.

Naschold, F. (1987): Technologiefolgenabschätzung und -bewertung: Entwicklungen, Kontroversen, Perspektiven, in: Wissenschaftszentrum Berlin, IIVG Papers, dp 87 – 230, Berlin.

Neibecker, B. (1992): Stichwort Operationalisierung, in: Diller, H. (Hrsg.), Vahlens Großes Marketing Lexikon, München, S. 837.

Nelson, P. (1970): Information and Consumer Behavior, in: Journal of Political Economy, Vol. 78, pp. 311-329.

New Consumer (Hrsg.) (1989): Shopping for a Better World. America at the Checkout, Newcastle upon Tyne.

New Consumer (Hrsg.) (1991): Shopping for a Better World: a quick and easy guide to socially responsible shopping, London.

Nieschlag, R.; Dichtl, E.; Hörschgen, H. (1991): Marketing, 16. Aufl., Berlin.

Noelle-Neumann, E. (1974): Probleme des Fragebogenaufbaus, in: Behrens, K.C. (Hrsg.), Handbuch der Marktforschung, Wiesbaden, S. 243-253.

Nunnally, J.C. (1978): Psychometric Theory, Second Edition, New York.

Nyaw, M.-K.; Ng, I. (1994): A Comparative Analysis of Ethical Beliefs: A Four Country Study, in: Journal of Business Ethics, Vol. 13, No. 7, pp. 543-555.

o.V. (1991): Marsch in die Grünanlagen, in: Finanztest, H. 3, S. 12-27.

o.V. (1994): Bewußte Ernährung nur für Elite. Ergebnisse einer repräsentativen Analyse des deutschen Ernährungsverhaltens 1993 der Imas Gesellschaft für internationale Marktanalysen mbH München, in: Lebensmittelzeitung vom 21.01.1994.

o.V. (1995): Korrekte Kunden kauen Katjes, in: Spiegel Nr. 22/95.

o.V. (1996a): Suche nach der Herausforderung: Absolventen wollen früh Verantwortung und anspruchsvolle Aufgaben übernehmen, in: Horizont, o. Jg. (5.4.1996), Nr. 14, S. 53.

o.V. (1996b): Direkter Draht, in: Lebensmittel Praxis, 48. Jg. (1996), Nr. 19, S.60.

Oberender, P. (Hrsg.) (1984): Marktstruktur und Wettbewerb in der Bundesrepublik Deutschland – Branchenstudien zur deutschen Volkswirtschaft, München.

Oberender, P. (Hrsg.) (1989): Marktökonomie: Marktstruktur und Wettbewerb in ausgewählten Branchen der Bundesrepublik Deutschland, München.

OECD (1976): Measuring Social Well-Being. A Progress Report on the Development of Social Indicators, Paris.

Offe, C. (1991): Selbstbeschränkung als Methode und als Resultat, in: Beck, U. (Hrsg.), Politik in der Risikogesellschaft, Frankfurt/Main, S. 225-231.

Olson, M. (1968): Die Logik des kollektiven Handelns. Kollektivgüter und die Theorie der Gruppen, Tübingen.

Opp, K.-D. (1987): Wissenschaftstheoretische Grundlagen der empirischen Sozialforschung, in: Roth, E. (Hrsg.) unter Mitarbeit von Klaus Heidenreich, Sozialwissenschaftliche Methoden, 2. Aufl., München.

Orth, M.; Spindler, W. (1990): Checkliste für den bewußten Einkauf, Frankfurt/Main.

Pearce, D. u.a. (1994): Blueprint 3: Measuring Sustainable Development, London.

Picot, A. (1977): Betriebswirtschaftliche Umweltbeziehungen, Berlin.

Pieroth, E. (Hrsg.) (1978): Sozialbilanzen in der Bundesrepublik Deutschland, Wien, Düsseldorf.

Popper, K.R. (1976): Logik der Forschung, 6. Aufl., Tübingen.

Porter, M.E. (1992): Wettbewerbsstrategie: Methoden zur Analyse von Branchen und Konkurrenten, 7. Aufl., Frankfurt/Main, New York.

Preisendörfer, P. (1996): Ökologisches Bewußtsein in Ost- und Westdeutschland, in: Zeitschrift für Umweltpolitik und Umweltrecht, o.Jg., H. 1, S. 1-20.

Projektgruppe Ökologische Wirtschaft (1987): Produktlinienanalyse. Bedürfnisse, Produkte und ihre Folgen, Köln.

Pruitt, S.W.; Friedmann, M. (1986): Determining the effectiveness of consumer boycotts: A stock price analysis of their impact on corporate targets, in: Journal of Consumer Policy, Vol. 9, pp. 375-387.

Raffée, H. (1969): Konsumenteninformation und Beschaffungsentscheidung des privaten Haushalts, Stuttgart.

Raffée, H. (1979): Marketing und Umwelt, Stuttgart.

Raffée, H. (1989): Grundlagen und Ansätze des strategischen Marketing, in: Raffée, H.; Wiedmann, K.-P. (Hrsg.), Strategisches Marketing, 2. Aufl., Stuttgart, S. 3-33.

Raffée, H.; Grabicke, K.; Hefner, M.; Schätzle, T.; Schöler, M. (1982): Consumer information requirements and information acquisition with regard to decision making processes in the private household, in: Irle, M. (ed.), Studies in decision making: Social psychological and socio-economic analyses, Berlin, New York, pp. 499-547.

Raffée, H.; Silberer, G. (1975): Ein Grundkonzept für die Erfassung und Erklärung des subjektiven Informationsbedarfs bei Kaufentscheidungen von Konsumenten, Bericht aus dem Sonderforschungsbereich 24 der Universität Mannheim „Sozial- und wirtschaftspolitische Entscheidungsforschung", Mannheim.

Raffée, H.; Wiedmann, K.-P. (1986): Wertewandel und Marketing: Ausgewählte Untersuchungsergebnisse der Studie Dialoge 2 und Skizze von Marketingkonsequenzen, Mannheim.

RAL – Deutsches Institut für Gütesicherung und Kennzeichnung e.V. (1991): Umweltzeichen. Produktanforderungen, Zeichenanwender und Produkte, Bonn.

Rallapalli, K.C.; Vitell, S.J.; Wiebe, F.A.; Barnes, J.H. (1994): Consumer Ethical Beliefs and Personality Traits: An Exploratory Analysis, in: Journal of Business Ethics, Vol. 13, No. 7, pp. 487-495.

Rat von Sachverständigen für Umweltfragen (Hrsg.) (1994): Umweltgutachten 1994, Für eine dauerhaft-umweltgerechte Entwicklung, Stuttgart.

Rath, M. (1989): Pechmarie oder Goldmarie – Marketingethik als ökonomisches Kalkül?. Anmerkungen zum Beitrag von Ursula Hansen: „Marketing und soziale Verantwortung", Die Betriebswirtschaft, 48. Jg. (1988), S. 711-721., in: Die Betriebswirtschaft, 49. Jg., H. 1, S. 122-124.

Rauscher, H. (1994): Vorsprung für Food-Produzenten, in: Lebensmittelzeitung vom 23.09.1994.

Rawls, J. (1979): Eine Theorie der Gerechtigkeit, Frankfurt/Main.

Reifner, U. (1987): Verbraucheraufklärung und Meinungsfreiheit – zur Äußerungsfreiheit der Verbraucherverbände, in: Wettbewerb in Recht und Praxis (WRP) 1987, S. 421ff.

Reusswig, F. (1994): Lebensstile und Ökologie, Sozialökologische Arbeitspapiere Nr. 43, Institut für sozial-ökologische Forschung, Frankfurt/Main.

Ricker, R. (1989): Unternehmensschutz und Pressefreiheit, Heidelberg.

Ridder, G. (1993): Unternehmensethik als Instrument der Transformation von Ökologie und Ökonomie, Hannover.

Roberts, J.A. (1993): Sex Differences in Socially Responsible Consumers' Behavior, in: Psychological Reports, Vol. 73, No. 1, pp. 139-147.

Roberts, J.A. (1996): Green Consumers in the 1990s: Profile and Implications for Advertising, in: Journal of Business Research, Vol. 36, pp. 217-231.

Rosenberger, G. (1991): Messung der Dienstleistungsqualität durch die Stiftung Warentest, in: Bruhn, M.; Stauss, B. (Hrsg.), Dienstleistungsqualität. Konzepte, Methoden, Erfahrungen, Wiesbaden, S. 391-409.

Rubik, F.; Stölting, P. (1992): Übersicht über ökologische Produktbilanzen, Heidelberg.

Sahner, H. (1982): Schließende Statistik, 2. Aufl..

Sandner, K. (1989): Unternehmenspolitik – Politik im Unternehmen: Zum Begriff des Politischen in der Betriebswirtschaftslehre, in: Sandner, K. (Hrsg.), Politische Prozesse in Unternehmen, Berlin, Heidelberg, S. 45-76.

Scherhorn, G. (1992): Kritik des Zusatznutzens, in: Thexis, H. 2, S. 24-28.

Scherhorn, G. (1994a): Die Unersättlichkeit der Bedürfnisse und der kalte Stern der Knappheit, in: Biervert, B.; Held, M. (Hrsg.), Das Naturverständnis der Ökonomik. Beiträge zur Ethikdebatte in den Wirtschaftswissenschaften, Frankfurt/Main, S. 224-240.

Scherhorn, G. (1994b): Postmaterielle Lebensstile und ökologische Produktpolitik, in: Hellenbrandt, S.; Rubik, F. (Hrsg.), Produkt und Umwelt. Anforderungen, Instrumente und Ziele einer ökologischen Produktpolitik, Marburg, S. 253-276.

Schmidheiny, S. (1992): Kurswechsel - Globale unternehmerische Perspektiven für Entwicklung und Umwelt, München.

Schmidt, S.J. (1987): Der Radikale Konstruktivismus: Ein neues Paradigma im interdisziplinären Diskurs, in: Schmidt, S.J. (Hrsg.), Der Diskurs des Radikalen Konstruktivismus, Frankfurt/Main, S. 11-88.

Schobert, R. (1979): Die Dynamisierung komplexer Marktmodelle mit Hilfe von Verfahren Mehrdimensionaler Skalierung, Berlin.

Schoenheit, I. (1986): Entwicklungsperspektiven der Verbraucherinformation und Verbraucherberatung, in: Mielenhausen, E. (Hrsg.), Verbraucherpolitik - Politik für den Verbraucher? Osnabrücker Studien Bd. 8/9, Osnabrück.

Schoenheit, I. (1990): Öko-Marketing aus Verbrauchersicht, in: Gottlieb Duttweiler Institut (Hrsg.): Ökologie im vertikalen Marketing, Zürich, S. 195-210.

Schoenheit, I. (1995): Bedürfnisse und die neue Reflexivität der Konsumkultur, in: Deutscher Werkbund Hessen (Hrsg.), Welche Dinge braucht der Mensch? Hintergründe, Folgen und Perspektiven der heutigen Produktkultur. Katalog zur gleichnamigen Ausstellung, Giessen.

Schoenheit, I. (1996): Unternehmenstest als Instrument des gesellschaftlichen Dialogs – Erfahrungen in der Bundesrepublik Deutschland, in: Hansen, U. (Hrsg.), Marketing im gesellschaftlichen Dialog, Frankfurt/Main, New York, S. 175-201.

Schoenheit, I.; Niedergesäß, U. (1994): Lebensstile und Energieberatung, Heidelberg.

Schönball, R. (1993): Sozialbilanzen haben in den Unternehmen an Bedeutung verloren, in: Der Tagesspiegel vom 10.1.1993.

Schrader, U. (1995): Der ökologisch bedingte Produktnutzen, Lehr- und Forschungsbericht des Lehrstuhls Markt und Konsum Nr. 30, Universität Hannover.

Schubert, B. (1991): Entwicklung von Konzepten für Produktinnovationen mittels Conjoint-Analyse, Stuttgart.

Schulze, G. (1992): Die Erlebnisgesellschaft, Kultursoziologie der Gegenwart, Frankfurt/Main, New York.

Schumacher, H. (1992): Kebab für alle, in: Wirtschaftswoche, 46. Jg., H. 47, S. 125-128.

Schwertfeger, B. (1996): Grenzen suchen: Wo Deutschlands und Europas Managernachwuchs am liebsten arbeiten würde – und warum, in: Wirtschaftswoche, Nr. 22 v. 23.05.1996, S. 94-99.

Seidel, E. (1993): Nachhaltiges Wirtschaften und Fristigkeit des ökonomischen Kalküls, Arbeitspapier Nr. 14 des IÖB, Uni-GHS Siegen.

Seifried, D. (1991): Gute Argumente: Verkehr, 3. Aufl., München.

Siekmann, H. (1994): Anmerkung zu BGH ZIP 1994, S. 648, in: Zeitschrift für Wirtschaftsrecht (ZIP) 1994, S. 651ff.

Sikula, A.Sr.; Costa, A.D. (1994): Are Women More Ethical than Men?, in: Journal of Business Ethics, Vol. 13, pp. 859-871.

Silberer, G. (1983): Einstellungen und Werthaltungen, in: Irle, M. (Hrsg.), Marktpsychologie als Sozialwissenschaft, Enzyklopädie der Psychologie, Themenbereich D, Serie II, Bd. 4, Göttingen, Toronto, Zürich, S. 553-625.

Silberer, G. (1986): Non-use-Benefits des vergleichenden Warentests angesichts seiner Wirkungen in Hersteller-, Händler- und Konsumentenkreisen, in: Marketing ZFP, 7. Jg., H. 1, S. 39-40.

Smith, A. (1963): The History of Astronomy, in: The Works of Adam Smith, Vol. 5, Aalen.

Smith, A. (1978): Der Wohlstand der Nationen, nach der 5. Auflage von 1789, hrsg. von H.C. Recktenwald, München.

SPD-Bundestagsfraktion (1994): Lila Punkt, in: Informationen für die Frau, H. 3/1994, S. 19.

Specht, G. (1979): Die Macht aktiver Konsumenten, Stuttgart.

Statistisches Bundesamt (1990): Umweltökonomische Gesamtrechnung. Ein Beitrag der amtlichen Statistik, Wiesbaden.

Statistisches Bundesamt (1992): Statistisches Jahrbuch 1992 für die Bundesrepublik Deutschland, Wiesbaden.

Statistisches Bundesamt (1994): Statistisches Jahrbuch 1994 für die Bundesrepublik Deutschland, Wiesbaden.

Statistisches Bundesamt (1995): Statistisches Jahrbuch 1995 für die Bundesrepublik Deutschland, Wiesbaden.

Stauss, B. (1980): Verbraucherinteressen – Gegenstand, Legitimation und Organisation, Stuttgart.

Stauss, B. (1991): Gesellschaftsorientiertes Marketing: Zur Diskussion um die Erweiterung der Marketing-Konzeption, in: Corsten, H.; Schuster, L.; Stauss, B. (Hrsg.), Die soziale Dimension der Unternehmung, Berlin, S. 118-141.

Stauss, B. (1994): Total Quality Management und Marketing, in: Marketing ZFP, 16. Jg., H. 3, S. 149-159.

Steger, U.; Winter, M. (1996): Strategische Früherkennung zur Antizipation ökologisch motivierter Marktveränderungen, in: Die Betriebswirtschaft, 56. Jg., H. 5, S. 607-629.

Steinmann, H.; Löhr, A. (1988): Unternehmensethik – eine „realistische Idee", in: Zeitschrift für betriebswirtschaftliche Forschung, 40. Jg., H. 4, S. 299-317.

Steinmann, H.; Löhr, A. (1991): Einleitung: Grundfragen und Problembestände einer Unternehmensethik, in: Steinmann, H.; Löhr, A. (Hrsg.), Unternehmensethik, 2., überarb. u. erw. Aufl., Stuttgart, S. 3-32.

Steinmann, H.; Löhr, A. (1992): Grundlagen der Unternehmensethik, Stuttgart.

Steinmann, H.; Löhr, A. (1994a): Unternehmensethik – Ein republikanisches Programm in der Kritik, in: Forum für Philosophie Bad Homburg (Hrsg.), Markt und Moral. Die Diskussion um die Unternehmensethik, Bern u.a., S. 145-180.

Steinmann, H.; Löhr, A. (1994b): Grundlagen der Unternehmensethik, 2., überarb. u. erw. Aufl., Stuttgart.

Stern Bibliothek (Hrsg.) (1990): Dialoge 3: Berichtsband, Orientierungen in Gesellschaft, Konsum, Werbung und Lifestyle, Hamburg.

Stern Bibliothek (Hrsg.) (1995): Dialoge 4, Gesellschaft – Wirtschaft – Konsumenten, Zukunftsgerichtete Unternehmensführung durch werteorientiertes Marketing, Hamburg.

Stiftung Warentest (Hrsg.) (1987): Der starke Partner kritischer Verbraucher, Berlin.

Strobel, W. (1994): Aktuelles zum HGB-Bilanzrecht und zum Offenlegungsproblem, in: Betriebs-Berater (BB) 1994, S. 1293ff.

Suchanek, A. (1994): Institutionenökonomik und ökologische Herausforderung, in: Biervert, B.; Held, M. (Hrsg.), Das Naturverständnis der Ökonomik. Beiträge zur Ethikdebatte in den Wirtschaftswissenschaften, Frankfurt/Main, S. 88-105.

Tepperman, L.; Laasen, H. (1990): The Future of Happiness, in: Futures, Vol. 22, Iss. 10 (Dec.), pp. 1059-1070.

Tiebler, P. (1992): Umwelttrends im Konsumentenverhalten, in: Steger, U. (Hrsg.), Handbuch des Umweltmanagements: Anforderungen und Leistungsprofile von Unternehmen und Gesellschaft, München, S. 183-206.

Tölle, K. (1983): Das Informationsverhalten der Konsumenten: Zur Nutzung und Wirkung von Warentestinformationen, Frankfurt/Main, New York.

Tschandl, M. (1994): Sozialökologie und Unternehmenskultur. Unternehmen auf dem Prüfstand, Wien.

Ullmann, A.A. (1988): Lohnt sich soziale Verantwortung? Zum Zusammenhang zwischen wirtschaftlichem Unternehmenserfolg und gesellschaftlicher Verantwortung, in: Zeitschrift für Betriebswirtschaft, 58. Jg., H. 9, S. 908-926.

Ulrich, P. (1977): Die Großunternehmung als quasi-öffentliche Institution. Eine politische Theorie der Unternehmung, Stuttgart.

Ulrich, P. (1980): Unternehmensverfassung, Wirtschaftsordnung und praktische Vernunft, in: Die Unternehmung, 34. Jg., Nr. 34, S. 25ff.

Ulrich, P. (1987): Die neue Sachlichkeit oder: Wie kann die Unternehmensethik betriebswirtschaftlich zur Sache kommen?, in: Die Unternehmung, 41. Jg., Nr. 6, S. 409-424.

Ulrich, P.(1990): Wirtschaftsethik auf der Suche nach der verlorenen ökonomischen Vernunft, in: ders. (Hrsg.), Auf der Suche nach einer modernen Wirtschaftsethik. Lernschritte zu einer reflexiven Ökonomie, Bern, Stuttgart, S. 179-226.

Ulrich, P.; Thielemann, U. (1993): Unternehmensethische Denkmuster von Führungskräften, in: Die Betriebswirtschaft, 53. Jg., H. 5, S. 663-682.

Umweltbundesamt (Hrsg.) (1992): Ökobilanzen für Produkte. Bedeutung – Sachstand – Perspektiven, Texte 38/92, Berlin.

Umweltbundesamt (Hrsg.) (1995): Handbuch Umweltcontrolling, München.

Uusitalo, L. (1989): Economic Man or Social Man: Exploring Free Riding in the Production of Collective Goods, in: Grunert, K.G.; Ölander, F. (ed.), Understanding Economic Behaviour, Dordrecht, Boston, London, pp. 267-283.

van den Daelen, W. (1992): Umweltverträglichkeit und Sozialverträglichkeit, in: UVP-Report, Nr. 1, S. 34ff.

van Dieren, Wouter (1995): Mit der Natur rechnen, Der neue Club-of-Rome-Bericht, Basel, Boston, Berlin.

van Raaij, W.F. (1993): Postmodern consumption, in: Journal of Economic Psychology, Vol. 14, pp. 541-563.

Verbraucher Initiative, Die (Hrsg.) (1991): Die Verantwortung der Verbraucherinnen und Verbraucher, Bonn.

Verbraucher-Zentrale Niedersachsen u.a. (Hrsg.) (1996): Ein kleiner Ratgeber für den verantwortlichen Einkauf, Hannover.

Vischer, W. (1993): Probleme der Umweltethik. Individuum versus Institution: zwei Ansatzpunkte der Moral, Frankfurt/Main, New York.

Vogelpoth, N. (1980): Die französische Sozialbilanz, Frankfurt/Main.

Vossenkuhl, W. (1992): Ökonomische Rationalität und moralischer Nutzen, in: Lenk, H.; Maring, M. (Hrsg.), Wirtschaft und Ethik, Stuttgart, S. 186-213.

WCED - World Commission on Environment and Development (1987): Our Common Future, Oxford. (dt.: Hauff, V. (Hrsg.), Unsere gemeinsame Zukunft. Der Brundtland-Bericht der Weltkommission für Umwelt und Entwicklung. Eggenkamp, Greven 1987).

Weiber, R. (1984): Faktorenanalyse. Eine anwendungsorientierte computergestützte Einführung mit Übungen, St. Gallen.

Weise, P. (1994): Natur, Normen, Effizienz: Prozesse der Normbildung als Gegenstand der ökonomischen Theorie, in: Biervert, B.; Held, M. (Hrsg.), Das Naturverständnis der Ökonomik. Beiträge zur Ethikdebatte in den Wirtschaftswissenschaften, Frankfurt/Main, S. 106-124.

Weizsäcker, E.U. v. (1994): Erdpolitik. Ökologische Realpolitik an der Schwelle zum Jahrhundert der Umwelt, 4. Aufl., Darmstadt.

Wells, P.; Jetter, M. (1991): The Global Consumer, Best Buys to help the Third World, London.

Wenzel, K.E. (1986): Das Recht der Wort- und Bildberichterstattung, 3. Aufl., Köln.

Wicke, L. (1991): Umweltökonomie. Eine praxisorientierte Einführung, 3. Aufl., München.

Wiechmann, D.; Diethard, H. (1994): Befragungs-Beteiligung muß immer freiwillig bleiben, in: Lebensmittelzeitung vom 02.09.1994.

Wiedmann, K.-P. (1984): Gesellschaft und Marketing: Zur Neuorientierung der Marketingkonzeption im Zeichen des gesellschaftlichen Wandels, in: Specht, G.; Silberer, G.; Engelhardt, W.H. (Hrsg.), Marketingschnittstellen, S. 227-246.

Wiedmann, K.-P. (1993): Rekonstruktion des Marketingansatzes und Grundlagen einer erweiterten Marketingkonzeption, Stuttgart.

Wiedmann, K.-P. (1996): Unternehmensführung und gesellschaftsorientiertes Marketing, in: Bruch, H.; Eickhoff, M.; Thiem, H. (Hrsg.), Zukunftsorientiertes Management: Handlungshinweise für die Praxis, Frankfurt/Main, S. 234-262.

Wiedmann, K.-P.; Raffée, H. (1986): Gesellschaftsbezogene Werte, persönliche Lebenswerte, Lebens- und Konsumstile der Bundesbürger: Untersuchungsergebnisse der Studie Dialoge 2 und Skizze von Marketingkonsequenzen, Mannheim.

Wieland, J. (1990): Wirtschaftsethik als Selbstreflexion der Ökonomie: Die Mindestmoral im ökonomischen System und die Verantwortung für die externen Effekte, in:

Ulrich, P. (Hrsg.), Auf der Suche nach einer modernen Wirtschaftsethik. Lernschritte zu einer reflexiven Ökonomie, Bern, Stuttgart, S. 147-177.

Wieshmann, U.; Wöhl, M. (1990): Unternehmenstest und ethisches Konsumentenverhalten, Universität Hannover.

Wilhelm, A. (1993): Analyse der Lebensmittelbranche als Basis eines Unternehmenstests (unveröffentlichte Diplomarbeit an der Universität Hannover, Lehrstuhl für Markt und Konsum), Hannover.

Wimmer, F. (1986): Die Interessen der Verbraucher, in: Mielenhausen, E. (Hrsg.), Verbraucherpolitik – Politik für Verbraucher, Osnabrück, S. 161-185 und 299-314.

Wimmer, F. (1988): Umweltbewußtsein und konsumrelevante Einstellungen und Verhaltensweisen, in: Brandt, A.; Hansen, U.; Schoenheit, I.; Werner, K. (Hrsg.), Ökologisches Marketing, Frankfurt/Main, S. 44-85.

Wimmer, F. (1993): Empirische Einsichten in das Umweltbewußtsein und das Umweltverhalten von Konsumenten, in: Wagner, G.R. (Hrsg.), Betriebswirtschaft und Umweltschutz, Stuttgart 1993, S. 44-78.

Wolf, R. (1991): Zur Antiquiertheit des Rechts in der Risikogesellschaft, in: Beck, U. (Hrsg.), Politik in der Risikogesellschaft, Frankfurt/Main, S. 378-423.

Wysocki, K. v. (1981): Sozialbilanzen, Stuttgart.

Zapf, W. (Hrsg.) (1978): Lebensbedingungen in der Bundesrepublik. Sozialer Wandel und Wohlfahrtsentwicklung, Frankfurt/Main, New York.

Zelewski, S. (1987): Soziale Verantwortbarkeit von Technologien, in: Wirtschaftswissenschaftliches Studium, 16. Jg., H. 11, S. 555-559.

Zerfaß, A.; Scherer, A.G. (1994): Die Irrwege der Imagekonstrukteure, Ein Plädoyer gegen die sozialtechnische Verkürzung der Public Relations-Forschung, Diskussionsbeitrag Nr. 77, Lehrstuhl für Allgemeine Betriebswirtschaftslehre an der Universität Erlangen-Nürnberg.

Ziegler, L. (1992): Sponsoring – ein innovatives Marketinginstrument und seine Bewertung aus gesellschaftspolitischer Sicht, unveröffentl. Diplomarbeit an der Universität Hannover, Lehrstuhl Markt und Konsum, Hannover.

Zierhofer, W. (1994): Ist die kommunikative Vernunft der ökologischen Krise gewachsen? Ein Evaluationsversuch, in: Zierhofer, W.; Steiner, D. (Hrsg.), Vernunft angesichts der Umweltzerstörung, Opladen, S. 161-194.

Herausgeber und Autoren

Das Buch ist als interdisziplinäres Arbeitsergebnis einer am Institut für Markt-Umwelt-Gesellschaft (kurz imug) arbeitenden Forschungsgruppe „Unternehmenstest" entstanden. **Herausgeber** des Buches ist das **imug**.

Das Institut für Markt - Umwelt - Gesellschaft (imug) ist ein praxisorientiertes Forschungsinstitut *an* der Universität Hannover. Es ist in der *Rechtsform* eines eingetragenen gemeinnützigen Vereins Ende Dezember 1991 in Hannover gegründet worden.

Das Forschungsinteresse des imug konzentriert sich auf die Frage, wie gesellschaftliche und ökologische Interessen in Marktprozessen stärkere Berücksichtigung finden können. Verbesserte Kommunikation und Interaktion auf Märkten und in der Gesellschaft sind dabei die vom imug präferierten grundlegenden Lösungsstrategien. Neben den Prinzipien der Ganzheitlichkeit und der Langfristigkeit bei Problemanalysen und -lösungen ist für das imug die Dialogorientierung von zentraler Bedeutung.

Das imug wird finanziell von der Theodor Lessing-Stiftung unterstützt, die als Wissenschaftsstiftung im Geiste des Hannoveraner Philosophen und Schriftstellers Theodor Lessing ethische Wirtschaftsforschung fördert. Es finanziert sich außerdem durch projektbezogene Einnahmen.

imug
Institut für Markt-Umwelt-Gesellschaft e.V.
Escherstraße 23
30159 Hannover
Tel. 0511-91115-0
Fax 0511-91115-95
Email: imug.hannover@t-online.de
Internet: www://home.t-online.de/home/imug.hannover

Mitglieder der **imug-Forschungsgruppe** Unternehmenstest und **Autoren** dieses Buches sind:

Dipl.-Ök. Jan Devries, Jahrgang 1963. Wissenschaftlicher Mitarbeiter am Institut für Markt-Umwelt-Gesellschaft (imug e.V.), Hannover; Forschungsschwerpunkte: Sozial-ökologisches Konsumentenverhalten, Empirische Konsumforschung, Gesellschaftsorientiertes Marketing, Issue-Management.

Prof. Dr. Ursula Hansen, Jahrgang 1939. Leitung des Lehrstuhls Marketing I: Markt und Konsum an der Universität Hannover; Wissenschaftlicher Vorstand des Instituts für Markt-Umwelt-Gesellschaft (imug e.V.), Hannover; Forschungsschwerpunkte: Marketing-Ethik, Ökologisches Marketing, Beziehungs- und Nachkaufmarketing, Handels- und Dienstleistungsmarketing, Evaluation der Lehre.

Dipl.-Kfm. Thorsten Hennig, Jahrgang 1967. Wissenschaftlicher Mitarbeiter am Lehrstuhl Marketing I: Markt und Konsum der Universität Hannover und Projektmitarbeiter des Instituts für Markt – Umwelt – Gesellschaft (imug e.V.), Hannover; Forschungsschwerpunkte: Beziehungs- und Nachkaufmarketing, Marketingforschung (insb. quantitative Methoden), Dienstleistungsmarketing.

Prof. Dr. Jürgen Keßler, Jahrgang 1950. Professor für Deutsches und Europäisches Handels-, Gesellschafts-, Wirtschafts- und Arbeitsrecht, Vizepräsident der Fachhochschule für Technik und Wirtschaft, Berlin; Forschungsschwerpunkte: Deutsches und Europäisches Wettbewerbs- und Kartellrecht sowie Aktien- und Konzernrecht.

Dipl.-Päd. Volkmar Lübke, Jahrgang 1947. Wissenschaftlicher Mitarbeiter am Institut für Markt-Umwelt-Gesellschaft (imug e.V.), Hannover; Forschungsschwerpunkte: Social Marketing, Sozial-ökologisches Konsumentenverhalten, Sozial-ökologische Unternehmensverantwortung, Sozial-ökologische Audits.

Prof. Dr. Hans Raffée, Jahrgang 1929. Wissenschaftlicher Vorstand des Instituts für Markt-Umwelt-Gesellschaft (imug e.V.), Hannover; Forschungsschwerpunkte: Strategisches Marketing, Gesellschaftsorientierung des Marketing, Verbraucherverhalten und Verbraucherpolitik, Marketing nicht-kommerzieller Institutionen.

Dipl.-Päd. Ingo Schoenheit, Jahrgang 1949. Geschäftsführender Vorstand des Instituts für Markt-Umwelt-Gesellschaft (imug e.V.), Hannover; Forschungsschwerpunkte: Schnittstellen von Marketing und Umwelt- und Verbraucherpolitik, Dialogkommunikation und ökologische Kommunikationspolitik.

Dipl.-Ök. Ulf Schrader, Jahrgang 1968. Wissenschaftlicher Mitarbeiter am Lehrstuhl Marketing I: Markt und Konsum der Universität Hannover; Forschungsschwerpunkte: Ökologisches Marketing, Wirtschafts- und Marketingethik.

Dipl.-Ök. Axel Wilhelm, Jahrgang 1964. Wissenschaftlicher Mitarbeiter am Institut für Markt-Umwelt-Gesellschaft (imug e.V.), Hannover; Forschungsschwerpunkte: Umweltmanagement, Länderübergreifende Unternehmenstests, Sozial-ökologische Audits.

Die Textgestaltungs- und Layoutideen des Autorenteams wurden von Frau *Dipl.-Ök. Sonja Scharnhorst* und Herrn *cand. oec. Oliver Wruck* bearbeitet. Die Autoren bedanken sich hierfür ganz herzlich.

Herausgeber und Autoren 325

imug Forschungsgruppe Unternehmenstest: Th. Hennig, Prof. H. Raffée, Prof. J. Keßler, Prof. U. Hansen, I. Schoenheit, A. Wilhelm, V. Lübke, U. Schrader, J. Devries (von links)